Neue Theorie des Management

Bewähren sich die Managementtheorien in der Finanzkrise?

von

Univ.-Doz. Dr. Helmut Lang

Diplom-Kaufmann (Univ.) Diplom-Handelslehrer (Univ.)

Gastprofessor an der Wirtschaftsuniversität Prag

2. überarbeitete und aktualisierte Auflage

Bremen 2009

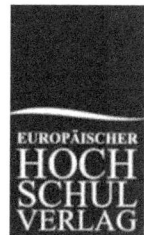

Helmut Lang

Neue Theorie des Management

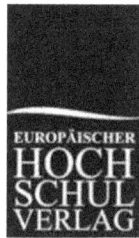

www.europäischer-hochschulverlag.de

Lang, Helmut
Neue Theorie des Management
Bewähren sich die Managementtheorien in der Finanzkrise?

2. Auflage 2009
ISBN: 978-3-941482-17-3
© Europäischer Hochschulverlag GmbH & Co. KG, Bremen, 2009.
www.europäischer-hochschulverlag.de
Alle Rechte vorbehalten

Die Deutsche Bibliothek verzeichnet diesen Titel in der
Deutschen Nationalbibliografie. Bibliografische Daten sind unter
http://dnb.ddb.de abrufbar.

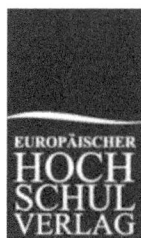

Vorwort

Die 1. Auflage meines Buches „Neue Theorie des Managementund der Betriebswirtschaft" schien eine Lücke geschlossen zu haben, da sie bald ausverkauft war. Da es sich um ein sehr aktuelles Buch handelte, das primär auf den Daten der Jahre 2005 und 2006 beruhte, war eine Neuauflage drei Jahre später ohnehin erforderlich.

Das Interesse der Leserschaft zeigte, dass eine Konzentration auf die Managementtheorien sinnvoll und erforderlich schien. Deshalb wurde der Teil „Neuerungen im Bereich der Betriebswirtschaftslehre" weggelassen, da es hierfür andere Standardwerke gibt, die sich ausführlicher mit diesen Fragen befassen.

Die politischen, wirtschaftlichen und kulturellen Voraussetzungen für die neuen Managementtheorien wurden weiterhin geschildert, jedoch gekürzt. Sie stellen die langfristigen Ursachen für die Neuausrichtung der Unternehmensleitung dar. Neu aufgenommen wurde dafür ein aktuelles Problem mit langfristigen und weitreichenden Folgen, nämlich die weltweite Finanzkrise und deren mögliche Einflüsse auf die einzelnen Managementmethoden. Damit wird der Tatsache Rechnung getragen, dass historische und aktuelle Veränderungen des Unternehmensumfelds ebenso wie Managemententscheidungen der Vergangenheit die Gegenwart und die Zukunft der Unternehmen prägen.

Es wurde ferner die Problemstellung des Arbeitsansatzes geändert. Im Zentrum steht nunmehr nicht mehr die Frage, ob die dargestellten Managementlehren den Ansprüchen betriebswirtschaftlicher Theorie entsprechen. Untersuchungsgegenstand ist nunmehr – abgesehen von der praktischen Bewährung der Managementtheorien – insbesondere die Frage, welche davon sich in einem dynamisch wandelnden Umfeld der aktuellen Wirtschaftssituation, einer weltweiten Finanz- und Konjunkturkrise, bewähren oder modifiziert wurden.

Die Literatursuche wurde am 28. Februar.2009 beendet.

Nürnberg, Mai 2009

Dr. Helmut Lang

Inhaltsverzeichnis

Verzeichnis der Abbildungen

A. Arbeitsansatz

1. Rahmenbedingungen

Die Welt hat sich seit 1989, d. h. innerhalb der letzten 20 Jahre, durch eine Vielzahl politischer, wirtschaftlich-technologischer und kultureller Veränderungen grundlegend gewandelt. Die Wirtschaft hat auf diese Herausforderungen entsprechend reagiert und sich der neuen Situation angepasst. Diese veränderte Strategie der Unternehmen hat auch in der Wirtschaftswissenschaft, insbesondere in der Betriebswirtschaftslehre und der Managementlehre, ihren Niederschlag gefunden, die Theorie in erheblichem Maße bereichert und parallel dazu eine praktische Umsetzung erfahren.

2. Ziel und Aufbau der Arbeit

Im Zentrum der vorliegenden Arbeit werden deshalb die innerhalb der letzten zwei Jahrzehnte entwickelten und praktisch umgesetzten Managementlehren dargestellt und hinsichtlich ihrer Berechtigung kritisch beurteilt.

In einem definitorischen Teil werden zunächst Wesen und Entwicklung der Managementlehren geklärt.

Neuerungen haben Ursachen. Wenn demnach eine neue Theorie des Managements entstanden sein sollte, so ist die Voraussetzung zum Verständnis die Kenntnis der Wandlungen, die in Politik, Wirtschaft und Gesellschaft in den letzten zwei Jahrzehnten erfolgt sind. Aus dieser Analyse wird der zeitliche und inhaltliche Bezugsrahmen der Untersuchung gewonnen und fixiert.

Eine veränderte Unternehmensumwelt führt zu neuen Formen der Unternehmensführung, die ihren Niederschlag in den aktuellen Managementlehren finden. Die wichtigsten neuen Managementtheorien werden hinsichtlich ihrer Zielsetzung und Ergebnisse theoretisch und praktisch vorgestellt. Abschließend wird die Tauglichkeit der neuen Lehrmeinungen für die unternehmerischen Herausforderungen der Gegenwart und Zukunft beurteilt.

Die Stofffülle zwingt zu einer inhaltlichen Beschränkung auf die Zielgruppe dieser Studie. Die vorliegende Arbeit ist als Handbuch für die Leiter von Unternehmen gedacht, die dieses für ihre praktische Arbeit verwenden sollen. Deshalb erfolgt eine inhaltliche Beschränkung der theoretischen Darstellung in Form eines Überblicks und die Nennung konkreter Beispiele für strategische Entscheidungen im Rahmen der Unternehmensführung. Auf eine ausführliche Erörterung der angesprochenen Aspekte wird dabei bewusst verzichtet, um den Rahmen der Studie nicht zu sprengen. In den Quellenangaben am Beginn eines jeden Kapitels erhält der Leser Hinweise, wenn er die Vertiefung der einzelnen Sachverhalte wünscht. Im

Hinblick auf die Zielgruppe der Studie erhebt diese Arbeit nicht den Anspruch einer theorieorientierten Gesamtzusammenfassung der neuesten Literatur aus dem Bereich des Managements, sondern lediglich eine Auswahl der dem Verfasser besonders wichtig erscheinenden theoretischen und praktischen Innovationen.

B. Management

1. Management als betriebswirtschaftliche Disziplin[1]

Das gemeinsame Untersuchungsgebiet der Wirtschaftswissenschaften ist die Wirtschaft. Die Betriebswirtschaftslehre ist in diesem Rahmen eine selbständige wirtschaftswissenschaftliche Disziplin. Das Erkenntnisobjekt der Betriebswirtschaftslehre ist die Summe aller jener wirtschaftlichen Entscheidungen, die im Rahmen eines Betriebes erfolgen. Diese Entscheidungen beginnen mit den Zielsetzungen des Betriebes und umfassen sämtliche Entscheidungen über den Aufbau der Organisation, die Durchführung der Leistungserstellung und -verwertung bis hin zu dessen Auflösung.[2] Hauptziel des unternehmerischen Handelns ist dabei die Gewinnmaximierung.

Betriebswirtschaftslehre ist von ihrem Selbstverständnis her eine anwendungsorientierte Wissenschaft. Nach Schauenburg ist aber weitgehend unklar, was man unter „Anwendungsorientierung" zu verstehen hat, da diese „selten, wenn überhaupt präzisiert wird."[3] Betriebswirtschaftslehre soll sich aber primär auf die Lösung praktischer Probleme in Unternehmen beziehen.

Albach[4] unterscheidet heute in der wirtschaftswissenschaftlichen Theorie zwei unterschiedliche Typen:

- **Entscheidungstheorien:** Diese gehen vom Ziel der Nutzenmaximierung aus und untersuchen, ob und auf welche Weise dieses Ziel erreicht werden kann. Insbesondere werden operationale Ziele formuliert und Pläne für deren Verwirklichung erstellt. Mit Hilfe von Entscheidungstheorien sollen optimale Entscheidungen für die betriebliche Praxis herbeigeführt werden.

- **Erklärungstheorien:** Sie unternehmen den Versuch, Phänomene der wirtschaftlichen Realität aus dem Verhalten der Wirtschaftssubjekte zu erklären. Derartige Theorien werden als Kausalanalyse bezeichnet.

Heute stehen die entscheidungsorientierten Theorien im Zentrum betriebswirtschaftlicher Forschung. Sie basieren primär auf den Forschungen von Edmund Heinen.

„Alles Geschehen in einer Betriebswirtschaft kann letztlich als Ausfluss menschlicher Entscheidungen angesehen werden",[5] beschreibt Heinen den Ansatzpunkt

---

[1] Vgl. Wöhe; Döring, Einführung in die Allgemeine Betriebswirtschaftslehre, 2008, S. 23ff
     Vgl. Schierenbeck, Grundzüge der Betriebswirtschaftslehre, 1993, S. 9
[2] Vgl. Detering, Allgemeine Betriebswirtschaftslehre, 1996, S. 15
[3] Schauenburg, Gegenstand und Methoden der Betriebswirtschaftslehre, 1998, S. 54
[4] Vgl. Albach, Wirtschaftswissenschaften, 2004, Sp. 3388
[5] Heinen, Einführung in die Betriebswirtschaftslehre, 1968, S. 18

seines entscheidungsorientierten Ansatzes in der Betriebswirtschaftslehre. Bei diesem neuen methodischen Ansatz stehen die Entscheidungen der Wirtschaftssubjekte in einer Einzelwirtschaft im Zentrum der Betrachtung. Die Bedeutung von Entscheidungen wird dabei ausdrücklich hervorgehoben, die nicht nur im Streben nach Nutzenmaximierung münden, sondern ein größeres Spektrum an hierarchisierten Zielen umfassen.

Heinen definiert seinen Forschungsansatz folgendermaßen:

> „Die entscheidungsorientierte Betriebswirtschaftslehre versucht, die Phänomene und Tatbestände der Praxis aus der Perspektive betrieblicher Entscheidungen zu systematisieren, zu erklären und zu gestalten."[6]

Ausgehend von einer Erklärung des betrieblichen Entscheidungsfeldes wird eine optimale Gestaltung mit Hilfe von Entscheidungsmodellen angestrebt. Die Ziele sollen dabei operational sein. Durch die Aufstellung von Plänen soll eine optimale Entscheidung für die Zielerreichung herbeigeführt werden. Heinen bezieht dabei auch den Zeitfaktor sowie Risiko, Ungewissheit und Unsicherheit in seinen Ansatz mit ein.

Jacob definiert das Erkenntnisziel der entscheidungsorientierten Betriebswirtschaftslehre folgendermaßen:

> „Aus der Sicht der entscheidungsorientierten Betriebswirtschaftslehre hat diese Wissenschaft eine doppelte Aufgabe. Sie hat erstens die Elemente des Betriebes und die zwischen diesen Elementen bestehenden Beziehungen, die Verknüpfung des Betriebes mit seiner Umwelt sowie die Betriebsprozesse zu erklären. Zweitens soll sie ein System von formalen Entscheidungssituationen entwickeln, das möglichst alle denkbaren realen Entscheidungssituationen erfasst, und darüber hinaus die Methoden bereitstellen, die in jeder Entscheidungssituation die optimale Entscheidung zu finden ermöglichen."[7]

Damit leistet der entscheidungstheoretische Ansatz besser als andere Ansätze die Integration von Erklärungs- und Gestaltungsaufgaben. Martin hebt die praktische Leistungsfähigkeit des entscheidungsorientierten Ansatzes hervor.[8] Der entscheidungsorientierte Ansatz kann als das bedeutendste Grundkonzept der modernen Betriebswirtschaftslehre, zumindest im deutschsprachigen Raum, eingestuft werden.

---

[6]   Heinen., Industriebetriebslehre, 1991, S. 12
[7]   Jacob, Herbert: Allgemeine Betriebswirtschaftslehre, 1988, S. 29f
[8]   Vgl. Martin, Die empirische Forschung kollektiver Entscheidungsprozesse, 1996, S. 1

Betriebswirtschaftliches Handeln besteht in der Kombination der originären Produktionsfaktoren menschliche Arbeit und Werkstoffe, der Arbeits- und Betriebsmittel und nach neueren Erkenntnissen auch des Faktors „Information" mit Hilfe des derivativ-dispositiven Faktors, der Führungsarbeit.

Die zielorientierte Beeinflussung der Verhaltensweisen der Einzelmitglieder sowie der Organisationseinheit des soziotechnischen Handlungssystems Unternehmung in ihrer Gesamtheit wird als Führung bezeichnet.[9]

Dieser Zusammenhang und die Tatsache, dass sich die Betriebswirtschaftslehre mit allen vier bzw. fünf Produktionsfaktoren befasst, stellt die Klammer zwischen Betriebswirtschaft und Management dar.

Teilweise wird die Managementlehre als ein Teilbereich der Betriebswirtschaftslehre angesehen. Seit Ende der sechziger Jahre wird auch die Auffassung vertreten, die Managementlehre sei mit der Betriebswirtschaftslehre identisch.[10] Gelegentlich wird die Betriebswirtschaftslehre sogar als eine Managementlehre verstanden, bei der die Gestaltungsprobleme, mit denen die Kapitaleigner und die Manager von Unternehmen tagtäglich befasst sind, im Vordergrund stehen.

Die Managementlehre hat somit ihre Wurzeln in der Betriebswirtschaftslehre und als Forschungsgegenstand die Führungsfunktion der Unternehmen. Aus einer Vielzahl von Gründen hat sich jedoch die Managementlehre als eigenständiger Teilbereich der Betriebswirtschaftslehre entwickelt.[11]

---

[9]   Vgl. Bestmann, Kompendium der Betriebswirtschaftslehre, 1982, S. 76
[10] Vgl. Staehle, Management, 1999, S. 74f
[11] Vgl. Schoenfeld, Betriebswirtschaftslehre im anglo-amerikanischen Raum, 1984, S. 519-527

Bewertung von Handlungsmöglichkeiten

Erforschung (1) betriebswirtschaftlicher Ziele und Zielbildungsprozesse (z. B. Gewinn-, Umsatz-, Rentabilitäts-, Sicherheitsstreben etc.)

Systematisierung (2) betriebswirtschaftlicher Entscheidungstatbestände (z. B. Problemstellung im Produktions-, Absatz- oder Finanzbereich etc.)

Betriebswirtschaftliche (3) Erklärungsmodelle (z. B. Produktionsfunktion, Preis-Absatz-Funktion etc.)

Betriebswirtschaftliche (4) Entscheidungsmodelle (z. B. Entscheidungsmodell zur optimalen Programmplanung, Investitionsmodelle etc.)

Grundmodelle (5) Betriebswirtschaftlich relevante Modelle der Menschen, der Gruppe, der Organisation und der Gesellschaft

fachübergreifende (6) Auffassungen (z. B. Entscheidungs-, Organisations-, Systemtheorie)

Nachbarwissen- (7) schaften (z. B. Volkswirtschaftslehre, Rechtswissenschaft, Soziologie, Informatik, Ingenieurswissenschaft, Politologie, Psychologie, Sozialpsychologie, Mathematik)

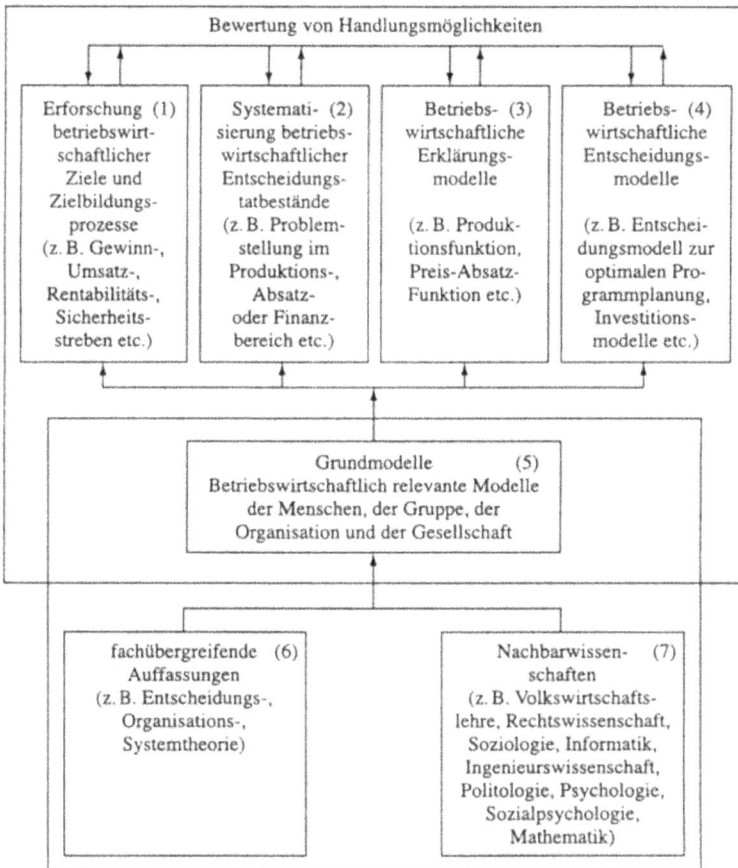

Fig. 1: Forschungsansatz der entscheidungsorientierten Betriebswirtschaftslehre[12]

2. Der Terminus „Management"

Nach Ansicht der Fachwelt gehört der Begriff „Management" zu den schillerndsten Erscheinungen der wissenschaftlichen Literatur. Etymologisch leitet sich „Management" von „manum agere", an der Hand führen, ab. Der aus dem angloamerikanischen Sprachgebrauch stammende Terminus „Management" wird mit „Verwaltung", „Leitung", „Unternehmensführung" und „Unternehmensleitung" übersetzt. Somit versteht man unter dem angloamerikanischen Begriff „Management" die Leitung eines Unternehmens oder einer Institution.[13]

---

[12] Heinen, Edmund: Industriebetriebslehre, 1991, S. 13
[13] Vgl. Rahn, Betriebliche Führung, 1992, S. 26

„Management" ist in der deutschen Sprache die immer gebräuchlicher werdende Bezeichnung für Führung im weitesten Sinne und bezieht sich insbesondere auf die Aufgaben, die zur Steuerung eines Unternehmens erforderlich und die Personen, die damit befasst sind. Dabei setzt sich zunehmend die Auffassung durch, dass Management keine Ergänzung zur Wahrnehmung einer fachlichen Aufgabe, sondern einen eigenen Beruf darstellt.[14] Management bezweckt somit die zielorientierte Gestaltung und Steuerung des soziotechnischen Handlungssystems Unternehmen in sach- und personenbezogener Hinsicht.

Das Paradigma der Managementlehre ist somit kein abstraktes Identitätsprinzip, sondern es sind die praktischen Probleme, die sich beim Aufbau und der Steuerung einer Unternehmung ganz konkret stellen.[15] Als Wissenschaft strebt die Managementlehre an, methodisch begründbare Bezugsrahmen für die Lösung praktischer Probleme der Unternehmenssteuerung zu schaffen.[16]

An dieser Stelle unterscheidet sich jedoch deutsches und amerikanisches Denken über wissenschaftliche Managementlehre: Drucker, einer der bedeutendsten Management-Autoren des letzten Jahrhunderts, vertritt die These, dass Management niemals eine ‚exakte Wissenschaft' werden könne, sondern vornehmlich eine Fähigkeit sei, die auf Können und auf Intuition beruhe, die den Führungskräften bei der Erfüllung ihrer Aufgaben hilft.[17]

Diese unterschiedliche Auffassung über den Wissenschaftsstil ist deshalb von besonderer Bedeutung, weil Europa seit Jahrzehnten mit amerikanischer Managementliteratur insbesondere auf der Grundlage des situativen Ansatzes als Handlungsanleitung geradezu „überschwemmt" wird, der selten den Anforderungen gerecht wird, die in Deutschland an wissenschaftliche Arbeit gestellt wird. Diese Amerikanisierung der Betriebswirtschaft und des Management ist heute unübersehbar, werden doch in den USA in den letzten Jahrzehnten die meisten erfolgreichen Neuerungen der Unternehmensführung generiert. Dabei gehen diese weniger von den Hochschulen als von amerikanischen Unternehmensberatern aus, die ihr Wissen in der Wirtschaftspresse weltweit vermarkten.[18]

3. Die Entstehung einer „Managementlehre"[19]

Eine Vielzahl von Gründen ist für die Entstehung der Managementlehre verantwortlich:

---

[14] Vgl. Eckardt, Handlexikon der modernen Managementpraxis, 1971, S. 601
[15] Vgl. Steinmann; Schreyögg, , Management, S. 37
[16] Vgl. Porter, Towards a dynamic theory of strategy, 1991, S. 95-117
      Vgl. Schreyögg, Zur Logik des strategischen Managements, 1992, S. 199-212
[17] Vgl. Drucker, The Practice of Management, 1956
[18] Vgl. Schmid, Blueprints from the U.S.?, 2003, S. 1ff
[19] Vgl. Wöhe; Döring, Einführung in die Allgemeine Betriebswirtschaftslehre, 2008, S. 100f

- Die Bedeutung der Führungsarbeit von Unternehmen hat seit jeher einen hohen Stellenwert. Was liegt somit näher, als dass die Leitungstätigkeit als eigenständiger Teilbereich der Betriebswirtschaftslehre besondere Beachtung verdient und sich zu einer selbständigen Funktionallehre herausgebildet hat.

- Diese Entwicklung wurde dadurch begünstigt, dass Großunternehmen in der Regel nicht mehr von ihren Eigentümern, sondern von angestellten Führungskräften, den „Managern"[20], geleitet werden. In der Bundesrepublik Deutschland waren nach einer empirischen Untersuchung der siebziger Jahre 73 % der umsatzstärksten Kapitalgesellschaften durch Manager kontrolliert – und dies mit seitdem steigender Tendenz. Ein wesentlicher Grund für die Trennung von Kapitalbesitz und Unternehmensführung ist in der Professionalisierung des Managements zu erblicken, die bereits im 19. Jahrhundert begann.[21] Das Kapitaleigentum reicht nicht als Qualifikationsnachweis, um in hoch entwickelten und arbeitsteiligen Industriegesellschaften mit globalen Verbindungen, Unternehmen zu führen.

- Aus der Tatsache der Trennung von Eigentum und Management resultieren teilweise unterschiedliche Zielsetzungen. Fragen einer gemeinsamen Zielfindung sowie der Motivation und Kontrolle der Manager begünstigten die Herausbildung eigener Managementlehren.[22] Während Eigentümer primär an Gewinn, Unabhängigkeit, Prestige und evtl. auch an sozialen Zielen interessiert sind, streben Manager nach Einkommensmaximierung, gesellschaftlichem Ansehen und gelegentlich auch nach Macht.

- Unternehmensführung bedeutet insbesondere auch Mitarbeiterführung. Der jeweilige Führungsstil der leitenden Angestellten beeinflusst in erheblichem Maße den unternehmerischen Erfolg. Dies war der Anlass für die Entwicklung von Konzeptionen der Mitarbeiterführung und somit zu Führungsstilen, die die Entwicklung der Teildisziplin maßgeblich gefördert haben.[23]

- Bereits ab dem Beginn des 20. Jahrhunderts hat sich eine eigene Managementkultur herausgebildet,[24] die durch Fortbildungsinstitutionen unterschiedlichster Art und durch stark praxisorientierte amerikanische Business Schools entwickelt wurde, bei deren Lehrmethoden die Einzelbeschreibungen von Unternehmen, Fallstudien und Vergleichsstudien von zentraler Bedeutung sind.[25] In den USA wird die Entstehung der „Business Schools" an den Universitäten als der entscheidende Schritt zur Professionalisierung des

---

[20]   Vgl. Steinmann; Schreyögg, Management, 1997, S. 29
[21]   Vgl. Schauenberg, Gegenstand und Methoden der Betriebswirtschaft, 1998, S. 21
[22]   Vgl. ebenda
[23]   Vgl. Jacob, Herbert: Allgemeine Betriebswirtschaftslehre, 1988, S. 144
[24]   Etwa um 1920 war bereits in den USA der Berufsstand „Manager" etabliert.
       Vgl. hierzu: Steinmann; Schreyögg,: Management, 1997, S. 36
[25]   Vgl. Martin, Die empirische Forschung kollektiver Entscheidungsprozesse, 1996, S. 7

Management betrachtet.[26] Beachtenswert ist, dass die noch heute berühmte „Wharton School of Commerce and Finance" bereits 1881 gegründet wurde, die „Harvard Business School", die wohl über das größte Renommee aller Business Schools verfügen dürfte, im Jahr 1908. In Deutschland kam es seit 1945 zur Gründung zahlreicher Lehrstühle für Unternehmensführung an den Universitäten, zu Kooperationseinrichtungen von Wissenschaft und Praxis und zur Gründung einer Vielzahl von Weiterbildungseinrichtungen wie dem „Universitätsseminar der Wirtschaft". Auch der international anerkannte Titel „Master of Business Administration", der bei erfolgreichem Abschluss eines postgradualen Studiums der Unternehmensführung verliehen wird, begünstigte die Herausbildung einer eigenen Forschungsrichtung. Diese Faktoren förderten die Konzeption von „Managementlehren"

- Neue Führungsmethoden finden nicht nur in Unternehmen Eingang, sondern auch in Non-Profit-Organisationen und bei staatlichen Institutionen in Form des „New Public Management", das der Situation in der Wirtschaft weitgehend nachgebildet wurde.[27] Dies stärkt die Eigenständigkeit der Funktionallehre „Unternehmensführung".

4. Management als Institution, Funktion und Methode

In der betriebswirtschaftlichen Literatur findet man im Wesentlichen folgende Bereiche, die sich mit „Management" befassen:

4.1 Management als Institution

Gutenberg versteht unter „Management als Institution" denjenigen Personenkreis, der in einem Unternehmen Leitungsaufgaben wahrnimmt und die Interessen der Kapitaleigner auch gegenüber den Arbeitnehmern vertritt (leitende Angestellte) und das Personal führt.[28] Nach Frech, Schmidt und Heimerl-Wagner ist die Betrachtung des Managements als "Institution" traditionell auf den deutschsprachigen Raum beschränkt.[29] Person und Position der Manager stehen dabei im Vordergrund (managerial roles approach).[30] Manager bilden keine einheitliche Berufsgruppe. Der Kreis der Betroffenen wird in der Regel auf die oberen und obersten Führungskräfte, das „Top Management" beschränkt, z. B. auf Geschäftsführer und Prokuristen. Selbständige Unternehmer bzw. die Eigentümer von Unternehmen – unabhängig von der Rechtsform – zählen nicht zu diesem Personenkreis. Das Topmanagement hat die Aufgabe, politische und strategische Ziele zu formulieren.

Bei einer Erweiterung der Begriffe „Management" bzw. „Manager" findet man eine klassische Dreiteilung in oberes, mittleres und unteres Management.

---

[26] Vgl. Chandler, The visible hand, 1977, S. 466
[27] Vgl. Budäus, New Public Management, 2004, S. 2159
[28] Vg. Gutenberg, Unternehmensführung; 1962, S. 1ff
[29] Vgl. Frech; Schmidt; Heimerl-Wagner, Management , 1999, S. 224
[30] Vgl. Staehle, Management, 1999, S. 70

„Middle Management" umfasst den Kreis der mittleren Führungsebene in Unternehmen und anderen Institutionen, z. B. Abteilungsleiter im kaufmännischen Bereich und Betriebsleiter sowie Obermeister im technischen Sektor.

„Lower Management" bezeichnet die untere Führungsschicht, d. h. Büroleiter, Gruppenleiter, Meister und Schichtführer.

Mit abnehmender Führungsebene sinken Qualität und Umfang strategischer Entscheidungen und steigt der Anteil der ausführenden Tätigkeiten.

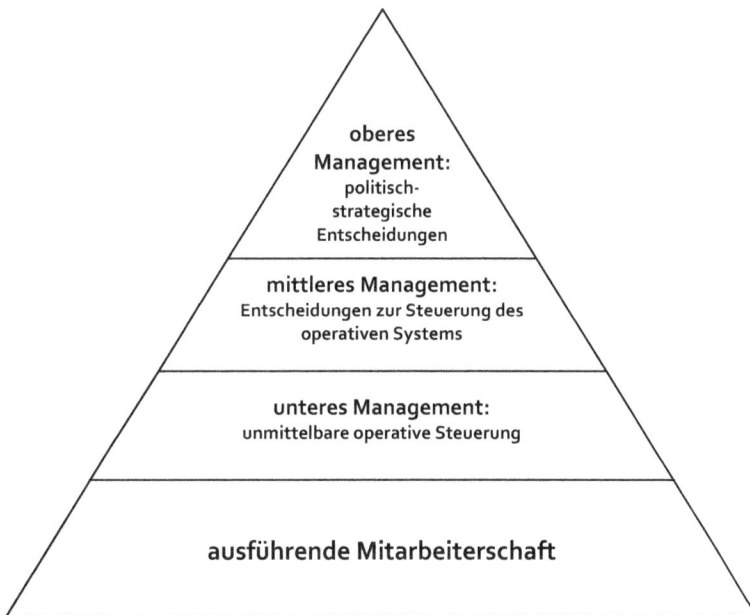

Fig. 2: Die Führungspyramide

4.2 Management als Funktion[31]

Im funktionalen Ansatz stehen nicht mehr die Manager als Personengruppen, sondern vielmehr deren Handlungen im Vordergrund, die der Gestaltung und Steuerung des Leistungsprozesses dienen (managerial functions approach).[32] Diese umfasst sämtliche Tätigkeiten in allen Bereichen zur Steuerung der Unternehmung, die die Erfüllung der Führungsaufgabe beinhaltet.

---

[31] Vgl. Jacob, Allgemeine Betriebswirtschaftslehre, 1988, S. 144
[32] Vgl. Frech; Schmidt; Heimerl-Wagner, Management, 1999, S. 234

Nach Rahn besteht „Management" aus Führung und Leitung, Heinen differenziert nach „Unternehmensführung" und „Mitarbeiterführung". Die Unternehmensführung (= Leitung) beinhaltet die zielgerichtete Planung der Strukturen und Steuerung der Prozesse eines Unternehmens. Die Mitarbeiterführung (= Führung) beinhaltet personenbezogene Handlungen, bei denen die Manager auf die Mitarbeiter einwirken, um diese zu einem zielentsprechenden Handeln zu motivieren. [33]

Die Hauptaufgaben des Managements beschreibt Eckardt folgendermaßen:[34]

- Treffen von Entscheidungen
- Mitarbeiterführung
- Erstellung langfristiger Pläne
- Setzen von Zielen und Prioritäten
- Entwicklung von Strategien
- Organisation und Kontrolle.

Zur Erfüllung der Führungsaufgaben bedienen sich die Manager der derivativ-dispositiven Funktionen Organisation und Planung.[35] Im Hinblick auf die neueren Erkenntnisse der Systemtheorie kann man jedoch die Tätigkeiten eines Managers umfassender nach Planung (Soll), Realisierung (Ist) und Kontrolle (Soll-Ist-Vergleich) differenzieren.[36]

Planung ist dabei ein systematisch-methodischer Prozess, ein prospektives Denkhandeln, um zukünftige Ziele zu setzen und die zu dieser Zielerreichung erforderlichen Mittel zu bestimmen. Zur unternehmerischen Planung zählen die Definition von Problemen und Aufgaben sowie Entscheidungen hinsichtlich der Zielfindung und Zielsetzung und die darauf aufbauende strategische Planung.

Die Realisierung der Planung erfordert die Schaffung einer Aufbau- und Ablauforganisation mit Aufgabenanalyse und Aufgabensynthese sowie die Festlegung der Anordnung raum-zeitlicher Abfolgen von Leistungsprozessen. Organisation ist somit ein System von Regeln zur Steuerung zielgerichteter betrieblicher Aktivitäten.

Bei der Realisierung steht die Übertragung von Anordnungsbefugnissen und die Führung der Mitarbeiter, d. h. deren gezielte Beeinflussung, im Vordergrund. Sie umfasst Aufgaben wie Information, Kommunikation, Motivation, operationale Zielsetzung und Kontrollfunktionen hinsichtlich der Zielerreichung bis hin zur Mitarbeiterbeurteilung.

---

[33]   Vgl. Rahn, Betriebliche Führung, 1992, S. 128
[34]   Vgl. Eckardt, Handlexikon der modernen Managementpraxis, 1971, S. 601
[35]   Vgl. Mehl, Werner; Mantsch, Wolfgang: Betriebswirtschaftslehre, a.a.O., S. 19
[36]   Vgl. Ulrich, Der systemorientierte Ansatz in der Betriebswirtschaftslehre, 1971, S. 46f

Kontrolle stellt den Soll-Ist-Vergleich zwischen der ursprünglichen Planung und Realisierung betrieblicher Prozesse dar und dient somit als Grundlage der Planung der nachfolgenden Perioden.

Führung ist die Ausrichtung des Handelns von Individuen und Gruppen auf die Verwirklichung vorgegebener oder gemeinsam erarbeiteter Sach- und Formalziele.

Der Katalog an Sachzielen lässt sich folgendermaßen systematisieren:[37]

- Leistungsziele,
  besonders Markt- und Produktziele

- Finanzziele,
  wie die Schaffung einer optimalen Kapital- und Vermögensstruktur oder die Aufrechterhaltung der Zahlungsbereitschaft

- Führungs- und Organisationsziele,
  z.B. die Gestaltung des Problemlösungsprozesses, die zu verwendenden Führungsfunktionen und den anzuwendenden Führungsstil

und schließlich

- soziale und ökologische Ziele,
  d. h. die Verwirklichung mitarbeiterbezogener und gesellschaftsbezogener Ziele.

Formalziele sind am Erfolg der betrieblichen Tätigkeit orientiert und deshalb den Sachzielen übergeordnet. Primär strebt das Management nach der optimalen Erfüllung der Formalziele Produktivität, Wirtschaftlichkeit, Umsatz und Rentabilität in allen ihren Ausprägungsformen.

Die aus dem Managementprozess resultierenden Unternehmensziele sind das Ergebnis eines Zielentscheidungsvorgangs, der in der Regel einen Kompromiss unterschiedlicher Vorstellungen und Prioritäten aller daran Beteiligten darstellt. Neben der Orientierung am Erreichen messbarer ökonomischer Ziele haben Führungsfunktionen insbesondere die Aufgabe der Führung und Motivation der Mitarbeiter sowie der Sicherung des Gruppenzusammenhalts.

„Strategische Unternehmensführung" ist eine langfristig ausgerichtete Führungskonzeption, die der Steuerung der Entwicklung des Unternehmens dient und bei den Managemententscheidungen nicht nur auf rational-ökonomische Optimierungen zielt, sondern auch soziologische Überlegungen wie das aktuelle und künftige

---

[37]   Vgl. Thommen, Allgemeine Betriebswirtschaftslehre, 1999, S. 90

soziale Umfeld in die Entscheidungsprozesse einbezieht. Das zentrale Ziel strategischen Managements besteht darin, Wege zu finden, um den Erfolg des Unternehmens zu sichern. Das aktuelle Spektrum der Empfehlungen für geeignete Unternehmensstrategien ist dabei sehr vielfältig.

Eine Überhöhung des Systems von gewählten Leitmaximen stellt die „Unternehmensphilosophie" als ein moralisch-ethischer Unterbau für die ökonomischen Vorgänge im Unternehmen dar. Sie definiert die Oberziele des Unternehmens hinsichtlich des Verhältnisses zu den jeweiligen Interessenten (z. B. Kunden, Lieferanten, Mitarbeiter) und hinsichtlich der Bezüge zur Gesellschaft.[38]

Kußmaul erweitert den Katalog der Führungsinstrumente im Hinblick auf das Personal:

- Materielle Führungsinstrumente: Arbeitsentgelt, betriebliche Sozialleistungen, Personalauswahl und Arbeitsbedingungen sowie

- immaterielle Führungsinstrumente wie „job enlargement" (quantitative Erweiterung der Arbeitsaufgaben), „job enrichment" (qualitative Erweiterung der Arbeitsaufgaben) und „job rotation" (Wechsel der Arbeitsaufgaben), Führungsstil, Arbeitsorganisation, Information und Kommunikation und schließlich die betriebliche Aus- und Weiterbildung.[39]

Wild ordnet alle oben genannten Tätigkeiten in ein Managementsystem ein. Er versteht darunter die Gesamtheit des Instrumentariums, der Regeln, Institutionen und Prozesse, mit denen Managementfunktionen erfüllt werden.[40]

Er unterscheidet fünf Bestandteile, die starke Interdependenzen und teilweise sogar Überschneidungen aufweisen:

- Organisationssysteme
- Planungs- und Kontrollsysteme
- Informationssysteme
- Personalführungssysteme.

In welchem Umfang werden nun die einzelnen Managementfunktionen in der Praxis wahrgenommen? Nach einer Untersuchung von Rammé, die dieser 1990 bei 706 Topmanagern durchgeführt hat, konnten folgende drei Funktionstypen lokalisiert werden:

---

[38] Vgl. Schierenbeck, Henner: Grundzüge der Betriebswirtschaftslehre,1993, S.55
[39] Vgl. Kussmaul, Arbeitsbuch Betriebswirtschaftslehre für Existenzgründer, 1999, S. 17f
[40] Vgl. Wild, Grundlagen der Unternehmensplanung, 1982

- „Mannschaftskapitän", der die Unternehmung steuert und repräsentiert und sich der Mitarbeiterführung widmet. 63 % der interviewten Manager gehörten diesem Typ an.

- 18 % der Befragten waren „Fachmanager", die einen Großteil ihrer Zeit für Planung und Organisation einsetzen.

- „Fachspezialisten", die sich am wenigsten mit Managementfunktionen befassten und den typischen kaufmännisch oder technisch orientierten Fachmann repräsentierten. 19 % der befragten Manager waren diesem Typus zuzuordnen.[41]

Die Stärke des funktional orientierten Beschreibungsansatzes liegt darin, dass das Arbeitsverhalten der Manager im Gesamtzusammenhang des organisatorischen Leistungsprozesses erkannt und rekonstruiert werden kann.

4.3 Managementmethoden[42]

Seitens der Wissenschaft und verschiedener Institutionen der Wirtschaft wurde ein Instrumentarium unterschiedlicher Techniken geschaffen, die im Wesentlichen unter dem Begriff „Management by..." in Sprachgebrauch und Unternehmenspraxis Eingang fanden und zugleich Ausdruck unterschiedlicher Führungsstile (Managementstile) sind.

Die wichtigsten derartigen Managementmethoden sind:

Management by Alternatives:

Auf Grund einer Auswahl alternativer Lösungsansätze wird eine optimale Entscheidung getroffen.

Management by Breakthrough:

Vorhandene personelle und organisatorische Strukturen sind gezielt aufzubrechen, um Änderungen herbeizuführen.

Management by Delegation:

Aufgaben, Kompetenzen und Verantwortung werden innerhalb vorgegebener Grenzen von den Mitarbeitern eigenverantwortlich und bei entsprechender Entscheidungs-freiheit wahrgenommen.

---

[41] Vgl. Rammé (1990), zitiert in: Frech: Schmidt; Heimerl-Wagner, Peter: Management, 1999, S. 238
[42] Vgl. Rahn, Betriebliche Führung, 1992, S. 128

Management by Exception:

Dabei handelt es sich um ein Führungskonzept mit weitgehender Delegation und Dezentralisation der Aufgaben, bei denen Entscheidungen der Vorgesetzten nur im Ausnahmefall erfolgen.

Management by Objectives:

Im Zentrum stehen Zielvereinbarungen mit Mitarbeitern bei weitgehender Delegation von Entscheidungsbefugnissen und Kontrolle der Ergebnisse.

Management by Participation:

Ausgehend von einer hohen Identifikation der Mitarbeiter mit den Zielen des Unternehmens werden diese weitgehend an allen sie betreffenden Entscheidungen beteiligt.

Management by Results:

Die Zielplanung und die Koordination der zentral getroffenen Entscheidungen ist Kern des ergebnisorientierten Führungskonzepts.

Management by System:

Effizienzsteigerung und Straffung des Unternehmensprozesses durch Systematisierung vorhandener Verfahrensordnungen zur Durchführung standardisierter Arbeitsvorgänge.

Alle dargestellten Ansätze stellen jeweils einen Aspekt des Führungskonzepts in den Vordergrund. Meist sind sie sehr plakativ formuliert. Ihnen allen ist gemeinsam, dass sie auf einem kooperativen Führungsstil mit der Delegation von Aufgaben, Kompetenzen und Verantwortung beruhen und für diese Delegation optimale Lösungen anstreben. Am meisten verbreitet ist dabei das "Management by Objectives", das auf psychologischen Grundlagen aufbaut, die eine verhaltenssteuernde Wirkung von Zielen entsprechend der Maslowschen Bedüfnispyramide belegen. Wöhe und Döring stellen das „Management by Objectives" einer „klassischen Unternehmensführungskonzeption" gleich, das die Grundlage für strategische Unternehmensführung darstellt.[43]

Schneider spricht ein vernichtendes Urteil über die „Management-by...Konzepte". Er charakterisiert sie als „Leerformeln", die der Rückversicherung von Handlungsempfehlungen dienen.

---

[43]   Vgl. Wöhe, Günter; Döring, Ulrich: Einführung in die Allgemeine Betriebswirtschaftslehre, 2008, S. 99

So kritisiert er das „Management by Exception"-Konzept" folgendermaßen:

Das „Management by Exception" geht vom Gedanken der Dezentralisation und einer damit verbundenen weitgehenden Entscheidungsfreiheit der Mitarbeiter aus. Nur im Ausnahmefall greift die Zentrale bei Problemen ein. „Aber es fehlt eine Theorie, unter welchen Umweltbedingungen und welchen Eigenschaften von Mitarbeitern welches Ausmaß an Entscheidungsfreiheit zweckmäßig sei."[44]

Auch das „Management by Objectives" erfährt kaum ein positiveres Urteil:

Im Zentrum des Konzepts des „Management by Objectives" steht eine Zielvorgabe bzw. eine Zielvereinbarung der Unternehmensspitze und der ihr unterstellten Führungskräfte. „Doch belegt die Vielfalt der Einzelvorschläge und praktischen Verfahrensweisen nicht mehr als Hilflosigkeit mangels einer Theorie, vergleichbar der Medizin zur Zeit des Dr. Eisenbarth."[45]

Schneider weist nicht ohne Berechtigung der Organisationswissenschaft eine Mitschuld an dieser Entwicklung zu, „als sie Wanderhändlern mit Patentrezepten nicht immer rasch und deutlich genug entgegengetreten ist durch Aufdecken der Vielfalt stillschweigender Annahmen in all diesen Management-Konzeptionen. Im letzten Jahrzehnt wachsen allerdings die empirisch-kritischen organisationswissenschaftlichen Arbeiten erfreulicherweise."[46] Zu Recht spricht Schneider von wissenschaftlichem Rückschritt durch den Hang zum raschen Ansprechen von Handlungsempfehlungen ohne erklärende Theorien.[47]

Seriöse Führungskonzepte werden häufig in Form von Führungsleitsätzen bzw. Führungsrichtlinien von der obersten Geschäftsleitung zusammengefasst und als verbindliche einheitliche Politik der Personalführung unternehmensweit festgelegt und gegenüber den Mitarbeitern und der Öffentlichkeit kommuniziert.

4.4 Internationales Management[48]

In der betriebswirtschaftlichen Literatur wird die Frage, was unter internationalem Management zu verstehen sei und unter welchen Bedingungen dieses in der Unternehmenspraxis vorzufinden ist, bis heute nicht übereinstimmend beantwortet. Einigkeit besteht lediglich insofern, dass sich dieser Teil der Managementlehre mit der Leitung grenzüberschreitender bis hin zu multinationalen Unternehmen befasst, in denen globales Management und interkulturelle Kompetenz der leitenden

---

[44] Schneider, Geschichte betriebswirtschaftlicher Theorie, 1981, S. 211
[45] Ebenda
    Johannes Andreas Eisenbarth (1663-1727) war ein erfolgreicher Arzt seiner Zeit, wurde aber durch sein marktschreierisches Auftreten zum Typus des Quacksalbers.
[46] Ebenda
[47] Vgl. ebenda, S. 460
[48] Vgl. Staehle, Wolfgang H.: Management, 1999, S. 500f

Angestellten eine erhebliche Rolle spielen. Nach neueren Untersuchungen beträgt der Anteil der von deutschen Organisationen entsandten Führungskräfte an der Gesamtzahl der Beschäftigten in Auslandsniederlassungen zwischen 0,5 und 4 %, wobei ca. 12.500 dieser in das Ausland entsandten Mitarbeiter Führungsverantwortung tragen.[49] Ausgangspunkt ist die Erkenntnis der Kulturgebundenheit von Managementstilen, die insbesondere bei soziokulturellen Faktoren internationaler Unternehmen eine erhebliche Rolle für den unternehmerischen Erfolg spielen und die rund ein Drittel der in das Ausland entsandten Mitarbeiter offensichtlich nicht besitzen und an dieser Aufgabe scheitern.[50] Internationales Management fordert, dass die jeweils ökonomische, technische, rechtliche, gesellschaftliche und religiös-kulturelle Unternehmensumwelt in die jeweilige Unternehmensführung einbezogen werden muss. Interkulturelles Management ist nicht nur für die Arbeit in überseeischen Ländern erforderlich, sondern bereits in Europa, z. B. für die Entsendung einer deutschen Führungskraft in die Schweiz. Das Problem besteht darin, trotz unterschiedlicher Landeskulturen der Auslandsniederlassungen eine einheitliche Unternehmenskultur zu prägen. Heinrich von Pierer, der ehemalige Vorstandsvorsitzende der SIEMENS AG, bestätigt im Geschäftsbericht des Jahres 2004 die Notwendigkeit interkulturellen Managements in einem Unternehmen, in dem nur noch 38 % der Mitarbeiter aus Deutschland stammen:

> „Mitarbeiterorientierung in einem globalen Unternehmen hat natürlich einen multikulturellen Charakter. Unsere weltweite Vernetzung funktioniert nur, wenn wir Verständnis für kulturelle Unterschiede aufbringen. Wenn wir es lernen, die Stärken aus allen Kulturen miteinander zu verknüpfen. Und wenn wir auch unsere überregionale Führungsmannschaft weiter internationalisieren. Wir haben hier in den letzten Jahren Fortschritte gemacht. Aber das muss weitergehen."

Macharzina und Oesterle kritisieren noch 1997 die „theoretische Unschärfe" und „inhaltliche Unreife" dieser Disziplin.[51] Albach meint, dass ein Blick in die gängigen Lehrbücher des „International Management" auch heute noch diese Behauptungen bestätigen würden.[52]

5. Forschungstrends bei der Entwicklung von Managementlehren

Überblickt man die Ideengeschichte des Managements, dann kann man im Wesentlichen fünf Ansätze erkennen, die nachfolgend kurz skizziert werden sollen.

---

[49] Vgl. Macharzina, Einführung: Internationales Führungskräfte-Management, 1996, S. 5
[50] Vgl. ebenda
[51] Vgl. Macharzina; Oesterle, Das Konzept der Internationalisierung ..., 1997, S. 11
[52] Vgl. Albach, Allgemeine Betriebswirtschaftslehre, 2004, S. 16

5.1 Die Klassiker des Managements[53]

An dieser Stelle sollen drei Namen und die damit verbundenen bahnbrechenden Entwicklungen in der Unternehmensführung genannt werden:

Frederick W. Taylor (1856-1915)

Von ihm stammte die Idee des „Scientific Management" die zum Ziel hatte, einen möglichst effizienten Einsatz von Menschen und maschinellen Arbeitsmitteln im Produktionsprozess zu ermöglichen. Durch die Auflösung der Einheit von Planung und Ausführung der Arbeiten konnten erhebliche Rationalisierungsvorteile durch Spezialisierung und Arbeitsteilung erzielt werden. Das Fließband gilt bis heute als letzte Steigerung des Systems von Frederick Taylor.

Henri Fayol (1841-1925)

Er schuf den ersten konzeptionellen Entwurf eines Bezugsrahmens für die Managementforschung. Fayol ging es um den funktionalen Managementansatz. Deshalb hat er auch insgesamt 14 Managementprinzipien als Handlungsanleitung für erfolgreiches Management formuliert.

Max Weber (1864-1920)

Im Zusammenhang mit Weber spricht man nicht selten vom „Vater der Organisationslehre". Er wollte mit Hilfe eines Idealtyps der Bürokratie die formal rationalste Form der Herrschaftsausübung etablieren, um effizient das Funktionieren großer Organisationen sicherzustellen.

5.2 Die verhaltenswissenschaftliche Schule

In seinem Buch "The Functions of the Executive" (1938) gelingt Chester I. Barnard (1886-1961) der Brückenschlag zwischen der klassischen Managementlehre und dem verhaltenswissenschaftlichen Ansatz.[54] Organisationen kommen demzufolge als kooperative Systeme zustande, innerhalb derer die Individuen ihre Bereitschaft zur Kooperation selbst erklären. Von zentraler Bedeutung sind deshalb die Motive der Mitarbeiter und Anreize für deren Leistung im Unternehmen. Der Gedanke, dass in einem Unternehmen eine „Koalition von Individuen"[55] existiere, spielt für die nachfolgenden Forschungen wie die berühmten Hawthorne-Experimente, die Human-Relations-Bewegung und der Human-Resources-Ansatz in den folgenden Jahrzehnten eine erhebliche Rolle. (Vgl. hierzu auch die Ausführungen über „Change Management" in Kapitel D.1 dieser Studie).

---

[53]   Vgl. Steinmann; Schreyögg, 1997, S. 39-83
       Vgl. Staehle, Management, 1999, S. 23-76
[54]   Vgl. Barnard, The Functions of the Executive, 1970, S. 73
[55]   Vgl. Simon, Administrative behaviour, 1981

5.3 Die mathematisch orientierte Forschungsrichtung

In den frühen sechziger Jahren setzte ein nachhaltiges Interesse für die Managementfunktionen „Planung" und „Kontrolle" ein, für deren Lösung ein neues Hilfsmittel, die elektronische Datenverarbeitung, in größerem Umfang zur Verfügung stand. Auf mathematische Weise wurde versucht, Entscheidungsprobleme zu rekonstruieren und zu lösen. Mathematische Modelle zur Optimierung der Planung des Produktionsprozesses, der Liquiditätsplanung usw., standen im Vordergrund dieser Schule.

5.4 Der systemtheoretische Ansatz

Das Unternehmen wird als kybernetischer Regelkreis betrachtet, den das Management plant, steuert und kontrolliert. Ziel ist die Erhaltung eines Systemgleichgewichts. Bedeutsam ist, dass, soweit möglich, auch das Problem einer komplexen und veränderlichen Unternehmensumwelt in den systemtheoretischen Ansatz mit einbezogen wird. Kritiker wenden jedoch ein, dass es nicht gelinge, schwer fassbare systemische Elemente der Unternehmensumwelt, z.B. kulturelle Gegebenheiten, in den Systemansatz einzubeziehen. Außerdem sei ein praktischer Anwendungsbezug des systemtheoretischen Ansatzes nur in sehr geringem Umfang möglich. Die Systemtheorie hat jedoch insgesamt auf die Fortentwicklung der Managementlehre einen nachhaltigen Einfluss ausgeübt.

5.5 Der situative Ansatz

Die oben skizzierten Mängel des systemtheoretischen Ansatzes ließen den Ruf nach konkreten Gestaltungsmöglichkeiten in operationaler Form laut werden. Staehle führt hierzu aus: „Vor allem die Management-Praxis kann mit den generellen, abstrakten Aussagen der Systemtheorie wenig anfangen, was sie dazu verleitet, weiterhin mit traditionellen Organisations- und Führungsgrundsätzen oder neuen Heilslehren ... zu arbeiten."[56] Aus dieser Lage heraus entstand der situative Ansatz der Managementlehren, der „Contingency or Situational Approach", der in verschiedenen amerikanischen Managementschulen als der bedeutendste Ansatz gilt[57]. Je nach der aktuellen vorgegebenen Situation der Unternehmensumwelt wird das Ausmaß der Determiniertheit von Managementhandeln bestimmt. Insbesondere unter Einbezug verhaltenswissenschaftlicher Aspekte erfordert der situative Ansatz dezidiert ein empirisches Forschungsprogramm.

Der "klassisch situative Ansatz" soll es ermöglichen, die gesicherten Erkenntnisse des vorhandenen Managementwissens für konkrete Gestaltungsempfehlungen in bestimmten Unternehmenssituationen nutzbar zu machen. Der situatitive Ansatz kommt den in der Praxis tätigen Managern sehr entgegen, weil er in einer bestimmten Situation der Unternehmensumwelt jeweils konkrete Maßnahmen empfiehlt, die den Führungskräften bei ihren Entscheidungen helfen sollen. Positiv ist

---

[56]   Vg. Staehle, Management, 1999, S. 48
[57]   Vgl. Hopfenbeck, Allgemeine Betriebswirtschafts- und Managementlehre, 2002, S. 62

auch, dass die jeweilige Managementempfehlung von einer bestimmten Unternehmensumwelt ausgeht und dass die situative Anpassung als ein Prozess innerhalb einer bestimmten politisch-wirtschaftlich-kulturellen zeitlichen Situation gesehen wird.

Vereinfachter „klassisch situativer Ansatz" der Managementlehre	
Situation:	veränderte, bedrohliche Unternehmensumwelt
Ausgangslage:	vorhandene Organisationsstruktur des Unternehmens
Situative Managementlehre:	Verhalten der Organisationsmitglieder nach den Vorgaben der situativen Managementlehre
Ziel:	Steigerung der Effizienz: Erfolgreiche Anpassung an die neue Unternehmensumwelt

Fig. 3: Vereinfachter deterministischer, quasi-mechanistischer situativer Ansatz[58]

Der situative Ansatz ist heute insbesondere in der amerikanischen Managementlehre weit verbreitet, unterliegt jedoch auch der Kritik:

- Die Definition bestimmter Inhalte als abhängige bzw. unabhängige Variablen ist häufig weder einsichtig noch begründbar. In der Forschung ist diese Einteilung abhängig vom Erkenntnisziel und im Bereich der Anwendung von den praktischen Gestaltungsinteressen.

- Entscheidungen hinsichtlich der Organisationsstruktur reduzieren sich häufig auf ein bloßes Anpassungshandeln an externe und interne Gegebenheiten der Unternehmung.

- Die Komplexität aller unternehmensinternen und -externen Faktoren ist zu groß, um durch den Einsatz bestimmter Managementmaßnahmen einen Erfolg prognostizieren zu können.

- Häufig geht es nur darum, dass die Managementempfehlungen nahtlos in ein bestimmtes Umweltgefüge passen. Die Wirkung des Einsatzes dieser Instrumente wird als deterministisch und quasi-mechanistisch angenommen.

- Die Kritik kulminiert in der folgenden Feststellung: Der situative Ansatz ist demnach keine Theorie, sondern ein Forschungsansatz, der inhaltlich beliebig gestaltet werden kann, denn in einer bestimmten Situation gibt es in der Regel nicht nur eine einzige passende Managemententscheidung, sondern ein Bündel an Alternativen.

---

[58] frei nach Staehle, Management, 1999, S. 51

- Staehle fasst zusammen: „Was das Konzept anbelangt, so erscheint es widersinnig, dass eine Managementlehre oder entscheidungsorientierte Betriebswirtschaftslehre, die ihre Daseinsberechtigung als Wissenschaft der Existenz von Handlungsspielräumen verdankt, deterministische Konzeptionen favorisiert..."[59]

Der situative Ansatz ist – trotz der vielfältigen Kritik – gegenwärtig der die Praxis des Managements am meisten beeinflussende Systemansatz, der hinsichtlich seiner Akzeptanz die anderen Managementschulen weit hinter sich lässt, ohne jedoch die herrschende Meinung in der Wissenschaft darzustellen.

6. Zusammenfassung

Management als Funktion der Unternehmensführung beeinflusst entscheidend den wirtschaftlichen Erfolg des Unternehmens. Es gibt jedoch in der Wissenschaft weder eine einheitliche Vorstellung über den semantischen Inhalt des Begriffs „Führungsfunktionen" noch eine Einheitlichkeit in der Management-Terminologie in Deutschland. Ebenso wenig gibt es eine herrschende Meinung über die Akzeptanz einer zeitgemäßen Managementtheorie. Vielmehr herrscht derzeit eine kaum überschaubare Theorievielfalt von Managementlehren vor.

Die Managementpraxis möchte jedoch gerade wegen der großen Bedeutung der Führung für den Unternehmenserfolg möglichst konkrete Empfehlungen und Rezepte. Eine Vielzahl von Artikeln, Publikationen und im Abstand weniger Jahre als Bestseller in Buchform erscheinender neuer „Managementlehren" zeigen das hohe Interesse der Unternehmensleiter an diesem Thema. Jenseits von Führungsleitsätzen und Führungsstilen wünschen die Manager erfolgsorientierte Handlungsanleitungen als Managementlehren im Sinne des oben genannten „situativen Ansatzes". Diese behandeln jedoch häufig nur einzelne Aspekte oder Probleme der Unternehmensführung. Mitunter stellen sie auch einzelne Sach- oder Formalziele in das Zentrum der Betrachtung, ohne geschlossene Darstellungen zu bieten.

Durch die rasche Abfolge immer neuer Managementbegriffe spricht man heute von sogar von „Managementmoden". Abrahamson definiert diese folgendermaßen: Eine Managementmode ist eine relativ weit verbreitete gemeinsame Vorstellung, die von den Schöpfern der Managementmethode verbreitet wurde, dass eine bestimmte Managementtechnik zu rational fassbarem Fortschritt bei der Unternehmensleitung führt.[60] Kurzlebige Managementmoden müssen deshalb klar von langfristig einsetzbaren und erfolgserprobten Managementlehren unterschieden werden. Der Verfasser dieser Studie wird bei seinen nachfolgenden Ausführungen nur letztere behandeln.

---

[59] Staehle, Management, 1999, S. 54f
[60] Vgl. Abrahamson, Management fashion, 1996, S. 257

Managementlehren müssen stets in engem zeitlichem Kontext zum jeweiligen politischen, wirtschaftlichen und gesellschaftlichen Umfeld der Unternehmen untersucht werden. Voraussetzung für die Entstehung moderner Managementlehren und deren Erklärung ist deshalb eine Analyse der derzeit aktuellen Unternehmensumwelt.

C. Zeitlicher Bezugsrahmen der Untersuchung: 1989-2009

Der Zeitraum von 1989 – 2009 ist nicht willkürlich gewählt, stellt doch das Jahr 1989 einen gravierenden politischen Umbruch in Europa dar. Deshalb muss mit dieser Zäsur eingesetzt werden, um die darauf beruhenden politischen und wirtschaftlichen Konsequenzen beurteilen zu können. In der Folgezeit gab es globale Veränderungen in diesen Bereichen, die von technologischen Umwälzungen mit weltweiten Folgen begleitet wurden. Deshalb wird, ausgehend von 1989 bis zur Gegenwart, das aktuelle Umfeld untersucht, in dem unternehmerisches Handeln, speziell aus europäischer Sicht, erfolgt.

1. Politische Dimension

Politische Rahmenbedingungen stellen die Voraussetzungen für wirtschaftliches Handeln dar. Ausgehend vom Zusammenbruch des Kommunismus und der Integration der Staaten Mittel- und Osteuropas in das demokratische Gesellschaftssystem Europas erfolgte im o. g. Zeitraum die Erweiterung und Ausgestaltung der Europäischen Union, die Festigung der politischen und wirtschaftlichen Vorherrschaft der USA und das Erstarken der Volksrepublik China, die auf dem Weg zu einer Weltmacht ist.

1.1. Der Zusammenbruch des Kommunismus und die Integration der Staaten Mittel- und Osteuropas in das demokratische Gesellschaftssystem Europas

Als Folge des Zweiten Weltkrieges entstanden in allen Ländern Mittel- und Osteuropas sozialistische Staaten, die – bis auf Jugoslawien – de facto unter der Oberhoheit der Union der Sozialistischen Sowjetrepubliken standen. Alle Versuche, das sozialistisch-kommunistische Joch abzuschütteln, blieben erfolglos, wie die Ergebnisse des Volksaufstands in der DDR im Jahr 1953, in Ungarn im Jahr 1956 und die Ereignisse in der Tschechoslowakei im Jahr 1968 dramatisch bewiesen, die den „Prager Frühling" durch Einmarsch von Truppen des Warschauer Pakts militärisch beendeten.

Erst Ende der achtziger Jahre des 20. Jahrhunderts kam es zu erfolgreichen politischen Veränderungen:

- Die Präsidenten der USA und der UdSSR verkündeten im Rahmen einer Gipfelkonferenz auf Malta im Dezember 1989 das Ende des „Kalten Krieges".

- 1989 erfolgte eine friedliche Revolution in der ehemaligen Deutschen Demokratischen Republik nach dem wirtschaftlichen und politischen Zusammenbruch des SED-Regimes und am 3. Oktober 1990 mit der Zustimmung der vier Siegermächte die Wiedervereinigung Deutschlands.

- In der Zeit von 1989 bis 1990 wurden alle ehemaligen Ostblockstaaten unabhängig, gründeten Demokratien und führten die Marktwirtschaft ein: Estland, Lettland, Litauen, Polen, die Tschechoslowakei, Ungarn, Bugarien, Rumänien und wichtige Staaten des ehemaligen blockfreien Jugoslawien (Slowenien, Kroatien).

- 1991 erfolgten nach der Unabhängigkeit der baltischen Staaten und der Gründung unabhängiger Republiken im Kaukasus und in Zentralasien der endgültige Zusammenbruch der Sowjetunion und deren Zerfall in 15 unabhängige Staaten.

Der Warschauer Pakt, das Verteidigungsbündnis, das seit seiner Gründung unter der Oberhoheit Russlands stand, brach Ende der achtziger Jahre zusammen. Stattdessen wurden 1997 Polen, die Tschechische Republik und Ungarn neue Mitglieder des Nordatlantischen Verteidigungspakts, der NATO. Im gleichen Jahr wurde in Paris eine Grundakte mit Russland vereinbart, die die Beendigung der Gegnerschaft von NATO und Russland und die Umwandlung von einer militärischen zu einer überwiegend politischen Organisation vorsieht. 2004 wurden die Länder Estland, Lettland, Litauen, die Slowakische Republik, Slowenien, Bulgarien und Rumänien in die NATO aufgenommen, im März 2009 Albanien und Kroatien. Auch Mazedonien beabsichtigt, dem Verteidigungsbündnis beizutreten.

Auch die wirtschaftliche Bande zwischen den ehemaligen Satellitenstaaten der Sowjetunion, das COMECON (Council for Mutual Economic Assistance), das die Arbeitsteilung unter den sozialistischen Ländern festlegte, wurde aufgelöst. Russland führte Anfang 1992 umfassende Maßnahmen zur Liberalisierung der Wirtschaft und zur Förderung der Marktwirtschaft durch. Als attraktive ökonomisch-politische Alternative strebten die jungen mittel- und osteuropäischen Demokratien danach, Mitglied der Europäischen Union zu werden.

Mit dem NATO-Beitritt von insgesamt zehn Staaten aus Mittel- und Osteuropa in der Zeit von 1997-2004 und der Aufnahme von zehn neuen Mitgliedern in die Europäische Union am 01.05.2004 wurde eine neue Friedensordnung in Europa Realität.

Die Folgen dieser politischen Entwicklung waren gravierend:

- Der „eiserne Vorhang", der Europa in West und Ost trennte, war verschwunden. Die durch den Zweiten Weltkrieg bedingte Teilung des Kontinents von 1945-1989 war zu Ende gegangen. Die ideologische und wirtschaftliche Spaltung Europas war endgültig überwunden. Aus einstigen Feindstaaten wurden gleichberechtigte Partner und Verbündete.

- Der Frieden in Europa wurde nach dem Ende des „Kalten Krieges" erheblich sicherer. Russland war nicht länger ein Feindstaat der NATO.

- Die Ausgaben für Landesverteidigung konnten europaweit deutlich reduziert werden. Beispielsweise wurde die Gesamtstärke der Bundeswehr nach
der Wiedervereinigung von 600.000 Mann auf 250.000 Soldaten im Jahr
2005 verringert. Der Verteidigungshaushalt betrug im Jahr 2009 laut Haus-
haltsplan nur noch 10,8 % der Ausgaben (31,2 Mrd. €) bei einem Gesamtvolumen des Haushalts der Bundesrepublik Deutschland von 290 Mrd. €. Die
öffentlichen Mittel in Deutschland werden heute primär ausgegeben für
„Arbeit und Soziales" (123,5 Mrd. € = 42,3 %), Zinszahlungen und Tilgung der
Bundesschulden (42,5 Mrd. € = 14,6 %).

1.2 Ausgestaltung der Europäischen Union[61]

1951 schlossen sich Deutschland, Frankreich, Italien, Belgien, die Niederlande und
Luxemburg zur „Montanunion" zusammen, die die nationale Oberhoheit über die
Produktion von Kohle, Eisen und Stahl einer supranationalen Hohen Behörde über-
trugen. Da diese 1952 in Kraft getretene ökonomische Kooperation erfolgreich war,
wurden von den gleichen Staaten 1957 zwei weitere überstaatliche Einrichtungen
durch die sog. „Römischen Verträge" gegründet, die „Europäische Wirtschaftsgemeinschaft" und die Europäische Atomgemeinschaft EURATOM, die die friedliche
Erforschung und Nutzung der Kernkraft in ihren Mitgliedsländern bezweckte.

Der Vertrag über die Europäische Wirtschaftsgemeinschaft beinhaltet die berühmt
gewordenen „vier Freiheiten", nämlich die Freiheit des Warenverkehrs, des Dienstleistungsverkehrs und des Kapitalverkehrs sowie einen freien Personenverkehr.

In der Folge wurde eine Zollunion mit dem Abbau der Binnenzölle und dem Aufbau
eines gemeinsamen Außenzolls geschaffen. Dieses Ziel konnte 1967 verwirklicht
werden. Bereits zwei Jahre vorher, nämlich 1965, wurden die drei supranationalen
Organisationen „Montanunion", „Europäische Wirtschaftsgemeinschaft" und „Euratom" zur „Europäischen Gemeinschaft" verschmolzen.

Im Jahr 1993 wurde der Europäische Binnenmarkt durch ein vorläufig gültiges europäisches System der Mehrwertsteuer, die Abschaffung der Grenzkontrollen und
die Freizügigkeit von Personen realisiert.

Der Vertrag von Maastricht von 1991 dokumentiert den Beschluss des Ministerrats
über die Errichtung einer Wirtschafts- und Währungsunion, die ab 1999 in Kraft
treten sollte. Ein europäisches System der Zentralbanken wurde als Vorbereitung
für die Einführung einer gemeinsamen Währung in allen Teilnehmerstaaten geschaffen. Die neue Gemeinschaftswährung, der „Euro", wurde zum 1.1.2002 ter-
mingerecht eingeführt.

---

[61]   Vgl. Deutsche Bundesbank, Die Europäische Union, 2005, S. 12ff

Im „Vertrag von Nizza" wurde 2003 eine institutionelle Reform der Europäischen Union beschlossen, um beim Beitritt weiterer Länder die Handlungsfähigkeit der Organe und die Entscheidungs- und Abstimmungsverfahren der Gemeinschaft zu verbessern.

Für die Bürger garantiert die Europäische Union die folgenden Rechte: Wahlrecht bei Europa- und Kommunalwahlen, Schutz der Grundrechte, Petitionsrecht beim Europäischen Parlament, Freizügigkeit und die Unionsbürgerschaft für alle Staatsangehörigen der EU-Mitgliedsländer.

Die Europäische Union bietet für unternehmerisches Handeln zahlreiche Vorteile. Die wichtigsten sind:

- Die Freiheit des Waren- und Dienstleistungsverkehrs sowie des Kapitalverkehrs eröffnet grenzenlose Möglichkeiten in den Mitgliedstaaten für wirtschaftliche Betätigung und hat durch die damit verbundene Liberalisierung zu einer erheblichen Intensivierung des grenzüberschreitenden innereuropäischen Waren- und Kapitalverkehrs beigetragen.

- Die Vollendung des Binnenmarktes bietet grenzenlose Exportmöglichkeiten ohne irgendwelche tarifären oder nicht-tarifären Handelshemmnisse, jedoch auch eine erhebliche Steigerung der europäischen Konkurrenz.

- Die Europäische Union ermöglicht eine internationale Arbeitsteilung, bei der Spezialisierungen auf bestimmte Produkte (z.B. Niederlande und Deutschland: landwirtschaftliche Erzeugnisse und Industrieprodukte) zu einer gegenseitigen Steigerung der Handelsbilanz und zu einer immer stärkeren Verschränkung der jeweiligen Volkswirtschaften führen.

- Der freie Personenverkehr und die Freiheit des Dienstleistungsverkehrs ermöglichen den Zusammenschluss insbesondere von freien Berufen in allen Mitgliedsländern und die Gründung von Niederlassungen inländischer Unternehmen im europäischen Ausland. Grenzkontrollen entfallen.

- Die gemeinsame Währung erleichtert die Vergleichbarkeit von Preisen, bietet Kalkulationssicherheit, da es keine Schwankungen unterschiedlicher Wechselkurse mehr gibt und vereinfacht den Zahlungsverkehr. Es herrscht Freizügigkeit für den Zahlungs- und Kapitalverkehr innerhalb und außerhalb der Europäischen Union. Außerdem erfolgten die Integration der Finanzmärkte und die Liberalisierung des Wertpapierverkehrs.

- Der von der Europäischen Gemeinschaft gebotene rechtliche Rahmen wird durch den Europäischen Gerichtshof, der die Einhaltung der Bestimmungen der Europäischen Verträge und aller seitdem erfolgten Zusatzvereinbarungen sicherstellt, überwacht. Dies erhöht die Rechtssicherheit der Unterneh-

men und stärkt das Wettbewerbsrecht hinsichtlich eines freien Marktzu-
gangs.

- Die seit den achtziger Jahren bestehenden Struktur- und Regionalfonds zur
  Förderung der Entwicklung benachteiligter Regionen in Europa bieten zahlreiche Möglichkeiten für Existenzgründer und Aufträge für bestehende europäische Unternehmen. Besonderen Nutzen ziehen daraus die neuen Beitrittsländer.

1.2.1 Die Erweiterung der Europäischen Union

Die Europäische Union war seit Beginn ihrer Existenz außerordentlich attraktiv,
führte doch insbesondere der freie Warenverkehr zu einem starken Anstieg der
innergemeinschaftlichen Handelsströme, aus deutscher Sicht zu einer erheblichen
Steigerung der Exporte von Industrieerzeugnissen. Insgesamt kam aber die wirtschaftliche Freiheit allen Mitgliedsstaaten zu Gute und führte zu einem deutlichen
Anstieg des Inlandsprodukts der Mitgliedsländer.

Aus Gründen der Platzersparnis wird die Erweiterung der Europäischen Union um
neue Mitgliedstaaten tabellarisch dargestellt:

Jahr des Beitritts	Erweiterung um folgende Mitgliedsländer
1973	Großbritannien, Irland, Dänemark
1981	Griechenland
1986	Spanien, Portugal
1995	Österreich, Finnland, Schweden
2004	Estland, Lettland, Litauen, Polen, Tschechische Republik, Slo-wakische Republik, Ungarn, Slowenien, Malta und Zypern
2007	Rumänien, Bulgarien
Mitgliedschaft erwünscht:	Albanien, Bosnien, Serbien, Montenegro, Bosnien-Herzegowina, Ukraine
Mitgliedschaft beantragt:	Kroatien, Mazedonien, Türkei
Mitgliedschaft nicht beabsich-tigt, obwohl die Bedingungen erfüllt sind:	Island; Liechtenstein, Schweiz, Norwegen

Fig. 4: Die Erweiterung der Europäischen Union auf 27 Staaten

Welche Konsequenzen hat die Erweiterung der Europäischen Union für Unternehmen:

- Die „vier Freiheiten" der Europäischen Union (freier Waren-, Dienstleis-
  tungs- Kapitalverkehr und Freizügigkeit der Menschen) gelten seit 2007 in

insgesamt 27 europäischen Staaten. Damit ist einer der größten Wirtschaftsräume der Erde entstanden.

- Die Europäische Gemeinschaft wird durch entsprechende Unterstützungsprogramme die Landwirtschaft, den Ausbau der transeuropäischen und nationalen Infrastruktur und die Wirtschaftsentwicklung der neuen Beitrittsländer langfristig fördern.

- Durch das starke Wohlstandsgefälle zwischen den alten und neuen Mitgliedsländern ergeben sich ungeahnte Chancen für die Errichtung neuer Produktionsbetriebe infolge der deutlich niedrigeren Löhne, die zu Auslagerungen von Fertigungsstätten aus den alten Mitgliedsländern führen. Mittelfristig werden diese Staaten auch die Absatzmärkte für die dort tätigen ausländischen Unternehmen sein, da im Inland deutliche Sättigungstendenzen der Märkte erkennbar sind.

- Durch den aus der post-sozialistischen Zeit bedingten starken Nachholbedarf an Konsum- und Investitionsgütern bieten sich den Unternehmen der alten Mitgliedsländer attraktive neue Absatzmärkte in den Staaten Mittel- und Osteuropas.

- Eine Erweiterung des europäischen Arbeitsmarktes mit zeitlichen Übergängen. Die Freizügigkeit haben Länder wie Großbritannien und Irland mit starken Zuwanderungen aus Osteuropa bereits realisiert, andere Staaten wie Deutschland, nutzen die Übergangsregelungen, um den nationalen Arbeitsmarkt zu schützen.

1.2.2 Die Europäische Verfassung

Eine wichtige Etappe auf dem Weg der Mitglieder der Europäischen Gemeinschaft zu einem Staatsgebilde eigener Art war und ist die Schaffung einer europäischen Verfassung. Unter dem Vorsitz des ehemaligen französischen Staatspräsidenten Valerie Giscard d'Estaing wurde von einem Verfassungskonvent die Europäische Verfassung konzipiert und durch Ministerrat, Kommission und Parlament verabschiedet. Am 29. Oktober 2004 wurde der Verfassungsvertrag durch die Staats- und Regierungschefs in Rom unterzeichnet und der Ratifizierungsprozess eingeleitet. Nach allseitiger nationaler Zustimmung soll sie in allen 27 Mitgliedsländern geltendes Recht werden.

Die neue EU-Verfassung wurde jedoch bis heute lediglich von insgesamt 13 Staaten ratifiziert. Hierzu zählen alle osteuropäischen Länder sowie Deutschland, Luxemburg, Spanien und Italien, die das Vertragswerk durch ihre nationalen Parlamente bzw. durch Volksabstimmungen angenommen haben. Die EU-Verfassung wurde jedoch in Referenden in Frankreich, den Niederlanden und in Irland durch die Wähler abgelehnt. Die geplante Volksabstimmung in Großbritannien wurde deshalb ausgesetzt.

Die Gründe für die Ablehnung sind vielfältiger Natur: Innenpolitische Probleme und Unzufriedenheit mit nationalen Regierungen wirkten sich bei den Referenden zu Ungunsten der Europäischen Verfassung ebenso aus wie die Kritik an der überzogenen Bürokratie[62] der Europäischen Union und der damit verbundenen Regelungsdichte. Außerdem bestehen teilweise große Befürchtungen der Menschen in den Mitgliedsstaaten hinsichtlich des raschen Tempos der Erweiterung der Gemeinschaft, da durch den Beitritt von Niedriglohnländern wie Rumänien und Bulgarien eine weitere Erhöhung der Arbeitslosigkeit in den Industriestaaten als Folge von Standortverlagerungen befürchtet wird.

Schließlich spielt auch noch die Frage, ob die Türkei in absehbarer Zeit Vollmitglied der Europäischen Union wird, eine wesentliche Rolle, da dies von erheblichen Teilen der Bevölkerung in einigen Mitgliedsstaaten abgelehnt wird.

Es ist gegenwärtig völlig offen, ob die innere Ausgestaltung der Europäischen Union weiter fortschreitet oder – wofür derzeit einiges spricht – eine Grundsatzdiskussion darüber beginnt, ob diese ein Bundesstaat oder eher eine lose wirtschaftliche Vereinigung auf der Grundlage einer Zollunion aber weitgehender politischer Selbständigkeit sein solle sowie die Frage, welche Aufgaben und welchen Finanzrahmen dabei die Mitglieder der Europäischen Gemeinschaft zuweisen.

Eng damit verbunden sind die politischen Auseinandersetzungen um den Haushalt der Gemeinschaft von 2007 bis 2013, der im Jahr 2009 insgesamt 133,8 Mrd. € beträgt und für den Zeitraum von 2007 bis 2013 ein Gesamtvolumen von 1.025 Mrd. € nach einem Vorschlag der EU-Kommission umfassen soll. (Jahresdurchschnitt: 146,4 Mrd. €). Dieser starke Anstieg ist insbesondere durch die Finanzhilfen für die 2004 neu eingetretenen Länder bedingt. Beispielsweise wird Polen innerhalb des oben genannten Zeitraums insgesamt ca. 60 Mrd. € an Nettofinanzhilfen durch die Europäische Union bekommen.

Vereinzelt wird sogar die Frage nach der Zukunft der Gemeinschaftswährung Euro angesichts auseinander driftender volkswirtschaftlicher Entwicklungen einzelner Staaten innerhalb der Europäischen Gemeinschaft gestellt. Rund ein Drittel der Deutschen will nach Umfragewerten des Jahres 2009 aus Gründen der Währungsstabilität die D-Mark zurück, eine Tendenz, die in Anbetracht der Finanzkrise noch zunehmen dürfte.

---

[62] Beispiel für überzogene EU-Verordnungen: „Es gibt eine Vorschrift, die besagt, dass Sie, wenn Sie als Kunde oder Lieferant unseren Betrieb befahren wollen, zuerst auf der Straße anhalten müssen, dann ins Büro gehen sollen, um sich dort über die Verkehrswege und Straßen innerhalb des Betriebsgeländes schriftlich aufklären zu lassen. Erst dann können Sie auch als Kunde unseren Betrieb betreten."
Leserbrief von Schuler, Eine Hydra von Beamten plant, 2005

In jedem Fall ist diese offene Frage hinsichtlich der Entwicklung der Europäischen Union ein nicht zu unterschätzender Unsicherheitsfaktor für die wirtschaftliche Aktivität der Unternehmen.

1.3 Politische und wirtschaftliche Vorherrschaft der USA

Seit dem Zusammenbruch der Sowjetunion sind die Vereinigten Staaten von Amerika derzeit die einzige und uneingeschränkte Weltmacht. Dies gilt sowohl für die Politik als auch für die Wirtschaft. Die Schwächung Russlands durch den Zerfall des Staatsgebildes ebenso wie das Ende des COMECON und des Warschauer Pakts führten zu einem Machtvakuum, das mit Hilfe der Europäischen Union und der USA (NATO) wieder ausgeglichen wurde. Der unter der Vorherrschaft der USA stehende Nordatlantikpakt reicht durch den Beitritt von Estland, Lettland und Litauen sowie von Polen, der Tschechischen Republik, der Slowakei und Ungarns teilweise bis direkt an die russische Grenze. Der ehemalige Feindstaat Russland ist jetzt im Rahmen einer „privilegierten Sicherheitspartnerschaft" Mitglied der NATO und soll durch permanente Konsultationen über alle relevanten bilateralen Fragen davon überzeugt werden, dass der Nordatlantische Verteidigungspakt nicht gegen die ehemalige Sowjetunion gerichtet ist.

Als „Weltpolizist" zur Sicherung von Freiheit und Demokratie haben die USA nach dem Ende des Kalten Krieges in fast allen Weltkonflikten auf vier Kontinenten politisch und militärisch eingegriffen, in Mittel- und Südamerika, Afrika, Asien und sogar in Europa (Bosnien-Herzegowina, Albanien und Kosovo).

Mit den Anschlägen vom 11. September 2001 auf das World Trade Center in New York und das Pentagon in Washington durch Mitglieder der Al Quaida wurde erstmals die Verwundbarkeit der USA durch islamistische Terroristen des unter der Leitung des aus Saudi-Arabien stammenden Osama bin Laden deutlich. Die Anschläge forderten nicht nur eine größere Anzahl an Opfern als der japanische Angriff auf Pearl Harbor 1941, sondern sie verursachten in den USA auch einen größeren Schock, da Amerika im Landesinneren angegriffen und Symbole amerikanischer Macht zerstört bzw. beschädigt wurden. Als Reaktion sagte der von 2001-2009 regierende amerikanische Präsident George W. Bush dem Terrorismus den Krieg an und machte den Sieg im Kampf gegen den Terrorismus und die Verbreitung der Freiheit der Menschen zu den obersten Zielen seiner ersten Amtszeit. Seit dieser Zeit verfolgen die USA den internationalen Terrorismus durch militärische Interventionen. Man darf gespannt sein, ob der neue Präsident, Barack Obama, hieran etwas ändern wird.

In einem Krieg in Afghanistan unmittelbar nach dem Anschlag auf das World Trade Center im Jahr 2001 wurde durch die Operation „Enduring Freedom" das Taliban-Regime kurzfristig von der Macht verdrängt, führt jedoch seit Jahren einen zunehmend erfolgreicher werdenden Guerillakrieg mit Hilfe der Unterstützung islamistischer Staaten.

2003 erklärte Präsident Bush dem Irak den Krieg, besetzte nach einem kurzen, erfolgreichen militärischem Feldzug das Land und nahm Saddam Hussein gefangen, der in einem Gerichtsverfahren zum Tode verurteilt wurde. Trotz Abgabe der Macht an eine Übergangsregierung wird das Land seitdem durch permanente terroristische Attacken von Al Quaida-Kämpfern heimgesucht, so dass eine längere Besetzung des Irak mit ungewissem Ausgang durch die USA trotz gegenteiliger Beteuerungen des neuen US-Präsidenten Obama nicht ausgeschlossen werden kann.

Die Zerstörung der Massenvernichtungswaffen des Irak als Kriegsgrund für die militärische Aktion der USA führte in der Folgezeit zu erheblichen Verstimmungen im Verhältnis der USA zu Europa. Hieran ist nicht nur die Tatsache des unilateralen militärischen Vorgehens der USA gegen eine Nation verantwortlich, sondern auch die Tatsache, dass der Irak – wie sich später herausstellte – über keine Massenvernichtungswaffen verfügte.

Dieses Faktum und das starke militärische Machtgefälle zwischen den USA und Europa als Ursache für zunehmend stärker auseinanderlaufende außenpolitische Zielsetzungen führten zu einer nicht unerheblichen Entfremdung. Aus diesem Grund missbilligen jahrelang 72 % der Europäer den außenpolitischen Kurs von Präsident George W. Bush. Da Großbritannien dem Krieg beitrat und Frankreich und Deutschland sich hiergegen explizit aussprachen und Neutralität wahrten, führte der Irakkrieg letztendlich zu einer außenpolitischen Spaltung der Europäischen Union und zu einer wachsenden Distanz des „alten" Europa zu den USA.

Alle diese kriegerischen Auseinandersetzungen wurden dadurch ermöglicht, dass das US-Militär seit Jahrzehnten die mit Abstand am besten ausgerüstete und technologisch überlegenste Streitmacht der Welt besitzt. Kein anderes Land ist in der Lage, seine militärische Macht weltweit einzusetzen. Die USA geben seit Jahren für Verteidigung jährlich einen höheren Betrag aus, als die weltweit nächstgrößten 14 nationalen Militärhaushalte zusammengenommen ausmachen und erreichen mit insgesamt 651,2 Mrd. US-$ fast 50 % der globalen Militärausgaben.[63]

Die Finanzierung der amerikanischen Außenpolitik ist in Anbetracht des Reichtums der USA unproblematisch. Die Wirtschaft des Landes bildet nach der EU den zweitgrößten Binnenmarkt der Welt mit 300 Mio. Einwohnern. Mit nur 4,4 % der Weltbevölkerung werden 21,4 % der weltweiten Wirtschaftsproduktion und 9,6 % der Weltexporte im Jahr 2007 erzeugt. Damit sind die USA bis heute die stärkste Wirtschaftsmacht der Welt. Die große Wirtschaftsdynamik beruht auf den natürlichen Ressourcen des Landes, zahlreichen technologischen Innovationen der letzten Jahre aus dem Bereich der Computerindustrie, der Telekommunikation und

---

[63] Vgl. Kreft, Die unterschätzte Weltmacht, 2009
Das US Teasury nennt demgegenüber für 2008 den Betrag von 607,3 Mrd. € (ohne Kosten der Geheimdienste).

den Biowissenschaften und einer hohe Arbeitsproduktivität der Mitarbeiter der Unternehmen.

Seit 1983 und während der gesamten neunziger Jahre des 20. Jahrhunderts verzeichnete die amerikanische Wirtschaft das längste kontinuierliche Wachstum in ihrer Geschichte und förderte dadurch die Weltkonjunktur in erheblichem Maße. Seit 25 Jahren steigt das Wirtschaftswachstum mit jährlich über drei Prozent deutlich höher als in europäischen Staaten und in Japan. Die amerikanische Wirtschaft ist vital, hochproduktiv und anpassungsfähig.

Allein im Zeitraum von 1999-2000 entstanden 2,5 Millionen neuer Arbeitsplätze. Anfang 2005 betrug die Arbeitslosigkeitsrate lediglich 5,2 % – damals fast die Hälfte der Arbeitslosenquote in Deutschland.

Das Wirtschaftswachstum der USA war auch im Jahr 2008 bis zum Ausbruch der Finanzkrise ungebremst. Das Bruttoinlandsprodukt betrug im Jahr 2008 insgesamt ca. 14 Billionen US-$. Rund 73 % des realen Bruttoinlandsprodukts werden im Dienstleistungssektor erwirtschaftet. Die Staatsverschuldung ist wegen der Kriege in Afghanistan und im Irak sowie wegen der Finanzkrise stark gestiegen, und zwar im Jahr 2009 voraussichtlich auf knapp 1,2 Bio. US-$.

Rund ein Viertel des Bruttoinlandsprodukts wird exportiert. Wegen der hohen Wachstumsraten und der starken Konsumnachfrage betrug das Handelsbilanzdefizit 2007 insgesamt ca. 790 Mrd. US-$, die weitgehend aus dem Ausland finanziert wurden.

Langfristig wird der Anteil der USA am globalen Sozialprodukt durch das rasche Wachstum der bevölkerungsreichen Schwellenländer insbesondere in China und Indien abnehmen.

Kreft fasst zusammen:

> „Angesichts der aktuellen Finanz- und Wirtschaftskrise und der neu entflammende Diskussion über den Niedergang amerikanischer Macht wird leicht übersehen, dass die USA heute und auf absehbare Zeit allen anderen Ländern strukturell überlegen sind."[64]

---

[64]   Kreft, Die unterschätzte Weltmacht, 2009

1.4 China auf dem Weg zur Weltmacht[65]

Zahlreiche Faktoren trugen dazu bei, dass aus dem einstmals kommunistischen China Mao Zedongs eine kapitalistisch orientierte Marktwirtschaft mit starker staatlicher Lenkung und hervorragenden ökonomischen Erfolgen wurde:

- Seit 1978 Einführung eines weitgehend marktwirtschaftlichen Wirtschaftssystems durch die Kommunistische Partei Chinas („Reform- und Öffnungspolitik")
- Öffnung des Landes für ausländische Investoren
- Etablierung privater mittelständischer Unternehmen in China
- Rohstoffreichtum des Landes
- Unbegrenzte Ressourcen an weltweit billigsten Arbeitskräften bei einer Einwohnerzahl von über 1,3 Mrd. Menschen
- Potentiell größter nationaler Absatzmarkt der Welt
- 1979 Einführung kapitalistischer Sonderwirtschaftszonen, zuerst in Shenzen, seit 1997 in Hongkong und 1999 in Macao
- Mitglied der Welthandelsorganisation (WTO) seit 2001
- Stabile Währung mit jahrzehntelanger Bindung an den US-Dollar.

Die Folgen dieser Politik sind vielfältiger Natur:

- China ist Gründungsmitglied der Vereinten Nationen und seit Jahrzehnten Mitglied des Weltsicherheitsrats. Damit stieg China zu einer weltpolitisch bedeutsamen Großmacht auf.

- Militärisch rüstet China seit Jahren als pazifische Macht auf und investiert nach Schätzungen von Experten jährlich 60-90 Mrd. US-Dollar in die Landesverteidigung. In den USA werden deshalb bereits erste Überlegungen angestellt, wie der geostrategische Einfluss Chinas eingedämmt werden kann.

- Großunternehmen und mittelständische Unternehmen aller Industriestaaten der Welt haben Produktionsstätten in China eröffnet und beliefern von dort aus sowohl den eigenen als auch den chinesischen und den gesamten asiatischen Markt. Beispielsweise haben ausländische Investoren allein im Jahr 2007 insgesamt 96,1 Mrd. US-$ an Direktinvestitionen in China getätigt.

- Das jährliche Wirtschaftswachstum Chinas steht mit an der Weltspitze:

---

[65] Vgl. Hess; Hoffbauer, Chinas Wirtschaft macht großen Sprung nach vorn, 2008
Vgl. Hoffbauer, Krise bremst China aus, 2009

Jahr	Wachstum des Inlandsprodukts
2004	10,1 %
2005	10,4 % (nachträglich korrigiert auf 16,8 %)
2006	11,1 %
2007	11,9 %
2008	9 %

Fig. 5: Wirtschaftswachstum in China

- China nimmt gegenwärtig den zweiten Platz am Anteil an der Weltwirtschaft mit 10,9 % ein. Das jährliche Exportwachstum beträgt 23-25 %. Allein im Jahr 2007 importierte Deutschland Güter für 54,6 Mrd. €, wobei Textilien einen großen Anteil haben.

- Die rasche industrielle Entwicklung Chinas hat eine global starke Nachfrage nach Rohstoffen aller Art, insbesondere aber nach Erdöl, verursacht. Diese seit Jahren andauernde Sogwirkung führte zu einem weltweiten Preisanstieg für alle industriell bedeutsamen Rohstoffe. Nach den USA ist mittlerweile China der zweitgrößte Ölverbraucher der Welt, und muss derzeit ca. 40 % des erforderlichen Bedarfs importieren. Der Ölverbrauch der USA ist jedoch dreimal so hoch. Mittelfristig plant China den Bau 30 neuer Atomkraftwerke, um seinen Energiebedarf zu decken.

- Wirtschaftlich versucht sich China weltweit mit seinen Firmen zu etablieren und in zahlreichen Bereichen strategisch zu positionieren, z. B. als bedeutender Produktionsstandort und Abnehmer für die Weltchemieindustrie. Kapitalexport zur Sicherung von Rohstoffen genießt oberste Priorität: Der finanziell reich ausgestattete chinesische Staatsfond bietet hierzu eine hervorragende Basis.

- Prognosen gehen bereits mittlerweile bereits davon aus, dass bei weiter fortschreitender Industrialisierung Mitte des 21. Jahrhunderts China den größten Teil des Kapitals der Welt besitzen und zur größten Volkswirtschaft der Welt aufsteigen wird.

China ist somit der ideale Standort für die Gründung von Tochtergesellschaften, da es derzeit über die konkurrenzlos niedrigsten Löhne und trotz der noch bestehender Einkommensdefizite der Bevölkerung über einen geradezu unbegrenzten Absatzmarkt für Konsum- und Investitionsgüter verfügt. China wurde zum Zielland für die Auslagerung von betrieblichen Funktionen und als Standort für Produktionsstätten.

Exkurs: Bemerkenswert ist, dass Indien mit ebenfalls rund einer Milliarde Bewohnern einen ähnlichen Weg wie China als attraktiver Investitionsstandort verfolgt, global exportiert und nach weltpolitischem Gewicht durch Bewerbung um einen Sitz im Weltsicherheitsrat der Vereinten Nationen strebt. Mit Wachstumsraten des realen Inlandsprodukts von 2002-2007 von jährlich durchschnittlich 8,5 % beweist der Subkontinent seine wirtschaftliche Stärke. Indien plant, bis zum Jahr 2010 jährlich 50 Mrd. Dollar in die Infrastruktur zu investieren. Trotzdem ist Indien wirtschaftlich noch erheblich schwächer als China, dessen Industrieprodukte ca. 30 % billiger als indische sind, da chinesische Arbeitnehmer eine um 30-50 % höhere Arbeitsproduktivität aufweisen.

China ist deshalb Gegenwart, Indien die Zukunft.

1.5 Kampf der politischen Systeme[66]

Somit zeigen die letzten 20 Jahre die Entstehung eines Kampfes der politischen Systeme. Es geht weniger um die Frage ob Demokratie oder Sozialismus die bessere Gesellschafts- und Staatsform ist, sondern um die Art und Weise, wie die Länder weltweit ihre Probleme lösen. Auf der Grundlage marktwirtschaftlicher Systeme mit jeweils unterschiedlichen nationalen Schwerpunkten wird global nach wirtschaftlichem Wohlstand und einer qualitativ möglichst hochwertigen Lösung gesellschaftlicher Probleme z. B. im Bereich des Bildungswesens, bei der Bekämpfung der Arbeitslosigkeit sowie bei der Schaffung oder Erhaltung sozialer Sicherungssysteme gestrebt. Von der Qualität dieser Problemlösungen hängt heute das internationale Ansehen eines Staates in einem nicht unerheblichen Umfang ab. Dabei haben auch kleine und arme Länder gute Chancen, sich weltweit erfolgreich zu positionieren wie der EU-Neuling Slowakei, der durch eine Niedrigsteuerpolitik zu einem der zentralen Investitionsländer Osteuropas wurde. Ähnliches gilt für Irland, dessen Hauptstadt Dublin wegen seiner Steuerpolitik und seiner liberalen Gesetzgebung im Bereich der Wirtschaft zu einer Bankenmetropole wurde. Diese Erfolge wurden jedoch durch die aktuelle weltweite Finanzkrise erheblich reduziert.

Man muss sich darüber im Klaren sein, dass in einer globalisierten Weltwirtschaft mit freiem Marktzugang für jedermann, dessen Merkmale im nächsten Kapitel ausführlich dargestellt werden, die nationale Politik an Grenzen stößt. Der Aktionsspielraum der Nationalstaaten wird heute eindeutig durch weltwirtschaftliche Gegebenheiten eingeschränkt. Politik kann keine Arbeitsplätze schaffen, sondern lediglich günstige Rahmenbedingen für unternehmerische Aktivitäten.

Die seit etwa zwei Jahrzehnten verstärkt einsetzende Internationalisierung der Wirtschaft führt zu einem Souveränitätsverlust und einer Bedrohung der Autonomie politischen Handelns der Staaten. Der heute vorhandene „Wettbewerb der Nationen" beeinflusst in entscheidendem Maße die Transformation der Wirtschaftsordnungen wie die Senkung der Lohnnebenkosten, den Abbau von Sozial-

---

[66] Vgl. Hopfenbeck, Allgemeine Betriebswirtschafts- und Managementlehre, 2002, S. 85f

leistungen für die Bevölkerung, einen internationalen „Steuerwettbewerb" und Investitionsanreize für nationale Standorte. Aus diesem Grund senkte etwa Deutschland den Körperschaftssteuersatz 2008 von ursprünglich 38,7 % auf 29,8 % und steht jetzt damit an viertbester Stelle in Europa. Alle diese Entwicklungen schwächen die Handlungsfähigkeit der Staaten, die globale ökonomische Faktoren in höherem Maße als nationalstaatliche Interessen bei der Formulierung ihrer politischen Ziele zu beachten haben.

Heute ist jedes Land der Erde dazu gezwungen, am Standortwettbewerb der Unternehmen teilnehmen und marktwirtschaftlich nachvollziehbare Vorteile für die Ansiedlung von Unternehmen zu bieten. Kritiker sprechen heute bereits von einem „globalen Liberalisierungswettlauf", einem „Wettlauf in den Abgrund" („race to the bottom") zwischen Staaten, Systemen und Standorten, bei dem die Sorge, dass aus Konkurrenzgründen immer niedrigere Löhne und Sozialstandards angestrebt werden, nicht unberechtigt ist. Der damalige britische Schatzkanzler Gordon Brown und heutige Premierminister erklärte in diesem Zusammenhang, dass sich Asien, vor allem aber China, in einem „race to the top" und nicht in einem „race to the bottom" befinde.

Seit den Terroranschlägen vom 11. September 2001 in New York und Washington wird auch erneut der Ruf nach einer Rückkehr der Führungsrolle der Politik laut, wie ihn der bis Ende 2005 amtierende deutsche Außenminister in seinem neuesten Buch formuliert:

> „Alle jene schönen Illusionen vom Ende der Politik, vom Rückzug des Staates und der scheinbaren Dominanz der Ökonomie über die Politik wurden am 11. September unter den Trümmern begraben... Nicht mehr die Börse, sondern die Politik sollte fortan wieder die Kurszettel der Geschichte schreiben." [67]

Gilt dieses Zitat nicht in eindrucksvoller Weise seit dem Ausbruch der weltweiten Finanzkrise im Jahr 2008?

2. Wirtschaftliche Veränderungen

Die in den letzten 20 Jahren erfolgten erheblichen Veränderungen in der Weltwirtschaft haben primär drei Ursachen:

- Gravierende Umwälzungen in der Politik, in deren Gefolge seit 1989 attraktive neue Märkte entstanden.
- Das Phänomen der „Globalisierung der Weltwirtschaft" und
- die Entstehung des „Internet" mit all den daraus resultierenden umfangreichen Möglichkeiten.

---

[67] Fischer, Die Rückkehr der Geschichte, 2005

2.1 Die Entstehung neuer Marktwirtschaften in Europa[68]

Die politischen Veränderungen in Europa verbesserten die wirtschaftliche Ausgangslage der aktuell 27 Mitgliedstaaten umfassenden Europäischen Union. Nach dem Zusammenbruch des Sozialismus entstanden neue Demokratien in Mittel- und Osteuropa mit marktorientierten Wirtschaftssystemen, die auf dezentralen Entscheidungen der Unternehmer, Privateigentum an Produktionsmitteln und dem Rentabilitätsstreben der Firmeninhaber und Anteilseigner beruhen. Die Erweiterung der Europäischen Union liberalisierte den Waren-, Dienstleistungs- und Kapitalverkehr und schuf die Grundlage für die erfolgreiche unternehmerische Betätigung der neuen Beitrittsländer in den alten Mitgliedstaaten, insbesondere im grenznahen Bereich.

Diese jungen Marktwirtschaften in Mittel- und Osteuropa schufen innovative Standortbedingungen, z. B. bei der Investitionsförderung, der Ansiedlungs- und Steuerpolitik und zeigen ein hohes Maß an Flexibilität hinsichtlich ihres Marktauftritts gegenüber den alten Mitgliedsländern der Europäischen Union, insbesondere in Bereichen wie dem Handwerk, der Zulieferindustrie und der Produktion von Vorleistungserzeugnissen. In diesem Zusammenhang erfolgt zunehmend ein Wandel von der kostengünstigen Produktion der in das Ausland verlagerten „verlängerten Werkbänken" hin zu marketingorientierten Unternehmen, die, aus Osteuropa kommend, mittlerweile auch im europäischen Ausland auftreten, insbesondere im Bereich des Handwerks.

2.1.1 Kostensenkungspotentiale für Unternehmen in Mittel- und Osteuropa[69]

In den letzten Jahren fanden umfangreiche Direktinvestitionen in die neuen Beitrittsländer der Europäischen Union statt. Nach Erhebungen des Wiener Instituts für internationale Wirtschaftsvergleiche flossen nach Mittel- und Osteuropa im Jahr 2004 insgesamt der Betrag von 34,8 Mrd. €, wobei diese Zahl eine Steigerung um knapp 37 % gegenüber dem Jahr 2003 darstellt. Davon gingen dabei ca. 15 Mrd. € nach Polen, in die Tschechische Republik und nach Ungarn. Allein die Direktinvestitionen Deutschlands nach Polen haben sich von 2004-2008 mehr als verdreifacht.

Insgesamt stiegen die weltweiten Direktinvestitionen Deutschlands im Jahr 2006 auf 100,1 Mrd. € und 2007 auf 152,5 Mrd. €. Deutsche Firmentöchter beschäftigten in zehn EU-Staaten Mittel- und Osteuropas im Jahr 2004 insgesamt 757.000 Mitarbeiter.

Bemerkenswert ist in diesem Zusammenhang, dass sich die Auslandsinvestitionen vor allem auf diejenigen Länder Mittel- und Osteuropas konzentrieren, die 2004 der Europäischen Union beitraten und nur in geringem Umfang auf weitere osteuropäische Staaten, die nicht der Gemeinschaft angehören.

---

[68]   Vgl. Kotler; Bliemel, Marketing-Management, 1995, S. 3
[69]   Vgl. Schierenbeck, Grundzüge der Betriebswirtschaftslehre, 1993, S. 43

Als Grund für die Produktionsverlagerungen nennen drei Viertel der Unternehmen in Deutschland die angeblich schlechten wirtschaftlichen Rahmenbedingungen am heimischen Standort. In vielen Fällen verbleibt der Stammsitz der Unternehmen in Deutschland, ebenso wie die Schüsselfunktionen Forschung und Produktentwicklung und innovative Fertigungen. Alle anderen Produktionsbereiche werden jedoch zunehmend in das Ausland, primär die Staaten Mittel- und Osteuropas sowie China und andere Niedriglohnländer, ausgelagert. Internationale Direktinvestitionen setzen vor allem voraus, dass das Gastland einen örtlichen Vorteil (Local Advantage) besitzt – in vielen Fällen billige Arbeitskräfte – die die Kosten und Risiken einer Auslagerung wettmachen.

Hauptgrund für die Ansiedlung neuer Industrien multinationaler aber auch mittelständischer Unternehmen in den neuen Beitrittsländern ist das niedrige Lohnniveau dieser Staaten. Die Arbeitskosten je Arbeitnehmerstunde im verarbeitenden Gewerbe betrugen inc. aller Lohnnebenkosten in Deutschland im Jahr 2006 33,59 €, in der Tschechischen Republik 6,71 € und in Bulgarien 1,53 €.

Die Kostenvorteile einer Standortverlagerung in die jungen Marktwirtschaften Mittel- und Osteuropas kann man mit folgenden Argumenten zusammenfassen:

- Senkung der Lohn- und Lohnnebenkosten durch Standortverlagerung

- Verbesserter Zugang zu internationalen Faktormärkten (neben Arbeit und Rohstoffen auch Kapital)

- Nutzung von preisgünstigen Investitionen für Grundstücke und Gebäude

- Produktion für einen größeren Markt zur Realisierung von „Skaleneffekten" (economies of scale), d. h. von Vorteilen der Kostendegression durch Erhöhung der Produktionsziffern

- Möglichkeit der internationalen Produkt- und Prozessspezialisierung durch Ausnutzung komparativer Kostenvorteile in verschiedenen Ländern

- Minimierung der Steuerbelastung durch die Möglichkeit konzerninternen Imports und Exports von Halbfertig- und Fertigerzeugnissen zu Transferpreisen. Auf diese Weise können Gewinne in Länder verlagert werden, die niedrige Sätze für die Unternehmensbesteuerung bieten.

- Hohe Subventionen der Europäischen Union und der betroffenen Länder bei einer Industrieansiedlung in den neuen Beitrittsstaaten.

Die Summe der o. g. Vorteile ist so groß, dass nach einer Umfrage des Deutschen Industrie- und Handelskammertages mit steigendem Trend bereits jede vierte Firma in Deutschland eine Standortverlagerung nach Mittel- und Osteuropa erwägt.

2.1.2. Neue Absatzmärkte in Mittel- und Osteuropa[70]

Die neuen Mitglieder stellen nicht nur attraktive Märkte für den Vertrieb von Investitionsgütern, sondern auch für die Deckung des Nachholbedarfs an Konsumgütern dar. Zunehmende Marktpotentiale der aufstrebenden Volkswirtschaften, die über eine stetige Zunahme ihrer Kaufkraft verfügen, bieten attraktive Betätigungsfelder für innovative und erfolgreiche Unternehmen in Mittel- und Osteuropa.

Der gegenseitige freie Austausch von Waren und Dienstleistungen wird langfristig den wirtschaftlichen Integrationsgrad zwischen alten und neuen Mitgliedsstaaten, insbesondere an der Nahtstelle zwischen West und Ost, entscheidend erhöhen. Staaten wie Deutschland, Niederlande, Frankreich und Österreich dürften hinsichtlich ihres Exports langfristig erhebliche Vorteile aus dieser Integration gewinnen.

2.1.3 Folgen der Markterweiterung für die alten Mitgliedsländer der Europäischen Union, dargestellt am Beispiel Deutschlands

Eine Begleiterscheinung der hohen Direktinvestitionen im Ausland ist, dass Volumen und Wertschöpfung der nicht im Inland produzierten unfertigen und fertigen Erzeugnisse und Dienstleitungen sprunghaft angestiegen sind. Der Anteil der im Ausland bezogenen Vorleistungen wächst ständig.

Betrug der Anteil des verarbeitenden Gewerbes an der gesamtwirtschaftlichen Bruttowertschöpfung Deutschlands im Jahr 2004 insgesamt 30 %, so wurden davon nur 22,4 % im Inland erwirtschaftet. 7,6 % des Bruttoinlandsprodukts sind Vorleistungen, die aus dem Ausland bezogen werden. Nach einer Erhebung des Jahres 2005 ging die eigene Wertschöpfung im Bereich der Elektrotechnik von 41 % auf 32 % zurück, im Fahrzeugbau von 30 % auf 22 %.

Für dieses Phänomen wird mittlerweile gelegentlich der abfällig klingende Begriff „Basarökonomie" gebraucht, da die absoluten Zahlen der Exportstatistik nicht erkennen lassen, aus welchem Land und in welchem Umfang Vorleistungen bezogen wurden. Der Exportweltmeister Deutschland beliefert die Welt mit Produkten, die er in zunehmendem Maße nicht mehr selbst erzeugt, sondern im lohnkostengünstigen Ausland produzieren lässt. Der Begriff „Basarökonomie" versucht dies zu umschreiben - die deutsche Wirtschaft als Umschlagsplatz für Importe an Vorleistungen und Exporte an Fertigerzeugnissen. Es besteht die Sorge, dass das verarbeitende Gewerbe in Deutschland im Zuge der oben dargestellten Entwicklung seine Hauptaufgabe, die Herstellung von Produkten, weitgehend reduziert und auf das Niveau eines Zwischenhändlers herabsinkt.

---

[70] Vgl. Schierenbeck, Grundzüge der Betriebswirtschaftslehre, 1993, S. 43

Insgesamt erhöht dieser Trend die internationale Wettbewerbsfähigkeit der deutschen Wirtschaft, geht jedoch zu Lasten der Arbeitnehmer, da ständig Arbeitsplätze im Inland abgebaut werden. Eine ähnliche Entwicklung ist auch in den meisten anderen Industriestaaten Europas zu beobachten.

2.2 Die Globalisierung[71]

Nach Hopfenbeck wurde kaum ein Begriff in den neunziger Jahren weltweit so häufig verwendet und emotional als Reizwort gebraucht wie der Terminus „Globalisierung". Der Begriff „Globalisierung" ist in seiner Bedeutung nebulös und diffus. Sein semantischer Inhalt hängt häufig von der wirtschaftspolitischen Einstellung des Benutzers des Begriffs ab. „Globalisierung" zählt aber seit rund einem Jahrzehnt zu den politisch wirksamsten Schlagworten der Gegenwart, das Ängste erweckt und für zahlreiche gesellschafts- und wirtschaftspolitische Übel die Ursache darstellen soll.

2.2.1 Der Begriff „Globalisierung"

„Globalisieren" bedeutet eigentlich, sich weltweit ausrichten bzw. auf die ganze Erde ausdehnen. Globalisierung ist eine Erscheinung, die in den verschiedenartigsten Bereichen auftritt, z. B. in der Wirtschaft, der Politik, dem Recht, der Ethik, der Kultur, der Mode, der Musik, dem Sport, dem Fernsehen oder der Wissenschaft. „Globalisierung" löst zunehmend den bislang verwendeten Begriff „Internationalisierung" ab. Vor 1990 tauchte der Begriff „Globalisierung" nicht im deutschen Sprachgebrauch auf und ist auch in keinem Lexikon vor dieser Zeit zu finden,[72] seit 1993 ist er jedoch zum Thema einer Vielzahl von Veröffentlichungen geworden. Es geht demnach primär um einen Prozess der weltweiten Ausrichtung von Zielen im wirtschaftlichen Bereich, vereinfachend ausgedrückt: um die weltweite Verschmelzung von Märkten und Unternehmen.

Folgende Definitionsmerkmale sollen das Wesen des Begriffs erschließen:

Globalisierung

- ist die volkswirtschaftliche Bezeichnung für das weltweite Zusammenwachsen von Waren-, Dienstleistungs- und Finanzmärkten, die durch politische Liberalisierung und technologische Erfindungen wie das Internet möglich wurde,

- ein Prozess, durch den die Märkte und die Produktion in verschiedenen Ländern infolge der Dynamik internationalen Handels mit Gütern und Dienst-

---

[71] Vgl. Hopfenbeck, Allgemeine Betriebswirtschafts- und Managementlehre, 2002, S. 79ff
[72] Vgl. v. Weiszäcker, Was ist Globalisierung und wie erklärt sie sich, 2005, S. 17

leistungen mit Hilfe von Kapital und Technologie in immer stärkeren Maße voneinander abhängig werden,

- stellt eine Form der internationalen Strategie multinationaler Unternehmen dar, bei der Wettbewerbsvorteile weltweit durch Nutzung günstiger Standorte und Größenvorteile bei Produktion und Absatz erzielt werden sollen,

- bedeutet einen weltweiten Abbau von Marktsegmentierungen. Sie impliziert eine zunehmende Vernetzung der Märkte und beschreibt damit eine Entwicklung vom Zustand der geschlossenen über den der offenen Volkswirtschaft bis hin zur Utopie einer vollständig integrierten Weltwirtschaft.

Zu den wichtigsten Voraussetzungen für die in etwa seit 1990 beginnende Globalisierung zählen: Das Entstehen der neuen Informations- und Kommunikationstechnologien, erheblich reduzierte Transport- und Kommunikationskosten, neue Organisationsformen der betrieblichen Produktionsprozesse und erhebliche Liberalisierungs- und Deregulierungsmaßnahmen der Märkte der meisten Staaten der Welt. Globalisierung bewirkt die Entstehung weltweiter Güter-, Dienstleistungs- und Finanzmärkte.

Globalisierung als Prozess und Ergebnis zeigt die grenzüberschreitende wirtschaftliche Vernetzung durch multinationale Konzerne, international agierende Dienstleistungsunternehmen wie Banken und Versicherungen sowie eine intensive Kapitalverflechtung mit ausländischen Betrieben.

Globalisierung wird primär als Zunahme der weltweiten Arbeitsteilung gesehen, deren Folgen je nach Standpunkt unterschiedlich interpretiert werden. Damit verbunden sind die Öffnung der Weltmärkte und staatliche Deregulierung aber auch eine Zunahme des Wettbewerbs-, Kosten- und Rationalisierungsdrucks.

Globales Wirtschaften wird durch folgende Vernetzung ersichtlich:

„Wenn zum Beispiel ein Amerikaner einen Pontiac Le Mans von General Motors kauft, beteiligt er sich unbewusst an einer internationalen Transaktion. Von den 10.000 Dollar, die er an GM zahlt, gehen etwa 3.000 Dollar für Montagearbeiten nach Südkorea, 1.750 Dollar für Styling und Konstruktion nach Deutschland, 400 Dollar für verschiedene kleinere Komponenten nach Taiwan, Singapur und Japan, 250 Dollar für Werbung und Marketing nach Großbritannien und etwa 50 Dollar für Datenverarbeitung nach Irland und Barbados. Der Rest – weniger als 4.000 Dollar – geht an Marktstrategen in Detroit, Anwälte und Banker in New York, Lobbyisten in Washington, Renten- und Krankenversicherungsangestellte im ganzen Land sowie an GM-Aktionäre...“[73]

---

[73]   Reich, Die neue Weltwirtschaft, 1996

2.2.2 Die Entstehung der Globalisierung[74]

Globalisierung ist das Ergebnis eines Internationalisierungsprozesses, der so alt wie die Geschichtsschreibung ist. Immer dann, wenn Menschen ihre politische und wirtschaftliche Einflusssphäre ausgedehnt haben, wurden bestimmte Gebiete „globalisiert". Dies beginnt bereits in der Antike, setzt sich über den europäischen Fernhandel des Zeitalters der Renaissance mit dem Orient und mit Asien fort und findet einen ersten Höhepunkt zur Zeit der Industriellen Revolution im 18. Jahrhundert und dem darauf folgenden Imperialismus der Großmächte.

Interessant sind in diesem Zusammenhang die Äußerungen eines der theoretischen Väter der Marktwirtschaft, des schottischen Nationalökonomen Adam Smith. Bereits im ersten Kapitel des vierten Buches seines Werkes „An Inquiry into the Nature and Causes of the Wealth of Nations" begründet er den Außenhandel mit dem Produktivitätsfortschritt im Inland:

> Die Begrenztheit des inländischen Marktes stellt kein Hindernis für die Arbeitsteilung in irgendeiner Branche oder eine bis zur höchsten Perfektion betriebenen Fertigungstechnik dar. In dem man einen größeren Markt für alle Produkte öffnet, der den inländischen Konsum übersteigt, wird dies eine Ermutigung darstellen, die Produktivkräfte zu verbessern und die jährliche Produktion auf das Höchste zu steigern und auf diese Weise die wahren Einkünfte und den Reichtum der Gesellschaft erhöhen.[75]

Schon Adam Smith nennt somit Ursache und Triebfeder der Globalisierung der Wirtschaft: den Produktivitätsfortschritt im Inland als Folge der internationalen Arbeitsteilung. Nach Smith kämen alle Menschen der Welt in den Genuss dieser Produktivitätsfortschritte.

Moderne Gründe für Globalisierung:

Ursachen für die Globalisierung ab Beginn der neunziger Jahre des 20. Jahrhunderts waren das Entstehen neuer Marktwirtschaften in Mittel- und Osteuropa, die Erweiterung der Europäischen Union und die wirtschaftliche Attraktivität aufstrebender Volkswirtschaften in Asien, insbesondere Chinas und Indiens. Begünstigt wurde der Prozess durch revolutionäre technologische Neuerungen wie das Internet oder die Fortschritte in der Kommunikations- und Informationstechnologie. Die Globalisierung entstand dabei nicht zufällig, sondern wurde aktiv politisch herbeigeführt und hat das Gefüge der Nationen und Kontinente tiefgreifend verändert.

---

[74] Vgl. von Plate, Grundzüge der Globalisierung, 2003, S. 3ff
[75] Vgl. Smith, An Inquiry into the Nature and Causes of the Wealth of Nations, 1863, S. 195f

2.2.3 Vorteile der Globalisierung

Die Befürworter der Globalisierung[76] führen folgende Vorteile dieser Entwicklung an:

- Erstmals in der Geschichte wird ein weitgehend uneingeschränkter Welt-handel mit internationaler Arbeitsteilung und den damit verbundenen Chan-cen für unternehmerische Rentabilität möglich. In der Zeit von 1990-2004 stieg der Welthandel um 38,6 % und betrug z. B. im Jahr 2001 ca. 6 Billionen US-Dollar. Die größten Exportnationen der Welt sind seit Jahrzehnten die USA, Deutschland und Japan und seit neuestem auch China.

- Globalisierung fördert die weltweite Produktion und den Welthandel. Damit entstehen neue Unternehmen und neue Arbeitsplätze. In denjenigen Län-dern, in denen neue Niederlassungen für Produktion und Absatz gegründet werden, wachsen die Wirtschaft und der Wohlstand. In den Staaten, in de-nen ursprünglich produziert wurde, hilft die Globalisierung durch eine Stei-gerung der unternehmerischen Wettbewerbsfähigkeit, die vorhandenen Ar-beitsplätze zu sichern. Ursache für die Standortverlagerung sind die gravie-renden ökonomischen Standortunterschiede zwischen Industriestaaten und den am Beginn der Industrialisierung stehenden Schwellenländern.

- Globalisierung führte zu einem internationalen Preisverfall, von dem die europäischen Verbraucher in hohem Maße Nutzen ziehen, da sie preiswert qualitativ hochwertige Konsumgüter aus dem Ausland in inländischen Ge-schäften einkaufen, z. B. Textilien aus China, aus dem heute 20 % der welt-weiten Textilimporte stammen. Deutschland zählt wegen des hohen Ex-portanteils des Landes und der Möglichkeit des preisgünstigen Imports aus dem Ausland zu den Siegern der Globalisierung.

- Globalisierung bewirkt einen heilsamen Druck, um Verkrustungen der Politik und Wirtschaft weltweit aufzubrechen. Die hoch entwickelten Volkswirt-schaften werden dazu veranlasst, im Interesse der internationalen Wettbe-werbsfähigkeit, alle diejenigen gesetzlichen Regelungen und nationalen Standards zu überprüfen, die kostensteigernd und innovationshemmend wirken.

- Globalisierung bietet neue Chancen für die Weltwirtschaft durch eine Ver-besserung der weltweiten Arbeitsteilung und effizientere Wertschöpfungs-ketten. Auf diese Weise erfolgt auch ein Technologieaustausch von hoch entwickelten Industriestaaten zu Entwicklungs- und Schwellenländern.

- In reifen Märkten kann man den Wohlstand nur dadurch mehren, dass man sich der Globalisierung anpasst. Multinationale Unternehmen erhalten die Möglichkeit, ihre neuen Produkte und Dienste in vielen verschiedenen Län-

---

[76] Vgl. Theurl, Globalisierung als Selektionsprozess ordnungspolitischer Paradigmen, 1999, S.1ff

dern auf allen Kontinenten anzubieten. Dies erhöht die Reichweite des Absatzes erheblich.

- Globalisierung kann im Rahmen der Absatzstrategie multinationaler Unternehmen dazu führen, dass Markennamen und die damit verbundenen Produkte und Dienste weltweit absetzbar sind.

- Die Globalisierung bewirkt eine neue weltwirtschaftliche Ordnung: Erstmals haben auch die Schwellenländer der Erde eine echte Chance, bei einer globalen Neuaufteilung der Arbeit zu erhöhtem Wohlstand zu gelangen und die Wohlstandsunterschiede zwischen den Ländern langfristig ausgleichen. Das Welteinkommen hat sich durch die Globalisierung von 1990-2004 verdoppelt, der Anteil der in absoluter Armut lebenden Menschen, die ein Einkommen von 1 US-$ pro Tag beziehen, hat sich halbiert – und dies trotz erheblicher Zunahme der Weltbevölkerung. Das Bildungsniveau der Menschen in Entwicklungs- und Schwellenländern hat sich ebenfalls deutlich verbessert.

- Wohlstand schafft Frieden. Bereits der Philosoph Immanuel Kant hob in seiner Abhandlung „Zum ewigen Frieden"[77] die friedenssichernde Funktion eines den ganzen Globus umfassenden internationalen Warenaustauschs hervor. Cohen widmet diesem Themen den Titel seines Buches „Globalisierung zum Friedensprojekt machen." Die einstigen „Armenhäuser" Indien und China haben erheblich an Wohlstand aufgeholt. Untersuchungen der Weltbank machen klar, dass die Ursache des Wohlstandszuwachses insbesondere in der Teilnahme dieser Staaten an der Globalisierung liegt. Die Globalisierung leistet somit einen Beitrag, die Kluft zwischen Arm und Reich zu schließen und auf diese Weise die Welt friedlicher zu machen.

2.2.4 Probleme und Gefahren im Zusammenhang mit der Globalisierung

Die Globalisierungsgegner kritisieren aus einer Vielzahl von Gründen diese Entwicklung:[78]

- Die Macht der Nationalstaaten wird durch multinational handelnde Weltkonzerne zunichte gemacht. Dies gilt sowohl für die Wirtschaftspolitik als auch für die Steuerpolitik, da Global Players über die Möglichkeit verfügen, ihre Gewinne in Regionen mit niedrigen Steuersätzen zu verlagern. Martin und Schumann berichten in ihrem Buch „Die Globalisierungsfalle" über die damit verbundenen Möglichkeiten:

  „Weltweit spielen über 40.000 transnationale Unternehmen aller Größenordnungen ihre Beschäftigten ebenso wie die Staaten gegeneinander aus. 40 % Steuern auf Kapitalerträge in Deutschland? Zu viel, Irland gibt sich mit 10 % zufrieden, Malaysia und einige US-

---

[77]   Vgl. Kant, Zum ewigen Frieden, 2004
[78]   Vgl. OECD (Hg.): Towards a new global age: challenges and opportunities, 1997, S. 5, 8

Bundesstaaten verzichten sogar fünf oder zehn Jahre lang ganz auf Abgaben. 45 Mark für die Facharbeiterstunde? Viel zu teuer, die Briten arbeiten für weniger als die Hälfte, die Tschechen für ein Zehntel. Nur 33 % Investitionszulage für neue Fabriken in Italien? Viel zu wenig, in Ostdeutschland legt der Staat gerne 80 % dazu."[79]

- Globalisierung führt zum internationalen Wettbewerb der Staaten um Schaffung und Erhaltung von Standorten und Arbeitsplätzen durch die multinationalen Unternehmen und die global agierenden größeren Mittelstandsbetriebe. Die Folgen davon sind ein weltweites Lohndumping und der Abbau der Sozialstandards in den Industriestaaten. Mancher fühlt sich an Karl Marx erinnert, der 1865 vor dem Generalrat der 1. Internationale folgendes ausführte:

> „Die allgemeine Tendenz der kapitalistischen Produktion ist, den durchschnittlichen Lohnstandard nicht zu heben, sondern zu senken oder den Wert der Arbeit bis zu seiner Minimalgrenze zu drücken."[80]

Heinrich von Pierer, der ehemalige Siemens-Chef, wirft einen visionären Blick auf die Zukunft, wenn er die Ansicht äußert, der Wettbewerbswind sei bereits zum Sturm geworden, und der richtige Orkan stünde uns noch bevor. Dabei ist die deutsche Wirtschaft längst viel stärker globalisiert als irgend eine andere dieser Welt, viermal so stark wie in die der USA und fast zweimal so stark wie die Japans, wie einschlägige Statistiken zeigen.

- Globalisierung führt zum Verlust von inländischen Arbeitsplätzen und den damit verbundenen Folgen, nämlich Steuerausfälle im Inland und erhöhte Kosten für die soziale Sicherung der Arbeitslosen. Dadurch wird die Handlungsfähigkeit des Staates eingeschränkt, weil langfristig Einsparungen bei den öffentlichen Haushalten mit verringerten Ausgaben für Investition und Konsum des Staates die Folge sind.

Ein Leserbriefschreiber charakterisiert die Stimmung eines Betroffenen:

> „... Millionen Jobs müssten für unsere Arbeitslosen geschaffen werden. Und das bei zügelloser „Globalisierung" mit weltweiter Öffnung der Märkte und unbeschränktem Wettbewerb. Längst beherrschen die Multis und Finanzmärkte die nationalen Regierungen und nehmen ihnen die Macht, die eigene Volkswirtschaft zu steuern und die Bürger zu schützen..."[81]

Die Angst geht um, dass noch weitere Verschlechterungen für Arbeitnehmer drohen, wie diese Sorgen ein anderer Leserbriefschreiber zu Papier bringt:

---

[79] Martin; Schumann, Die Globalisierungsfalle, 1998, S. 1
[80] Martin; Schumann, Die Globalisierungsfalle, 1998, S. 1
[81] Blessmann, Der Globalisierung ausgeliefert, 2005

... Es sei zwar schrecklich, aber nicht zu ändern, die Globalisierung eben. Und deutsche Arbeitnehmer seien halt zu teuer und zu unflexibel. Will heißen, wenn die Rendite nicht stimmt, wird einfach platt gemacht. Harte Zeiten eben. Stellt sich nur die Frage, wie tief die Löhne in Deutschland fallen müssen, damit die entsprechenden Profitraten erzielt werden können, um die inzwischen aberwitzigen Renditeerwartungen der Aktienspekulanten und Hedgefonds zu befriedigen?"[82]

- Multinationale Unternehmen lassen sich weder national noch international ökonomisch oder politisch kontrollieren.

- Insbesondere stehen Entwicklungsländer oft in großer Abhängigkeit von den multinationalen Firmen, den „Global Players".

- Unternehmensstandorte werden häufig in Länder mit geringen Umweltstandards verlagert.

- Zusammenfassung: Globalisierung sei die Ursache zahlreicher negativer und sozialer Entwicklungen im eigenen Land und werde deshalb zunehmend von der inländischen Bevölkerung abgelehnt.

2.3 Das Internet

Die Entstehung des Internet ist eine der bedeutsamsten Voraussetzungen für die Globalisierung und dürfte die größte technologische Neuerung innerhalb des o.g. Untersuchungszeitraums darstellen. Das Internet ist heute zum Inbegriff des Globalisierungseffektes der Informationsrevolution geworden. Deshalb ist eine Erörterung des Phänomens unerlässlich. Diese kann jedoch lediglich in einem kurzen Abriss erfolgen, um den Rahmen der Arbeit nicht zu sprengen.

2.3.1 Das Problem der Wissensexplosion[83]

Die Situation ist heute durch folgende Faktoren geprägt:

Das Volumen des vorhandenen Wissens hat sich seit dem Zweiten Weltkrieg global alle zehn Jahre verdoppelt, seit den achtziger Jahren sogar alle fünf Jahre. Die Halbwertszeit von EDV-Kenntnissen beträgt sogar nur sechs Monate. Somit kann man heute von einer „Wissensexplosion" sprechen. Dies steigerte in enormem Maße den Wert der heute als vierten Produktionsfaktor angesehen „Information".

---

[82] Karl, Absurde Logik der Neoliberalen, 2005
[83] Vgl. Hopfenbeck, Allgemeine Betriebswirtschafts- und Managementlehre, 2002, S. 98ff

2.3.2 Computertechnologie und Internet zur Lösung des Informationsproblems

Zwei parallele und integrierte Entwicklungen ermöglichen heute die Lösung des Informationsproblems, die Fortschritte in der Computertechnologie und deren weltweite Vernetzung in Form des Internet.

Die Entstehung des Personalcomputers (1981) und die in den nachfolgenden Jahrzehnten erfolgte Erhöhung der Leistungsfähigkeit der Prozessoren, der Speicherfähigkeit der Geräte und der permanente Preisverfall führten zu einer rapide steigenden weltweit einmaligen Verbreitung dieser neuen Technik bei den Verbrauchern.

Hinzu kamen neue integrierte Softwarepakete, speziell von MICROSOFT mit benutzerfreundlichen Bedieneroberflächen und die Entstehung einer Sprache, die die weltweite Kommunikation unter Rechnern mit unterschiedlichster Hard- und Softwareausstattung ermöglicht (HTML).

2.3.3 Begriff des „Internet"

Der seit 1986 gebrauchte Begriff „Internet" stellt eine Abkürzung für „interconnected networks" dar. Man versteht darunter ein weltweites Netzwerk, das seinerseits aus einer Vielzahl voneinander unabhängiger Netzwerke besteht und dem Informationsaustausch dient. Jeder einzelne Rechner hat die Möglichkeit, mit jedem anderen Rechner weltweit zu kommunizieren, wobei dies über definierte Protokolle zum Datenaustausch erfolgt.

Umgangssprachlich wird der Begriff „Internet" häufig als Synonym für das World Wide Web verwendet, das seit 1992 existiert, obwohl dieses nur einer von insgesamt sechs Standarddiensten ist.[84]

Das Internet ist durch die folgenden Merkmale charakterisiert:

- Es stellt ein weltweites Computernetz dar, an dem staatliche Einrichtungen, Firmen, Institutionen des Bildungswesens, Privatpersonen und alle sonstigen Interessenten angeschlossen sind. Jedermann hat freien Zutritt und kann das Netz – abgesehen von Telefongebühren – weitgehend kostenlos nutzen.

---

[84] Die anderen Standarddienste sind:
1. Das Informationssystem Gopher, das einen Zugang zum Internet bietet. 2. FTP (File Transfer Protocol), das zum Einsatz kommt, wenn Daten in einem nicht internetspezifischen Format über das Netz geschickt werden sollen. 3. Telnet, das das entfernte Anmelden und Arbeiten auf externen Internet-Rechnern ermöglicht, und 4. E-Mail, der elektronische Briefverkehr.

- Inhaltlich ist das Internet eine Zusammensetzung der verschiedensten Anwendungen, die sowohl für private Nutzer als auch für Firmen von Interesse sind.

- Das Internet hat keinen Eigentümer, keine nationale oder internationale Regulierungsbehörde. Staatliche Kontrolle muss sich bei Straftaten auf das jeweils eigene Land beschränken. Weder ein einzelner Staat, noch ein multinationaler Konzern oder eine Privatperson kann alleine einen Standard bestimmen.

- Auf diese Weise wächst eine „Weltinformationsgesellschaft", eine globale Wissensgesellschaft, auf der Grundlage größtmöglicher Offenheit heran. Allein in Deutschland nutzen 42 Millionen im Alter von über 14 Jahren regelmäßig das Internet. Für das Jahr 2010 prognostiziert man weltweit 1,5 Milliarden Nutzer.

2.3.4 Nutzung des Internet

Das Internet stellt lediglich die Infrastruktur für verschiedene Dienste zur Verfügung. Diese sind z. B. die Möglichkeiten, Webseiten aus dem www herunterzuladen, E-Mails zu versenden oder an Video-Chat oder Internet-Telefonie teilzunehmen. Ein Nutzen für die Anwender entsteht erst durch die Inanspruchnahme dieser Dienste.

Von der Vielzahl möglicher Internetangebote sollen exemplarisch einige wichtige herausgegriffen werden, die in der Praxis am meisten genutzten werden.

2.3.4.1 Chats, Newsgroups, Unterhaltung und Informationsplattformen

Chatdienste dienen der Echtzeitkommunikation in Schriftform über das Internet. Privatpersonen nutzen das Internet, in dem sie sich – themenspezifisch – in jeweilige „Chatrooms" begeben, um unter Gleichgesinnten gemeinsame Interessen zu artikulieren oder in Form von Selbsthilfegruppen zusammenzuarbeiten.

Partnersuche per Internet ist ein seit Jahren verbreiteter Geschäftszweig im World Wide Web, der sich zunehmender Beliebtheit erfreut. Neben Text und Foto ist auch das „direkte Gespräch" von Bildschirm zu Bildschirm möglich.

Spiele aller Art, Filme und Musik, die in der Regel kostenlos vom Internet heruntergeladen werden können, tragen dazu bei, dass viele Menschen einen Großteil ihrer Freizeit vor dem Computer verbringen und somit das Angebot im Netz mittlerweile entscheidend das Freizeitverhalten bestimmt.

Auskünfte aller Art können mit Hilfe des Internet und die darin enthaltenen Online-Auskunftssysteme beschafft werden: Routenplanung, Fahrplanauskünfte, Wetterbericht, Sportergebnisse und Preisvergleiche.

Hinzu kommt die Nutzung von lexikalischen, steuerrechtlichen, juristischen und wirtschaftorientierten Datenbanken (z. B. Lexis/Nexis, DATEV, JURIS, GENIOS) und der Nachrichten der Zeitungsredaktionen.

Nutzung von Mailboxes für Datenbanken und Kommunikation im geschäftlichen Bereich.

2.3.4.2 E-Mail-Verkehr

„E-Mail" kann man mit „elektronischer Post" bzw. „elektronischer Brief" übersetzen. Eine Nachricht und digitalisierte Daten in Form von „Attachments" werden mit Hilfe eines Client-Mailing-Programms erstellt und an einen Mailing Server elektronisch versandt. Dieser archiviert die Nachrichten und steuert die elektronische Weiterleitung der Information an das Computernetzwerk des Empfängers. Bereits im Jahr 2002 wurde E-Mail – noch vor dem World Wide Web – als wichtigster und am meisten genutzter Dienst des Internet angesehen, da es dem FAX in vielfacher Hinsicht überlegen ist.

2.3.4.3 IP-Telefonie

Die IP-Telefonie, für die auch Bezeichnungen wie „Internet-Telefonie", DSL-Telefonie, „Voice over IP" oder „VoIP" benutzt werden, bedeutet, Ferngespräche über ein Computernetzwerk auf der Grundlage des Internet-Protokolls durchzuführen, grob vereinfacht: Telefonieren über das Internet. Dabei werden keine Telefonleitungen aufgebaut, sondern die Sprache in kleine, digitalisierte, „Pakete" über unterschiedliche Wege über das Internet transportiert.

Vorteile der Internet-Telefonie sind zahlreich: einfachere Infrastruktur der Telekommunikation, geringere Investitionen für Hard- und Software, sinkende Kosten bei Betrieb und Wartung, niedrigere Gesprächsgebühren und die Übermittlung von Bildern wie beim FAX.

Die IP-Telefonie bietet auf diese Weise auch die Möglichkeit, in- und ausländische Standorte und Außendienstsmitarbeiter so zu vernetzen, als wenn diese in einem Firmengebäude arbeiten würden[85] – eine erhebliche Erleichterung für die Globalisierung der Standorte.

---

[85]   Vgl. Cairncross, The Death of Distance, 1997

2.3.4.4 Electronic Commerce

Man versteht unter „Electronic Commerce" einen virtuellen Einkaufsvorgang mit Hilfe der Datenfernübertragung, bei der eine unmittelbare Handels- oder Dienstleistungsbeziehung zwischen Anbieter und Abnehmer über das Internet direkt abgewickelt wird. Einfacher ausgedrückt: Electronic Commerce bedeutet Direktvertrieb mit Hilfe des Internet über „Internetshops", d. h. Websites, auf denen der Anbieter seine Waren und Dienstleistungen zum Kauf anbietet.

Das Electronic Business beinhaltet alle Stufen des Prozesses des Leistungsaustausches mit Hilfe des Mediums Internet, und zwar von der Anbahnung und Unterstützung des Geschäfts, über dessen Abwicklung bis hin zur Aufrechterhaltung einer dauerhaften Kundenbeziehung. Der elektronische Geschäftsverkehr verzahnt deshalb unterschiedliche Wertschöpfungsketten und unternehmensübergreifende Geschäftsprozesse auf der Grundlage eines schnellen Informationsaustauschs mit Hilfe des Internet.

Mit Hilfe des Electronic Commerce wird im Rahmen des Marketing eine neue Distributionsmöglichkeit eröffnet, die auf vielfältige Weise Kontakte mit Kunden anbahnen, herstellen und pflegen kann, bis hin zu Kaufabschlüssen und Reklamationsbearbeitungen. „Online Shops" oder virtuelle Läden im Internet ersetzen tatsächlich begehbare Verkaufsstätten und bezwecken den Warenvertrieb eines Händlers mit Hilfe des World Wide Web.

Hauptanbieter von Electronic Commerce Plattformen sind:

- Versandunternehmen wie QUELLE und OTTO-Versand als klassische Versender oder Spezialversender wie der Internet-Buchhändler AMAZON oder die Internet-Apotheke „DOC MORRIS". AMAZON ist der weltweit größte Einzelhändler mit einem Umsatz im Jahr 2008 von ca. 20 Mrd. $ und einem Gewinn von ca. 800 Mio. $.

- Reisebüros: Geboten werden Katalogeinsicht und Buchungen.

- Online-Auktionsplattformen bieten Kontaktmöglichkeiten zwischen Konsumenten sowie zwischen Anbietern und Endverbrauchern. So stellt das virtuelle Auktionshaus „EBAY" lediglich eine Möglichkeit für die Versteigerung privat angebotener Gegenstände dar, sondern auch einen elektronischen Marktplatz von Firmen, den die Konsumenten aufsuchen. Das weltweit größte Auktionshaus Ebay erzielte 2008 einen Jahresumsatz von 8,54 Mrd. $ und einen Gewinn von 1,78 Mrd. $.

- Automobilhändler, besonderes im Bereich des Gebrauchtwagenhandels, insbesondere Firmen wie www.autoscout24.de.

- Stellenvermittlungen wie www.jobscout24.de

- Gewinnspielunternehmen unterschiedlichster Art und

- Banken (vgl. unten)

Im Jahr 2008 betrug in Deutschland der Anteil der Online-Käufer bereits 41 % der Gesamtbevölkerung, im EU-Durchschnitt lediglich 23 %.

Vorteile von Electronic Commerce:

- Keine Beratung durch Menschen

- Vielfältige und neuartige Informations- und Kommunikationsmöglichkeiten über die Homepage der Firma

- Neuartige Formen der Produktpräsentation und Direktvermarktung werden möglich, z.B. wenn Künstler ihre Werke per Internet zum Verkauf anbieten oder ein weltbekannter Autor wie Stephen King einen seiner Romane in das Internet einstellt und ihn seine Leser gegen Gebühr herunterladen können.

- Information ist 24 Stunden täglich an sieben Tagen pro Woche möglich. Die Markttransparenz wurde dadurch für die Verbraucher erheblich erhöht.

- Information über das Kundenverhalten wird möglich, das sog. „Webcontrolling": Ermittelt werden die Anzahl der Zugriffe auf die Homepage und Objekte von Interesse.

- Erhöhung des Bekanntheitsgrades durch die Internetpräsenz eines Unternehmens und positive Wirkungen auf das Firmenimage.

- Zusätzliche Gelegenheit, Neukunden zu gewinnen und dadurch Erhöhung des Gesamtumsatzes.

- Erhöhung der Kundenzufriedenheit

- Insgesamt eine Erschließung völlig neuer Vertriebskanäle

- Eine geschickt gestaltete Homepage ist hinsichtlich ihrer wirtschaftlichen Bedeutung mit einer nationalen bzw. internationalen Verkaufsstelle vergleichbar, jedoch ohne die Kosten für Gebäude und Personal.

- Kosten für Geschäftsreisende und Kundenkontakte per Telefon entfallen. Transaktionskosten bei der Such- und Anbahnungsphase gegenüber Kunden werden erheblich reduziert, ebenso während der Abwicklung des Geschäfts.

- Ständig steigende Akzeptanz des Internethandels beim Verbraucher. Selbst die Abneigung älterer Menschen gegen Bestellungen im Internet nimmt langsam ab. Immerhin haben bereits 21 % der 60-69jährigen Deutschen im Jahr 2004 Webshops im Internet aufgesucht. Die deutsche Gesamtbevölkerung weist einen Nutzeranteil von 46 % auf.

- Electronic Commerce ist gegenüber traditionellen Vertriebskanälen außerordentlich flexibel.

2.3.4.5 Electronic Banking

Es handelt sich bei Electronic Banking oder "Homebanking" um eine Sonderform von Electronic Commerce. Vom häuslichen Computer aus, von der Workstation eines Unternehmensnetzes oder vom Terminal einer elektronischen Bankfiliale aus kann der Kunde eine Vielzahl unterschiedlicher Bankgeschäfte tätigen, angefangen vom Zahlungsverkehr über Wertpapiergeschäfte bis hin zu Kreditanträgen. Der Kontakt wird dabei in der Regel über die jeweilige Website der Bank hergestellt. Man spricht in diesem Zusammenhang von einem „browserbasierten Internetbanking". Die elektronische Identifikation des Nutzers erfolgt mit Hilfe von Pin- und TAN-Nummern sowie anderen Möglichkeiten elektronischer Unterschriften. Im Jahr 2006 wurden von 35 % der Deutschen die Bankgeschäfte bereits online abgewickelt (35 Mio. Online-Girokonten).

Am „Point of Sale", d. h. der Kasse eines Warenhauses oder Supermarktes, kann der Kunde mit Hilfe seiner Bankkarte bargeldlos bezahlen, weil über ein Modem der Zahlungsverkehr unmittelbar und bargeldlos erledigt wird.

Unternehmen führen mit Hilfe des Electronic Banking einen Feinabgleich im Rahmen ihrer Liquiditätspläne durch, um jederzeit zahlungsfähig zu sein und gleichzeitig eine Überziehung des Kontos zu vermeiden (Cash Management). Banken stellen hierzu kostenlos Programme für die Finanz- und Liquiditätsplanung zur Verfügung.

2.3.4.6 Electronic Government

Auch staatliche Einrichtungen machen sich das Internet zunutze, um kostengünstig zu arbeiten und ihr Dienstleistungsangebot zu vergrößern. Hierfür werden die Begriffe „Electronic Administration", „Electronic Democracy", insbesondere aber „Electronic Government" gebraucht.

Unter „Electronic Government" versteht man die Durchführung von öffentlichen Informations-, Kommunikations- und Transaktionsprozessen innerhalb und zwischen staatlichen Institutionen sowie zwischen diesen Institutionen und Bürgern und Unternehmen durch den Einsatz von internetbasierten Informations- und Kommunikationstechnologien. Der Bürger kann Informationen unterschiedlichster Art von seiner Gemeinde, der jeweiligen Landes- oder der Bundesregierung erhalten, Gesetze und Richtlinien herunterladen sowie Informationsbroschüren und Sachtexte anfordern. Formulare können vom Heimcomputer ausgedruckt werden. Sogar Einkommensteuererklärungen können heute elektronisch erstellt und per E-Mail an das Finanzamt übersandt werden.

Die Nutzung des Internet schafft somit ein erhebliches Rationalisierungspotential, da beratungsintensive Dienste entfallen und erhöht trotzdem wegen der permanenten Informationsbereitschaft des Mediums die Bürgernähe.

2.3.5 Internet-Industrien als „New Economy"

Eine Vielzahl neuer Möglichkeiten der wirtschaftlichen Nutzung des Internet hat neue Arten von Arbeitsplätzen und neue Formen des Unternehmertums hervorgebracht. Man spricht in diesem Zusammenhang auch von „New Economy". Man erwartete von dieser Wirtschaftsform, dass sie mit Hilfe des Internet und den damit verbundenen Informations- und Kommunikationstechnologien unternehmerisches Wachstum und Produktivitätspotentiale in bislang unbekanntem Ausmaß freisetzen würde. Diese Hoffnung führte in der Zeit von 1998-2001 zu einem Börsenboom derartiger neu gegründeter Unternehmen, die in Deutschland in Frankfurt am „Neuen Markt" in der Zeit von 1997-2003 gehandelt wurden. Die Internet-Euphorie endete jedoch in einem Börsencrash, da viele dieser „start-up-Unternehmen" kein langfristig gesichertes, an Liquidität und Rentabilität orientiertes, Geschäftsmodell aufwiesen, um die angebotenen Informationsgüter zu kostendeckenden Preisen zu vermarkten.

Mittlerweile ist eine Verbesserung der Situation eingetreten. Die Unternehmenslandschaft hat sich grundlegend verändert, da die Zahl der Internet-Nutzer ständig wächst, der Wert der angebotenen Informationsgüter steigt und die Digitalisierung der Wertschöpfungsketten ständig zunimmt. In allen Wirtschaftszweigen entstehen neue Geschäftsmodelle und beginnen sich mit Hilfe des Internet am Markt durchzusetzen. Der fortschreitende Prozess der Globalisierung begünstigt ebenfalls das Wachstum der Firmen der „New Economy".

Gelegentlich wird der Übergang von der Industriegesellschaft des 20. Jahrhunderts in den „digitalen Kapitalismus" des 21. Jahrhunderts mit dem Entstehen der sog. „New Economy" gleichgesetzt.[86] Zur Abgrenzung des herkömmlichen kapitalintensiven Wirtschaftens von den neuen Formen wird oft das Gegensatzpaar „Old Economy" und „New Economy" gebraucht.

---

[86] Vgl. Vettiger; Volkhart, New Economy Valuation, o. J., S. 38

Eine gesicherte betriebswirtschaftliche Definition der „New Economy" liegt bis heute nicht vor. Die nachfolgende Tabelle stellt eine Zusammenfassung von Unterschieden von „Old Economy" und „New Economy" dar, die jedoch unabhängig von der Wirtschaftsform langfristig beide nach einer angemessenen Kapitalrendite streben:

Vergleichskriterien:	„Old Economy"	"New Economy"
Erscheinungsform	real	meist virtuell
Geschäftsfelder	traditionell	innovativ, Orientierung an Informationstechnologie und Internetnutzung
Strategie	freie Wahl der Betätigungsfelder	zwingende Beschränkung auf Kernkompetenzen
Kapitaleinsatz	hoch, da umfangreiches Anlagevermögen und die Fixkosten für einen hohen Personalbestand finanziert werden müssen	niedrig, da kaum Anlagevermögen und nur ein kleiner Personalstamm vorhanden sind
Kapitalrentabilität	wird jährlich durch die Kapitaleigner gefordert	kann meist erst langfristig erzielt werden
Wachstumspotential	branchenüblich	überdurchschnittlich hoch
Bewertung	Substanz- und Ertragswert	Zukunftswert des Unternehmens durch Prognosen und die Ermittlung von Realoptionen

Fig. 6: Vergleich von „Old Economy" und „New Economy "

Roland Berger, der bekannteste deutsche Unternehmensberater, sieht die traditionelle „Old Economy" als klares Auslaufmodell. Für ihn liegt die Zukunft der Wirtschaft im
Internet.

2.3.6 Vorteile des Internet

Das Internet bietet eine Fülle noch nie da gewesener Vorteile für seine Nutzer:

- Es wird ein weltweiter Zugang zu Informationen aller Art geschaffen. Dadurch entstehen die Chance für neue Kontakte und Kommunikationsmöglichkeiten, und zwar für alle sozialen Schichten. Dies ist von zu Hause aus in zeit- und kostensparender Weise möglich (z. B. Bankgeschäfte, Behördengänge, Reisebuchungen u.a.).

- Von besonderer Bedeutung ist die Bereitstellung von Informationen aus den Bereichen Kultur (Museen, Bibliotheken) und Wissenschaft (weltweites Online-Studium, Electronic Learning, Multimedia-Nutzung).

- Der große technologische Rückstand von unterentwickelten Volkswirtschaften kann mit Hilfe der Internet-Technologie, unterstützt von mobilen satellitengestützten Telefonen, vergleichsweise einfach und rasch aufgeholt werden.

- Das jeweilige nationale Bildungssystem hat die Möglichkeit, per Internet Anschluss an die Weltelite zu finden. E-Learning, Distance Studies und elektronische Lehrbriefe ermöglichen vom Heimatland aus den internationalen Zugang zu Bildungseinrichtungen.

- In der Kombination von E-Learning und Präsenzveranstaltungen entsteht die neue Methode des „blended learning", einer Mischung aus Eigenstudium sowie von „virtuellem" und tatsächlich präsentem Lehrpersonal.

- Ein weltweiter Datenaustausch – als Voraussetzung für globalisierte Dienstleistungen – wird möglich.

- Brainstorming der Kunden über das Internet als Beitrag zur virtuellen Produktentwicklung im Rahmen von Online-Design-Wettbewerben.

- Es entstanden neue Vertriebskanäle über Electronic Commerce (Homepages, Produktinformationen, Bestellmöglichkeiten), die nicht nur von traditionellen Versandunternehmen genutzt werden, sondern auch von neuen Anbietern wie den bereits erwähnten Unternehmen AMAZON und EBAY.

- Internet-Telefonie wird möglich.

- Völlig neue, weitgehend vermögenslose, Firmen: Virtual Companies, die nur noch Managementfunktionen ausüben, werden gegründet. Sie kombinieren ihre externen fraktalen Produktionsfaktoren und Partner sowie den Vertrieb ihrer Fertigerzeugnisse über das Internet. Diese „New Economy" revolutioniert das Geschäftsleben.

- Politisch führt der weltweite Informationsaustausch dazu, dass Demokratie und Marktwirtschaft gefördert werden. Totalitäre Regime mit einem staatlich gesteuerten Informationsverhalten werden hingegen durch das Internet stark in ihren Möglichkeiten der Beeinflussung ihrer Bevölkerung beschränkt.

2.3.7 Gefahren des Internet[87]

Die Nutzung des Internet birgt eine Reihe von Gefahren, von denen die wichtigsten nachfolgend aufgelistet werden, und die in der Regel nur durch zusätzliche Kosten für entsprechende Schutzmaßnahmen, verringert werden können:

- Der Import von Computerviren über das Internet beeinträchtigt teilweise erheblich die Computernutzung. Daten können verändert oder zerstört, Software lahmgelegt werden.

- Die E-Mail-Post wird durch „spams", unerwünschte Angebote und Werbesendungen, und „Hoax", Serienbriefe, die Computersysteme und Server überladen, täglich überfüllt. Häufig werden dabei Viren importiert.

- „Dialer", unerwünschte Angebote, die durch das Internet auf die Festplatte des jeweiligen Computers gelangen, legen das System lahm oder führen auch bei nicht in Auftrag gegebenen Dienstleistungen zu hohen Rechnungen gegenüber dem Internet-Provider und dem Dialer.

- Hacker versuchen aus unterschiedlichsten Gründen, die Sicherheitseinrichtungen einer Institution zu überwinden und klinken sich weltweit in Computersoftware und Datenbestände von Firmennetzen ein. Dies kann bis zur Sabotage der Netze führen („e-mail-bombing").

- Politische und militärische Spionage, Desinformation, elektronische Kampfführung, physische Zerstörung von Hard- und Software oder die Beeinträchtigung der Funktion von IT-Systemen sowie die damit verbundenen Ausfälle von Militäreinrichtungen, Flughäfen, Krankenhäusern oder Verkehrsleitsystemen sind Elemente und Möglichkeiten im Rahmen eines wirtschaftlich oder militärisch geführten „Cyber-Krieges".

- „Internet-Demonstrationen" legen Firmennetze lahm: Ein im Internet ergangener „Aufruf" gegen die deutsche Lufthansa wegen ihrer Beteiligung an Abschiebungen von illegal eingereisten Ausländern nach Deutschland führte zu 1,3 Millionen Anfragen von 12.000 unterschiedlichen Internet-Adressen.

- Neue Formen der Computerkriminalität entstehen, z. B. Diebstahl von Daten, Ausspähen von Zugangsdaten von Bankkunden auf deren per Internet betriebene Konten („Phising"), weltweit möglicher Diebstahl von Domains und Erpressung mit gestohlenen Computerdaten. Besonders zu erwähnen sind Warenbetrug beim Einkauf im Internet und Kreditkartenbetrug, der in Deutschland im Jahr 2004 insgesamt 67.000 Delikte umfasste.

---

[87] Vgl. Schweigler, Gebhard: Informationsrevolution und ihre Folgen, 2003., S. 10ff

- Ohne E-Mail-Filter oder „Firewalls" ist der heimische Computer schutzlos „Angriffen" von außen ausgesetzt, die zu zusätzlichen Kosten für die Internetsicherheit oder den Absturz des Systems führen können. In der Zeit von 1997-2001 erfuhr das Geschäft mit der Erhöhung der Datensicherheit der Netze eine Steigerung von 325 % auf 850 Mio. US-$.

- Das Internet bietet leider auch unerwünschte Leistungen, z. B. Angebote für Kinderpornographie oder rechtsradikales Gedankengut. Auch internationale Terroristen und kriminelle Vereinigungen nutzen zunehmend das Internet zur Rechtfertigung ihrer Aktionen, um eine internationale Plattform für ihre Ziele zu gewinnen und gelegentlich sogar als Befehlszentrale für Einsätze.

- Der Datenaustausch ist nicht immer frei von Gefahren. Kryptographische Systeme sind deshalb im kommerziellen Bereich häufig zur Datensicherung gegen Gebührenzahlung an den Provider erforderlich.

- Der Einkauf von Privatpersonen über das Internet ist nicht immer problemlos. Zwar gelten Verbraucherschutzgesetze auch bei Electronic Commerce, der Vertragsabschluss erfordert jedoch ein hohes Maß an Informationen, die sich der Käufer beschaffen und die der Verkäufer vorher bereitzustellen hat.

- Finanzbehörden haben Schwierigkeiten, die Zahllast für die Einkommen-, Körperschaft- und Umsatzsteuer des Internet-Handels zu kontrollieren.

- Information ist Macht. Die Spitzenstellung, die die USA bei der Informationstechnologie weltweit einnehmen, verstärkt die militärische Überlegenheit des Landes; die Dominanz in den internationalen Fernsehkanälen erhöht seinen globalen Einfluss. Man spricht in diesem Zusammenhang inzwischen von der „weichen Macht" der USA.

- Im privaten Bereich entstehen durch exzessive Internetnutzung sogar Suchgefahren und hohe Kosten für die Nutzung des World Wide Web. Hinzu kommt die Gefahr der persönlichen Vereinsamung durch eine geringere soziale Bindung.

3. Kulturelle Einflüsse

Die technologischen und wirtschaftlichen Veränderungen der letzten Jahrzehnte blieben nicht ohne Auswirkung auf Kultur und Gesellschaft, sondern veränderten diese global in einer bislang noch nie vorhandenen Weise. Insbesondere die neuen Techniken hatten weitreichende Einflüsse auf Kommunikation und Mobilität, die ihrerseits Ansätze für neue Geschäftsfelder der Wirtschaft bieten.

3.1 Auswirkungen des technologischen Wandels auf die Weltbevölkerung

Das Internet schafft unbegrenzte Informationsmöglichkeiten und bringt bislang fremde Kulturen einander erheblich näher. Dies kann einerseits Vorbildwirkung für wünschenswerte Entwicklungen des Lebensstandards etwa in Entwicklungsländern mit sich bringen, andererseits aber auch die eigene Identität und Kultur bedrohen, wenn diese Vorbilder zu „Leitbildern" werden. Neben dem Internet sind jedoch noch weitere entscheidende technologische und ökonomische Fortschritte anzuführen, die zu einer Intensivierung der Kommunikation der Weltbevölkerung beitrugen.

3.2 Verbesserung der Kommunikation

Nicht nur das Internet, sondern auch die Einführung von Mobilfunktelefonen und die verstärkte Nutzung von Kabelnetzen und Multimedia sowie ein starkes Anwachsen preisgünstiger internationaler Flugangebote führten zu einer erheblichen Intensivierung der weltweiten Kommunikation.

3.2.1 Mobilfunktelefonie, Kabelnetze und Multimedia

Der rapide Ausbau internationaler Kommunikationsnetze ermöglicht den zeitlich wie räumlich nahezu unbeschränkten Austausch von Informationen. Ein explosionsartiges Anwachsen des nationalen wie des internationalen Telefonverkehrs ist die Folge.

Die Telekommunikation geschieht seit den neunziger Jahren in zunehmendem Maße nicht mehr durch Festnetze, sondern durch Mobilfunktelefonie, die nicht nur von Firmen, sondern insbesondere von privaten Endverbrauchern genutzt wird. Der „Handy-Boom" in Europa (mobile telephone cell) führt zu einer Erhöhung der Kommunikation und der Reaktionsgeschwindigkeit der Verbraucher. 84 Millionen Menschen nutzen in Deutschland derzeit ein bis zwei Mobilfunktelefone für alle Arten telefonischer Kommunikation.

Die Entwicklung des Mobilfunkmarktes zeigt sich am besten am Beispiel der Firma NOKIA, dem Weltmarktführer für Handys. Im Jahr 1998 verkaufte die finnische Firma NOKIA insgesamt 40 Mio. Mobiltelefone, im Jahr 2007 insgesamt 437 Mio., fast elfmal so viel. Im Jahr 2008 betrug der Umsatz von NOKIA 51 Mio. €, der Gewinn knapp 8 Mrd. €. Das Unternehmen beschäftigt insgesamt 115.000 Mitarbeiter Der Anteil des Unternehmens am Weltmarkt der Mobilfunktelefone beträgt 40 %. Der Wettbewerb im Bereich der Mobilfunkgeräte hat mittlerweile global zu deutlichen Preiseinbrüchen geführt. NOKIA ist jedoch heute mit einer Marktkapitalisierung von über 60 Mrd. € eines der wertvollsten Technologieunternehmen Europas.

Über 90 % aller Deutschen besitzen derzeit ein Mobilfunktelefon. Dieser Absatzmarkt ist außerordentlich lukrativ und bietet den beiden Hauptanbietern

T-ONLINE und VODAFONE Gewinnmargen von über 40 %. Da sich der Markt jedoch der Sättigungsgrenze nähert, haben ein harter Verdrängungswettbewerb und ein gelegentlich als ruinös zu bezeichnender Preiskampf eingesetzt.

Die Bereitstellung von einer stetig anwachsenden Zahl an Breitbandkanälen durch Satelliten der nationalen Telefongesellschaften ermöglicht die direkte Übermittlung von Bild und Ton von fast allen Orten der Welt in hervorragender Qualität. Satellitenfernsehen ist heute eine Selbstverständlichkeit. Nachrichten und Unterhaltung wurden auf diese Weise globalisiert.

Die Beispiele zeigen, dass die visionären Prognosen hinsichtlich der globalen Kommunikationskultur der Gesellschaft für die Telekommunikationsbranche eingetroffen sind. Trotz erheblicher Konkurrenz am Weltmarkt wurden neue, ertragreiche Marktchancen eröffnet, die in wenigen Jahren zu einer globalen Dominanz des Mobilfunks und einer Integration mit dem Internet führen werden.

3.2.2 Flugverbindungen

Nie war der Flugverkehr so dicht wie heute. Das jährliche Passagieraufkommen des Weltluftfahrtverkehrs steigt jedes Jahr. Billigfluglinien erhöhen die Attraktivität des weltweiten Reisens, und zwar nicht nur für Privatpersonen, sondern auch für Geschäftsreisende.

Einem Beispiel der USA folgend, etablierten sich in Europa Billigfluggesellschaften ab den neunziger Jahren in Europa. RYANAIR, EASYJET und die wesentlich kleinere AIR BERLIN mit Marktanteilen von 27 %, 23 % und 6 % dominieren heute den europäischen Markt. Sie konnten in den letzten Jahren Zuwächse an Passagierzahlen von jeweils über 50 % pro Rechnungsperiode verzeichnen. RYANAIR transportierte 2007 insgesamt 49 Mio. und EASYJET 37 Mio. Passagiere. Bis 2012 strebt RYANAIR das ehrgeizige Ziel an, mit geplanten 83 Mio. Fluggästen die größte Fluglinie Europas werden. 2007 flogen bereits 26 % aller deutschen Flugreisenden mit einer Billigfluglinie. Bis 2013 werden ein jährliches Wachstum von 13 % und ein Weltmarktanteil von 24 % bei den Billigfluglinien prognostiziert. Mittelfristig steht jedoch auch eine Konsolidierung bevor und zahlreiche unprofitable Gesellschaften werden aus dem Markt ausscheiden, so dass auf Dauer nur noch zwei oder drei Billigfluglinien in Europa existieren dürften.

Der Luftverkehr boomt seit zwei Jahrzehnten: Ständig entstehen neue Flughäfen in Provinzstädten, Airlines werben mit Discountpreisen um Kundschaft und all dies führte zu ständig steigenden Fluggastzahlen. Auch der mit dieser Entwicklung häufig in Verbindung gebrachte Schaden am Weltklima führte zu keiner Veränderung des ökologischen Bewusstseins der Flugreisenden.

Das Erfolgskonzept der Billigfluglinien beruht auf den folgenden Faktoren:[88]

- Kurze Standzeiten, hohe Kapazitätsauslastung und Preisanpassung in umsatzschwachen Zeiten, was bei ca. 60 % Fixkosten für den Betrieb einer Fluglinie von entscheidender Bedeutung ist. Zum Vergleich: LUFTHANSA hatte im Europaverkehr innerhalb der ersten acht Monate des Jahres 2005 lediglich eine Auslastung von 64,5 %, AIR BERLIN im Jahr 2008 73 %.

- Flexible Arbeitszeiten des Personals rund um die Uhr.

- Außerordentlich niedrige Kosten: RYANAIR hat um 67 %, EASYJET um 42 % niedrigere Kosten für Flüge innerhalb Europas als die etablierten nationalen Fluglinien LUFTHANSA, AIR FRANCE und BRITISH AIRWAYS. Die niedrigen Kosten dieser Fluggesellschaften sind neben drastischen Gehaltskürzungen beim Personal auch die Folge eines reduzierten Service (Sitzabstand, Zeitschriftenangebot und Verpflegungsauswahl).

- Infolge der günstigen Kostensituation kann etwa EASYJET Tickets um ca. 50 % preiswerter als LUFTHANSA für vergleichbare Strecken anbieten. Auf diese Weise konnte bei Kurz- und Mittelstreckenflügen bei den Geschäftsreisenden eine neue Zielgruppe erschlossen werden, da mittlerweile auch bei Geschäftsreisen in hohem Maße Einsparungen bei den Firmen erfolgen.

- Verkauf der Tickets über das Internet.

- Aggressive Werbestrategien: Beispielsweise verschenkte 2005 RYANAIR vier Millionen Flugtickets. Die Kunden mussten lediglich Flughafengebühren und Steuern bezahlen. Der Billigflieger DBA verkaufte beim Discounter ALDI mehr als eine halbe Million Flüge mit Zielen innerhalb Deutschlands zum Preis von 49,99 € je Ticket, so dass LUFTHANSA sofort nachziehen und die Flüge – zeitlich beschränkt – zum gleichen Preis anbieten musste.

- Hoher Gewinn: RYANAIR hat im Geschäftsjahr 2005 einen Gewinn pro Sitz je Flugzeug von 28.900 € und EASYJET von 17.300 €, wohingegen LUFTHANSA pro Platz lediglich 13.800 € pro Jahr verdient. Nach einer Studie von McKinsey erzielte RYANAIR zwischen 2000 und 2004 eine jährliche Gewinnmarge von durchschnittlich 25,4 %, EASYJET immerhin noch 8,9 %. Im Jahr 2007 stieg der Reingewinn von RYANAIR um 20 % auf 470 Mio. €.

3.3 Gesellschaftlicher Wandel der Industriestaaten Europas

Die verbesserten Möglichkeiten der Computernutzung, Multimedia und das Internet führten zu einer Reihe bedeutsamer gesellschaftlicher Veränderungsprozesse, die nicht ohne Auswirkung auf wirtschaftliche Entwicklungen sind:

---

[88] Vgl. Hagen, Erfolg wie im Flug, 2005, S. 76f

- Daten sind heute mehr denn je die Grundlage für Entscheidungen. Das Internet liefert auf Wunsch gezielt eine Vielzahl relevanter Daten für die Entscheider.

- Veränderungen im Berufsleben:[89] Arbeitsabläufe werden gestrafft, die Arbeitsteilung wird teilweise aufgehoben und Telearbeit wird verstärkt auch als Heimarbeit durchgeführt. Die geistigen Anforderungen an die Arbeit und damit an die Mitarbeiterqualifikation steigen ständig. Permanente Fortbildung ist unerlässlich.

- Rasterfahndung nach Verbrechern und Terroristen mit Hilfe von Computern, wenn – nach den Vorgaben der Datenschützer und des Strafgesetzbuches – eine erhebliche Straftat vorliegt, wobei Datenbanken nach Selektionskriterien hinsichtlich der Zahl möglicher Verdächtiger überprüft und zahlenmäßig beschränkt werden.

- Einführung elektronischer, fälschungssicherer Pässe.

- Einführung elektronischer Gesundheitskarten seit 2006, die bis zum Jahr 2010 auch elektronische Rezepte und elektronische Arztbriefe umfassen wird.

- Mit Hilfe des neuen Programms „IDEA" bieten sich verbesserte Chancen für die Tätigkeit der Finanzverwaltung, die jetzt verstärkt elektronische Betriebsprüfungen durchführt. Die Vollprüfung von Unternehmen stellt jetzt kein Problem mehr dar.

- Neue Möglichkeiten der Unterhaltung wie Internettagebücher, Kontaktbörsen und Musikprogramme.

- Gewinnung und Verbreitung von Wissen sowie umfassende Bildungsangebote per Internet. Unterhaltende Inhalte sind in der heutigen kundenorientierten Wirtschaft ein entscheidendes Mittel der Differenzierung, insbesondere im Internet. Hierfür gibt es inzwischen das Schlagwort „Edutainment", eine Mischung von „Education" und „Entertainment".

4. Aktuell: Die weltweiten Krisen

Liest man die vorangegangenen Ausführungen, so stellt sich in Anbetracht der aktuellen Krise die Frage nach deren Relevanz. In der Tat, seit Ende des Jahres 2007 scheint die Welt in ihren Grundfesten erschüttert worden zu sein, und zwar durch eine Vielzahl gleichzeitig wirkender Krisen: der globalen Finanzkrise, eine dadurch auch offensichtlich gewordenen Strukturkrise der weltweiten Automobilindustrie und als Folge der Entwicklungen, eine weltweite Konjunkturkrise. Dabei gilt jedoch

---

[89]   Dieses Phänomen wird ausführlich in Kapitel „Change Management" dargestellt.

folgender grundlegender Unterschied: Die für den Zeitraum von 1989 – 2009 geschilderten Phänomene sind langfristiger Natur, die o. g. Krisen kurz- und mittelfristig. Trotzdem ist unverkennbar, dass diese Krisen das Umfeld, in dem sich Managementhandeln abspielt, davon in erheblichem Umfang tangieren.

Problematisch ist dabei die Darstellung der Entwicklung der Krisen, deren Folgen und die daran anknüpfenden Rettungsmaßnahmen, da täglich neue Ereignisse bestehende Sachverhalte modifizieren und die Gefahr rascher Veralterung der dargestellten Informationen droht. Deshalb erfolgt in diesem Rahmen eine Beschränkung auf die Grundzüge des Problems und nachfolgend dessen Auswirkungen auf die Managementlehren.

4.1 Die globale Finanzkrise

Die die gesamte Welt erfasste Finanzkrise hat ihren Ausgangspunkt in den USA im Jahr 2007. Zu diesem Zeitpunkt wurde offensichtlich, dass Banken aus einer ganzen Anzahl von Gründen in finanzielle Schwierigkeiten gerieten.

4.1.1 Ursachen und Folgen der globalen Finanzkrise[90]

Die Hauptursachen der Banken- und Finanzkrise lassen sich folgendermaßen zusammenfassen:

- Der Grundsatz kaufmännischer Vorsicht wurde im amerikanischen Bankgewerbe sträflich vernachlässigt als man Immobilien mit bis zu 120 % des Verkehrswertes belieh, anstatt wie in Deutschland mit maximal 60 % des langfristig erzielbaren Wertes eines privat genutzten Hauses am Markt.

- Bereits 2006 wurden ca. 20 % der Hypotheken in den USA an Kunden mit niedriger Bonität ausgereicht.

- Diese Hypotheken mit hohen Risiken („sub prime") wurden verbrieft und damit auf einfache Weise international handelbar und mit – für den Käufer attraktiven Renditen – unter Nennwert als „strukturierte Finanzmarktprodukte" verkauft. Diese Kreditderivate trugen Bezeichnungen wie „Collateral Debt Obligations" und „Credit Default Swaps". Zu den Käufern zählten insbesondere weltweit öffentliche und private Kreditinstitute.

- Ein Großteil dieser Hypotheken wurde tatsächlich 2007/2008 notleidend. Es erfolgten in großem Umfang Verkäufe und Zwangsversteigerungen im Immobilienbereich (4,7 Mio. Einheiten in 2008) und sowie ein massiver Preisverfall auf dem amerikanischen Häusermarkt (18,2 %). Global mussten Ban-

---

[90] Vgl. Hanke, Vom Super Return zur Superpleite, 2008
      Vgl. Riecke, Ist die Universalbank die Rettung?, 23.08.2008
      Vgl. Ziener, Obamas Hilfspaket weckt Misstrauen, 2009

ken bis Dezember 2008 den Betrag von 728 Mrd. US-$ auf Hypotheken abschreiben. Zahlreiche Bankinsolvenzen waren die Folge, am bedeutendsten, die von LEHMANN BROTHERS, der viertgrößten Investmentbank der USA.

- Das Eigenkapital der Banken wurde durch die massiven Verluste weitgehend aufgezehrt. Dies führte zu weiteren Beschränkungen bei der Kreditvergabe, da alle Ausleihungen mit 8 % Eigenkapital hinterlegt sein müssen (Basel I - Abkommen). Das Beispiel CITIBANK kann dies illustrieren: Im Jahr 2008 wurden 27 Mrd. US-$ an Hypothekarkrediten abgeschrieben, das gesamte Abschreibungsvolumen der Bank belief sich auf 38 Mrd. US-$. Der Jahresverlust der CITIBANK betrug 17 Mrd. US-$. Dabei ist jedoch noch nicht berücksichtigt, dass außerhalb der Bilanz unsichere Vermögenswerte im Volumen von 1 Bio. US-$ deponiert sind.

- Mit der Entwicklung ging ein großer Vertrauensverlust unter den Banken einher, der dazu führte, dass sich die Banken nicht mehr, wie bisher allgemein üblich, gegenseitig kurzfristig Gelder ausliehen. Teilweise kam es zu einem völligen Stillstand bei den Inter-Bank-Kreditvergaben und zu einer starken Reduzierung der Umlaufgeschwindigkeit der Geldmenge. Damit wurde die Liquidität vieler Banken erheblich tangiert und auch das kurz- und langfristige Kreditgeschäft mit den Firmenkunden wurde stark verringert.

- Der Mangel an Eigenkapital und die fehlende Möglichkeit, sich Liquidität zu beschaffen, führte zu drohenden Insolvenzen von Banken. Diese wurden neben Hilfen der Notenbank meist durch Übernahmen abgewendet. Beispielsweise wurde die Investmentbank MERRIL LYNCH durch die BANK OF AMERICA gekauft. Die Firmen BEAR STEARNS und WASHINGTON MUTUAL gingen in JP MORGAN CHASE auf. Eine große Investmentbank, LEHMANN BROTHERS, wurde nicht gerettet und ging in Konkurs, was weltweite Verluste bei privaten und institutionellen Anlegern zur Folge hatte.

- Die hohe Verschuldung der amerikanischen Verbraucher wurde offenbar, die durch ihr Kaufverhalten in erheblichem Maße die Konjunktur stützten und den Hauptanteil zum Bruttoinlandsprodukt beitrugen. Sie belief sich 2008 auf die Rekordsumme von 1 Bio. US-$ an Schulden.

- Die Liquiditätskrise der Banken verschärfte sich, da der Handel mit Derivaten in erheblichem Maße von rasch zur Verfügung stehender Liquidität abhing. Deren totaler Ausfall infolge fehlender Kreditmöglichkeiten bei anderen Kreditinstituten führte zum Zusammenbruch großer Investmentbanken, da deren Leveragequote bei 20 liegt. Dies bedeutet, dass in Bezug auf das Eigenkapital das zwanzigfache Volumen an Fremdkapital eingesetzt wurde, um die riskanten Bankgeschäfte durchzuführen. Nur auf diese Weise gelang es z. B. der Investmentbank GOLDMANN SACHS, Renditen von 20-30 % in der Vergangenheit zu erzielen. Banküblich ist eine Leveragequote von 10. Die Finanzkrise offenbarte deshalb nicht nur die erheblichen Risiken, die der

Handel mit Derivaten in sich birgt, sondern auch die Überspekulation mit diesen Papieren. Kenner der Branche sprachen in diesem Zusammenhang von selbst zerstörerischen Trends an den Finanzmärkten – und dies vor Ausbruch der Krise.

- In der Öffentlichkeit wurde verstärkt ein Urteil der Banker als „Zocker" laut. Als ein typisches Beispiel hierfür galt der Handel mit Derivaten, insbesondere Termingeschäfte mit Leerverkäufen auf der Grundlage der Wertpapierleihe. Konkret sieht dies z. B. folgendermaßen aus: Eine Investmentbank hofft bei der Aktie eines Unternehmens auf fallende Kurse in der absehbaren Zukunft. Sie leiht sich deshalb gegen eine geringe Gebühr Aktien dieses Unternehmens von einer anderen Bank aus und verkauft diese zum aktuellen Kurs. Parallel dazu wird per Termin eine Option auf den Erwerb der gleichen Aktien des Unternehmens erworben. Fällt erwartungsgemäß der Kurs, erfolgt der Rückkauf zu günstigeren Konditionen als der Verkauf und es wird ein Gewinn erzielt. Die Aktien werden an das verleihende Kreditinstitut zurückgegeben. Der dabei erzielte Gewinn ist rein spekulativ und die Planung einer derartigen Gewinnerzielung sehr riskant, da die Prognose über die künftige Kursentwicklung mit hohen Risiken behaftet ist. Außerdem erfordert das Geschäft Liquidität per Termin, wenn die Aktien zurückzukaufen sind, bei einem gestiegenen Kurs und damit einem Verlust, sogar einen noch höheren Betrag.

- Die Angst der Sparer vor einem Totalverlust ihrer Bankeinlagen stieg erheblich. Insgesamt erfolgte mit der Finanzkrise ein massiver Vertrauensverlust der Öffentlichkeit hinsichtlich der Banken. Die den Kreditinstituten gebotenen Möglichkeiten waren hervorragend: grenzenlose Märkte ohne staatliche Regulierungen und Top-Manager mit exorbitant hohen Gehältern und Vollmachten. Die Ergebnisse: Finanzkrise, Bankpleiten, arbeitslose Banker und Verlust hoher privater und institutioneller Vermögen. Wen wundert da noch der Vertrauensverlust in die Banken?

4.1.2 Wege aus der globalen Finanzkrise[91]

Da Geld allgemein als Treibstoff der Wirtschaft gilt, und von der Funktionsfähigkeit der Finanzmärkte die gesamte Wirtschaft weltweit abhängt, wurden sofort Maßnahmen seitens der Notenbanken und der Staaten ergriffen, da sonst ganze nationale Wirtschaften und die Weltwirtschaft vom Zusammenbruch bedroht worden wären:[92]

- Die Notenbanken übernahmen die Rolle der Banken beim Inter-Banken-Handel mit kurzfristiger Liquidität. Monatelang wurden täglich dreistellige Millionenbeträge an kurzfristigen Krediten durch die Notenbank ausge-

---

[91] Vgl. Wiele, Das U-Boot, Bad Bank, 2009
[92] Nach dem Zusammenbruch der vier größten Banken Islands droht ein Staatsbankrott.
      Vgl. Wonneberger, Wie kaputt muss dieses System sein?, 2009

reicht. Außerdem erfolgten massive Zinssenkungen durch die amerikanische Notenbank und die Europäische Zentralbank.

- Die Nationalstaaten übernahmen Garantien der Spareinlagen. Viele europäische Banken passten sie an das deutsche Niveau der Einlagensicherung an, bei dem praktisch alle Ausfälle der Einleger von Sparkonten abgesichert sind. Die Anglo-Irish Bank wurde z. B. deshalb vom Staat übernommen, um die 80 Mrd. € an Einlagen des Kreditinstituts zu sichern.

- Da trotz der Maßnahmen viele Banken an den Rand der Insolvenz gerieten, errichteten die Nationalstaaten „Rettungsschirme" für die „notleidenden Banken", ein Begriff, der in Deutschland zum „Unwort" des Jahres 2008 gewählt wurde. Mit Milliardenbeträgen der Staaten wurden Garantien, Liquiditätshilfen und Eigenkapitalzuschüsse gewährt, die bis hin zu einer Miteigentümerschaft durch Bezug von stimmrechtslosen Vorzugsaktien reichte. Im Jahr 2008 sagte die deutsche Bundesregierung den Banken einen „Schutzschirm" im Volumen von bis zu 400 Mrd. € zu, den SOFFIN (Sonderfond Finanzmarktstabilität) verwalten und in Form von Bürgschaften, Garantien und Liquiditätshilfen bis hin zu Beteiligungen genehmigen sollte. In den USA sind bis zu 700 Mrd. US-$ als „Schutzschirm" für die Banken vorgesehen („Troubled Assets Relief Programme). Diese Hilfen werden jedoch nicht von allen Seiten befürwortet. Der Staat, so wird moniert, stelle mit seinen einseitigen Hilfen für die Banken die Marktwirtschaft und die Wettbewerbsordnung in Frage und erhöhe durch seine Maßnahmen systemwidrig die Staatsquote am Bruttoinlandsprodukt.

- Auch die Verstaatlichung von Banken wird in Großbritannien und in Deutschland thematisiert. In Großbritannien wird die Forderung laut, die ROYAL BANK OF SCOTLAND, an der der Staat bereits 70 % der Aktien hält, zu verstaatlichen. Dasselbe gilt für die LLOYDS TBS Bank, an der der Staat 43 % der Anteile hält. In Deutschland hat der Staat für 18,2 Mrd. € eine Beteiligung in Höhe von 25 % an der COMMERZBANK erworben, die insgesamt lediglich einen Wert von maximal 3,5 Mrd. € besitzt. Viele Bürger fragen sich, wie „krank" die Kreditinstitute wirklich sind und wie viele „toxische" Wertpapiere noch an das Tageslicht kommen. Der Staat sieht jedoch keine Alternative zur Rettung des einst gesunden deutschen Bankensystems aus volkswirtschaftlichen Gründen.

In Deutschland bereitet man die Verstaatlichung der HYPO REAL ESTATE Bank vor, die bis Januar 2009 bereits 102 Mrd. € an staatlichen Garantien und Finanzhilfen erhielt. Ein Ende ist noch immer nicht in Sicht, da der Staat unbedingt das Vermögen der privaten Pfandbriefinhaber schützen will.

In den USA sind ähnliche Tendenzen feststellbar, staatliche Garantien oder Eigenkapitalhilfen zu gewähren:

US-Banken und Versicherungen	Volumen der Staatshilfen in US-$ im Jahr 2008
FANNIE MAE UND FREDDIE MAC	147 Mrd.
CITIGROUP	184 Mrd.
AIG	150 Mrd.
BEAR STEARNS	20 Mrd.
JP MORGAN CHASE	19 Mrd.
WELLS FARGO	19 Mrd.
BANK OF AMERICA	11 Mrd.

Fig. 7: Staatshilfen für amerikanische Banken

- Täglich gewinnt die Diskussion an Bedeutung, ob die „notleidenden" Wertpapiere der Banken nicht „ausgegliedert" werden sollen, um die Banken von Verlusten durch Abschreibungen zu bewahren. Die Lösungsansätze unterscheiden sich zwar in den einzelnen Ländern, inhaltlich läuft es jedoch stets auf das Gleiche hinaus. Angelsächsische Länder sprechen von der Gründung einer „Bad Bank", einer eigens gegründeten Bank, die aktuell „faule" Kredite und „vergiftete", d.h. wertlose, Wertpapiere übernimmt bzw. aufkauft[93]. Finanziert wird diese „Institution" durch die jeweiligen Nationalstaaten mit Steuergeldern. In Deutschland will man keine eigene Bank gründen, sondern innerhalb der Kreditinstitute „Bad Banks" als bankeigene Zweckgesellschaften zulassen oder Staatsgarantien für „toxische" Wertpapiere abgeben. Die Kosten für den Steuerzahler sind dabei weitgehend identisch, egal ob es sich um staatliche Hilfen oder den Ausfall von Gewinnsteuern durch Abschreibungen „notleidender" Wertpapiere der firmeneigenen „Bad Bank" handelt.

- Es zeichnet sich eine eindeutige Rückkehr des Staates ab, wenn dieser in Krisenzeiten zur Rettung der liberalisierten Kredit- und Finanzmärkte zu Hilfe gerufen wird. Der Ruf nach neuen restriktiven Regeln zur weltweiten Kontrolle der Finanzmärkte wird global erhoben. Die Etablierung neuer Kontrollinstanzen auf EU-Ebene und weltweit ist im Gespräch. Bundeskanzlerin Angela Merkel fordert sogar eine neue Weltwirtschaftsordnung.

- Es wird sogar die Befürchtung geäußert, dass die Finanzkrise die Globalisierung und den freien Welthandel massiv beeinträchtigt. Einige Kritiker der Situation sprechen sogar von einem „Ende der Globalisierung".

Einige Beispiele sollen den Ernst der Situation verdeutlichen:

---

[93] In Deutschland vermeidet man in Bankkreisen die Bezeichnung „Bad Bank" und schlägt einen „Mobilisierungsfond" vor, der bei den einzelnen Banken angesiedelt werden könnte.

In Deutschland wurde die SÄCHSISCHE LANDESBANK, die de facto insolvent war, von der LANDESBANK BADEN-WÜRTTEMBERG übernommen. Die BAYERISCHE LANDESBANK meldete Verluste von rund 6 Mrd. €. Ursache war in beiden Fällen der Erwerb verbriefter „Sub-Prime-Hypotheken", die kurzfristig in voller Höhe ihren Wert verloren.

Die staatliche Unterstützung deutscher Banken führte zu folgenden Hilfszahlungen in Form von Garantien oder Beteiligungen:

Name des Kredit-instituts	Umfang der bis Jan. 2009 gewährten staatlichen Hilfen:
HYPO REAL ESTATE BANK	92 Mrd. €. Die Verstaatlichung steht unmittelbar bevor.
BAYERISCHE LANDESBANK	30 Mrd. €
HSH NORDBANK	30 Mrd. €
MITTELSTANDSBANK IKB	5 Mrd. €
COMMERZBANK AG (INC. DRESDNER BANK AG)	18,2 Mrd. € Der Bund hält bereits 25 % des Eigenkapitals der Bank.
SÄCHSISCHE LANDESBANK	3,3 Mrd. €

Fig. 8: Umfang staatlicher Hilfen an Banken in Deutschland

Nach Schätzungen der Bank of England wird der Schaden allein für die Finanzwelt auf voraussichtlich 1,4 Bio. US-$ taxiert. Der Gesamtschaden der Krise wird von der OECD auf ca. 3,3 Bio. € beziffert. Ca. 20 % er privaten Altersvorsorge der Bürger in Europa und den USA sind hiervon betroffen. Schätzungen der Bank of England reichen bis zu 2,8 Bio. US-$.

4.2 Die Strukturkrise im Automobilbau

Die Finanzkrise einerseits und die Entwicklung auf den Energiemärkten machten weltweit die Strukturkrise des Automobilbaus offensichtlich.

4.2.1 Ursachen und Folgen der Strukturkrise[94]

Die Ursachen der Strukturkrise im Automobilbau lassen sich vor allem auf folgende Punkte konzentrieren:

- Die Endlichkeit der Weltölvorkommen und die durch die Globalisierung bewirkte starke Nachfrage nach Rohöl, besonders von China, führte im Jahr

---

[94] Vgl. Herz, Autobranche steuert tiefer in die Krise, 2009

2008 zu einer Preisexplosion auf den Rohölmärkten. Die auf die Spitze getriebene Nachfrage nach Rohölderivaten, insbesondere Benzin, Diesel und Schweröl, bei gleichzeitiger Stagnation der Ölförderung führte Mitte 2008 zu Rohölpreisen von ca. 150,00 $ pro Barrel (159 l). Zu große Autos mit zu hohem Kraftstoffverbrauch besonders in den USA aber auch „Sports Utility Vehicles" und Luxusfahrzeuge von DAIMLER, BMW und PORSCHE in Europa wurden plötzlich in deutlich geringerem Umfang als bisher gekauft.

- Energiesparen beim Kraftfahrzeugverkehr angesichts der hohen Benzinpreise wurde zunehmend zum zentralen Thema der Verbraucher.

- Hinzu kamen weltweite Überkapazitäten der Automobilindustrie, die angesichts der jahrelang ständig steigenden Nachfrage nach Kraftfahrzeugen plötzlich offensichtlich wurden.

Die Folgen waren weltweit massive Umsatzeinbrüche bei der Kraftfahrzeugindustrie, die die folgenden Graphiken eindrucksvoll demonstrieren.

Die großen Automobilhersteller der USA erlitten gegen Ende des Jahres 2008 dramatische Absatzeinbrüche:

US-Automobilfirmen	Absatzrückgang im Dezember 2008	Absatzrückgang im Gesamtjahr 2008
GENERAL MOTORS INC[95]	- 31 %	- 50 %
FORD MOTOR COMPANY INC.	- 32 %	- 40 %
CHRYSLER CORP.	- 53 %	
USA Gesamtmarkt	- 35 %	

Fig. 9: Entwicklung des Automobilabsatzes in den USA im Dezember 2008

FORD meldete für das Jahr 2008 inzwischen einen Gesamtverlust von 14,6 Mrd. US-\$.

Auch in Europa und Japan bot sich kaum ein besseres Bild der Automobilindustrie, obwohl diese Staaten in großer Zahl kraftstoffsparende Automodelle produzieren:

Land:	Absatzrückgang im Dezember 2008
Deutschland	- 22,0 %
Frankreich	- 15,8 %
Spanien	- 49,9 %
Japan	- 22,3 %

Fig. 10: Entwicklung des Automobilabsatzes in Europa und Japan im Dezember 2008

Im Januar 2009 verkaufte BMW 24 % und DAIMLER 31 % weniger Fahrzeuge als im Vorjahreszeitraum. TOYOTA, der weltgrößte Automobilhersteller, machte 2008 zum ersten Mal seit 1950 einen Verlust, und zwar in Höhe von 3 Mrd. €.

Exkurs: In Deutschland wird auch der Ruf nach Unterstützung anderer Branchen laut, angefangen von Automobilzulieferern bis hin zum Mittelstand, der unter Kreditknappheit leidet. Merkwürdig mutet dabei der Ruf von SCHAEFFLER nach Staatshilfe in Höhe von 3 Mrd. € an, wobei argumentiert wird, dass es sich schließlich um einen Automobilzulieferer handele. Die in Anbetracht der hohen Finanzschulden beider Firmen misslungene Übernahme von CONTINENTAL durch SCHAEFFLER trifft ein Gesamtunternehmen, das insgesamt 17 % der weltweiten Produktion der Autozulieferer abdeckt. Die gescheiterte Fusion, die SCHAEFFLER an den Rande der Insolvenz getrieben hat, soll nunmehr der Staat bezahlen, um

---

95 Der Börsenwert von General Motors betrug im Februar 2009 nur noch 1,6 Mrd. €. Toyota hatte zur gleichen Zeit einen Börsenwert von 79,3 Mrd. €, Volkswagen von 74,3 Mrd. €.

Arbeitsplätze zu sichern. Die Bundesregierung zeigt sich gegenwärtig – noch – zurückhaltend.

4.2.2 Wege aus der Strukturkrise

Der Ruf nach dem Staat wurde in Anbetracht des großen Volumens der Arbeitsplätze in der Automobilindustrie und den Automobilzulieferern weltweit erhoben.

- GENERAL MOTORS und CHRYSLER erhielten Ende 2008 17,4 Mrd. US-$ Staatskredite, um sie vor dem drohenden Finanzkollaps zu bewahren; weitere können und werden wahrscheinlich folgen, um insbesondere den größten Konzern, GENERAL MOTORS und seine Zulieferer vor dem Konkurs zu bewahren. Das Unternehmen fordert bereits im Februar 2009 weitere 30 Mrd. US-$ an Staatshilfen.

- Staatliche Konjunkturprogramme mit Blickrichtung auf die Automobilindustrie sollen der Branche helfen. Beispiele hierfür sind in Deutschland die Umgestaltung der Kraftfahrzeugsteuer zu Gunsten umweltfreundlicher Autos sowie die „Abwrackprämie", eine Subvention in Höhe von 2.500,00 € an jedermann, der ein mindestens neun Jahre altes Auto verschrottet und sich im Gegenzug hierfür einen Neu- oder Jahreswagen kauft. Das Herstellerland des Fahrzeugs spielt dabei überraschenderweise keine Rolle obwohl es doch um die Rettung der nationalen Automobilindustrie gehen soll.

- Verstärkt wird der Ruf breiter Gesellschaftsschichten laut, sich von der Abhängigkeit von Öl zu befreien. Es geht nicht mehr um eine weitere Reduzierung des Kraftstoffverbrauchs von Fahrzeugen, sondern verstärkt um alternative Antriebssysteme, vom Elektroauto bis zum wasserstoffgetriebenen Motor oder dem Hybridfahrzeug. Die Forderung nach staatlichen Subventionen für die Erforschung alternativer Antriebssysteme wird durch die Branche erhoben, obwohl die Automobilindustrie in den vergangenen zehn Jahren hervorragende Gewinne erzielt hat.

4.3 Die weltweite Konjunkturkrise

Der Auslöser Finanzkrise und die in deren Gefolge zutage getretene Strukturkrise des Automobilbaus haben eine weltweite Konjunkturkrise ausgelöst und einen grundsätzlich zyklisch bedingten Wirtschaftsabschwung vorzeitig und verschärft herbeigeführt. Erstmals seit dem Zweiten Weltkrieg stecken dabei gleichzeitig alle drei großen Wirtschaftsblöcke, Amerika, Europa und Asien, insbesondere Japan und China, in einer Rezession.

4.3.1 Ursachen der weltweiten Konjunkturkrise[96]

Die Ursachen der globalen Konjunkturschwäche sind vielfältig:

---

[96] Vgl. Ziener, Obamas Hilfspaket weckt Misstrauen, 2009

- Die Finanzkrise führt zu Liquiditätsengpässen in der Wirtschaft und bei privaten Verbrauchern, die es erheblich schwerer haben, Kredite zu erhalten. Dies führt zur zwangsweisen Kaufzurückhaltung und damit zu einem Nachfragerückgang weltweit.
- Besonders betroffen sind davon die amerikanischen Verbraucher, die ca. 1 Bio. US-$ an Kreditkartenschulden haben und ihren Konsum weitgehend auf Kredite stützen.

- Die Zusammenbrüche des privaten Immobilienmarkts in den USA beeinträchtigt die Bauindustrie in erheblichem Umfang.

- Rückläufiger Konsum bedeutet in der Folge eine rückläufige Produktion, um diese der Nachfrage anzupassen. Kurzarbeit und Entlassungen mit weiteren Beeinträchtigungen des Konsumverhaltens sind die Folge.

- Ein Nachfragerückgang im Konsumbereich zwingt zu einem Überdenken der Investitionspolitik der Unternehmen. Ersatz- und Erweiterungsinvestitionen werden nur in geringerem Maße geplant, Bestellungen von Investitionsgütern werden storniert. Die Maschinen- und Anlagenbauindustrie Deutschlands, eine der am stärksten exportorientierten Branchen, erlebte im November 2008 einen Einbruch der Aufträge um 30 %.

- Die negativen Erwartungen der Marktteilnehmer spiegeln auch die Verluste an den Börsen zu Beginn des Jahres 2009 wider: Die USA und Deutschland hatten Kursrückgänge von je ca. 42 % zu verzeichnen, Russland von knapp 67 % und China von 62 %.

4.2.2 Wege aus der weltweiten Konjunkturkrise[97]

Erneut ist der Staat gefordert, durch Konjunkturprogramme in erheblichem Umfang den Ausfall privater Nachfrage zu ersetzen.

Primär sollen durch „Konjunkturpakete" Infrastrukturmaßnahmen im öffentlichen Bereich, z. B. des Verkehrs bis hin zur baulichen Modernisierung von Bildungseinrichtungen vorangetrieben werden. Weltweit werden für diese Maßnahmen 2009 ca. 1 Bio US-$ eingesetzt.

Parallel dazu soll durch Senkung der Mehrwertsteuer (Großbritannien) oder der Einkommensteuer (USA und Deutschland) der Konsum angeregt werden.

Die Volumina stellen sich dabei folgendermaßen dar:

---

[97] Vgl. Afhüppe; Hess; Riecke, Protektionismus weltweit auf dem Vormarsch, 2009

Staat	Volumen der Hilfeleistungen
Deutschland	„Rettungsschirm" für die Banken:
	geplant sind 500 Mrd. € (davon 80 Mrd. zum Ankauf „toxischer Wertpapiere" und als Eigenkapitalhilfen)
	„Rettungsschirm" für den Mittelstand: 100 Mrd. €
	2 Konjunkturpakete 2008 und 2009 Gesamtvolumen 80 Mrd. €
Frankreich	Konjunkturpaket: 26 Mrd. €
China	Konjunkturpaket bis 2010: 443 Mrd. € für Infrastruktur und Soziales
USA	Hilfe für die Banken: 700 Mrd US-$
	Hilfen für private Hausbesitzer: 275 Mrd. US-$
	Hilfen für die Automobilindustrie: bis jetzt: 17,4 Mrd. US-$
	Konjunkturpaket:
	geplant: 925 Mrd. US-$, davon verabschiedet 787 Mrd. US-$
	voraussichtlich tatsächliches Volumen: 1,2 Bio. US-$.

Fig. 11: Staatliche Konjunkturpakete 2008/2009

Der in Deutschland geplante „Rettungsschirm" für die Banken soll bis zu 500 Mrd. € kosten. Davon sollen mindestens 80 Mrd. € als Eigenkapitalhilfen oder für den Ankauf „giftiger" Wertpapiere verwendet werden, und dies bei steigender Tendenz der Ausgaben. Als „Rettungsschirm" für den Mittelstand werden 100 Mrd. € bereitgestellt. Die beiden Konjunkturpakete der Jahre 2008 und 2009 kosteten bisher 80 Mrd. €.

Die USA stellen als Hilfe für die Banken 700 Mrd. US-$ zur Verfügung. Das ursprünglich geplante Gesamtvolumen des Konjunkturpakets von ursprünglich 925 Mrd. US-$ steigt voraussichtlich auf ca. 1,2 Bio US-$.

Hinzu kommen im Zusammenhang mit den nationalen Konjunkturprogrammen eine Vielzahl protektionistischer Maßnahmen aller betroffenen Länder, um die drohende Insolvenz der wichtigsten Wirtschaftszweige zu verhindern. Auch im Anhang des amerikanischen Konjunkturpakets wird zum Kauf amerikanischer Erzeugnisse aufgerufen („Buy America"). Aktuell ist die Liberalisierung des Welthandels zum Erliegen gekommen, was die Weltwirtschaftskrise noch verschärfen könnte, wie die Welthandelsorganisation befürchtet. Die Globalisierung wird sich dadurch verlangsamen, der Welthandel erstmals seit 17 Jahren sinken.

Wollte Deutschland noch zu Beginn des Jahres 2008 sukzessive seine Staatsschulden abbauen, mit dem Ziel 2011 einen schuldenfreien Haushalt zu haben, so hat dieses Ziel aktuell keine Priorität mehr. Die Staatsschulden werden auf 65 % des Bruttoinlandsprodukts steigen; im Jahr 2009 wird eine Erhöhung der Schulden von 30-50 Mrd. € erwartet. Die Höhe der Staatsschulden und das Volumen der Neuverschuldung werden von weiten Teilen der Politik im Hinblick auf den Kampf gegen die Finanz- und Konjunkturkrise diskussionslos akzeptiert.

Problematisch ist dabei in allen Staaten der hohe Anstieg der Neuverschuldung, der langfristig zu Steuererhöhungen führen muss sowie die Idee und Durchführung einer Verstaatlichung von Banken, die den politische Grundvorstellungen vieler Staaten zuwider läuft.

Außerdem werden durch die hohe Staatsverschuldung europaweit zwei wesentliche Stabilitätskriterien des Euro verletzt, nämlich, dass das jährliche Defizit bei max. 3 % und die gesamte Staatsverschuldung bei max. 50 % des Bruttoinlandsprodukts liegen darf. Beispielsweise liegt die Defizitquote Deutschlands 2009 bei 3,5 % und die Staatsverschuldung bei 69,9 %[98]. Frankreich hat eine Staatsverschuldung von 72,4 %, Italien von 109,3 %. Langfristig wird durch diese Konjunkturprogramme der europäischen Staaten die Stabilität des Euro gefährdet. Offen wird heute bereits in Anbetracht der hohen Staatsschulden über einen möglichen Austritt Griechenlands und Italiens aus der Eurozone oder über die drohende Zahlungsunfähigkeit Spaniens diskutiert.

Das Hamburgische Weltwirtschaftsarchiv sieht in der Entwicklung der europaweiten Staatsverschuldung akute Inflationsgefahren, die nach 2010 in der Größenordnung von 5- 10 % jährlich liegen könnten.

---

[98] Bund, Länder und Gemeinden in Deutschland sind im Jahr 2009 mit insgesamt 1,5 Bio. € verschuldet.

D. Neue Theorie des Management

Die gravierenden Veränderungen, die innerhalb der letzten 20 Jahre in Politik und Wirtschaft weltweit erfolgt sind, stellen die Hauptursachen für die neuen Managementtheorien dar, die diese Herausforderungen zu bewältigen versuchen.

Auf unterschiedliche Weise wird versucht, in einem global radikal veränderten Umfeld durch neue strategische Managementlehren erfolgreich Unternehmen in Gegenwart und Zukunft zu führen. Die in diesem Zusammenhang entstandenen Konzepte werden nachfolgend vorgestellt und anschließend ausführlich erörtert:

- **„Change Management"** stellt im soziotechnischen Handlungssystem einer Unternehmung die Führung der Mitarbeiter in das Zentrum der Veränderungsprozesse, ohne deren aktive Mitwirkung kein nachhaltiger wirtschaftlicher Erfolg erzielt werden kann.

- Die Strategie des **„Shareholder Value"** gibt zwingend die Gewinnorientierung ausschließlich zum Wohl der Kapitaleigner vor.

- Ausfluss des Managementkonzepts „Shareholder Value" ist eine grundlegende Neuorientierung der Unternehmen. Hierzu zählen die **„Konzentration auf das Kerngeschäft"** und als Folge davon Ausgliederungen, Mergers und Acquisitions sowie eine Unternehmensorganisation nach dem Prinzip des „Lean Management". Die Frage, ob es sich bei diesen Strategien um eigenständige Managementlehren handelt, wird in der Fachliteratur kontrovers diskutiert. Häufig werden die Vorgehensweisen in Verbindung mit dem Streben nach „Shareholder Value" abgehandelt. Die „Konzentration auf das Kerngeschäft" und die damit verbundenen Folgewirkungen sind jedoch in der Wirtschaftspraxis von solch erheblicher Bedeutung für die Umsetzung des „Shareholder-Value-Gedankens", dass aus diesem Grund ein eigenes Kapitel vorgesehen ist.

- Ähnliches gilt für **„Outsourcing" und „Offshoring"**, d. h. der Erfüllung unternehmerischer Funktionen durch Externe und die Auslagerung von Teilbereichen in Niedriglohnländer. Die beiden genannten Begriffe werden ebenfalls häufig im Rahmen der Umsetzung des Shareholder-Value-Managements erörtert. Auch in diesem Zusammenhang spricht man in der Fachliteratur nur bedingt von einer eigenständigen Managementlehre. Jedoch hat auch dieser Aspekt der Unternehmensführung sowohl in der Praxis als auch in der Managementliteratur eine derart große Bedeutung erlangt, dass der Verfasser diesen Managemententscheidungen ein eigenes Kapitel widmen möchte.

- **„Benchmarking"** befasst sich mit der Nachahmung praxiserprobter Spitzenleistungen der weltweiten Konkurrenz, um die eigene Unternehmensstruktur zu verbessern.

- **„Business Reengineering"** geht von einer visionären Neukonzeption der Geschäftsprozesse im Interesse des Unternehmens und der Kunden aus.

- **„Qualitätsmanagement"** strebt danach, über die Produktion von Spitzenleistungen den Preis- durch einen Qualitätswettbewerb zu ersetzen.

- Die **„Balanced Scorecard"** stellt ein umfassendes neues Kennzahlensystem zur Ermittlung des unternehmerischen Erfolges der Vergangenheit unter Einbezug der maßgeblichen Faktoren zukünftiger Leistung dar.

Zusammenfassend lassen sich die neuen Managementtheorien hinsichtlich Ziel und Inhalt folgendermaßen miteinander vergleichen:

Neue Theorien des Management		
Bezeichnung	Ziel	Inhalt
Change Management (1994)	Organisations-entwicklung	Mensch und Führungsstil stehen im Zentrum unternehmerischer Veränderungsprozesse.
Shareholder Value (1986/1998)	Gewinnorientie-rung	Gewinnorientierung zum Wohl der Kapitaleigner als einziges Ziel
Konzentration auf das Kerngeschäft (1995)		Beendigung der Strategie der Diversifizierung mit organisatorischen Folgewirkungen
Outsourcing und Offshoring (Beginn der neunziger Jahre)		Externe Verlagerung von Unternehmensfunktionen im Inland und in das Ausland
Benchmarking (1994)	Neukonzeption des Unternehmens	Nachahmung praxiserprobter Spitzenleistungen der weltweiten Konkurrenz, um die eigene Unternehmensstruktur zu optimieren
Business Reengineering (1995)		Visionäre Neugestaltung der Geschäftsprozesse zum Nutzen des Unternehmens und dessen Kunden
Qualitäts-Management (1987)	Qualitätsorientie-rung	Die Produktion von Spitzenleistungen soll den Preis- durch einen Qualitätswettbewerb ersetzen
Balanced Scorecard (1996)	Orientierung an Kennzahlen	Ermittlung des unternehmerischen Erfolgs nach Gegenwarts- und Zukunftsfaktoren

Fig. 12: Neue Theorien des Managements

Gemeinsam sind allen diesen Managementtheorien die folgenden Aspekte:

- Alle die o.g. neuen Managementlehren wurden seit Beginn der neunziger Jahre entwickelt oder erstmals einem breiten Publikum zugänglich gemacht und seitdem in die Praxis umgesetzt.

- Die Managementtheorien entstanden in enger Kooperation mit Unternehmen und teilweise durch die Ideen der jeweiligen Führungskräfte. Maßgebliche „Theorielieferanten" sind hierbei bedeutende amerikanische Beraterfirmen, die die Hochschulprofessoren in dieser Funktion weitgehend abgelöst haben. Aus diesem Grund liegt der Schwerpunkt der neuen Managementkonzeptionen bei der praxisgerechten Anpassung an die aktuellen Bedürfnisse der Unternehmen und deren Vermarktung durch die eigenen Beratungsfirmen und weniger auf dem Prozess der Theoriebildung. Alle genannten Managementlehren stammen aus den USA und fanden weltweite Verbreitung, so dass man heute von einer „Amerikanisierung des Management" sprechen kann.[99]

- Die Herausforderungen der Zukunft sollen durch unterschiedliche Ansatzpunkte gemeistert werden: „harte" Strategien (Firmenkonzeptionen) und „weiche" Faktoren (Change Management bei der Mitarbeiterführung), unterschiedliche zeitliche Dimensionen, die von der Vergangenheit bis in die Zukunft reichen, neuartige Maßstäbe hinsichtlich des Erfolges (Shareholder-Value-Ansatz) und die Unterscheidung in „Befähiger" und „Ergebnisse" (Qualitätsmanagement und Balanced Scorecard) rumreißen das Spektrum, mit dessen Hilfe die neuen Managementtheorien den Unternehmenserfolg optimieren möchten.

---

[99] Vgl. Schmid, Blueprints from the U.S.?, 2003, S. 13f

Zuordnung der Management-lehren	„harte" Faktoren" (Unternehmens-konzepte, Gewinn)	„weiche" Faktoren" (Mitarbeiter/ Kunden und sons-tige Interessen-ten)	Zeitbezug des Ziels	Befähiger	Ergebnisse
Change Management		X	Gegenwart	X	
Shareholder Value	X		Gegenwart und Zukunft	X	
Kerngeschäft	X		Gegenwart	X	
Outsourcing/ Offshoring	X		Gegenwart	X	
Benchmarking	X	X	Gegenwart	X	
Business Reen-gineering	X	X	Gegenwart	X	
Qualitäts-Management	X	X	Gegenwart und Zukunft	X	X
Balanced Scorecard	X	X	Gegenwart und Zukunft	X	X

Fig. 13: Ansatzpunkte der neuen Managementlehren

1. Change Management (1994)[100]

„Change Management" bedeutet, die permanent weltweit erfolgenden Veränderungen in Politik und Wirtschaft durch einen entsprechenden Unternehmenswandel mit Hilfe des Management zu gestalten und zu meistern, in dessen Mittelpunkt die Führung des Mitarbeiters steht.

1.1 Begriff „Change Management"

Doppler und Lauterburg,[101] die beiden maßgeblichen Initiatoren dieser 1994 erstmals veröffentlichten neuen Managementlehre, die auf frühere Ansätze der „Human-Relations-Bewegung" und des „Human Ressource-Management"[102] zurückgehen, wählten dafür folgenden Ansatzpunkt: Veränderung findet heute in den meisten Lebensbereichen, so auch in Unternehmen, statt. Sie ist überall spürbar.

---

[100]   Vgl. Staehle, Wolfgang: Management, a.a.O., S. 898ff
       Vgl. Hopfenbeck, Waldemar: Allgemeine Betriebswirtschafts- und Managementlehre, 2002., S. 648ff
[101]   Vgl. Doppler; Lauterburg, Change Management, 2005, S. 83
[102]   Vgl. Lang, Human Resource Accounting, 1976, S. 1982ff
       Vgl. Ders., Human Resource Accounting, 1977, S. 33ff
       Vgl. Ders., Ansätze zu einer Humanvermögensrechnung, 1977, S. 5-8

Es gibt kaum jemanden, der nicht davon erfasst wird, sei es als Verursacher oder als Betroffener.

Wandel wird heute folgendermaßen beurteilt: Er ist grundsätzlicher Natur, in einem hohen Maße erforderlich und möglichst schnell durchzuführen. Veränderung ist kein einmaliger Sondervorgang, sondern eine häufig auftretende Regelerscheinung. Der Wandel scheint das einzig Bleibende bei der heutigen Leitung der Unternehmen zu sein.

Weshalb aber sind Veränderungen mit zahlreichen Konflikten verbunden? Worin liegen die Probleme des Wandels in Unternehmen? Antworten auf diese Fragen sucht das „Change Management".

Die Definitionsansätze dieser neuen Form der Unternehmensführung zeigen den mit Wandlungsprozessen verbundenen Konflikt auf.[103]

Der aus dem Englischen stammende Begriff „Change Management" bezeichnet das Management von Veränderungsprozessen in Organisationen aller Art. Es geht hierbei um die ständige Anpassung von Unternehmensstrategien und Strukturen an veränderte Rahmenbedingungen. Dabei werden die aktuellen Geschäftsprozesse und betrieblichen Strukturen geändert oder komplett neu gestaltet, häufig mit dem Ziel, das Kosten-Nutzen-Verhältnis zu verbessern. Durch Umstrukturierungen von Unternehmensorganisationen sind stets auch die arbeitenden Menschen mit ihren jeweiligen Wünschen, Einstellungen, Sorgen und Befürchtungen betroffen. Veränderungen sind deshalb häufig mit Unsicherheit über die Zukunft verbunden, können als Gefahren oder Risiken wahrgenommen werden und schließlich zu Widerstand oder Resignation führen.

Ein bewusst durchgeführtes Change Management dient dazu, die „weichen Faktoren" im Rahmen von Umstellungsprozessen zu erkennen und die Bedürfnisse der Mitarbeiter mit den Zielen der Unternehmensleitung in Einklang zu bringen. Veränderungsmanagement geht nämlich von der Fiktion aus, dass der geschäftliche Erfolg insbesondere von der Leistung der Mitarbeiter abhängt. Dies setzt voraus, dass man die Motive menschlichen Handelns kennt und mit Hilfe entsprechender Führungsinstrumente positiv beeinflusst. Man spricht in diesem Zusammenhang auch von einer Art „Harmoniepostulat" zwischen den Zielsetzungen des Unternehmens und der betroffenen Mitarbeiter. Dies bedeutet, dass die organisatorischen Veränderungsprozesse psychologisch begleitet werden müssen.

---

[103]   Vgl. Nickols, Change Management, 2005

Unternehmen	Führungsstil	Mitarbeiter
Zielerreichung durch Wandel:		Reaktionen auf den Wandel:
- Umstrukturierung	Management	
- Rentabilitätssteigerung		- Unsicherheit
- Kostensenkung.		- Angst.
- Umsatzerhöhung usw.		- Widerstand usw.

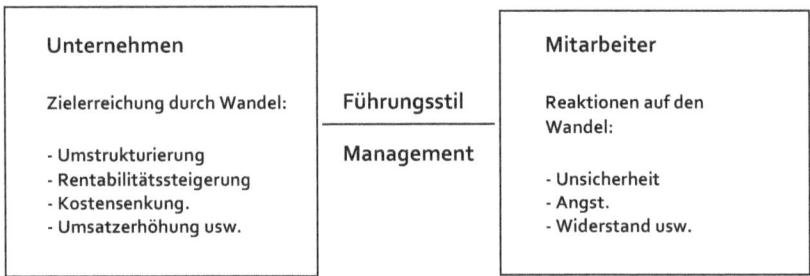

Fig. 14: Ursachen und Folgen von Veränderungsprozessen im Unternehmen

Traditionelle Managementkonzepte scheinen die dadurch entstehenden Anpassungs- und Änderungszwänge nicht bewältigen zu können. Deshalb bedarf es hierzu grundlegend neuer Ansätze antizipativen Handelns („Management of positive change") statt anpassendes Handeln („Management of adaptive change").[104]

Die Literatur nennt eine Vielzahl unterschiedlicher Führungskonzepte zur Bewältigung des Wandels. Das Spektrum reicht dabei vom Konzept des Denkens in Systemen, Themenzentrierte Interaktion, Transaktionsanalyse, Neurolinguistisches Programmieren und „Human Ressource Development" bis hin zum „Total Quality Management". Ihnen allen aber ist gemeinsam, dass „lernende Organisationen" entstehen müssen, innerhalb derer die Mitarbeiter Lernprozesse durchlaufen müssen, um von „Betroffenen" zu „Beteiligten" zu werden.

Es besteht Einigkeit darüber, dass erfolgreich durchgeführtes Change Management ein Schlüsselfaktor für unternehmerischen Erfolg in einer globalisierten Wirtschaft darstellt, denn nur wandlungsfähige Unternehmen sind langfristig erfolgreich. Es scheint so, dass die Geschwindigkeit, mit der sich Organisationen den Veränderungen ihres Umfelds anpassen müssen, langfristig die einzig treibende Kraft für die Erzielung von Vorteilen im Wettbewerb darstellt.

1.2 Zustand und Perspektiven des unternehmerischen Umfeldes

Doppler und Lauterburg nennen insbesondere fünf neue Rahmenbedingungen, die heute weitgehend über Erfolg oder Misserfolg der Unternehmen entscheiden:[105]

- Die revolutionären Innovationssprünge in der Mikroelektronik, der Informatik und der Telekommunikation sowie die Radikalität und Schnelligkeit der damit verbundenen Entwicklungen beeinflussen in erhebliche Maße das Leben der Menschen innerhalb und außerhalb der Unternehmen. Produktionsprozesse werden immer schneller und kostengünstiger. Die Verfügbarkeit

---

[104] Vgl. Hopfenbeck, Allgemeine Betriebswirtschafts- und Managementlehre, 2002, S. 648f
[105] Vgl. Doppler; Lauterburg, Change Management, 2005, S. 22ff

von Daten in Echtzeit ermöglicht einen noch nie da gewesenen Umfang und eine Höchstgeschwindigkeit der Kommunikation. Globaler Preisverfall und die Verkürzung der Prokutlebenszyklen erfordern eine ständige Neudefinition der Geschäftsprozesse. Der technologische Wandel bietet völlig neue Geschäftschancen, die schnell und entschlossen zu realisieren sind.

- Die Verknappung der Ressource Zeit: Durch die neuen technologischen Entwicklungen verkürzt sich die Zeit, innerhalb derer Informationen zur Entscheidung vorliegen: In Echtzeit erfährt man heute die heutigen aktuellen Verkaufszahlen, erhält die Tagesbilanz des Unternehmens und die bekommt die Geschäftspost, die ein Absender erst vor wenigen Minuten versandt hat. Zugleich stellen die Massenmedien den Menschen immer mehr Informationen minutenaktuell über das Weltgeschehen zur Verfügung. Hinzu kommt die globale Mobilität durch preisgünstige Transportmittel und die ständige Erreichbarkeit über Mobiltelefone.

- Cairncross weist in seinem Buch „The Death of Distance" auf die mit der Verkürzung von Zeit und Entfernung verbundenen Kostenvorteile hin, z. B. auf die Organisation der Arbeit in drei Schichten entsprechend den Welt-Zeitzonen und eine freie Wahl des globalen Standorts.[106] Ganze Märkte und Berufe brechen weg – und neue entstehen. Gleichzeitig werden internationale Wirtschaftsräume auch durch kleinere und mittelständische Unternehmen erschlossen. Weltweite Geschäftstätigkeit wird zur Selbstverständlichkeit. Damit ist das wirtschaftliche, politische und soziale Umfeld hochgradig instabil geworden. Neuen Chancen stehen erhebliche neue Risiken für Unternehmer und Mitarbeiter gegenüber. Ein Überleben erfordert eine rasche Reaktion auf kurzfristig sich ändernde Bedingungen: Rasche Produktinnovationen sind die Folge immer kürzer werdender Produktlebenszyklen und – damit vor- und nachgelagert verbunden – entsprechende betriebliche Umstellungen. Eine neue, die Kernmerkmale enthaltende „Weltformel" für wirtschaftlichen Erfolg lautet:

$$E = Qc^2$$

Erfolg ist demnach das Produkt aus Qualität und Lichtgeschwindigkeit im Quadrat[107] und hat seinen Niederschlag sowohl im Qualitätsmanagement als auch im „time-based-Management gefunden, das das Ziel verfolgt, konsequent die Durchlaufzeiten zu reduzieren.

- Interkulturelle Zusammenarbeit in einer globalen Ökonomie: Doppler und Lauterburg betrachten die Globalisierung „als angemessene Antwort auf die Chancen und Risiken unserer Zeit" und verweisen auf die Folgen der Informationstechnologie, die zunehmende Vernetzung wirtschaftlicher Wert-

---

[106] Vgl. Cairncross, The Death of Distance, 2005, S. 101f
[107] Vgl. Doppler; Lauterburg, Change Management, 2005, S. 26

schöpfungsketten und die damit verbundene Optimierung von Geschäftsprozessen. Dies erfordert von Mitarbeitern und Managern interkulturelle Zusammenarbeit in multinationalen Organisationen. Nicht nur persönliche To-
leranz, sondern auch Verständnis für unterschiedliche Führungskonzepte
wird erwartet.

- Verknappung der Ressource Geld: Natürliche Ressourcen gehen zur Neige.
  Deshalb werden seit Jahren Rohstoffe immer teurer. Kriege, Natur- und
  technische Katastrophen verschlingen Unsummen von Geld. Gesellschaftliche Fehlentwicklungen wie die Überalterung der Bevölkerung und die damit
  verbundene Finanzierungslücke für Rentenzahlungen und der Bedarf an
  medizinischer Versorgung führen zu horrenden Folgekosten. Hinzu kommt
  noch die wachsende Vielfalt staatlicher Aufgaben, insbesondere im Zusammenhang mit der Verwaltung und Finanzierung der Arbeitslosigkeit.

- Dramatische Steigerung der Komplexität: Alles ist zunehmend „vernetzt"
  und man überblickt nicht mehr alles, was und warum gerade etwas geschieht. Technische, ökonomische, politische und gesellschaftliche Prozesse
  beeinflussen sich weltweit gegenseitig und entwickeln eine Eigendynamik.

Staehle und Hopfenbeck verweisen noch auf einen weiteren wichtigen Faktor,
nämlich auf Krisen als Auslöser von Wandel.[108] Sie vertreten die Ansicht, dass Veränderungsprozesse insbesondere in Krisenphasen auftreten. In diesem Zusammenhang bezeichnet man die Unternehmensgründung und Markterschließung als
Professionalisierungskrise, Diversifikations- oder Konzentrationsstrategien als In-
novationskrise, Erwerb von Firmen und Kooperationsmodelle als Synergiekrise
sowie Restrukturierungsphasen als Autonomiekrise.

Harten und Piaget unterscheiden insbesondere drei Anlässe für krisenhafte Erscheinungen im Zusammenhang mit der Unternehmensstruktur: Probleme fehlender Stimmigkeit, Krisen aus unbewältigten Abweichungen und Fragen nach dem
Sinn.[109]

1.3 Der arbeitende Mensch

Wie mehrfach festgestellt, spielt der Mitarbeiter in einer sich verändernden Unternehmensumwelt eine zentrale Rolle für den geschäftlichen Erfolg der Firma. Deshalb sollen einerseits die Wünsche der Mitarbeiter genannt und diesen die aktuelle
Realität des Berufslebens gegenübergestellt werden.

---

[108] Vgl. Hopfenbeck, Allgemeine Betriebswirtschafts- und Managementlehre, 2002, S. 648ff
      Vgl. Stahle, Wolfgang H.: Management, 1999, S. 901f
[109] Vgl. Harten, Vernünftiger Organismus oder gesellschaftliche Evolution der Vernunft?, 1977
      Vgl. Piaget, Meine Theorie der geistigen Entwicklung, 1985

1.3.1 Bedürfnisse des Menschen als Mitarbeiter

Die Bedürfnispyramide von Maslow dient als Maßstab dient als Maßstab für Art und Hierarchisierung der Bedürfnisse der Mitarbeiter. Die nachfolgende Graphik listet diese, beginnend mit der Basis der Pyramide, in tabellarischer Form, exemplarisch auf.

Art des Bedürfnisses	Bedürfnis des Mitarbeiters
Grundbedürfnisse	Vorhandensein eines Arbeitsplatzes
	Vergütung muss mindestens den Lebensunterhalt decken.
	Mindeststandards hinsichtlich Arbeitszeit und Arbeitssicherheit müssen eingehalten werden.
Sicherheitsbedürfnisse	absolute und regionale Sicherheit des Arbeitsplatzes
	betriebliche Altersvorsorge
	Weiterbildung
	werksärztlicher Dienst
	Maßnahmen des Unternehmens für die Gesundheitsprophylaxe der Mitarbeiter
Soziale Bedürfnisse	Führungsstil
	Information
	Betriebsklima
	Betriebsfeiern
	Sozialeinrichtungen
	Kommunikation mit Mitarbeitern
	Teamarbeit
Wertschätzungsbedürfnisse	fachliche Kompetenz,
	Lob, Status, hohes Gehalt
	Anerkennung bei Mitarbeitern und Vorgesetzten bei Erfolgen
	qualifizierter Arbeitseinsatz entsprechend den Fähigkeiten
Selbstverwirklichungs-bedürfnisse	Entfaltungs- und Entwicklungsmöglichkeiten, um eigene Ideen zum Wohle der Firma zu realisieren
	Macht, Einfluss

Fig. 15: Die Bedürfnisse der Mitarbeiter im Unternehmen

1.3.2 Die aktuelle Realität des Arbeitslebens

Die gegenwärtige Situation sieht in den meisten Betrieben jedoch erheblich anders aus und ist durch folgende Merkmale charakterisiert:

- Arbeitszeitverlängerung
  Eine Erhöhung der Arbeitszeit von einst 35 auf derzeit 40-42 Wochenstunden ist in zahlreichen Branchen und Firmen und auch beim Staat seit 2004 Realität geworden. Dieser Trend hielt auch die folgenden Jahre unverändert an. Nur ca. 37 % der Betriebe vergüten die erhöhten Arbeitszeiten mit einem vollen Lohnausgleich. Die anderen Betriebe haben die Arbeitszeit ohne eine entsprechende Anpassung der Vergütungen erhöht, was de facto einer Re-

duzierung der Vergütung entspricht. Das Institut für Wirtschaftsforschung in Halle verzeichnete deshalb eine starke Zunahme der Zweitjobs, die Arbeitnehmer wahrnehmen, um ihren Lebensunterhalt zu finanzieren. Bereits ca. eine Million Bundesbürger hatten im Jahr 2008 zwei Beschäftigungsverhältnisse. Allein zwischen 2002 und 2004 verdoppelte sich die Anzahl der Zweitjobs. Hinzu kommt die Verlängerung der Lebensarbeitszeit durch die geplante langfristige Anhebung des Renteneintrittsalters vom 65. auf das 67. Lebensjahr.

- Flexibilisierung der Arbeitszeit[110]

  Die Anforderungen der Unternehmen hinsichtlich möglichst langer Maschinenlaufzeiten und das Ziel, Kundenbedürfnisse möglichst zu jeder Tages- und Nachtzeit an allen Wochentagen erfüllen zu können, haben zu einer weitgehenden Flexibilisierung der Arbeitszeit geführt. Die durch Überstunden geleistete Mehrarbeit der Mitarbeiter betrug im Jahr 2008 ca. 1,5 Mrd. Stunden, die jedoch nur teilweise vergütet werden.

  Am ausgeprägtesten ist die Flexibilisierung der Arbeitszeit bei Callcenters, die auch am Samstag und Sonntag besetzt sind oder bei Versicherungen, wie der COSMOS, die täglich, auch am Wochenende, 24 Stunden eine Auskunft und Versicherungsberatung für ihre Kunden bereit hält. Bezahlte Überstunden werden durch die Flexibilisierung der Arbeitszeit und Arbeitszeitkonten ebenso abgeschafft wie Leerlauf. Alle Kundenaufträge sind sofort und abschließend zu regeln, egal, wann die reguläre Arbeitszeit endet.[111]

  85 % der Betriebe mit 200 – 999 Mitarbeitern haben heute flexible Arbeitszeiten, bei Großunternehmen sogar 93 %. Wichtig und schwierig ist dabei, die Balance zwischen den Bedürfnissen der Mitarbeiter und den Anforderungen der Unternehmen zu finden.[112]

- Senkung der Löhne und Sozialleistungen

  Eine Reduzierung der Vergütung der Arbeitnehmer erfolgt einerseits durch den vollständigen oder teilweisen Wegfall von finanziellen Zusatzleistungen aller Art, angefangen vom Urlaubsgeld über Weihnachtsgeld, Sonderprämien, Schließung von Sozialeinrichtungen (z. B. Erholungsheime der Firmen) bis hin zu tatsächlichen Lohnverzichten, häufig gepaart mit Arbeitszeiterhöhungen. Aus dem Handwerk werden Forderungen laut, dass die Sozialabgaben für Renten-, Kranken-, Pflege- und Arbeitslosenversicherung in den nächsten sechs bis zehn Jahren auf unter 35 % des Lohns gesenkt werden müssten, da das derzeitige Niveau der Sozialleistungen nicht mehr zu finanzieren sei. Bei Krankheit von fünf Tagen pro Kalenderjahr soll künftig der Arbeitnehmer jeweils einen Urlaubstag weniger bekommen. Maximal seien drei Urlaubstage pro Jahr davon betroffen.

---

[110] Vgl. Toffler, Die dritte Welle – Zukunftschance, 2005, S. 120f
[111] Vgl. Giese, Verbessern statt verlagern, 2004
[112] Vgl. Widrat, Arbeit zur rechten Zeit, 2005

Noch deutlicher wird jedoch die reale Lohnsenkung durch andere Fakten offenkundig: Der starke Rückgang der Arbeitslosigkeit in den letzten Jahren war durch eine Erhöhung der Beschäftigung veranlasst. Dabei stieg jedoch vor allem die Anzahl der Mitarbeiter im Niedriglohnsektor, in dem Vergütungen bezahlt werden, die die Kosten des Lebensunterhalts nicht decken. Aus diesem Grund erhielten 2007 rund 1,6 Mio. sozialversicherungspflichtige Arbeitnehmer ergänzende Sozialleistungen, da sie trotz Arbeit von ihren Bezügen nicht leben können. Der Begriff „Hungerlöhne" geht bereits um. Für Tätigkeiten im Niedriglohnsektor hat sich der Begriff „McJob" eingebürgert, der von dem Fast-Food-Unternehmen McDonald's entlehnt wurde, das für seine Niedriglöhne am Rande des Existenzminimums bekannt ist.[113]

Durch den unterschiedlich starken Anstieg der Lohnkosten in Europa gerieten Deutschlands Arbeitnehmer in das Hintertreffen. Sie hatten erhebliche Kaufkraft- und Wohlstandsverluste, wodurch die Wettbewerbsfähigkeit Deutschlands im internationalen Vergleich stieg:

Land	Reallöhne: Anstieg von 1998-2004	Lohnstückkosten: Anstieg von 1995-2005
Großbritannien	18,9 %	
USA	12,4 %	113
Niederlande	10,6 %	
Frankreich	5,6 %	122
Italien	2,3 %	125
Deutschland	0,8 %	102[114]

Fig. 16: Anstieg der Reallöhne und Lohnstückkosten

---

[113] Vgl. Sievers, Hungerlöhne nehmen zu, 2007
[114] Von 1998 bis 2008 stiegen die Lohnstückkosten in Deutschland nur um 1,5 % (Italien: 29 %, Spanien: 52,9 %, Slowenien: 60,1 %).
Vgl. de Luca, In der Zerreißprobe, 2008, S. 38

Einige andere Vergleichszahlen illustrieren, dass innerhalb der letzten sechs Jahre Deutschlands Personalkosten im europäischen Vergleich sehr günstig waren:

Vergleichsdaten Zeitraum: 2000 bis 2006	durchschnittliche Steigerungsraten in der Europäischen Union	Steigerungsraten in Deutschland
Bruttolöhne und Bruttogehälter	22,3 %	11,7 %
Kosten pro Arbeitsstunde	22,3 %	9,8 %
Lohnnebenkosten	23,3 %	3,5 %

Fig. 17: Entwicklung der Personalkosten von 2000-2006 in Europa

Zwischen 1991 und 2007 sank das Realeinkommen der Arbeitnehmer um 6,1 %, weil einer Lohnerhöhung von insgesamt 28,5 % ein zeitgleicher Anstieg der Verbraucherpreise um 36,8 % gegenüberstand. Die Folge der o. g. langfristigen Entwicklungen ist ein Schrumpfen des Mittelstands, dem 1996 noch 61 % der Bevölkerung angehörten, im Jahr 2006 jedoch nur noch lediglich 54 %. Die Zahl der Armutsgefährdeten stieg im gleichen Zeitraum von 21 % auf 25 % an, wohingegen seit 2003 das Unternehmens- und Vermögenseinkommen um 37 % anstieg.

- Verlust des Arbeitsplatzes
  Derzeit sind mehr als drei Millionen Menschen in Deutschland ohne Beschäftigung – und dies mit steigender Tendenz. Sie haben aus den unterschiedlichsten Gründen, vorwiegend jedoch wegen Insolvenz, Rationalisierung, Auslagerung von Funktionen und Standortverlagerungen sowie wegen der weltweiten Finanz- und Konjunkturkrise ihren Arbeitsplatz verloren. Diejenigen, die ihre Stelle behalten haben, fürchten, bei nächster Gelegenheit ebenfalls vom Abbau ihres Arbeitsplatzes im Unternehmen betroffen zu sein, was einen negativen Einfluss auf Betriebsklima und individuelle Motivation zur Folge hat. Der Kündigungsschutz soll in Deutschland weiter abgebaut werden, wobei dieser Trend bereits in anderen europäischen Ländern vor Jahren eingesetzt hat bzw. bereits realisiert wurde.

- Gestiegene Leistungsanforderungen an die Mitarbeiter
  Eine Steigerung der Leistung bei einer Verringerung des Personals erhöht zwangsläufig den Leistungsdruck auf den einzelnen. Härtere Arbeitsbedingungen und der Wettbewerb um Arbeitsplätze beeinträchtigen das Arbeitsklima. Permanente Überlastung der Arbeitnehmer durch zunehmende Verdichtung der Aufgaben ist heute Alltag in vielen Unternehmen. Eine geringer gewordene Anzahl an Mitarbeitern hat häufig die Arbeit des

entlassenen Personals mit zu übernehmen. Darüber hinaus wächst in vielen Funktionen auch der Erfolgsdruck, da die Leistung des einzelnen und dessen Beitrag zum wirtschaftlichen Erfolg des Unternehmens heute oft klarer messbar geworden sind. Die Bereitschaft, auf die permanenten Veränderungen im Unternehmen flexibel, rasch und effizient zu reagieren und sich diesen anzupassen, wird heute allgemein als Normalität erwartet, ebenso wie „unternehmerisches Denken" als Mitarbeiter. Viele Tätigkeiten sind fordernd und anspruchsvoll. Parallel dazu erfolgende wesentliche Umstrukturierungen und Umorganisationen der Unternehmen erschweren diese Aufgaben. Als Hauptstressfaktoren werden von den Mitarbeitern in repräsentativen Erhebungen der Bundesanstalt für Arbeitsschutz und Arbeitsmedizin im Jahr 2007 von 80 % der Befragten der permanente Termin- und Leistungsdruck bei gleichzeitiger Bearbeitung verschiedener Vorgänge genannt.

Ein Beispiel für den derzeitigen Leistungsdruck bietet die Tätigkeit angelernter Kräfte bei einem der größten Lebensmitteldiscounter Deutschlands, der Firma LIDL. Die Kassiererinnen dieses Unternehmens müssen nach einer Einarbeitungszeit von maximal vier Monaten pro Minute mindestens 40 Artikel über den Scanner ziehen. Diese hohe geforderte Leistung wird über die Kassencomputer registriert. Zu der zeitbezogenen Tätigkeit kommt noch das Kassieren, telefonische Nachfragen nach Preisen und Mithilfe beim Einpacken der Ware. Die vorgegebene Mindestleistungsnorm hat zu Ängsten vor Versagen unter den Mitarbeitern geführt.

- Kenntnis und Akzeptanz neuer Arbeitsformen
  Hierzu zählt nicht nur die von fast allen Mitarbeitern erwartete Beherrschung des Umgangs mit dem PC, sondern auch die flexible Mitarbeit in Teams, die ein hohes Maß an Sozialkompetenz erfordern. Arbeiten werden häufig nicht mehr alleine, sondern durch Projektteams mit klar zugewiesenen Befugnissen und Ergebnisverantwortung arbeitsteilig und erfolgsorientiert durchgeführt. Dies erfordert eine Erhöhung der Fach- und Methodenkompetenz, um erfolgreich Projekte abzuschließen. Die neuen Arbeitsformen werden deshalb seitens des Managements bevorzugt, da Gruppen, die sich aus verschiedenen, ungleichen Personen zusammensetzen, eine höhere Kreativität aufweisen als homogene Gruppen oder Einzelpersonen.[115]

- Gestiegene Anforderungen an die Mitarbeiterqualifikation
  Arbeitslose, insbesondere solche, die vor mehr als einem Jahr ihre Stelle verloren haben, erfahren bei ihren Bewerbungen besonders deutlich, welche Anforderungen an die Qualifikation bei Neueinstellungen von den Mitarbeitern seitens der Unternehmen erwartet werden. Viele Firmen nutzen Entlassungen und spätere Neueinstellungen jüngeren Personals, um neben den damit verbundenen reduzierten Kosten auch das Niveau der neu eingestellten Arbeitskräfte zu erhöhen, da Humankapital der

---

[115] Vgl. Sashkin, Verhaltensbestimmte Kommunikation in Organisationen, 1975, S. 151

wichtigste Wachstumstreiber noch vor Investitionen darstellt. Erhöhte Anforderungen an die Mitarbeiterqualifikation erleben auch diejenigen Arbeitnehmer, die seit Jahren ihren Arbeitsplatz haben. Zunehmende Fortschritte im Bereich der elektronischen Datenverarbeitung, insbesondere neue Computerprogramme, Fremdsprachenkenntnisse als Voraussetzung für die Kommunikation mit Auslandsniederlassungen und interkulturelle Kompetenz hinsichtlich des Umgangs mit Mitarbeitern aus dem Ausland werden heute häufig als Grundvoraussetzung für jede höherwertige Tätigkeit erwartet. Dasselbe gilt für "life-long-learning", d. h. durch ständige Fortbildung die Qualifikationen zu erhalten und zu erweitern. Diese findet häufig in der Freizeit und auf Kosten des Arbeitnehmers statt.

- Anstieg der Mobilität
  Hierzu zählt insbesondere die Bereitschaft, bei Standortverlagerungen innerhalb Deutschlands umzuziehen, eine zwischenzeitlich häufig gestellte Forderung in Anbetracht der zahlreichen Umorganisationen der Unternehmungen, die Firmenteile schließen, zukaufen oder Fusionen eingehen. Dies führt meist zum Verlust preiswerter Wohnungen, dem Verkauf und anschließenden Neukauf von Wohneigentum und eine Trennung von Freundes- und Verwandtenkreis. Auch die Entsendung von Mitarbeitern auf Zeit oder Dauer in Auslandsniederlassungen sind neue Herausforderungen an die Belegschaft, die zu erheblichen Beeinträchtigungen der Familienstrukturen führen. In einem Weltunternehmen wie der SIEMENS AG ist geographische Mobilität eine Grundvoraussetzung, sind doch nur noch 38 % der Beschäftigten in Deutschland tätig, in Europa 26 %, Amerika 22 % und im asiatisch-pazifischen Raum 12 %.

- Sinkende Beteiligung am unternehmerischen Erfolg
  Einerseits wird zwar in zunehmendem Maße unternehmerisches Handeln der Mitarbeiter erwartet, andererseits jedoch nimmt die Beteiligung am Gewinn des Unternehmens ab. Nach Informationen des „Deutschen Aktieninstituts" (DAI) ist seit 1998 die Zahl der Belegschaftsaktien von 1,6 auf 1,2 Millionen gesunken, die Zahl der Belegschaftsaktionäre von 2,6 % auf 2,0 im Jahr 2005 gesunken. Betriebe mit Beteiligungsaktien weisen eine höhere Produktivität als andere auf. Die Wertschöpfung dieser Unternehmen pro Beschäftigten liegt in Westdeutschland um gut 50 Prozent höher, stellt das „Institut für Angewandte Wirtschaftsforschung" fest.

Alle diese Faktoren verunsichern die Arbeitnehmer, schüren Ängste vor Versagen und Arbeitsplatzverlust und degradieren die Mitarbeiter in eine Objektrolle als jederzeit auswechselbarer „Produktionsfaktor", die nicht wenige am Wirtschaftssystem der „sozialen Marktwirtschaft" in Deutschland zweifeln lassen.

1.4. Die Rolle des Management bei Veränderungsprozessen

Die tatsächliche Leistung eines Mitarbeiters hängt von dessen Leistungsfähigkeit und Leistungsbereitschaft ab. Es ist deshalb für jedes Unternehmen bedeutsam, dafür zu sorgen, dass durch eine entsprechende Führung und Arbeitsorganisation eine optimale Leistungsentfaltung der Belegschaft erfolgt. Diese Erkenntnis wurde durch die von Mayo und Roethlisberger durchgeführten sog. „Hawthorne-Experimente" in den Hawthorne-Werken der WESTERN ELECTRIC COMPANY in der Zeit von 1927-1932 gewonnen.[116] Sie hatten zum Ergebnis, dass nicht die physikalischen Einflüsse auf die Arbeitsumgebung, sondern die Verbesserung der zwischenmenschlichen Beziehungen eine Leistungssteigerung zur Folge hatte. Man erkannte, dass die informellen sozialen und emotionalen Beziehungen innerhalb einer Gruppe im Betrieb maßgeblichen Einfluss auf die Arbeitszufriedenheit und die Arbeitsproduktivität hatten. In der Folgezeit entstand die sog. „Human-Relations-Bewegung", die den Einfluss der zwischenmenschlichen Beziehungen auf das Betriebsklima untersuchte. Auch die 1959 von Herzberg vorgelegten Untersuchungen beinhalteten die Erkenntnis, dass nicht die „Hygienefaktoren" (z. B. Gehalt oder Unternehmenspolitik), sondern die „Motivatoren" (z. B. herausfordernde, selbstbestimmte Tätigkeiten, Anerkennung und Arbeitsergebnisse) die Mitarbeiter zu höherer Leistung veranlassten. Peters und Waterman publizierten Anfang der achtziger Jahre die Erkenntnis, dass „weniger die harten Führungssysteme, wie Unternehmungspolitik oder Struktur, als vielmehr weiche Faktoren, wie Selbstverständnis oder Stil, ausschlaggebend für den langfristigen Erfolg dieser Unternehmungen waren."

Auch Kanter betont in ihrem Buch „The Change Masters", das eine Weiterentwicklung der „Human Relations School" darstellt, die Bedeutung der Führung: Sie kommt zu dem Ergebnis, dass Unternehmen, die sich für ihre Mitarbeiter verantwortlich fühlen, im Hinblick auf langfristige Ertragsstärke und finanzielles Wachstum deutlich besser abschnitten.[117]

Die SIEMENS AG beschreibt in ihrem „Corporate Responsibility Report" 2004 ihre Ziele, nämlich Innovationsführerschaft, Kundenorientierung und globale Wettbewerbsfähigkeit und geht dabei auf die Rolle der Mitarbeiter ein:

> „Ein Unternehmen kann nur dann langfristig erfolgreich sein, wenn sich Mitarbeiter und Führungskräfte über die wichtigsten Ziele verständigen und daran gemeinsam arbeiten ... Die Voraussetzung für das Erreichen dieser Ziele (vgl. oben, Anm. d. Verf.) sind engagierte Mitarbeiter. Wir sind daher bestrebt, qualifizierte und motivierte Mitarbeiter zu gewinnen, zu halten und zu fördern....Unternehmerischer Erfolg basiert auf der Qualifikation und Motivation von Menschen"

1.4.1 Ziele des Management

Fraglos kommt dem Management die zentrale Rolle der Mitarbeiterführung bei der Verwirklichung der Unternehmensziele zu. Hier scheinen jedoch innerhalb Europas erhebliche Unterschiede zu bestehen und auch Untersuchungsergebnisse weichen z. T. erheblich voneinander ab.

---

[116] Vgl. Thommen, Allgemeine Betriebswirtschaftslehre, 1999, S. 579ff
[117] Vgl. Kanter, The Change Masters, 2005, S. 74

Lt. einer weltweiten Studie des US-Beratungshauses GALLUP geben rund 67 % der deutschen Angestellten ihren Vorgesetzte schlechte Noten und werfen ihnen mangelhafte oder gar katastrophale Managerqualitäten vor. Die Folge: Sie verfahren mehr oder weniger nach dem Prinzip „Dienst nach Vorschrift". Innerlich gekündigt haben weitere 20 % der Befragten. Lediglich eine Minderheit von 13 % fühlt sich ihrer Firma verpflichtet. Deutschland befindet sich mit dieser Einschätzung der Belegschaft weltweit im unteren Mittelfeld. Deutlich bessere Werte erhalten Großbritannien mit 20 % und die USA mit 29 % an Arbeitnehmern, die eine hohe emotionale Bindung zu ihrer Firma haben.

Auslöser für derartige Urteile ist oft das Führungsverhalten, wonach über 60 % der deutschen Angestellten ihren direkten Vorgesetzten schlechte Noten geben und ihnen mangelhafte oder gar katastrophale Managerqualitäten vorwerden. Lediglich eine Minderheit von 9 % ist mit der Mitarbeiterführung sehr zufrieden. Dies ist das Ergebnis einer Befragung der Online-Arbeitsvermittlung von 8.000 Arbeitssuchenden in acht europäischen Ländern. In Norwegen hingegen schätzen 63 % der Befragten die Führungskompetenz ihres Vorgesetzten, in Schweden 51 % und in Frankreich 50 %. [118]

Grundsätzlich wurde festgestellt, dass die Motivation der Arbeitnehmer steigt, wenn die ihnen gewährten Entscheidungsspielräume als sachgerecht und angemessen empfunden werden und der Eindruck entsteht, dass sich das Unternehmen für seine Mitarbeiter verantwortlich fühlt und sie durch ein motivierendes Arbeitsumfeld emotional bindet.[119]

Es verwundert deshalb in Anbetracht der o. g. Untersuchungsergebnisse nicht, dass in Deutschland 90 % der Unternehmen ihren Managern Möglichkeiten des Coaching, d. h. persönliche Beratung und Begleitung durch Fachleute anbieten, um die Führungsleistung zu verbessern, insbesondere deren strategische und soziale Kompetenz.

Die schwierige Lage der Vorgesetzten wird verständlich, wenn man den Charakter der durchzuführenden Veränderungen betrachtet. Manager sollen möglichst alle nachfolgenden Aufgaben gleichzeitig erfolgreich erledigen: Schaffen eines intakten sozialen Arbeitsumfelds, Leistungssteigerung durch Synergie-Effekte erzeugen, Organisieren von Lern- und Entwicklungsprozessen, Erhöhen der Arbeitsanforderungen, Frauenförderung, Aushalten innerer Zielkonflikte und Widersprüche, Ankündigung von unbezahlter Mehrarbeit, Lohnkürzungen, Entlassungen, Umsetzungen u.a. Trotz ihrer problematischen Situation und ungeachtet allen Arbeitsdrucks muss das Management gegenüber den Mitarbeitern eine positive Grundstimmung erzeugen, indem die Vorgesetzten insbesondere für einen respektvollen, wertschätzenden und stilvollen Umgang mit ihren Untergebenen sorgen und dabei so weit wie möglich die Bedürfnisse der Mitarbeiter bei den Entscheidungen

---

[118] Vgl. Hus, Stehen die Leute denn hinter Ihnen? 2005
[119] Vgl. Steinbeck, Von wegen Sozial-Klimbim, 2007

mit berücksichtigen. Das Ziel muss angestrebt werden, durch eine Neudefinition von Führung, die Mitarbeiter durch ein entsprechendes „Empowerment" in die Lage zu versetzen, ihre Aufgaben selbständig und effizient zu lösen.

1.4.2 Einbezug der Mitarbeiter[120]

Grundsätzlich geht es bei Change Management darum, die Mitarbeiter frühzeitig auf die anstehenden Veränderungsprozesse vorzubereiten und – soweit möglich – sie in diese mit einzubeziehen. Hierzu dienen insbesondere eine umfassende Informationspolitik und eine angemessene Kommunikation mit der Belegschaft. Auch geeignete Schulungsmaßnahmen können den Prozess des Wandels unterstützen. Auf diese Weise kann das Management dem Personal die nötige Sicherheit vermitteln, die mit den Veränderungen verbundenen neuen Herausforderungen erfolgreich zu bewältigen. Je höher diese Sicherheit ist, desto mehr wird von den Mitarbeitern das mit den Veränderungsprozessen verbundene Risiko akzeptiert.

Eine vergleichende Studie hinsichtlich der „best practice" unter 411 Organisationen untersuchte die Fragen:

- Wie kann man effektiv den Wandel managen?
- Wie kann man gegen Widerstände der Mitarbeiter vorgehen?
- Wie können Führungskräfte die Veränderungsvorhaben unterstützen und
- wie müssen Teams vorbereitet werden, damit sie bei der Erledigung ihres nächsten Projekts die Wandlungsprozesse berücksichtigen.

Die Antworten lauteten:

- Führungskräfte müssen aktiv, in hohem Maße und deutlich erkennbar die Projektgruppen unterstützen.
- Die Haupthindernisse für erfolgreichen Wandel sind Widerstände der Mitarbeiter auf allen Ebenen.
- Die Mitarbeiter möchten Informationen über Veränderungen auf zwei Ebenen: von der Geschäftsleitung und ihrem unmittelbaren Vorgesetzten.
- Auf die Frage, was die Mitarbeiter künftig anders machen möchten, lautete die Antwort, dass die meisten Arbeitsteams ihre Bemühungen darauf konzentrieren würden, dass ein Austausch ihrer Vorgesetzten erfolgt und dieser durch eine fähigere Führungskraft ersetzt wird.
- Der Hauptgrund für die Widerstände der Mitarbeiter ist das mangelnde Bewusstsein über die Notwendigkeit des Wandels, was auf unzureichendes Informationsverhalten der Vorgesetzten schließen lässt.[121]

---

[120] Vgl. Bergauer, Führen aus der Unternehmenskrise, 2003, S. 153ff
[121] Vgl. Change Management Learning Center: 2005 Best Practices in Change Management, 2005

1.5 Den Wandel gestalten: Grundsätze des Vorgehens

Man kann heute in Anbetracht der zahlreichen Änderungen im Geschäftsleben der letzten 20 Jahre sowie im Hinblick auf die Finanz-, Struktur- und aktuelle Konjunkturkrise eindeutig sagen, dass Change Management eine Daueraufgabe aller Unternehmen ist und bleiben wird. Die Managementliteratur bietet eine Vielzahl unterschiedlicher Ansatzpunkte, wie Change Management am besten in Praxis umzusetzen ist. Exemplarisch werden deshalb die Ansätze von Doppler/Lauterburg, Senge und Sprenger vorgestellt.

1.5.1 Change Management nach Doppler/Lauterburg

Die Autoren stellen ein Gesamtkonzept für die Durchführung des Change Management vor. Von den zahlreichen Anregungen der Autoren werden nachfolgend exemplarisch die wichtigsten Erkenntnisse dargestellt, um den Rahmen dieser Arbeit nicht zu sprengen:

Die durch den Wandel betroffenen Mitarbeiter sind aktiv zu beteiligen. Hiervon werden bessere Entscheidungen und praxisgerechtere Lösungen erwartet. Darüber hinaus ist derjenige, der bei der Erarbeitung von Lösungen involviert ist, höher motiviert und engagiert sich anschließend persönlich für deren Umsetzung. Positive gruppendynamische Prozesse sind die Folge. Darüber hinaus steigt die Identifikation mit dem Unternehmen.

Zeitgemäße Führung beruht auf Zielvereinbarungen der Vorgesetzten mit den Mitarbeitern.

Dabei ist folgendes zu beachten:

- Ziele müssen hoch gesteckt, aber realistisch und erreichbar sein.
- Ziele müssen hinsichtlich des erwarteten Ergebnisses klar definiert werden.
- Die Zielerreichung muss mess- und überprüfbar sein.
- Kompetenz und Verantwortung der Mitarbeiter sowie deren Grenzen sind zu bestimmen.
- Gesamtbearbeitungszeit und „Meilensteine" sowie der mit der Zielerreichung verbundene materielle Aufwand sind zu planen.
- Permanente Information des Vorgesetzten durch den Mitarbeiter ist sicherzustellen.
- Das individuell vereinbarte Ziel muss mit anderen Zielen kompatibel sein.
- Vernetzungen und Synergien sowie Interdependenzen mit anderen Zielen müssen gewährleistet werden.
- Ein Zielcontrolling und eine Auditierung der Zielerreichung müssen erfolgen.[122]

---

[122] Vgl. Doppler: Lauterburg, Change Management, 2005, S. 264ff

1.5.2 Die lernende Organisation als die „fünfte Disziplin"[123]

Peter Senge hat in dem gleichnamigen Buch das Konzept der lernenden Organisation einem breiten Publikum zugänglich gemacht. Der Autor nennt fünf Komponenten einer lernenden Organisation:

- Denken in Systemen:
  Wer in Systemen denkt, erkennt die Beziehungen zwischen den Elementen und erhöht seinen Leistungsbeitrag in dem komplexen soziotechnischen System Unternehmung. Die Kenntnis organisatorischer Grundlagen verbessert Problemlösungen und hilft beim Erkennen von Schwachstellen.

- Persönliche Autorität
  Element dieser Disziplin ist die Bereitschaft, kontinuierlich zu lernen und das jeweils aktuelle Geschehen klar zu erkennen. Auf diese Weise wird der Unterschied zwischen der eigenen Vision und der Realität deutlich. Die hierdurch erkannte Kluft erzeugt kreative Spannung und ruft Lerneffekte hervor.

- Gemeinsame Vision
  Ein gemeinsames Vorgehen von Teammitgliedern dient dazu, gemeinsame Visionen und Vorstellungen in Einklang zu bringen. Durch die Unterschiedlichkeit der Einstellungen wird ebenfalls ein kreativer Verbesserungsprozess ausgelöst.

- Lernen im Team
  Lernen Erwachsener findet primär durch Dialog und Diskussion statt. Beide Methoden dienen der vertieften Auseinandersetzung mit einem Gegenstand. Auf diese Weise wird ein mögliches Spektrum eingegrenzt und die beste Alternative gesucht und meist auch gefunden.

- Lernende Organisationen schaffen
  Voraussetzung ist ein Umdenken der Manager, die auf traditionelle Macht- und Kontrollansprüche verzichten müssen. Lernende Organisationen müssen experimentieren. Auch das Risiko des partiellen Scheiterns muss toleriert werden. Vertrauen und Engagement sind Grundvoraussetzungen für Lern- und Erfahrungsprozesse. Die Aufgabe der Manager besteht somit darin, das Lernen zu fördern, damit es in zunehmendem Maße zu einem Wesenselement der Unternehmenskultur wird.

Wissen ist eine der bedeutendsten Quellen zur Schaffung und Erhaltung der Wettbewerbsfähigkeit. Es muss sowohl auf der Mikroebene der Individuen als auch auf der Makroebene der Organisation entstehen. Wissensmanagement verfolgt das

---

[123]   Vgl. Senge, Die fünfte Disziplin, 2005, S. 170ff

Ziel, Wissen von Einzelpersonen, Gruppen, Abteilungen und Betriebsteilen effizienter zu erzeugen, zu kommunizieren und zu nutzen und dabei Kreativität und Synergieeffekte zu fördern.

Eine maßgebliche organisatorische Hilfe für die Etablierung lernender Organisationen ist der Aufbau eines Intranet mit möglichst großzügigen Zugangsberechtigungen für alle Mitarbeiter eines Unternehmens.

1.5.3 Mythos Motivation

Bereits der Titel des grundlegenden Werkes von Reinhard Sprenger[124] ist bezeichnend, nennt er doch die Motivationsbemühungen der Führungskräfte einen „Mythos", für den eher die Bezeichnung „Motivierung" der Mitarbeiter passend wäre.

Er definiert den Unterschied folgendermaßen:

- Motivation ist ein Zustand aktivierter Verhaltensbereitschaft des Mitarbeiters, der auf Eigensteuerung und Eigeninteresse beruht.

- Motivierung hingegen zielt auf das Erzeugen, Erhalten und Steigern der Verhaltensbereitschaft des Mitarbeiters durch den Vorgesetzten. Motivierung beruht auf Fremdsteuerung eines Dritten und hat laut Sprenger nicht selten Züge manipulativen Verhaltens.

Die Ursache für die unterschiedliche Verhaltensweise bei der Führung liegt im jeweiligen Menschenbild des Vorgesetzten begründet, in der Art und Weise, wie er seine Mitarbeiter sieht und beurteilt. Sprenger geht davon aus, dass alle Menschen grundsätzlich dazu bereit sind, zu arbeiten. Die Aufgabe der Führungskräfte besteht darin, diese Motivation zu entwickeln. Er plädiert für „fordern statt verführen". Der Manager hat die Pflicht, an den Mitarbeiter klare Forderungen zu stellen, Vereinbarungen zu treffen und die Ergebnisse zu kontrollieren. Dieses klare Forderungsverhältnis ist leistungsorientiert und konsequent und somit stets einem „Belohnungs-Bestrafungs-System" vorzuziehen. Das dialogische Führen, das möglichst viele Sichtweisen Dritter einbezieht und auf einem breiten Konsens beruht, dürfte auch bei der Durchführung von Change Management ein geeignetes Instrument sein, die Bereitschaft der Mitarbeiter, Veränderungsprozesse zu akzeptieren und zu gestalten, zu steigern.

---

[124]   Vgl. Sprenger, Mythos Motivation, 2005, S. 74ff

1.6 Unternehmenskultur[125]

Wandlungsprozesse werden schließlich leichter umgesetzt, wenn eine „Unternehmenskultur" vorhanden ist. Man versteht darunter die Gesamtheit aller Normen und Werte, die Geist und Persönlichkeit der Organisation ausmachen. Mit dem Eintritt eines neuen Mitarbeiters in eine Firma werden die vorhandenen unternehmerischen Normen, Einstellungen und Wissensbestände akzeptiert. Von großer Bedeutung ist die Stärke des Einflusses, den unternehmenskulturelle Werte als Maßstab für Entscheidungen haben. Hiervon hängt die reale Bedeutung dieses „weichen" Gestaltungsfaktors ab.

Maßstab für die Beurteilung der Qualität einer erfolgreichen Unternehmenskultur ist, ob diese meist historisch entstandenen Werte heute zeitgemäß fortentwickelt wurden und im Einklang mit der Gesellschaftskultur und der Unternehmensumwelt stehen. Ohne diese Verankerung verliert eine Unternehmenskultur ihre Akzeptanz bei den Mitarbeitern, ihre Leitfunktion bei Entscheidungen und das Unternehmen selbst seine Innovationskraft in einer dynamischen Umwelt. Die Unternehmenskultur kann somit entweder das Haupthindernis für einen erfolgreichen Wandel darstellen und muss in diesem Fall verändert werden oder sie unterstützt auf Grund ihrer Konzeption geradezu Veränderungsprozesse.

Man kann vier Hauptfunktionen der Unternehmenskultur unterscheiden:

- Ordnungsfunktion: Die kollektiven kulturellen Werte beeinflussen das Verhalten der Mitarbeiter und deren Zusammenarbeit.

- Stabilisierungsfunktion: Durch die zeitlich-stabilisierende Wirkung verleiht die Unternehmenskultur der Entwicklung des Unternehmens Kontinuität und Sicherheit.

- Sinnvermittlungsfunktion: Die Unternehmenskultur stellt Normen und Wertmaßstäbe bereit, die dazu beitragen, den Sinnzusammenhang unternehmerischen Handelns zu vermitteln und damit Arbeitsmotivation und Identifikation mit der Firma zu erhöhen.

- Rationalisierungsfunktion: Die Unternehmenskultur ergänzt die formale Organisation und entlastet sie von formalen Strukturen und Prozessen. Entscheidungs- und Lernprozesse können auf Grund einer gemeinsamen Wertebasis rationeller ablaufen.

Eine Unternehmenskultur ist auf vielfältige Weise erlebbar: in der Art und Weise der Kommunikation, dem Führungsstil, den Unternehmensstrukturen und im Rahmen sozialer Ereignisse. Darüber hinaus ist Unternehmenskultur häufig in Form von „Unternehmensgrundsätzen" und „Führungsleitsätzen" kodifiziert. Unterneh-

---

[125]   Vgl. Hinterhuber; Pieper, Fallstudien zum strategischen Management, 1993, S. 26off

mensgrundsätze beinhalten Leitlinien hinsichtlich des Verhaltens der gesamten Unternehmung gegenüber ihrer Umwelt und haben weitgehend Funktionen der Public Relations zu erfüllen. Führungsleitsätze sollen eine allgemeine Grundlage für die Entscheidungen der Vorgesetzten und das Verhalten der Mitarbeiter darstellen. Derartige Grundsätze werden in der Praxis häufig in Form eines „Leitbildes" festgehalten. Auf diese Weise wird die Soll-Identität des Unternehmens zum Ausdruck gebracht, die Motivation der Mitarbeiter erhöht und eine Legitimation der jeweiligen unternehmerischen Tätigkeit geschaffen.

Die Kultur eines Unternehmens hängt in starkem Maße von der jeweiligen Landeskultur und der Mentalität der Menschen ab. Sichtbarer Ausdruck amerikanischer Unternehmenskultur sind die Jahrestreffen der Mitarbeiter mit dem Management im Rahmen von Großveranstaltungen. Die „Meetings" von Firmen wie WAL-MART, MICROSOFT oder der Café-Kette STARBUCKS haben „Event-Charakter": Mitreißende Appelle an die Mitarbeiter, Musik, Tanz der Vorstände auf der Bühne, Talkshows mit Prominenten, einschließlich Mitgliedern des Senats oder der amerikanischen Regierung und andere Präsentationsformen mit erheblicher Außenwirkung charakterisieren diese showartigen Veranstaltungen. Im Rahmen derartiger Events werden nicht nur Verhaltenstraining der Mitarbeiter gegenüber den Kunden („...geb dein Bestes und sei für den Kunden immer da") und Mitarbeitermotivation sondern auch Informationen über die zukünftige Unternehmensentwicklung als Vorbereitung für Change Management geboten. Auch die Eigenschaften „idealer" Vorgesetzter des jeweiligen Unternehmens werden vorgestellt und als Leitbild gepriesen.[126]

Die Hamburger Unternehmensberatung Fischer-Appelt und der niederländische Berater Salem Samhoud kamen unabhängig voneinander im Rahmen einer Befragung von 60 Fachleuten übereinstimmend zu dem Ergebnis, dass deutschen Unternehmen inspirierende, weiterführende Unternehmensleitbilder fehlen. Die besten Beurteilungen hinsichtlich ihrer Unternehmensvisionen erhielten die Firmen PORSCHE und BMW, die sich den ersten Platz teilten, gefolgt von PUMA und an dritter Stelle die DEUTSCHE POST. Am Ende der Skala befand sich DAIMLER-CHRYSLER.[127]

Unternehmenskultur findet häufig ihren Niederschlag im Firmenlogo und in der Vereinheitlichung von Schriftstücken aller Art im Rahmen eines „Corporate Design" bis hin zu Kleidungsvorschriften („Corporate Fashion") für die Mitarbeiter.

Die „Corporate Identity" ist ein strategisches Konzept zur Positionierung der Identität bzw. eines klar strukturierten Selbstverständnisses eines Unternehmens. und wird mit Blick nach innen häufig synonym mit „Unternehmenskultur" gebraucht. Nach außen versteht man unter Corporate Identity das unverwechselbare Auftreten eines Unternehmens, das sich von seinen Wettbewerbern unterscheidet. Iden-

---

[126] Vgl. Siering, Der Unternehmenschef als Messias, 2004
[127] Vgl. Lixenfeld, Auf die Macher kommt es an, 2005

tität wird als ein wertvolles Gut erkannt, das Strategie, Struktur und Vision des Unternehmens beeinflusst.[128]

Alle diese Maßnahmen stellen lediglich den äußeren Rahmen dar, genügen jedoch nicht für die Stärkung der Identifikation der Mitarbeiter mit ihrem Unternehmen. Ausschlaggebend für den Erfolg ist, dass eine Unternehmenskultur auch tatsächlich gelebt wird.[129]

1.7 Exkurs: Einbezug älterer Mitarbeiter

In Europa, insbesondere aber in Deutschland, ist die Alterspyramide auf den Kopf gestellt: Während in einem Land wie Indien die Bevölkerung aus sehr vielen jungen und sehr wenigen alten Menschen besteht, ist es in den Industriestaaten genau umgekehrt.

Die Lebenserwartung von derzeit 60jährigen Männern beträgt 80,2 Jahre, von gleichaltrigen Frauen 84,5 Jahre nach der aktuellen Sterbetafel Deutschlands der Jahre 2004/2006, bei Neugeborenen 76,6 bzw. 82,1 Jahre. Die Erwerbsbevölkerung in Deutschland wird von heute 40 Millionen Menschen auf etwa 25 Millionen im Jahr 2040 sinken.[130] Das Durchschnittsalter der Erwerbsbevölkerung wird im Jahr 2050 auf 52 Jahre ansteigen, wohingegen das Durchschnittsalter der Mitarbeiter in Unternehmen derzeit bei lediglich 40,5 Jahren liegt. Bis 2050 wird der Anteil der über 65jährigen auf 36,7 % der Gesamtbevölkerung anwachsen. Die Zahl von Arbeitskräften aus Drittstaaten muss sich erhöhen, da diese Mitarbeiter dringend benötigt werden. Innerhalb der Europäischen Gemeinschaft wird die Bevölkerung bis zum Jahr 2020 von gegenwärtig 303 um sechs Millionen auf 297 Millionen Menschen sinken.

Andererseits scheiden nur 8 % der Arbeitnehmer in Deutschland mit 65 Jahren aus. Zwei Drittel der Rentner kommen aus dem Vorruhestand. Nur in etwa der Hälfte der Unternehmen in Deutschland werden heute überhaupt noch Mitarbeiter beschäftigt, die älter als 50 Jahre sind. Die Arbeitslosenquote der 55-63jährigen beträgt bei Männern im Jahr 2007 11,9 % und bei Frauen 13,0 % in Deutschland. Damit steht Deutschland europaweit an der Spitze der Arbeitslosenquote älterer Mitarbeiter. Andererseits werden bis zum Jahr 2050 in Deutschland 40 % Menschen leben, die älter als 60 Jahre sind.

Die Folgen der Überalterung der Gesellschaft, die in etwa alle Industriestaaten gleichermaßen betrifft, sind:

- Akute Gefährdung der finanziellen Leistungsfähigkeit der staatlichen Altersversicherungssysteme. Die Folge ist, dass alle Arbeitnehmer in Zukunft län-

---

[128] Vgl. Olins, Corporate Identity, 2005, S. 21-28
[129] Vgl. Doppler; Lauterburg, Change Management, 2005, S. 454ff
[130] Vgl. Grass, Das Know-how geht in Rente, 12.10.2005

ger arbeiten müssen. Den Unternehmen gehen sonst wichtige Kompetenzen erfahrener Mitarbeiter verloren, zum anderen werden durch die Frühverrentung die Renten- und Gesundheitskassen zusätzlich belastet.

- Erhöhte Kosten für die medizinische Versorgung der älteren Menschen

- Abnahme der Bevölkerung: Werden 400.000 Kinder pro Jahr weniger geboren, so werden ca. 25 Jahre später 200.000 Wohnungen nicht mehr gebraucht und 300.000 Autos nicht gekauft, von Beeinträchtigungen der Kinderartikelbranche ganz zu schweigen. Unter diesem Blickwinkel wird auch die Qualifizierung der vorhandenen Beschäftigten immer bedeutsamer, auch die der älteren Arbeitnehmer.

- Andererseits sind die Senioren eine zunehmend stärker begehrte Zielgruppe als Konsumenten.[131]

- Ein Anstieg des Renteneintrittsalters oder eine Mindestzeit für Beitragszahlungen in die Sozialversicherung ist zweifelsohne unerlässlich. Ältere Mitarbeiter könnten durch neue Arbeitszeitmodelle länger in den Betrieben gehalten werden.

- Ältere Mitarbeiter müssen länger im Betrieb tätig bleiben und hierfür auch die Chance seitens der Arbeitgeber erhalten, da sonst Know-how-Verluste die Folge sind. Insbesondere ältere Mitarbeiter sind die Quelle der ökonomischen Wertschöpfung. Dies gilt auch für ältere und erfahrene Arbeitnehmer, für die Beschäftigungsmöglichkeiten geschaffen werden müssen und denen die Angst vor vorzeitiger Entlassung genommen werden sollte. Der Europäische Gerichtshof hat 2005 in einem wegweisenden Urteil festgestellt, dass eine wichtige Vorschrift des deutschen Arbeitsrechts gegen das europäische Antidiskriminierungsrecht verstößt, wonach ab sofort ältere Arbeitnehmer nicht mehr in beliebiger Abfolge mit jeweils befristeten Arbeitsverträgen beschäftigt werden dürfen. Ein Umdenken hinsichtlich der Beschäftigung älterer Arbeitnehmer hat bereits begonnen, denn bereits heute beginnt der Kampf um eine leistungsfähige Belegschaft in Zeiten einer Überalterung der Gesellschaft, insbesondere im boomenden Dienstleistungssektor, in dem aktuell ca. 70 % der Beschäftigten tätig sind.

  Beispielhaft ist in diesem Zusammenhang die Firma BROSE zu nennen. Der Automobilzulieferer führte unter dem Titel „Senioren gesucht" eine Kampagne zur Gewinnung älterer Mitarbeiter. Das Unternehmen hat auf diese Weise mehr als 50 qualifizierte neue Mitarbeiter gefunden und auch mehrere Preise für diese Aktion erhalten.

---

[131] Vgl. Scharioth; Huber; Schulz; Pallas, Horizons 2020, 2005, S. 37ff

1.8 Praxisbeispiele für Change Management

Nachfolgend werden exemplarisch jeweils eine spanische und eine US-amerikanische Firma und deren jeweiligen Ziele sowie die Auswirkungen auf die Mitarbeiter vorgestellt.

1.8.1 BANCO POPULAR[132]

Die spanische BANCO POPULAR Espana ist das drittgrößte Kreditinstitut Spaniens und bis heute eine der rentabelsten Banken in Europa. Das Verhältnis von Kosten zu Erträgen lag 2008 bei 31,8 %, die Eigenkapitalrendite betrug 25 % nach Steuern. Der Gewinn der gewöhnlichen Geschäftstätigkeit des Jahres 2008 belief sich auf 1,05 Mrd. € (mit Sondereffekten sogar 1,345 Mrd. €) – und dies trotz der aktuellen Finanzkrise.

Die Bank beabsichtigt jedoch, ihre Effizienz noch weiter steigern. Die Mitarbeiter sind hiervon in folgender Hinsicht betroffen:

- Die Zahl der Mitarbeiter pro Filiale der BANCO POPULAR wurde von vier auf zwei reduziert. Im Durchschnitt sind in Spanien sechs Mitarbeiter pro Bankfiliale üblicherweise tätig.

- Die Angestellten sind heute ausschließlich Universitätsabsolventen.

- Das Filialnetz der BANCO POPULAR wurde allein im Jahr 2005 von 2.300 um 70 weitere Niederlassungen ausgebaut. Auf diese Weise ist eine höhere Mobilität des Personals erforderlich. Andererseits bieten sich auch vermehrt Aufstiegschancen für fähige Mitarbeiter.

- Die Geschäftsleitung erwartet Flexibilität. Wer mit 25 Jahren bei BANCO POPULAR beginnt, muss in den folgenden 15 Jahren mindestens sechsmal umziehen, da er in eine andere spanische Region oder nach Portugal versetzt wird.

- Jeder Mitarbeiter soll das Volumen der von ihm abgesetzten Bankprodukte steigern und erhält hierfür klare Leistungsvorgaben. Eine menugeführte Angebotspalette des PC-Programms zwingt die Mitarbeiter dazu, ihren Kunden Zusatzangebote zu unterbreiten wenn sie z. B. einen Kreditantrag bearbeiten.

---

[132]   Vgl. Müller, Banco Popular kommt mit zwei Mitarbeitern pro Filiale aus, .2005

1.8.2 W. L. GORE & Associates[133]

„No Ranks – No Titles", so lautet die Überschrift einer Werbeanzeige dieser Firma. „Können Sie sich eine Firma vorstellen, in der es keine Vorgesetzten gibt, in der die Türen offen stehen, in der jeder mit jedem reden kann und die produktiv, innovativ und kommerziell arbeitet", heißt es dann im darauf folgenden Text. Eine Führungskraft äußert sich zu diesem Konzept: „Die Leute managen sich bei uns selbst. Wir organisieren uns um freiwillige Verpflichtungen, denn es besteht ein fundamentaler Unterschied zwischen einer Verpflichtung und einem Befehl."[134]

Ausgangspunkt war die Entdeckung einer Marktlücke für elektronische Leitungen, die mit Polyetrafluräthylen isoliert waren. Nach einer Erforschung der Möglichkeiten, die dieser Werkstoff bot, gründete Wilbert L. Gore 1958 die Gesellschaft W. L. GORE & Associates. Das Hauptprodukt dieses Unternehmens ist noch heute der weltbekannte Kunststoff GORETEX.

Das Unternehmen verfügt über die folgenden Unternehmensbereiche:

*   Elektronik: Kabel für die Weltraumforschung, für Industrieroboter und das Militär
*   Medizin: Produktion von Bypässen aus GORETEX als Gewebeersatz.
*   Bekleidung: Textilien und Schuhe für das Militär sowie für medizinische und chemische Zwecke, Feuerwehren und Weltraumanzüge für die NASA
*   Filteranlagen und Dichtungen: Einsatz im Umweltschutz und als Ersatz für Asbest.

Jedes der Unternehmen von GORE hat maximal 250 Mitarbeiter pro Werk, um den Aufbau von Bürokratie zu verhindern. Bei einer Vergrößerung der Produktpalette erfolgt eine Teilung der Niederlassung in zwei neue Gesellschaften.

Jeder Beschäftigte kann ohne Einhaltung eines Dienstweges mit jedem kommunizieren. Anerkennung der Mitarbeiter ist die Grundlage der Menschenführung in dem Unterehmen. Die Vorgesetzten heißen „Sponsoren". Die Mitarbeiter sind „Assoiates". Es gibt keine „Bosse". Die üblicherweise in Unternehmen bestehende hierarchische Struktur wurde durch eine Gitterorganisation mit gegenseitigen Kommunikationsmöglichkeiten ersetzt, in der Selbstverpflichtung und Selbstverantwortung der Mitarbeiter zum Erfolg führen.

Es gelten folgende Führungsleitsätze:

*   Fairness im Umgang: miteinander und nicht gegeneinander; Teamgeist

---

[133] Schörner/Müller: Präsentation der Firma GORE Associates GmbH, 2006
[134] Grosser, ... über Hierarchie, 1988

- Freiheit bei der Aufgabenerledigung
- Selbstverpflichtung: Zielvereinbarung für die Durchführung von Aufgaben
- Waterline-Prinzip: Bei jeder Entscheidung muss bedacht werden, ob das „Unternehmensschiff" dadurch unter Wasser gerät (z. B. durch den Aufbau hoher fixer Kosten) oder an Fahrt und Sicherheit gewinnt.

Das Unternehmen verfügt über keinen Betriebsrat, aber die Mitarbeiter sind am Erfolg des Unternehmens beteiligt.

Die Führungsmatrix von GORE ist leicht verständlich und besteht aus folgenden Elementen:

Setz Dich ein mit allem, was Dir zur Verfügung steht.	Denke unternehmerisch („angestell-ter Unternehmer")	Das Ergebnis zählt!
Behandle Konflikte direkt (ohne Vorgesetzte)	Bei GORE managen wir keine Mit-arbeiter. Mitarbeiter managen sich selbst.	Status ist unwichtig!
Sei Du selbst!	Mach Deine Hausaufgaben! Gib 120 %!	Wenn Du Fehler gemacht hast, gib sie zu!

Fig. 18: Führungsmatrix von GORE & Associates

Weitere Elemente des Menschenführungskonzepts von GORE sind in der nachfol-genden Tabelle zusammengefasst:

Associates können und müs-sen viele Sponsoren haben.	Offene und rechtzeitige Kommuni-kation.	Ein hohes Maß an gegenseitigem Vertrauen ist erforderlich.
Fähigkeiten zur Zusammen-arbeit entwickeln.	Aufgaben kommen und gehen. Ein heute unwichtiges Projekt wird auf unbestimmte Zeit verschoben.	Ein hohes Maß an Flexibilität ist Voraussetzung.
Es sind Welten zwischen einem Befehl und der freiwil-ligen Übernahme von Aufga-ben.	Friede im Inneren – Aggression am Markt	Wir erwarten von unseren Füh-rungskräften ein hohes Maß an menschlicher Reife.

Fig. 19: Elemente der Menschenführung bei GORE & Associates

Aus 100 guten Ideen werden 10 Projekte und zwei Geschäfte. Zu guten Ideen kommt man, wenn das Betriebsklima stimmt, man von Nebensächlichkeiten be-freit ist und ein fairer Vergleich der Ideen sowie ein entsprechendes Feedback er-folgt.

Die Firmenkultur hat entscheidenden Einfluss auf die innovativen Produkte des Unternehmens, da die meisten Ideen aus der innerbetrieblichen Kommunikation entstehen. Kommunikation wird dabei als die Stimulierung von Kreativität verstanden. Die durch die Firma gewährte Freiheit macht die Mitarbeiter im Unternehmen zu Unternehmern.

Es gilt der Grundsatz:

```
Einzelarbeit addiert.
Teamarbeit multipliziert.
```

Voraussetzung für die Entwicklung neuer Ideen ist die Stärkung der Risikobereitschaft seitens der "Sponsoren" gegenüber den "Associates", indem auch Fehlschläge toleriert werden.

Die Firmenphilosophie und die Form der Menschenführung hat sich bewährt: Das Unternehmen hat seit seiner Gründung bis heute den Hauptsitz in Newark/Delaware. Es beschäftigt 2008 ca. 8.000 Mitarbeiter an 45 Standorten weltweit. Im Geschäftsjahr 2008 betrug der Jahresumsatz über 2 Mrd. US-$. Das Unternehmen befindet sich bis heute im Familienbesitz und nimmt in den "Forbes Top 500" der privaten Firmen im Jahr 2002 einen Platz unter den ersten 200 ein.

GORE & Associates wird in dem vom Fortune Magazine herausgegebenen Jahreslisten der "100 besten Arbeitgeber" von 1998-2008, d. h. im elften Jahr, aufgeführt und belegt in der Gesamtliste des Jahres 2006 den ersten Platz. Unter den mittelständischen Unternehmen erhält es seit Jahren Spitzenbewertungen hinsichtlich der Mitarbeiterführung. Ähnliche Auszeichnung in den Listen der besten Arbeitgeber erhält GORE & Associates seit Jahren in Großbritannien (derzeit Platz 1), in Deutschland (Platz 6 in der Kategorie mittlere Unternehmen) und im europäischen Ausland.

2. Die Idee des „Shareholder Value"

Einen ähnlichen Bekanntheitsgrad und eine weitgehend gleichermaßen negative öffentliche Beurteilung wie der Begriff "Globalisierung" hat auch das als Unternehmensstrategie verfolgte Ziel des aus den USA stammenden „Shareholder Value" erlebt. Wegen der großen Bedeutung dieses Phänomens für die Unternehmenspraxis wird dieses zentrale Anliegen des Managements nachfolgend im Hinblick auf Ursachen, Implementierung und Beurteilung untersucht.

2.1 Definition „Shareholder Value"

Heinen,[135] als typischer Vertreter der deutschen Betriebswirtschaftslehre, nennt eine Vielzahl von Zielen, die die unterschiedlichsten Interessenten an einem Unternehmen, die auch „Stakeholder" genannt werden, anstreben. „Stakeholder" sind alle, die etwas eingesetzt haben und deshalb etwas „at stake" haben, d. h., dass etwas für sie auf dem Spiel steht, z. B. die Kapitalgeber und die Mitarbeiter. Deren jeweilige Ziele sind zu evaluieren und in ein Gesamtsystem zu integrieren. In Anbetracht der Pluralität der Interessen und Interessenten spricht man in diesem Zusammenhang auch von einem Konzept des „Stakeholder Value", bei dem der Versuch unternommen wird, kontrastierende Ziele zu einem Ausgleich zu führen.[136]

Unternehmensziel:	Beispiele für die Umsetzung:
Strategische Ziele	Diversifizierung oder Konzentration auf das Kerngeschäft
Monetäre Ziele	Maximierung der unternehmerischen Rentabilität
Absatzziele	marktgerechte Produkt- und Distributionspolitik, Umsatzmaximierung auf globalen Märkten; Ziel der Marktführerschaft
Produktionsziele	weltweite kostengünstige Massenproduktion
Finanzziele	möglichst hohes Eigenkapital, Liquidität, Cash Flow, Sicherheit und Unabhängigkeit der unternehmerischen Existenz
Kostenwirtschaftliche Ziele	Minimierung der variablen und fixen Kosten
Qualitätsziele	Total Quality Management: EFQM-Excellence-Modell, Balanced Scorecard
Soziale Ziele	angemessene Vergütung, hohe Sozialleistungen, gutes Betriebsklima, Personalentwicklung, Fortbildung der Mitarbeiter, Arbeitsplatzsicherheit, Aufbau einer Stammbelegschaft

Fig. 20: Unternehmensziele

Im Gegensatz zum traditionellen „Stakeholder-Value-Ansatz" steht das Streben nach „Shareholder Value". Die Strategie des „Shareholder Value" (wörtlich: Wert bzw. Unternehmenswert für die Aktionäre) ist eine Form der Unternehmensführung, die das Ziel verfolgt, durch eine ausgeprägte Renditeorientierung den Marktwert des Eigenkapitals für die Eigentümer zu steigern, insbesondere durch eine Erhöhung der kurzfristigen Gewinne.

Der Shareholder-Value-Ansatz geht auf das im Jahr 1986 von Alfred Rappaport veröffentlichte Buch mit dem gleichnamigen Titel zurück und gewinnt seit etwa zehn Jahren auch in Deutschland ständig an Bedeutung.

---

[135] Vgl. Heinen, Das Zielsystem der Unternehmen, 1966, S. 1ff
[136] Die wichtigsten externen Stakeholder sind Kunden, Lieferanten, der Staat und die Öffentlichkeit.

Rappaport stellt die folgende These in den Mittelpunkt seiner Ausführungen: Der Unternehmenswert, gemessen an dem durch die Börse bestimmten Marktkapitalisierungswert, ist aus Sicht der Anteilseigner der einzig gültige Maßstab für eine mittel- bis langfristig ausgerichtete Unternehmensführung. Nach Rappaport ist der Aktienkurs das sichtbarste und klarste Maß der Markterwartungen über die künftige Leistung einer Firma.[137] Damit werden einseitig die Interessen der Anteilseigner an einer Steigerung des Gewinns und des Marktpreises ihrer Aktien verfolgt, meist ohne Rücksicht auf die Ziele der übrigen Interessengruppen (Stakeholder) am Unternehmen, besonders der Mitarbeiter. Kurz- und langfristiges Rentabilitätsstreben stehen im Mittelpunkt aller Entscheidungen des Managements, das durch geeignete Anreizsysteme wie Aktienoptionen und Boni dazu motiviert werden soll, das Streben nach „Shareholder Value" in das Zentrum aller seiner Aktivitäten zu stellen.

Die ethische Rechtfertigung des Shareholder-Value-Management wird folgendermaßen begründet: In einer auf Privateigentum beruhenden Marktwirtschaft besteht die einzige Verantwortung eines Unternehmensleiters darin, Shareholder Value zu schaffen und dabei die Prinzipien der Gesetzeskonformität und der Integrität zu wahren. Die gegenseitige Abhängigkeit von Eigentümern (Shareholdern) und allen anderen Anspruchsgruppen (Stakeholdern) erfordert, dass sich im Rahmen dieser Partnerschaft alle am Erfolg Beteiligten für eine Wertsteigerung des Unternehmens einsetzen.[138]

Rappaport nennt vier Hauptfaktoren, die das Management eines Unternehmens veranlassen, eine eigentümerorientierte Haltung anzunehmen: eine hohe Beteiligung am Aktienkapital des Unternehmens, ein Zusammenhang zwischen der eigenen Entlohnung mit der Eigentümerrendite, z. B. durch Aktienoptionen und Boni, die Verhinderung einer drohenden Übernahme durch ein anderes Unternehmen und die Steigerung der eigenen Wettbewerbsfähigkeit auf dem Arbeitsmarkt für Führungskräfte.

Die veränderte Rolle der Kapitalgeber hat zur Neukonzeption der Ziele der Unternehmensleitung geführt, die unter dem Begriff des „Shareholder Value-Management" zusammengefasst werden. Es wurde in diesem Zusammenhang ein neues betriebswirtschaftliches Instrumentarium von Kennzahlen entwickelte, das die Wertentwicklung des Unternehmens erkennbar und damit steuerbar machen sollte. Dieses wird nachfolgend dargestellt.

Ausgangspunkt der Überlegungen von Rappaport ist der Cash Flow, eine aus dem angelsächsischen Bereich stammende Gewinnkennziffer, die den Zugang an flüssigen Mitteln während einer Abrechnungsperiode beschreibt. Der Cash Flow besteht im Wesentlichen aus der Addition von Jahresüberschuss, den Steuern vom Ein-

---

[137] Vgl. Rappaport, Shareholder Value, 2005, S.139
[138] Vgl. Gebhardt; Gerke; Steiner, Einführung: Ziele auf Aufgaben des Finanzmanagements, 1993, S. 138

kommen und Ertrag, den Abschreibungen sowie den Veränderungen der langfristigen Rückstellungen. Der Jahresüberschuss ist dabei die wichtigste wertmäßige Größe, von deren Höhe hauptsächlich das Volumen des Cash Flow abhängt.

Jahresüberschuss (Gewinn oder Verlust)
+ Anlageabschreibungen
+ Steuern vom Einkommen, Ertrag und Vermögen
+ Erhöhung langfristiger Rückstellungen
= Cash Flow

Fig. 21: Ermittlung des Cash Flow (indirekte Methode)[139]

Die Investitionsrechnung auf der Basis des Cash Flow soll nicht mehr – wie bei Investitionsrechnungen üblich – auf ein einzelnes Investitionsvorhaben bezogen, sondern auf die ganze Unternehmung ausgedehnt werden. Wann schafft ein Unternehmen oder ein Geschäftsbereich Wert? Die Antwort lautet: wenn die Summe des abgezinsten freien Cash Flows größer als null ist, d. h., wenn auf Grund einer vorher bestimmten zu erzielenden Kapitalrendite noch ein zusätzlicher Gewinn des eingesetzten Kapitals übrig bleibt.

„Shareholder Value" ist der Marktwert des Eigenkapitals der Aktionäre, der auf der Grundlage des Unternehmenswertes ermittelt wird: Das Unternehmensgeschehen wird als eine Reihe von Mittelzuflüssen (Cash Flows) betrachtet, analog zu der aus einer Sachinvestition resultierenden Summe der Mittelrückflüsse über Umsatzerlöse. Der Shareholder Value ergibt sich dabei aus dem Gegenwartswert des Cash Flow und der abgezinsten Summe der Gewinne während der Prognoseperiode. Dabei geht man von den auf den Bewertungszeitpunkt abgezinsten freien Cash Flows abzüglich der kurz- und langfristigen Verbindlichkeiten des Unternehmens aus. Der Shareholder Value gibt den absoluten Wert wieder, der sich aus der Prognose für einen bestimmten Zeitraum ergibt, während der „geschaffene" Shareholder Value (Shareholder Value Added) die Wertveränderung während der Prognoseperiode angibt. Je höher die in diesem Zeitraum erwirtschafteten Cash Flows sind, desto größer ist die Rendite für die Aktionäre. Dabei wird unterstellt, dass freie Cash Flows in Zukunft jedes Jahr eintreffen werden, wodurch man dann den Barwert dieser ewig bezahlten Rente berechnen kann.

Ziel des Shareholder-Value-Ansatzes der Unternehmensführung ist deshalb primär die größtmögliche Verzinsung des eingesetzten Kapitals im Interesse der Anteilseigner,[140] die die Unternehmung ausschließlich zu diesem Zweck geschaffen haben.

---

[139] Bei der direkten Methode der Cash-Flow-Ermittlung subtrahiert man von den einzahlungsgleichen Erträgen die auszahlungsgleichen Aufwendungen.
Vgl. Fischer, Strategisches Controlling: Konzept des Shareholder Value, München 2004, S. 11
[140] Vgl. ebenda, S. 8

Die Shareholder-Value-Strategie wurde Mitte der neunziger Jahre in vollem Umfang in die Praxis umgesetzt und durch Rappaport in der Folgezeit im Rahmen der zweiten Auflage seines Buches entscheidend modifiziert. Insbesondere betont er, dass seine Strategie und eine wertorientierte Unternehmensführung keinesfalls mit einem „Downsizing", einer Reduzierung der Beschäftigtenzahlen, einhergehen müsse, obwohl dies in der Realität permanent der Fall ist.[141]

2.2 Die Entstehung der „Shareholder-Value-Strategie"

Das Streben nach Gewinn ist das Hauptziel jeglicher unternehmerischer Betätigung und weder im Hinblick auf die Zielsetzung des Unternehmens noch als Hauptaufgabe des Management etwas Neues. Es erhebt sich deshalb die Frage, weshalb die Gewinnbetrachtung im letzten Jahrzehnt derart in den Vordergrund gerückt ist, dass sie zum Gegenstand einer eigenen Managementlehre gemacht wurde.

2.2.1 Internationale Rentabilitätsvergleiche

Folgende Ursachen sind dafür verantwortlich, dass das Streben nach Shareholder Value seit dem letzten Jahrzehnt eine derart dominierende Stellung eingenommen hat:

- Globalisierung mit weltweit tätigen Firmen auf internationalen Märkten, die erfolgreich früher noch nie da gewesene Gewinnchancen wahrnehmen. Ein Anstieg der Eigenkapitalrenditen der „Global Players" war die Folge.

- Weltweit zur Verfügung stehende Informationen über die Performance aller Großunternehmen durch das Internet, die z. B. Zugang zu Börsendaten und Auskünfte über Unternehmens- und Kursentwicklung von Aktien ebenso beinhalten wie volkswirtschaftliche Analysen von Märkten und den darin tätigen Unternehmen.

- Durchführung von internationalen Rentabilitätsvergleichen zwischen Unternehmen der gleichen Branche und Größenordnung, mit dem Ziel der bestmöglichen Kapitalallokation als privater Investor oder professionell tätige Finanzinstitution.

Es ist unbestritten, dass die Renditen europäischer und insbesondere deutscher Unternehmen seit Jahrzehnten erheblich hinter denen US-amerikanischer Firmen liegen.

Die nachfolgenden Graphiken dokumentieren eindrucksvoll die Entwicklung in den neunziger Jahren. Deutschland und Japan hatten 1993 im verarbeitenden Gewerbe

---

[141]   Vgl. Rappaport, Shareholder Value, 1998

in etwa die gleiche Eigenkapitalrendite wie die USA im Jahr 1992, nämlich ca. 2 %. Seit dieser Zeit verlief die Entwicklung in den drei Staaten jedoch völlig unterschiedlich. Die Graphik zeigt, dass trotz einer Besserung der Situation in Deutschland die Gewinnentwicklung der Firmen in den USA so starke Fortschritte gemacht hat, dass diese z. B. im Jahr 1995 rund 10 % und 1998 noch immer 6 % über der der deutschen Unternehmen lag.

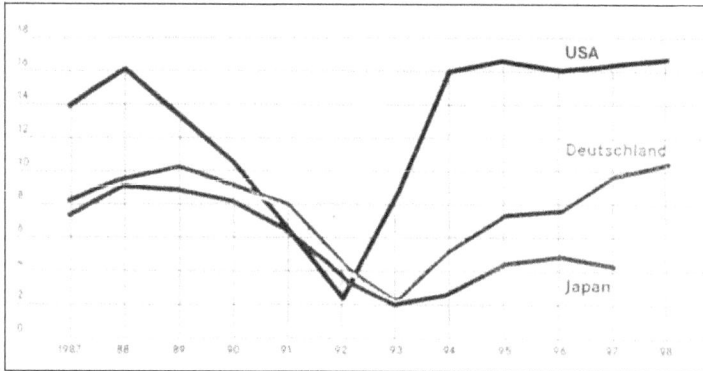

Fig. 22: Internationaler Vergleich der Eigenkapitalrendite im verarbeitenden Gewerbe von 1987-1998

Auch nach dem Börsencrash des Jahres 2000 ist der Anstieg des Wirtschaftswachstums der USA in Prozent des Bruttoinlandsprodukts fast doppelt so hoch wie der der Länder der Eurozone, was natürlich auch einen Rückschluss auf die wirtschaftliche Leistungsfähigkeit der Unternehmen zulässt.

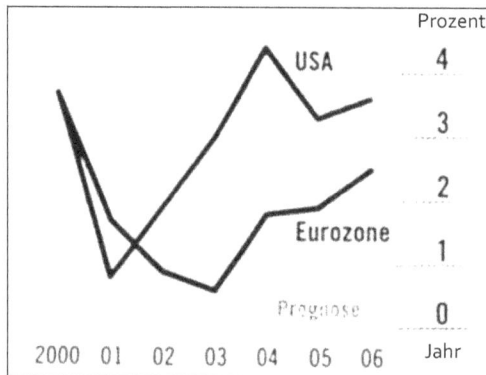

Fig. 23: Vergleich des Wirtschaftswachstums der USA mit den Ländern der Eurozone

Besonders ungünstig stellt sich die Situation in Deutschland dar.[142]

Nach Angaben der Deutschen Bundesbank liegt die durchschnittliche Eigenkapitalquote der gesamten deutschen Industrie lediglich bei ca. 18 %, in mittelständischen Betrieben mit ca. 11 % sogar noch erheblich darunter.

Unzureichende Ergebnisse bringt auch der internationale Gewinnvergleich ausgewählter Unternehmen des Jahres 1997. Während US-amerikanische Unternehmen Eigenkapitalrenditen erwirtschafteten, die 10,1 – 35,5 % betrugen, kamen europäische und japanische Firmen auf Werte zwischen 2,1 und 9,7 %.

Unternehmen	Eigenkapitalrendite in Prozent
INTEL	35,6
MICROSOFT	35,1
IBM	24,6
COMPAQ	24,4
ABB	21,0
HEWLETT-PACKARD	20,5
NOKIA	20,2
ERICKSON	19,5
HONEYWELL	19,0
GEC	14,8
NORTEL	13,8
MOTOROLA	10,1
SIEMENS	9,7
ALCATEL ALSTOM	8,0
SCHNEIDER	7,6
TOSHIBA	5,3
PHILIPS	2,1

Fig. 24: Rentabilitätsvergleich ausgewählter internationaler Firmen

Eine gewisse „traurige Berühmtheit" hat der durch den „Stuttgarter Aktienclub" vorgenommene Vergleich der Wertentwicklung der Aktie von GENERAL ELECTRIC und SIEMENS als exemplarische Großbetriebe der USA und Deutschlands mit ähnlichem Produktionsprogramm erlangt. Die nachfolgende Graphik zeigt, dass die

---

[142] Im Jahr 2000 erzielten europäische Unternehmen Umsatzrenditen nach Steuern in folgender Größenordnung: Irland: 10,2 %, Finnland 4,5 %, Griechenland 4,3 %, Portugal 4,1 %. Auf dem 15. Platz befindet sich Deutschland mit einer Umsatzrendite seiner Unternehmen von lediglich 2,4 %.

Aktie von GENERAL ELECTRIC während eines Zeitraums von 1986-1999 eine Wertsteigerung von 900 % erfahren hat, wohingegen die SIEMENS-Aktie lediglich 50 % an Wertzuwachs erlebt hat.

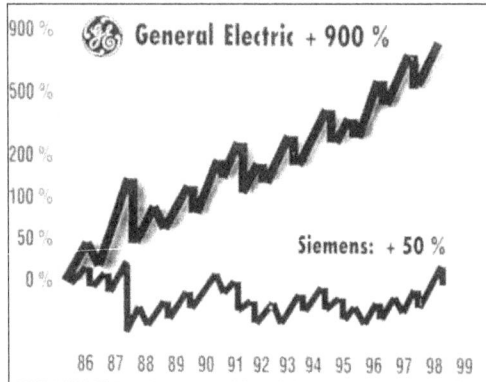

Fig. 25: Aktienkurse von GENERAL ELECTRIC und SIEMENS (1986-1999)

Dementsprechend unterschiedlich ist auch die Eigenkapitalrendite per 1.8.2004:

SIEMENS AG	10 %
GENERAL ELECTRIC	21 %.

Die Zahlen des Jahres 2005 waren noch ungünstiger für Siemens:

Vergleichsparameter	GENERAL ELECTRIC	SIEMENS AG
Ergebnis vor Steuern	14,1 %	3,5 %
Nettoergebnis	11,1%	2,2 %
Börsenwert	292 Mrd. €	53,3 Mrd. €

Fig. 26: Wertentwicklung von GENERAL ELECTRIC und SIEMENS 2005[143]

Die Entwicklung des Aktienkurses von GENERAL ELECTRIC wurde auch in den folgenden Jahren noch als Beispiel herangezogen. Dabei wurde der Zeitraum auf insgesamt 13 Jahre erweitert (1989-2001) und zum Vergleich das deutsche Spitzenunternehmen DAIMLER-CHRYSLER herangezogen. Ergebnis: GENERAL ELECTRIC erfuhr an der Börse einen Wertzuwachs von 1.100 %, wohingegen DAIMLER-CHRYSLER überhaupt keinen Wertzuwachs erlebte.

---

[143]   Vgl. Hofer, General Electric peilt rasanten Wachstumskurs an, 2005

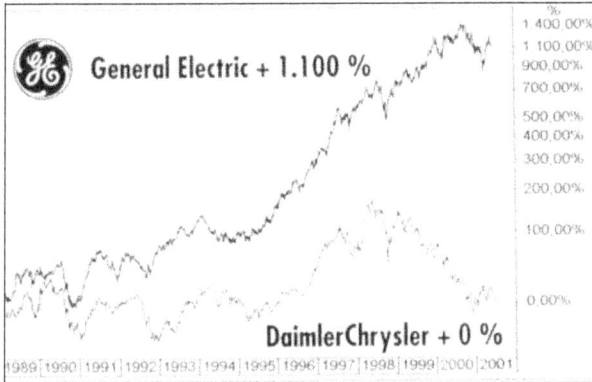

Fig. 27: Aktienkurse von GENERAL ELECTRIC und DAIMLER-CHRYSLER (1989-2001)

Der Hauptgrund hierfür ist die im internationalen Vergleich[144] unzureichende Gewinnsituation. Betrug die Eigenkapitalrendite nach Steuern von DAIMLER-CHRYSLER 1999 noch 13,2 % und übertraf damit erheblich den durch das Management vorgegebenen Zielwert, so sank diese seitdem kontinuierlich ab und blieb sechs Jahre lang stets unter den Vorgaben des Management.

Jahr	Tatsächlich erzielte Eigenkapitalrendite	Vorgabe des Management
1999	13,2 %	9,2 %
2000	7,4 %	9,2 %
2001	2,5 %	9,2 %
2002	6,7 %	8,0 %
2003	2,4 %	8,0 %
2004	5,6 %	8,0 %

Fig. 28: Eigenkapitalrendite von DAIMLER-CHRYSLER nach Steuern von 1999-2004[145]

Auch beim größten deutschen Finanzinstitut, der DEUTSCHEN BANK AG, sieht die Situation im Vergleich mit internationalen Konkurrenten nicht wesentlich günstiger aus. Bei der Marktkapitalisierung lagen im Jahr 2005 Banken wie die CITIGROUP (227,75 Mrd. US-$), BANK OF AMERICA (174,95) und JP MORGAN CHASE (131,90) weit vor dem größten deutschen Finanzinstitut, das lediglich eine Marktkapitalisierung von 39,82 Mrd. US-$ besaß. Die Größe eines Unternehmens wird heute allein durch die Marktkapitalisierung bestimmt. Wegen ihrer Ertragsschwäche sind deut-

---

[144] Noch schlechter erging es dem Volkswagenwerk, das im Jahr 2004 eine Umsatzrendite von 0,71 % erzielte, während der Konkurrent Toyota fast den zehnfachen Betrag erzielte.

[145] Vgl. Glabus; Hillebrand; Schneider, Lektionen aus Amerika, 2005, S. 36

sche Banken anfällig für Übernahmen aus dem Ausland wie die Übernahme der HYPOVEREINSBANK durch die italienische UNICREDITO eindrucksvoll zeigt, da sie lediglich eine Eigenkapitalrendite von 6,1 % aufwies.

Die DEUTSCHE BANK als größtes deutsches Kreditinstitut, steht im Jahr 2008 europaweit hinsichtlich ihrer Rendite auf Platz 21 (Jahresverlust: 3,8 Mrd. €). Sie ist ein Beispiel für das unzureichende Ranking deutscher Banken allgemein, deren Kapitaldecke zu gering sind und denen es deshalb an Finanzkraft fehlt. Sie haben in den letzten zehn Jahren im internationalen Vergleich klar an Bedeutung verloren.

Dies zeigt auch ein internationaler Vergleich der Gewinne der Banken aus dem Jahr 2006:

Bank	Operativer Gewinn 2006 in Mrd. €
CITIGROUP	68,2
BANK OF AMERICA	55,1
HSBC	50,3
JP MORGAN	47,0
ROYAL BANK OF SCOTLAND	35,1
BARCLAYS	32,3
GE COMMERCIAL FINANCE	31,9
UBS	29,2
DEUTSCHE BANK	28,1
COMMERZBANK	8,5
DRESDNER BANK	7,0
HYPOVEREINSBANK	6,1

Fig. 29: Eigenkapitalrenditen von Banken 2006[146]

Der Vorstandsvorsitzende der DEUTSCHEN BANK, Josef Ackermann, verteidigt deshalb seine am Shareholder Value orientierte Geschäftsstrategie, wenn er darauf hinweist, dass „unter den Spitzenbanken der Welt ... eine Rendite von 25 % vor Steuern zum unteren Ende" gehört.[147] Die meisten Banken hätten eine deutlich höhere Bruttorendite vor Steuern.

Insgesamt kann gesagt werden, dass die deutschen Großunternehmen wegen ihrer im internationalen Vergleich niedrigen Eigenkapitalrenditen relativ niedrig bewertet werden – u. a. eine Folge der hohen inländischen Arbeitskosten. Die 30 im DAX

---

[146] Vgl. Benders, Die Aufholjagd wird fünf Jahre dauern, 2007
[147] Ackermann, Wir brauchen mehr starke Banken, 2005

gelisteten deutschen Unternehmen erzielten 2006 eine Eigenkapitalrendite von lediglich 4,7 %. Großunternehmen in Staaten wie Frankreich, Italien und Großbritannien erzielen eine doppelt so hohe Gewinnmarge, in den USA so gar noch höhere Werte.[148]

2.2.2 Die Rolle der Investmentfonds beim Streben nach Shareholder Value

Die mittlerweile jedermann über das Internet, insbesondere die Homepages der Banken, frei zugänglichen Informationen führten dazu, dass der Rentabilitätsvergleich von Anlagen immer mehr in das Blickfeld der Interessenten kam. Dies gilt nicht nur für Privatpersonen, sondern insbesondere für institutionelle Anleger, nämlich die großen international tätigen Investmentfonds und Pensionskassen. Diese verwalten gegen eine Managementgebühr von 1-2 % das in Form von Anteilscheinen angelegte Vermögen ihrer Kunden. Sie bezwecken, über die Auswahl geeigneter Anlagen hohe Dividenden und Kurssteigerungen zu erzielen. Diese Aufgabe wird einerseits durch entsprechende Neuanlagen erfüllt, andererseits aber auch mittlerweile durch massive Einflussnahme auf die Vorstände der Unternehmen, denen unverhüllt mit der Ablösung gedroht wird, wenn entsprechende Renditevorgaben für die im Depot der Fonds befindlichen Aktien nicht erfüllt werden. Die großen international tätigen Investmentfonds und Pensionskassen sind hierzu in der Lage, da sie auf Grund der Anzahl ihrer Anteile an einem Unternehmen – evtl. auch im Verbund mit anderen Fondsgesellschaften – Mehrheiten der in der Hauptversammlung vertretenen Kapitaleigner herbeiführen können. Diese neue Marktmacht wird in zunehmendem Maße ausgenutzt und hat zu einer raschen praktischen Umsetzung des Shareholder-Value-Gedankens geführt.

Die Unternehmenspolitik der Investmentfonds wird heute offen in der Fachpresse erörtert: 49 % von 300 internationalen Fondmanagern, die ein Vermögen von 945 Mrd. US-$ verwalten drängen seit Jahren die Unternehmensleitungen zu mehr Investitionen. Dieser Anteil ist so hoch wie nie. Dies räumen auch Investmentbanken ein, wenn sie die Zielrichtung ihrer Kunden beschreiben. Es sind letztlich die Aktionäre, die Firmen unter Druck setzen, dass sie ihre Strategie der Vorsicht beenden und wieder mehr für ihr Wachstum und damit die Ertragsverbesserung tun.

1999 kam erstmals das „Ende der Schweigsamkeit" hinsichtlich dieser Entwicklung. Der Chef des Unternehmens ALTANA übte als einer der ersten deutschen Vorstände im Rahmen der Hauptversammlung des gleichen Jahres deutliche Kritik am zunehmenden Einfluss der Investmentfonds auf die Firmenpolitik: „Ich rate zu größerer Härte gegenüber manchen Akteuren auf den Kapitalmärkten, die den Unternehmen ihre Spielregeln aufzwingen wollen."[149] Er führt aus, dass einige Analysten und Fondmanager nur auf die Rendite achten und kritisiert die Kurzfristigkeit und Verengung des Blickwinkels auf eine einzige Kennziffer der Leistung eines Unternehmens. Es wurde klar der Druck artikuliert, den die „neuen Herrscher der Kapitalmärkte" auf Entscheidungen des Managements ausüben. Ähnlich kritisch äußert

---

[148] Vgl. Sommer, Groß, aber renditeschwach, 2007
[149] Weishaupt, Vorstände kritisieren die Macht der Fonds, 1999

sich der Vorstandschef von CONTINENTAL: „Die Investoren sind die Könige, ich bin der Diener".[150] Die Vorstände von SIEMENS und DAIMLER-CHRYSLER verhielten sich zurückhaltender, da die großen Kapitalanlagegesellschaften über die Hälfte der Aktien dieser Gesellschaften im Portfolio halten.

Auch in anderen deutschen großen Aktiengesellschaften ist der Anteil institutioneller Anteilseigner aus dem Ausland hoch und stieg von 2001 bis 2008 von 35,5 % auf 53,0 %. Über die Hälfte der Vermögenswerte der 30 deutschen DAX-Unternehmen befindet sich somit in ausländischer Hand.

Von den nachfolgend genannten deutschen Firmen halten ausländische Fonds besonders hohe Anteile, und dies mit steigender Tendenz:

Unternehmen	Anteil der Ausländer an Aktien deutscher Unternehmen	
	2001	2008
ADIDAS	53,0 %	80,0 %
ALLIANZ	32,0 %	72,0 %
BAYER	39,0 %	82,4 %
COMMERZBANK	37,0 %	76,9 %
DEUTSCHE BÖRSE	32,0 %	82,0 %
MÜNCHENER RÜCK	35,0 %	69,5 %

Fig. 30: Anteil ausländischer Anleger in deutschen Großfirmen[151]

Fondmanager nehmen Einfluss im Rahmen von Besuchen bei Vorständen derjenigen Unternehmen, an denen sie Anteile halten, bei „Roadshows" des Management für Investoren[152] und als Vertreter der Anteilseigner bei Hauptversammlungen. Es steht zu erwarten, dass der Druck, den Fondgesellschaften auf das Management der Unternehmen ausüben, noch weiter ansteigt. Dies ist Ausdruck des anglo-amerikanischen Geschäftsgebarens, das zunehmend auch in Europa praktiziert wird. Außerdem steht eine weltweite Konzentration der Unternehmen zu erwarten, so dass immer weniger Fonds ein ständig steigendes und zu verwaltendes Investmentvermögen besitzen werden. Die Investmentbank GOLDMAN SACHS & Co. stellt die langfristige Prognose: „Am Ende hat jedes Unternehmen noch acht oder neun große Aktionäre."[153]

---

[150] Ebenda
[151] Vgl. Sommer, Ausländer halten Dax-Mehrheit, 2008
[152] Beispielsweise wendet nach eigenen Angaben der Chef der TUI Frenzel ca. 30 % seiner Arbeitszeit für Kommunikation mit Kapitalmarktvertretern auf, der Chef von LINDE ist 10-15 Tage jährlich mit Investoren unterwegs.
Vgl. Glabus; Jahn; Wiskow, Warten auf den Tag X, 2005, S. 52, 54
[153] Weishaupt, Vorstände kritisieren die Macht der Fonds, 1999

Weltweit betreuten die Investmentbranche im dritten Quartal 2008 insgesamt ein Vermögen von über 21,6 Billionen US-$ nach 26,1 Bio. US-$ im letzten Quartal 2007. Im Gesamtjahr 2008 verwalteten europäische Investmentfonds Vermögen im Wert von 5,2 Bio. €, das durch Mittelabflüsse und Verluste am Kapitalmarkt gegen Ende 2008 auf 3,9 Bio. € reduziert wurde.

Während 2005 noch die UBS der größte Vermögensverwalter der Welt war, nimmt heute diese Position die BANK OF AMERICA ein, das Kundeneinlagen von 1,44 Bio. € verwaltete.

In Europa betreiben die größten Fondgesellschaften die UNITED BANK OF SWITZERLAND, die ALLIANZ-GRUPPE, BARCLAYS und FIDELITY INVESTMENTS, in Deutschland die DWS Investmentgruppe (Deutsche Bank), UNION INVEST (Genossenschaftsbanken) und DEKA (Sparkassen). Führende Fondgesellschaften in den USA sind JP MORGAN, GOLDMAN SACHS, PIONEER, FRANKLIN TEMPLETON, BARING, SCHRODERS, MERRIL LYNCH und PUTNAM.

Die nachfolgende Tabelle gibt eine Übersicht über die größten Investmentfonds und das von diesen verwaltete Vermögen im jeweiligen Gesamtjahr:

Deutschland (2008)	Weltweit (2007)
ALLIANZ GLOBAL INVESTORS: 253 Mrd. €	UBS: 2,458 Bio. US-$ (2008: 2,17Bio. chf)
DWS: 224 Mrd. €	Barclays: 1,81 Bio. US-$
DEKA Gruppe: 161 Mrd. €	Fidelity: 1,78 Bio. US-$
UNION Investmentgruppe: 129 Mrd. €	State Street: 1,75 Bio. US-$
GENERALI Investment Gruppe: 74 Mrd. €	Axa: 1,74 Bio. US-$
COMINVEST Gruppe: 50 Mrd. €	Allianz: 1,7 Bio. US-$

Fig. 31: Vermögen der größten Investmentfonds

Man kann sich nun unschwer vorstellen, dass Fondgesellschaften mit der Kursentwicklung einer SIEMENS Aktie nicht zufrieden sind. Dasselbe gilt seit mehreren Jahren für die Aktionäre von DAIMLER-CHRYLER, dem größten deutschen Industrieunternehmen.

Erstmals kritisierten im Rahmen der Hauptversammlung von DAIMLER-CHRYLER im April 2004 namhafte Investmentfonds die Geschäftsentwicklung von Deutschlands größten und renommiertesten Unternehmen, dem Flaggschiff der deutschen Automobilindustrie. Die Investmentmanager erhoben zahlreiche Forderungen nach einer Änderung der Unternehmensstrategie von DAIMLER-CHRYLER und lehnten teilweise sogar die Entlastung des Vorstands und die Wiederwahl des Aufsichtsratsvorsitzenden ab. Bei der Kritik von Thomas Meier, der die Fondgesellschaft UNION INVESTMENT vertrat, kommt die Interessenlage der Kapitalanlage-gesellschaft klar zum Ausdruck. Er warf dem Management massive Wertvernich-tung und schlechte Prognosequalität vor. Dieses öffentliche und koordinierte Vor-gehen der Fondsgesellschaften DWS, DEKA und UNION INVESTMENT werteten langjährige Beobachter von Hauptversammlungen von DAIMLER-CHRYLER als bislang einmalig. Die Namen der Vorstände der Investmentgesellschaften wurden in der Presse ebenso erwähnt wie deren Redebeiträge.[154]

Wenige Monate nach dem Aktionärstreffen erklärte Jürgen Schrempp seinen Rück-tritt vom Amt als Vorstandsvorsitzender von DAIMLER-CHRYSLER. Berichten zu-folge wird als Erklärung für seinen Rückzug aus dem Unternehmen vor allem der Druck institutioneller Investoren genannt, da seit der Hauptversammlung im April 2005 Hedgefonds verstärkt DAIMLER-CHRYLER-Aktien gekauft hätten, um Druck auszuüben. Schrempps Nachruf über den einstigen „Mister Shareholder-Value" im HANDELSBLATT war auch entsprechend negativ, wobei von „unverhohlener Kritik institutioneller Investoren", „milliardenschwerer Wertvernichtung" und dem „weltweit schlechtesten Konzernchef" die Rede war.[155]

2.2.2.1 Hedgefonds

Eine Sonderform der Investmentfonds sind „Hedgefonds", die im Jahr 1949 ent-standen sind. Ziel war der Kauf möglicherweise unterbewerteter Aktien bei gleich-zeitigem Verkauf überbewerteter Papiere, um auf diese Weise abgesicherte In-vestments („hedge") einzugehen. Diese grundlegende Idee wurde jedoch in der Folgezeit drastisch verändert, indem Hedgefonds stark auf eine bestimmte Kurs-richtung des Marktes setzen, z. B. auch auf fallende und nicht nur auf steigende Kurse. Eine besondere Wertsteigerung entsteht durch die Nutzung des Leverage-Effekts, in dem der Wert durch den Einsatz von kreditfinanzierten Derivaten ge-steigert wird. Hedgefonds sind somit Geldpools, die ihr Kapital meist ohne größere Beschränkungen in allen möglichen Finanzanlagen und Märkten sowohl auf stei-gende als auch auf fallende Kurse investieren.[156] Hohen Risiken dieser Kapitalanla-gegesellschaften stehen jedoch auch hohe Gewinne gegenüber. Beispielsweise erzielte der Hedgefond „MAN GROUP", der ein Vermögen von 75 Mrd. US-$ ver-waltet, im Jahr 2008 eine Gewinnsteigerung um 60 % auf insgesamt 2,03 Mrd. US-$.

Ein Beispiel für die Vorgehensweise dieser Kapitalanlagegesellschaften ist die DEUTSCHE BÖRSE AG, bei der einige mächtige Hedgefonds wie der britische TCI, die mutmaßlich mehr als 30 % der Aktien und damit auch der Stimmrechte besa-ßen, durch entsprechende Absprachen mit anderen Fonds den Sturz des Börsen-chefs Werner Seifert herbeigeführt hatten und maßgeblichen Anteil bei der Neu-besetzung dieser Position nahmen. Außerdem hatten die Fonds als große Kapital-eigner Ausschüttungen in Milliardenhöhe an die Aktionäre durchgesetzt, die die

---

154 Vgl. Weishaupt, Vorstände kritisieren die Macht der Fonds, 1999
155 Vgl. Herz, Ein Abschied ohne Dankeschön, 2005
156 Vgl. Rettberg, Hedge-Fonds sprießen wieder, 2009

wirtschaftliche Position der DEUTSCHEN BÖRSE schwächten. Diese Mittel hätten dazu dienen sollen, die Übernahme der LONDONER BÖRSE (LSE) durch die DEUT-SCHE BÖRSE zu finanzieren. Die Folge war ein starker Kursanstieg und damit ein erheblicher Wertzuwachs für die durch die Hedgefonds gehaltenen Aktien.[157] Mit dieser gemeinsamen Aktion, die ohne eine entsprechende Anzeige beim Bundesaufsichtsamt für Finanzdienstleistungsaufsicht erfolgte, bestand der Verdacht eines Verstoßes gegen das Wertpapiererwerbs- und Übernahmegesetz.

Das Verhalten der Hedgefonds diente somit dazu, die von Börsenvorstand Seifert betriebene Übernahme der LONDONER BÖRSE (LSE) zu verhindern und über Dividendenausschüttungen in den Besitz der Finanzierungsmittel zu gelangen. Nach einer Aufsichtsratssitzung der DEUTSCHEN BÖRSE, in der die Geschäftsstrategie Seiferts kritisiert wurde, erklärte der Vorstand seinen Rücktritt. Der Vorgang führte dazu, dass die Bundesanstalt für Finanzdienstleistungsaufsicht einschritt, um ein Warnsignal an alle Fonds zu senden, die nur kurzfristiges Renditedenken verfolgten. Es gelang jedoch nicht, den Nachweis der Absprachen zu führen, so dass die Ermittlungen eingestellt werden mussten und eine Nachahmung des Beispiels durch Dritte jederzeit erfolgen kann.[158] Der Fall zeigt klar die Macht der großen Kapitalanlagegesellschaften, die diese heute auch zielgerichtet einsetzen. Im Jahr 2008 setzten Hedgefonds ihr Ziel durch, die Kosten der DEUTSCHEN BÖRSE weiter zu senken und erzwangen einen Umzug von Frankfurt in einen Vorort der Mainmetropole. Hintergrund der Maßnahme ist, dass das Unternehmen nicht benötigtes Kapital an seine Eigentümer ausschüttet und somit dessen Rentabilität erhöht.

Mehrere jahrelang unternommene Versuche der Politik, weltweit mehr Transparenz und eine Kontrolle der Hedgefonds herbeizuführen, z. B. durch Einführung eines freiwilligen Verhaltenskodex, scheiterten bislang.

Einige Experten schätzen, dass Hedgefonds 15-20 % des Aktienkapitals großer deutscher Industrieunternehmen halten.[159] Andere Analysten gehen sogar von einer Quote von bis zu 30 % aus, da sich die deutsche Großindustrie von ihren Beteiligungen an anderen Firmen weitgehend trennte und Hedgefonds die am Markt erhältlichen Aktien aufkauften. Bei längerfristigen finanziellen Engagements wird dabei stets versucht, Einfluss auf die Unternehmensstrategie zu nehmen, um den Shareholder Value zu erhöhen. „Es ist eindeutig – Hedgefonds übernehmen immer stärker die in Deutschland bisher ineffizient ausgeführte Rolle von Aufsichtsräten",[160] stellt Schlüter, der Geschäftsführer des ersten deutschen Hedgefonds CO-PERNICUS, selbstbewusst fest.

---

[157] Vgl. Reents, Stürmische Zeiten, 2005, S. 22
[158] Vgl. Benders; Schönauer, Aufsicht stellt Ermittlungen gegen Hedge-Fonds ein, .2005
[159] Vgl. Rettberg, Aus bösen Buben werden Anleger-Lieblinge, 2005
[160] Vgl. Glabus; Jahn; Wiskow, Warten auf den Tag X, 2005, S.52ff

2.2.2.2 Staatsfonds[161]

Zu den privatwirtschaftlich arbeitenden Investmentfonds sind seit einigen Jahren
neu Staatsfonds hinzugekommen. Insbesondere ölexportierende Golfstaaten aber
auch Länder wie Norwegen, Russland und Singapur haben Staatseinnahmen für
weltweite Investitionszwecke in Form von Investmentfonds akkumuliert. Sie tätigen strategische Investitionen in allen relevanten Sektoren der Wirtschaft, angefangen von der Sicherung von Rohstoffen über Industrie- bis hin zu Finanzbeteili-
gungen. Auch Staatsfonds verfolgen primär wirtschaftliche Ziele und streben nach
einer maximalen Rendite ihrer weltweiten Kapitalanlagen. Politische Ziele spielen
nur bei China und Russland eine Rolle. Somit ist eine neue starke Kapitalmacht in
der Fondszene aufgetaucht, die ebenfalls nach „Shareholder Value" strebt. Viele
der Staatsfonds sind bereits älterem Datums. In Anbetracht steigender Kapitalein-
lagen werden sie jedoch erst seit ca. fünf Jahren einer breiten Öffentlichkeit und
der Politik bewusst und zunehmend als Gefahr betrachtet.

Die Staatsfonds verfügen derzeit weltweit über ein Vermögen von ca. 3 Bio. US-$.
Die größten international tätigen Staatsfonds werden nachfolgend aufgelistet:

Land	Name des Fonds	Gründungs-Jahr	Vermögen in Mrd.US-$
Vereinigte Arabische Emirate	ADIA	1978	ca. 500 Ziel: 875
Singapur	GIC	1981	330
Norwegen	GOVERNMENT PENSION FUND - GLOBAL	1990	300
China	STATE FX INVESTMENT CORP. + HUEIJING CO.	2007	300
Russland	STABILIZATION FUND	2003	100
Singapur	TEMASEK HOLDINGS	1974	100
Kuwait	KUWAIT INVESTMENT AUTHORITY	1960	70

Fig. 32: Staatsfonds

Wegen der starken Marktmacht der Staatsfonds wird verstärkt der Ruf nach Schutz
durch den jeweils betroffenen Nationalstaat laut. In Deutschland wurde bereits
2007 ein gesetzlicher Schutz deutscher Schlüsselindustrien wie Telekommunikation, Banken, Logistik, Post und Energie vor bestimmten ausländischen Investoren
erwogen, wobei man vor allem ausländische Staatsfonds im Blick hatte. Insbesondere strategisch bedeutsame Firmen sollten vor dem Zugriff ausländischer Staatsfonds geschützt werden.

---

[161] Vgl. Alfhütte; Creutzburg, Neue Übernahmeregeln noch in diesem Jahr, 2007.
Vgl. de Luca, Angst essen Freiheit auf, 2008, S. 32ff

2.3 Das Streben nach Shareholder Value

Die breit erfolgte Diskussion über die Rentabilitätsunterschiede zwischen europäischen und amerikanischen Firmen sowie die direkte Betroffenheit der Unternehmensleitungen von möglichen Sanktionen der Investmentfonds führten dazu, dass das Streben nach Gewinn zum Wohl der Aktionäre, das strategische Ziel des „Shareholder Value", oberste Priorität einnahm und noch heute besitzt.

2.3.1 Wege der Gewinnsteigerung

Gewinn ist die Differenz aus Umsatz und Kosten. Gewinnsteigerungen ergeben sich somit, indem durch Maßnahmen der Unternehmensleitung der Umsatz steigt und/oder die Kosten sinken.

Zimmermann und Gasser schildern in ihrem Buch „Partners for Profit" ein eindrucksvolles Beispiel hinsichtlich der möglichen Wege, um eine Gewinnsteigerung herbeizuführen:[162]

Das Rechenbeispiel:

In einem Unternehmen beträgt der Umsatz 100 Mio., die Einkaufssumme 50 Mio. und der Gewinn 5 Mio. Das Management erhält die Aufgabe, bei gleicher Marktlage und ansonsten unveränderten Daten den Gewinn um 1 Mio. auf insgesamt 6 Mio. zu erhöhen.

Die Autoren schlagen auf der Grundlage dieser Daten hierfür zwei Möglichkeiten, um die Aufgabe zu lösen:

- Erhöhung des Umsatzes um 20 % oder
- Reduzierung der Einkaufspreise um 2 Prozent.[163]

Das Ergebnis stimmt nachdenklich, wenn man bedenkt, wie schwer eine Umsatzsteigerung von 20 % zu erzielen ist und dass eine Kostensenkung um lediglich 2 % zum gleichen Ergebnis führt.

Vor diesem Hintergrund wird untersucht, welche Möglichkeiten bestehen, die Strategie des Shareholder Value in der Praxis zu verfolgen.

---

[162] Vgl. Zimmermann; Gasser, Partners for Profit – Beziehungsmanagement statt Preisdrückerei, Zürich 2001

[163] Umsatzsteigerung: Der Umsatz würde auf 120 Mio. steigen, die Kosten auf 114 Mio. (60+54). Gewinn 6 Mio. Kostensenkung im Einkauf um 2 % = 1 Mio. 100 – 49-45 = 6 Mio. Gewinn.

2.3.1.1 Umsatzsteigerung

Umsätze steigen, wenn der Stückgewinn steigt und/oder die abgesetzte Menge erhöht werden kann. Eine Erhöhung des Stückgewinns geschieht insbesondere durch eine Erhöhung der Preise. Dies ist jedoch seit über einem Jahrzehnt wegen der immer stärker werdenden Globalisierung nicht möglich.

Eine Vielzahl von Beispielen aus der Praxis zeigt, dass permanent international die Preise für Güter und Dienstleistungen sinken. Bei einer Umfrage unter 500 Konzernen wurde der Preisverfall als die größte Herausforderung für das Management genannt. Vor allem Firmen aus den Bereichen Konsumgüter, Industriegüter, Technologie, Finanzen und Energieversorgung leiden seit Jahren unter fallenden Stückpreisen für ihre Produkte.

Nachfolgend einige Beispiele für den internationalen Preisverfall als Folge der Globalisierung:

Firma/Branche	Preisverfall/Umsatzeinbuße:
SIEMENS AG: Telefonapparate	Preis pro Telefongerät: 1995: Kunde: Deutsche Bundespost, Preis: 110,00 DM 1996: Kunde: Deutsche Telekom AG, Preis: 39,00 DM Preisverfall: 65,5 %
SIEMENS AG: Hochgeschwindigkeitszüge	Verkaufspreis der deutschen ICE- Hochgeschwindigkeits-züge bei Markteinführung: Preis pro Sitzplatz:100.000,00 DM wenige Jahre später: Preis pro Sitzplatz: 70.000,00 DM Preisverfall: 30 %
SIEMENS AG: Kraftwerksbau	Preis pro installierter Kilowattleistung eines Kraftwerks: 1976: 990,00 DM; 1986: 495,00 DM Preisverfall: 50 %
SIEMENS AG: Halbleitertechnik	Preisverfall für Halbleiter von 1995-1997 um 95 % durch die weltweite Erhöhung der Kapazitäten und rückläufiger Nachfrage. Seitdem sinken die Preise weiter.
ELECTROLUX: Haushaltsgeräte	Von 2002 – 2004 sind die durchschnittlichen Preise für Haushaltsgroßgeräte um ca. 7 % gesunken. Waschma-schinen sind in den vergangenen fünf Jahren um fast ein Drittel billiger geworden.
LUFTHANSA: Flugpreise	seit 1980 jährlicher Preisverfall um 3 % 1980-2000: Preisverfall: 60 %
DEUTSCHE TELEKOM: Telefongebühren	Gebühr für Ferngespräche pro Minute 1997: 0,60 DM; 2000: 0,066 DM Preisverfall: 89 %
DEUTSCHE TELEKOM: Festnetztelefonie	Telefonate im Festnetz: 1995: 80 %, 2000: 37 %. Umsatzrückgang: 54 %
DORINT-Hotel: Übernachtungsgewerbe	Preisverfall von 2004-2005 um ca. 10 % als Folge der Ü-berkapazitäten und steigender Preistransparenz durch Internet-Plattformen.

Fig. 33: Beispiele für internationalen Preisverfall

Auch die deutsche Automobilindustrie, für die jeder siebte Beschäftigte in Deutsch-land arbeitet, leidet unter dem internationalen Preisverfall. Jedes Modell sollte bil-liger werden als sein Vorgänger, erläutert der damalige VW-Vorstand Bernhard die Strategie, da der Wettbewerb kein Zögern erlaube und prognostizierte einen sich weiter verschärfenden Preiskampf und daraus resultierende sinkende Nettopreise für Autos.

2.3.1.2 Kostensenkung

Kosten werden insbesondere durch Konzentration auf das Kerngeschäft und Outsourcing aller übrigen Funktionen gesenkt. Diesen beiden Phänomenen werden nachfolgend noch eigene ausführliche Kapitel gewidmet, so dass an dieser Stelle eine kurze Erwähnung der hierbei anzuwendenden Strategien genügt. Oberstes Ziel bei der Kostenreduktion ist dabei die Senkung und Vermeidung fixer Kosten, z. B. durch hohe Kapazitätsauslastung und durch Errichtung virtueller Firmen. Großes Rationalisierungspotenzial bergen somit die Auslastung vorhandener und die Vermeidung des Aufbaus neuer Kapazitäten, um Investitionen und Abschreibungen zu sparen. Dies zeigen die beiden nachfolgenden Graphiken in eindrucksvoller Weise:

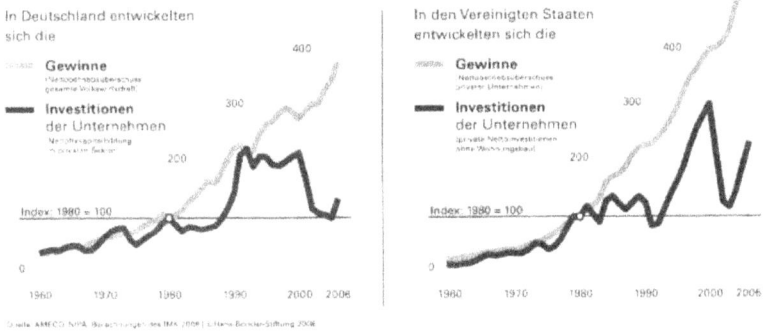

Fig. 34: Entwicklung der Gewinne und Investitionen in Deutschland und USA[164]

In der Zeit von 1960-1980 entwickelten sich Gewinne und Investitionen in etwa synchron. Seit Beginn der achtziger Jahre haben sich die Aktienkurse der wichtigsten Unternehmen mehr als verzehnfacht. Zugleich entwickelten sich die Investitionen weniger dynamisch als die Gewinne. Dieses Phänomen nahmen frühere Befürworter und heutige Kritiker des Shareholder-Value-Prinzips als Beweis für die Gefahr einer obsessiven Kurzfristorientierung der Unternehmensplanung. Selbst Rappaport lehnt inzwischen eine unreflektierte Durchsetzung des Shareholder-Value-Prinzips ab, wenn dabei das langfristige Wachstum des Unternehmenswertes bei der Strategie keinen ausreichenden Stellenwert enthält.

2.3.2 Neue Kennzahlensysteme

Die herkömmlichen Rentabilitätsformeln (Eigenkapital-, Umsatz- und Gesamtkapitalrentabilität sowie der Cash Flow) reichen nicht mehr aus, um zu kontrollieren, ob das Ziel des Shareholder Value tatsächlich erreicht wurde. Neue, für die

---

[164] Hein; van Treeck, Finanzmarktorientierung – ein Investitions- und Wachstumshemmnis?, 2008

Kapitalanleger geeignetere, Parameter wurden entwickelt und finden heute bei Investitionsentscheidungen häufig Anwendung. Sie sind mittlerweile im Rahmen der Berichterstattung der Aktiengesellschaften und bei Analysten der Banken etabliert und wurden in die vorhandenen betriebswirtschaftlichen Kennzahlensysteme aufgenommen.

2.3.2.1 Discounted Cash Flow

Der Shareholder Value entspricht als Wert des Eigenkapitals dem Barwert der an die Anteilseigner fließenden Zahlungen. Den herabdiskontierten periodischen Mittelzuflüssen als Leistungen des Unternehmens werden die Kapitalkosten gegenübergestellt.

Der Fremdkapitalzins ergibt sich auf Grund der aktuellen Marktlage und die vertraglich fixierten Finanzierungskosten für die einzelnen Fremdkapitalien (Bank- und Lieferantenkredite). Die Eigenkapitalkosten werden nach den Renditeerwartungen der Investoren festgelegt. Eine Hilfe für deren Ermittlung stellt das Capital Asset Pricing Model (CAMP) dar: Es greift auf die Daten des Kapitalmarktes zurück und die ermittelt die Renditeerwartung der Kapitaleigner als Summe der Zinssätze für risikolose Kapitalanlagen und einer branchenspezifischen Risikoprämie.

2.3.2.2 Cash Flow Return on Investment (CFROI)[165]

Diese Kennzahl orientiert sich an der Vorgehensweise der Investitionsrechnung und bedient sich der Methodik des internen Zinsfusses zur Beurteilung der Rentabilität eines Investitionsprojekts im Hinblick auf das eingesetzte Kapital. Vereinfacht ausgedrückt stellt der CFRFOI einen internen Zinsfuß dar, der den Mittelrückfluss auf das gesamte investierte Kapital einer Zeitperiode zeigt. Er bestimmt eine in der Vergangenheit realisierte interne Verzinsung, indem er auf bereits erfolgte Ein- und Auszahlungen der Rechnungsperiode zurückgreift.

Der CFROI ist somit keine Entscheidungs-, sondern eine Kontrollrechnung, die – wegen ihres Bezuges auf den Jahresabschluss – Stichtagscharakter besitzt.

Der Cash Flow Return on Investment dient der Leistungsmessung und Optimierung des Ressourceneinsatzes. Der Vergleich des CFROI mit den Kapitalkosten zeigt den Wertbeitrag der einzelnen Geschäftseinheiten zum Gesamtergebnis. Wenn der CFROI über den Kapitalkosten liegt, so ist eine positive Netto-Rentabilität erwirtschaftet worden. Steigt der CFROI im Zeitablauf, so schafft dies Werte, sinkt er, dann werden Werte vernichtet.

---

[165] Vgl. Dewner, Wertorientierte Unternehmensführung, 2004, S. 3316

2.3.2.3 Return on Capital Employed (ROCE)[166]

Diese Kennziffer stellt einen auf die jeweilige Rechnungsperiode bezogenen Maß-stab für die Beurteilung der Rendite eines per Definition inhaltlich beschränkten Gesamtkapitals dar. Sie beschreibt, wie effektiv und profitabel eine Unternehmung mit dem ihr zur Verfügung stehenden Eigen- und Fremdkapital umgeht. ROCE wird als Quotient aus betrieblichem Ergebnis (Operating Profit = EBIT) und eingesetz-tem Kapital (Capital employed) ermittelt. Dabei werden vom Gesamtkapital das Volumen der kurzfristigen Kredite und gelegentlich auch die liquiden Mittel (Bar-geld, kurzfristige Forderungen, sonstige Forderungen) subtrahiert.[167] Das einge-setzte Kapital besteht somit im Wesentlichen aus dem Eigen- und dem langfristi-gen Fremdkapital.

$$ROCE = \frac{Operating\ Profit}{Capital\ Employed} \times 100$$

Der ROCE zeigt, wie effizient eine Firma ihr Kapital für die Erzielung von Gewinnen einsetzt. Die nach ROCE definierte Gesamtkapitalrentabilität sollte höher als die Aufwendungen für Fremdkapitalzinsen sein.

Worin unterscheidet sich der „Return on Capital Employed von der herkömmlichen Formen der Eigenkapitalrentabilität?

Vergleichsparameter	Return on Capital Employed (ROCE)	Eigenkapitalrentabilität
Betrachtung des Kapitals	Kapitalverwendung	Kapitalherkunft
Erfolgsmaßstab	EBIT (earnings before interest and taxes) Bruttogewinn der Eigen- und Fremdkapitalgeber **vor** Steuern	Je nach Betrachtungsweise: Be-trieblicher Erfolg (Gewinn) **vor** Steuern oder **nach** Steuern vom Einkommen, Vermögen und Er-trag
Zinsergebnis	Einbezug der Eigenkapitalverzin-sung (Gewinn) und der Zinsen für das Fremdkapital	Ausschließlicher Maßstab ist der Gewinn (nach Abzug der Fremd-kapitalzinsen)

Fig. 35: Vergleich von Return on Capital Employed mit der Eigenkapitalrentabilität

---

[166] Vgl. Dewner, Wertorientierte Unternehmensführung, 2004, S. 3316
[167] In der Literatur gibt es unterschiedliche Auffassungen über den Nenner der Formel.
Variante 1: Gesamtkapital – kurzfristiges Fremdkapital – liquide Mittel.
Variante 2: Gesamtkapital – kurzfristiges Fremdkapital. Die liquiden Mittel werden dabei nicht subtrahiert!

2.3.2.4 Economic Value Added[168]

Nach Ansicht von Ehrbar steht die wirtschaftliche Wertschöpfung, ausgedrückt durch den "Economic Value Added", an der Spitze der Sharholder-Value-Bewegung, denn diese Größe sei der wahre Schlüssel zur Wertsteigerung.

Economic Value Added (EVA) ist eine Unternehmenskennzahl, die im Rahmen des umfassenden Konzepts zur Wertsteigerung des Unternehmens eingesetzt wird. Begriff und Ermittlungsverfahren stammen von der US-amerikanischen Beratungsfirma Stern Steward. EVA ist mittlerweile ein eingetragenes Warenzeichen von Stern Steward. [169]

Nur dann, wenn ein Unternehmen zusätzlichen Wert schafft, haben sich der Einsatz der Faktoren Arbeit und Kapital gelohnt. Zunächst ist deshalb das wertorientierte Residualeinkommen (= Gewinn) der zu bewertenden Investition zu ermitteln. Diese muss einen Wert schaffen, der höher ist als die Bankzinsen für das eingesetzte Fremdkapital und darüber hinaus die „Eigenkapitalkosten" der Aktionäre abdecken, d. h. die Renditevorgaben des Management hinsichtlich der erwünschten Eigenkapitalverzinsung erfüllen. Ist dies nicht der Fall, dann wäre es besser gewesen, man hätte eine entsprechende Bankeinlage getätigt oder selbst Geld verliehen, anstatt diese Finanzmittel für die Produktion von Gütern und Dienstleistungen zu verwenden.

Eine Investition ist nach dem EVA-Konzept dann wertschaffend, wenn sie eine positive Differenz zwischen der tatsächlich erzielten Rendite und den hierfür erforderlichen Kapitalkosten erwirtschaftet.[170]

Economic Value Added errechnet sich grundsätzlich nach folgender Formel, wobei in der Praxis noch eine Vielzahl von Modifizierungen möglich und üblich ist:[171]

Residualeinkommen (EVA)
= (tatsächlich realisierte Rendite – Kapitalkosten) * eingesetztes Kapital

---

[168] Vgl. Ehrbar, EVA – Economic Value Added, 2005, S. 159
[169] Vgl. Steward: The Quest for Value, 1991
[170] Vgl. Dewner, Thomas M.: Wertorientierte Unternehmensführung, 2004, S. 34f
[171] Die nachfolgend zitierte Veröffentlichung gibt bis zu 164 Anpassungsmaßnahmen und Korrekturen des „Gewinns" an.
       Vgl. Industriegewerkschaft Metall: Shareholder Value, 2000, S. 9

Die Begriffe haben dabei die folgende Bedeutung:

Bestandteile der Formel zur Ermittlung des Economic Value Added	
tatsächlich realisierte Rendite	Gewinn vor Steuern und Fremdkapitalzins
Kapitalkosten	Fremdkapitalzins bezogen auf das durchschnittliche Gesamtkapital sowie anteilige Kosten des Eigenkapitals (die von den Aktionären erwartete Dividendenausschüttung)
durchschnittliches Fremdkapital	Eigen- und Fremdkapital abzüglich zinsfrei gewährter Teile des Fremdkapitals

Fig. 36: Ermittlung des Economic Value Added

Vereinfacht ausgedrückt: EVA ist der operative Gewinn nach Steuern abzüglich der Kapitalkosten für das Gesamtkapital.

EVA ist somit der wegweisende Ausgangspunkt für gewinnorientierte Managemententscheidungen des Unternehmens. Gelegentlich wird sogar von der Grundlage für eine „Revolution im Bereich des Managements" gesprochen.[172]

Begründung: Der erzielte EVA stellt den Istwert der Leistungsfähigkeit des Unternehmens dar, der mit den Sollvorgaben des Management verglichen werden muss. Die Steigerung des EVA erfolgt über eine Erhöhung des Gewinns. Die Kennziffer „Economic Value Added" ist erst dann positiv, wenn die Renditenanforderungen von Eigen- und Fremdkapitalgebern erfüllt sind. Anders ausgedrückt: Erst dann, wenn ein Unternehmen mehr als die gesamten Kapitalkosten erwirtschaftet, ist es langfristig profitabel. Der EVA drückt somit aus, ob durch eine Investition Wert für das Unternehmen geschaffen oder vernichtet wird. Er ist häufig die Grundlage für ein Bonussystem für Mitarbeiter und die Gewährung von Aktienoptionen im Rahmen der Gehaltspolitik für das Management.[173] Economic Value Added ist eng mit der nachfolgend dargestellten Größe „Market Value Added (MVA) verbunden.

---

[172] Vgl. Ehrbar, EVA – Economic Value Added, 2005, S. 160
[173] Vgl. Lang, Shareholder Value – Bedeutung und Messung, 2000, S. 2

Abschließend ein stark vereinfachtes Beispiel zur Ermittlung von EVA:

Zahlen der abgelaufenen Rechnungsperiode	Prozentsätze/ absolute Zahlenwerte
Erwirtschafteter Gewinn (tatsächlich realisierte Rendite)	16,5 %
Fremdkapitalzins	5 %
Durch das Management vorgegebene Eigenkapitalrendite (geplante Dividendenausschüttung)	8,5 %
Eingesetztes Gesamtkapital	100 Mio. €

Lösung:

Prozentuale Ermittlung von EVA:

Gewinn – Eigenkapitalrendite – Fremdkapitalzins = EVA in Prozent:

16,5 % - (8,5 % + 5%) = 3 %

Ermittlung von EVA in absoluten Zahlen:

3 % von 100 Mio. € = 3 Mio. €.

Der EVA beträgt 3 Mio. €. Es wurde in der Rechnungsperiode Wert geschaffen.

In zunehmendem Maße publizieren auch namhafte Firmen wie die DEUTSCHE TELEKOM und SIEMENS ihre internen Renditeerwartungen und nennen als Maxime die Verringerung der Vermögenswerte, um durch ein kleineres Anlagevermögen (und entsprechend dazu ein reduziertes Gesamtkapital) eine möglichst hohe Rendite zu erzielen. Diese Entscheidungen schlagen sich u.a. in einer zurückhaltenden Investitionspolitik der Unternehmen nieder.

2.3.2.5 Market Value Added

Die Frage, ob sich der Kauf von Aktien einer Firma finanziell gelohnt hat, drückt sich neben den – bezogen auf den Kaufpreis – in der Regel unbedeutenden Dividendenrenditen insbesondere in der Wertsteigerung des Unternehmens aus.

Vergleicht man somit den Börsenkurs der letzten Periode mit dem aktuellen Marktpreis der Aktie, dann kann man die Wertentwicklung beurteilen. Bezieht man sich dabei auf eine Rechnungsperiode, dann kann man die Wertsteigerung (neben den erhaltenen Dividenden) als Kapitalverzinsung mit dem eingesetzten Kapital in Bezug setzen und auf diese Weise eine auf Jahresbasis bezogene Rentabilität des Eigenkapitals hinsichtlich der Aktie ermitteln. Market Value Added (MVA) – der durch den Markt neu hinzugekommene Wert – gibt somit insbesondere Auskunft über die kurzfristige Kursentwicklung einer Aktie. Ein negativer MVA dokumentiert somit einen gesunkenen Börsenkurs.

Nach Al Ehrbar übertrifft der Market Value Added alle anderen Bewertungsgrößen an Bedeutung, denn er bezeichnet den Unterschied zwischen dem in Marktpreisen gemessenen finanziellen Input und dem möglichen Output eines Investors an einem Unternehmen zum Stichtag des Kaufs bzw. des potentiellen Verkaufs der Aktie eines Unternehmens.[174]

Der Market Value Added wird folgendermaßen ermittelt:

Ermittlung des Market Value Added	
Vergleich	Wert der Finanzinvestition
Aktueller Wert der Anlage	Stückzahl x aktueller Aktienkurs
- Wert der Anlage zum Kaufdatum	- Stückzahl x Aktienkurs am Kauftag
Wertdifferenz	Market Value Added

Fig. 37: Ermittlung des Market Value Added

Die Kursentwicklung gibt somit auf einfache Art Auskunft über den positiven oder negativen Markterfolg einer Aktie und somit auch über die Entwicklung des Market Value Added. Die Steigerung des MVA erfolgt somit über eine Erhöhung des Marktwertes von Aktien, d. h. durch einen Anstieg des Börsenkurses. Der o. g. Vergleich zwischen GENERAL ELECTRIC und SIEMENS bzw. mit DAIMLER-CHRYSLER wird an dieser Stelle erneut erwähnt, da viele Investoren mittlerweile europäische und amerikanische Werte anstelle deutscher Aktien bevorzugen.[175]

2.3.2.6 Future Growth Value

Für langfristig orientierte Investoren ist insbesondere die künftige Wertentwicklung von Bedeutung. Geschäftsberichte bieten hierzu Informationen für diesbezügliche Daten:

- Ausgaben und Entwicklungstrend der Aufwendungen für Forschung und Entwicklung
- Anzahl der Erfindungen
- Anteil der Erzeugnisse am aktuellen Umsatz, die maximal zwei bis fünf Jahre alt sind und
- die Presseberichterstattung über den aktuellen Ruf des Unternehmens usw.

---

[174] Vgl. Ehrbar, EVA – Economic Value Added, 2005, . 160
[175] Vgl. Lang, Shareholder Value – Bedeutung und Messung, 2000, S. 3

Daneben besteht jedoch die Möglichkeit einer exakteren Information über die zu erwartende Wertentwicklung des Unternehmens mit Hilfe einer Formel für den Future Growth Value.

Der Future Growth Value kann folgendermaßen ermittelt werden:

Future Growth Value (FGV)

= Marktwert – Current Operations Value

Der Marktwert wird durch den aktuellen Börsenpreis der Aktie je Stück ermittelt. Der Marktwert des Gesamtunternehmens ist somit das Produkt aus Börsenkurs und Anzahl der ausgegebenen Aktien.

Current Operations Value (COV) setzt sich aus dem Gesamtkapital und dem aktuellen EVA zusammen:

Current Operations Value (COV)

= Eigenkapital + Fremdkapital + aktueller EVA

Mit dem FGV wird der Zukunftswert des Unternehmens gemessen. Er beinhaltet die Erwartungen der Investoren, die an der Börse Aktien der jeweiligen Unternehmung kaufen. Der Future Growth Value ist schwerer zu messen als EVA und MVA. Die prognostizierte Wertentwicklung des Unternehmens ist jedoch insbesondere für die langfristige Investitionsentscheidung von erheblicher Bedeutung.

2.4 Erfolge des Strebens nach Shareholder Value in Deutschland

Die genannten für Deutschland ungünstigen Rentabilitätsvergleiche mit dem Ausland führten zu radikalen Rationalisierungsmaßnahmen und strategischen Neuausrichtungen deutscher Unternehmen.

Beispielsweise stieg die Eigenkapitalrendite von DAIMLER von 3 Mrd. € Gewinn im Jahr 2005 auf 4,6 Mrd. (2006) und zuletzt auf 8,8 Mrd. € im Jahr 2008.

Auch der Vergleich zwischen SIEMENS und GENERAL ELECTRIC hat sich deutlich zu Gunsten des deutschen Unternehmens verbessert, wie die Zahlen des Geschäftsjahres 2008 zeigen:

Vergleichsparameter	GENERAL ELECTRIC	SIEMENS AG
Umsatz	182,5 Mrd. €	77,3 Mrd. €
Eigenkapitalrendite	17,3 %	14,8 %
Börsenwert	134,2 Mrd. €	56,6 Mrd. €

Fig. 38: Wertentwicklung von GENERAL ELECTRIC und SIEMENS

Noch deutlicher zeigt sich auf breiter Front der Erfolg des Strebens nach ShareholderValue, wenn man die Gewinnentwicklung deutscher DAX-Konzerne betrachtet, die seit Jahren steil ansteigt.

Jahr	Dividendensumme aller DAX-30-Konzerne	Jährliche Steigerung
2003	10,2 Mrd. €	+ 3,9 %
2004	10,6 Mrd. €	+ 39,6 %
2005	14,8 Mrd. €	+ 25,7 %
2006	18,6 Mrd. €	+ 26,9 %
2007	23,6 Mrd. €	+ 19,9%
2008	28,3 Mrd. €	

Fig. 39: Entwicklung der Dividenden der DAX-Konzerne von 2003-2008

Exemplarisch kann man am Jahr 2004 die Folgen des Strebens nach Shareholder Value aufzeigen:

Die verbesserte Kosten- und Ertragsituation der deutschen Unternehmen führte zu Wachstum, durch das jedoch keine neuen Arbeitsplätze im Inland und kein Abbau der nationalen Arbeitslosigkeit entstanden: Die 70 deutschen Firmen unter den „Top 500 in Europa" haben ihren Gewinn im Jahr 2004 mehr als verdoppelt. Unter den 30 größten deutschen Konzernen, die im Deutschen Aktienindex aufgelistet sind, erzielten im Jahr 2004 fünf Unternehmen, nämlich ALLANZ, DEUTSCHE BANK, DEUTSCHE TELEKOM, EON und THYSSEN-KRUPP einen Nettogewinn von über einer Milliarde Euro.[176] Die Quote der Betriebe mit einer sehr hohen Umsatzrendite stieg im Jahr 2004 von 10,9 % auf insgesamt 12,2 % an. Im Jahr 2004 stand in Deutschland einem Umsatzanstieg der Unternehmen von 5,3 % kurioserweise ein Beschäftigungsabbau von 1,1 % gegenüber, wie das Bonner Institut für Mittelstandsforschung ermittelte. Makroökonomische Theorien der Volkswirtschaft, wonach eine Steigerung des Wachstums auch zu einem Beschäftigungsanstieg

---

[176] Vgl. Sommer, Konzerne verdienen mehr denn je, 2005

führen müsse, wurden in der Realität ad absurdum geführt. In der Fachliteratur bezeichnet man dieses seit rund einem Jahrzehnt bestehende Phänomen als „jobless growth": Wachstum ohne die Schaffung neuer Arbeitsplätze.

2.5 Praxisbeispiele für das Shareholder Value Management

Nachfolgend werden einige Firmen vorgestellt, die seit Jahren der Idee des Shareholder Value verpflichtet sind, wobei nicht auf die hierbei eingeschlagenen Wege zur Erreichung dieses Ziels eingegangen wird, die in nachfolgenden Kapiteln behandelt werden.

2.5.1 mg technologies ag

Als erstes Beispiel wird die Firma „mg technologies ag" vorgestellt, die bis 2005 in zwei Bereichen tätig war:

„mg engineering":
Herstellung von schlüsselfertigen Großanlagen, Verfahrens- und Prozesstechnik für Spezialchemie, Pharma- und Lebensmittelindustrie sowie Umweltschutztechnologie.

„mg chemical group":
Produktion und Vertrieb von Spezialchemikalien, Pharmawirkstoffen, innovativen Kunststoffen und Hochleitungskeramik.

In einer Anzeige vom 22.03.2001 stellt das Management von mg technologies ag im Handelsblatt Zielsetzungen und Ergebnisse ihres Shareholder-Value-Ansatzes in gelungener Weise dar. Der damalige Vorstandsvorsitzende Kajo Neukirchen führt aus, dass sich der mg-Konzern als international expandierendes und ertragstarkes Technologieunternehmen für die Zukunft gerüstet hat: „Wir konzentrieren alle unsere Kräfte auf profitables Wachstum und die Steigerung des Unternehmenswertes. Wir handeln."

Auch die nachfolgend dargebotenen Argumente hinsichtlich der Leistung des Managements spiegeln klar den Shareholder-Value-Gedanken wider:

- „Fokussierung auf globale Zukunftsmärkte ...
- Spitzenpositionen – in rund 90 % der mg-Geschäftsfelder
- Gewinnsteigerungen im zweistelligen Prozentbereich – sechs Jahre in Folge
- Steigerung des inneren Unternehmenswertes (Economic Value Added) – seit sechs Jahren um insgesamt 1 Milliarde DM".

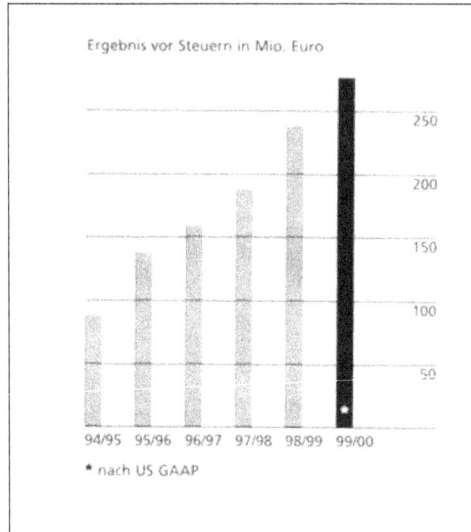

Fig. 40: Ergebnis vor Steuern in Mio. € von mg technologies ag

Seit 2005 firmiert das Unternehmen unter dem neuen Namen GEA Group AG, eine Kurzfassung von "Global Engineering Alliance", das 2007 insgesamt 20.000 Mitarbeiter beschäftigte, einen Umsatz von 5,2 Mrd. € erzielte und einen Gewinn vor Steuern von 370,5 Mrd. €. Die Eigenkapitalrentabilität betrug 2007 stolze 16,1 %. Die Idee der Steigerung des Unternehmenswertes wurde somit langfristig umgesetzt.

2.5.2 DEUTSCHE TELEKOM AG

Die DEUTSCHE TELEKOM AG am 03.11.2005 angekündigt, dass in den nächsten drei Jahren ein Abbau von ca. 32.000 Arbeitsplätzen vorgesehen ist, da die Festnetzsparte T-Com, mit insgesamt 80.000 Mitarbeitern, zugunsten der Mobilfunktelefonie rückläufig ist. Die Kundenzahlen und das Volumen der Telefongespräche im Netz gehen zurück, die Preise sinken und der Wettbewerb kommt in Gang. Das Unternehmen machte in den ersten drei Quartalen des Geschäftsjahrs 2005 einen Gewinn von 4,45 Mrd. € nach einem Verlust im Vorjahreszeitraum von 150 Mio. €. Der Umsatz stieg im gleichen Zeitraum um 3,6 %. Die DEUTSCHE TELEKOM AG prognostizierte zum damaligen Zeitpunkt für 2006 ein EBIDATA (bereinigtes Ergebnis vor Steuern, Zinsen und Abschreibungen) von 20,2 - 20,7 Mrd. €, ca. eine halbe Milliarde weniger als für 2005 erwartet wurde. Das Unternehmen befand sich somit zum Zeitpunkt der Entscheidung in keiner akuten Krise. Die Maßnahme dient ausschließlich der langfristigen Gewinnerzielung unter Inkaufnahme sozialer Härten für 32.000 Mitarbeiter.[177] Der Vorstandsvorsitzende begründet seine Ent-

---

[177] Vgl. Louven, Telekom zahlt hohen Preis für geplanten Personalabbau, 2005

scheidung folgendermaßen: Die Gewinne von heute seien eigentlich die Gewinne von gestern und haben nichts mit Personalmaßnahmen der Jahre 2006 bis 2008 zu tun. Schließlich stehe die Branche vor einem gewaltigen Umbruch, denn die Zahl der Nutzer des Mobilfunks überholt mittlerweile die der Festnetzkunden.

In Folge des großen öffentlichen Drucks auf diese Ankündigung und wegen der guten Konjunktursituation waren im Jahr 2007 insgesamt 244.000 Mitarbeiter bei der DEUTSCHE TELEKOM AG beschäftigt, die gleiche Zahl wie 2005. Der Umsatz betrug 62,5 Mrd. €, der Konzernüberschuss 3 Mrd. €. (2005: 4,45 Mrd. €).

2.5.3 HAMBURGER ALUMINIUMWERK GmbH

Die Firma HAMBURGER ALLUMINIUMWERK GmbH (HAW)[178] gehört dem norwegischen Unternehmen NORSK HYDRO, dem US-Konzerns ALCOA und der AUSTRIA METALL AG (AMAG). Die Eigentümer beschlossen im Sommer 2005 die Stilllegung des Aluminiumwerks, da die stark gestiegenen Strompreise einen wirtschaftlichen Weiterbetrieb des Unternehmens über 2005 hinaus als nicht sinnvoll erscheinen ließen. Die Entscheidung, das hochmoderne Werk trotz vorhandener Käufer zu schließen anstatt zu verkaufen und die Arbeitslosigkeit von 450 Mitarbeitern in Kauf zu nehmen, obwohl die HAMBURGER ALUMINIUMWERKE GmbH im Jahr 2004 noch Gewinn machten, ist schwer nachvollziehbar. Der Hamburger Stahlunternehmer Großmann erhebt schwere Vorwürfe gegen die Kapitalbesitzer der HAW: Die Begründung für den Abbruch der Verkaufsverhandlungen über HAW seien fadenscheinig und zynisch. Um die Eitelkeit einiger Großkonzerne zu befriedigen, werde ein überlegensfähiger Industriestandort in Deutschland geopfert. Die Eigentümer waren offensichtlich mit der erzielten Kapitalrendite im Hinblick auf den angestrebten „Shareholder Value" unzufrieden und entschlossen sich zur weitgehenden Stilllegung des Werkes und den Verlust von 450 Arbeitsplätzen. Nur die Gießerei mit 102 Arbeitnehmern soll erhalten bleiben. Der Betriebsratsvorsitzende der HAW sprach vor demonstrierenden und frustrierten Arbeitern von einer „menschenfeindlichen Politik großer Konzerne".[179] Die Öffentlichkeit erfuhr diese Entscheidung in den Nachrichtensendungen am 04.11.2005, ohne dass diese Maßnahme von den Medien als unethisch charakterisiert wurde.[180]

---

[178] Vgl. Hennes; Lipinski, Chancen für die Rettung der Aluminiumhütte HAW schwinden, 2005
[179] Grünwald, Aus für das Hamburger Aluminium-Werk, 2005
[180] Durchaus negativ wurde ein ähnlicher Fall in der Presse beurteilt: Der Reifenhersteller CONTINENTAL, der 2005 seinen vierten Rekordgewinn in Folge einfährt, schließt Ende 2006 sein Stammwerk in Hannover-Stöcken komplett. 320 Beschäftigte (10 % der Belegschaft) werden entlassen, obwohl die Mitarbeiter erst unlängst längere Arbeitszeiten ohne Lohnausgleich akzeptiert hatten, um ihre Arbeitsplätze zu sichern. Es wurde offen die Frage nach der sozialen Verantwortung des Unternehmens gestellt.
Vgl. Herz, Conti schließt Fertigung in Hannover, 2005

2.6 Beurteilung der Strategie des Shareholder Value

Die Beurteilung der Shareholder-Value-Strategie variiert je nach Interessenslage des Stakeholders:

Interessent (Stakeholder)	Beurteilung der Folgen der Shareholder-Value-Strategie
Aktionäre und Kapitalanlagegesellschaften	Anstieg der Aktienkurse
	Erhöhung der Dividenden
	Gewinnzahlung auf Genussscheine
	Renditesteigerung bei Aktienoptionen
	Fazit:
	Der Wohlstand für diese Interessengruppe steigt.
Mitarbeiter	Anstieg des Leistungsdrucks, Angst vor Arbeitsplatzabbau, Lohnsenkung, Arbeitszeitverlängerungen und weitere Verschlechterungen der Arbeitsbedingungen.
Wirtschaft	Erhöhung der Flexibilität und der internationalen Konkurrenzfähigkeit der Unternehmen
	Verschärfung der Konkurrenzsituation am Markt:
	Preisdruck auf Beschaffungsmärkte
	Expansion am Absatzmarkt
	Erhöhung des Volumens an den Finanzmärkten wegen steigender Kreditnachfrage bei gleichzeitiger Erhöhung der Kreditsicherheiten sowie verstärkter Aktienhandel
	Veränderungen des Wirtschaftsgefüges
	(Ausgliederungen, Mergers, Akquisitions, Joint Ventures, Standortverlagerungen, vgl. unten)
	Der Gewinnanstieg der Unternehmen führt zu einer steigenden Attraktivität für die Investoren.

Fig. 41: Die Beurteilung der Shareholder-Value-Strategie

Die o.g. Zusammenstellung der Stakeholder des Unternehmens lässt folgendes klar erkennen:

Direkter individueller Nutznießer der Shareholder-Value-Strategie sind die Aktionäre bzw. die Kapitalanlagegesellschaften.

Ein weiterer positiver Aspekt des Managements nach dem Shareholder-Value-Prinzip ist neben dem Nutzen für die Kapitaleigner auch, dass alle unternehmerischen Aktivitäten auf ihre Auswirkungen auf den freien Cash Flow und dessen Entwicklung zurückgeführt werden. Dieser stellt das entscheidende Kriterium für die

Nachhaltigkeit des Unternehmens dar. Der Cash Flow hat auch einen positiven Einfluss auf die langfristige Finanzierungsstruktur des Unternehmens und mindert wegen der durch höhere Gewinne verbesserten Eigenkapitalsituation die Gefahr einer feindlichen Übernahme.

Positiv betoffen sind auch die internationalen Absatzmärkte, da die Erhöhung der Marktanteile über Preis- und Qualitätswettbewerb geführt wird. Das Shareholder-Value-Konzept treibt den Prozess der marktgesteuerten Deregulierung voran. Grundsätzlich wird durch das Streben nach Shareholder Value die Wettbewerbsfähigkeit der Unternehmen und damit einer nationalen Volkswirtschaft gestärkt, soweit es sich nicht ohnehin um international tätige Firmen (Global Players) handelt.

Auch der Bankensektor profitiert von einer Expansion des Kreditvolumens durch erhöhtes Eigenkapital der Unternehmen und verstärkte Sicherheiten sowie einen zunehmenden Wertpapierhandel.

Überwiegend negativ betroffen sind die Mitarbeiter, der Beschaffungsmarkt und der Staat. Diese Aussage bedarf jedoch einer Differenzierung: Das Erzielen hoher Gewinne nützt nicht nur den Aktionären, sondern ist eine zwingende Voraussetzung für Investitionen in Arbeitsplätze. Diese wurden auch tatsächlich getätigt, leider jedoch verstärkt im Ausland und nicht im Inland. Höhere Gewinne nützen auch dem Steueraufkommen derjenigen Staaten, in denen die Unternehmen ihre Geschäfte betreiben. Voraussetzung für höhere Renditen ist eine Verstärkung der Unternehmenstätigkeit. Dies hat auch positive Folgen für die Nachfrage am Beschaffungsmarkt. Eine Entscheidung über die Auswirkungen des Strebens nach Shareholder Value erfordert deshalb in der Regel eine individuelle Betrachtung der jeweiligen Situation.

Die vielfältig geäußerte Kritik an der Unternehmensstrategie des Shareholder-Value-Gedankens lässt sich folgendermaßen zusammenfassen:

- Anleger und Management konzentrieren sich in hohem Maße an der kurzfristigen Entwicklung von Gewinnen und Aktienkursen. Betriebliche Sparprogramme werden einer langfristigen Wachstumsstrategie häufig vorgezogen. Was jedoch kurzfristig die Gewinne erhöht, beeinträchtigt aber auf Grund fehlender Investitionen in Sach- und Humankapital langfristig das Wachstumspotential der Unternehmen. Hauptkritik ist somit die kurzfristige aktuelle Renditebetrachtung und die fehlende Nachhaltigkeit: Malik beurteilt dieses Verhalten folgendermaßen: „Der Shareholder-Ansatz ist etwas für Rider (Reiter, Anm. d. Verf.) gewesen, für solche, die die kurzfristigen Erfolgswellen von Unternehmen abreiten und dann verschwinden."[181]

---

[181] Stock, Maliks Modell, 2005

- Beurteilung der Unternehmen ausschließlich unter Renditeaspekten unter Außerachtlassung anderer bedeutsamer Faktoren (z. B. Produktprogramm, Marktpräsenz, Umfang der Forschung und Entwicklung usw.). Dies stellt eine unzulässige Verkürzung der unternehmerischen Realität dar, wenn a l l e Entscheidungen auf meist kurzfristig zu erzielende Gewinne und Wertsteigerungen des Unternehmens abgestellt werden. Die oben dargestellten Konzepte zur Schaffung und Pflege einer Unternehmenskultur als Formen eines „weichen" Managements geraten in den Hintergrund. Dörre[182] und Windolf[183] gehen von einer zunehmenden Verbreitung des „harten" Shareholder-Value-Konzepts aus, bei dem der aktuell messbare Unternehmenswert und dessen kurzfristige Steigerung in den Fokus des Management tritt. Langfristige, schwer quantifizierbare Strategien, zu denen z. B. die Entwicklung einer Unternehmenskultur zählt, treten demgegenüber deutlich zurück.

- Das Streben nach Shareholder Value erhöht den Druck auf den Wettbewerb. Ein Beispiel: Der im Jahr 2004 erzielte Rekordgewinn von zwei Mrd. Pfund des britischen Handelskonzerns TESCO rief ein vielfältiges Echo in der Öffentlichkeit hervor. „Diese ungeheuerlichen Gewinne zeigen, wie TESCO seine Lieferanten auspresst und den Wettbewerb erstickt", [184] polemisierte die Umweltschutzgruppe „Friends of the Earth" Der Verband der britischen Kleinunternehmer beklagte den Wettbewerbsdruck auf kleine Lebensmittelläden und Landwirte klagten über die niedrigen Preise, die TESCO für landwirtschaftliche Produkte bezahlt.

- Das grundsätzliche Bewertungsproblem der Prognose langfristig erzielbarer Cash Flows kann zu einer Optimierung im Hinblick auf kurzfristige Wertsteigerungen führen. Dies steht im Gegensatz zum Ziel der Nachhaltigkeit der Sicherung der unternehmerischen Existenz.

- Es besteht die Gefahr, dass nicht die Stärkung der Effizienz des Unternehmens im Zentrum aller Aktivitäten steht, sondern Kommunikationsstrategien und „Unternehmensstories". Diese Formen der Public Relations können durch eine entsprechende Einflussnahme Zukunftsszenarien entwickeln und Stimmungen vermitteln, die beim Anlegerpublikum höhere Börsenkurse erwarten lassen, ohne dass eine nachhaltige, Werte erzeugende Unternehmenspolitik betrieben wird. Die Anleger bewerteten insbesondere in den Jahren 2000/2001 solche Unternehmen, die in attraktiven Zukunftsmärkten tätig waren, besonders hoch. Prognosen wurden als Realität angesehen und Risiken vernachlässigt. Viele dieser extrem hohen Erwartungen trafen nicht ein und die Bewertungen zahlreicher derartiger Unternehmen haben sich dramatisch verschlechtert.[185]

---

[182] Vgl. Dörre, Unternehmerische Globalstrategien, 1997, S. 15ff
[183] Vgl. Windolf, The Transformation of Rhenanian Capitalism, 2001
[184] Heilmann; Schlautmann, Tesco wird der Erfolg zum Verhängnis, 2005
[185] Vgl. von Pierer; Morrow, Strategie im Praxistest, 2004, S. 18ff

- Der ehemalige KLM-Manager Kalff wendet sich als Europäer gegen das aus den USA stammende Streben nach Shareholder Value: „Die Verfechter des amerikanischen Kurses vertreten unter dem Mantel von Recht und Ordnung das Gesetz des Dschungels."[186] Dafür zahlen Aktionäre, Angestellte und Verbraucher die Rechnung. Als Beispiele führt er Unternehmensskandale des Jahres 2001 und das Platzen der Spekulationsblase an der Börse an.

- Unethisches Verhalten, da Arbeitsplätze der Steigerung der Rentabilität geopfert werden, auch wenn Unternehmen bereits Gewinn machen. Die Ausrichtung einer Firma ausschließlich am Nutzen für die Eigentümer ist angesichts der hierfür erforderlichen Massenentlassungen von Arbeitnehmern falsch und unsozial. In Deutschland wird häufig die in einem Atemzug gemachte Aussage des Vorstandsvorsitzenden der DEUTSCHEN BANK AG Josef Ackermann zitiert, wonach dieser bekannt gab, dass sich der Jahresgewinn des Unternehmens für das Jahr 2004 auf 2,5 Mrd. € verdoppelt hätte und zugleich ein Abbau von konzernweit 6.400 Stellen erfolgen werde. In der Folge entspann sich in Deutschland eine politische Debatte über „Raubtierkapitalismus",[187] die jedoch verkennt, dass die Deutsche Bank im globalen Maßstab lediglich Platz 23 einnimmt. Weltmarktführer CITIGROUP verdiente damals mehr als fünfmal so viel. Josef Ackermann, der Vorstandsvorsitzende, der in den Medien kritisierten DEUTSCHEN BANK rechtfertigt gegenüber dem HANDELSBLATT seinen angekündigten Arbeitsplatzabbau von 6.400 Stellen bei gleichzeitiger Verdoppelung des Jahresgewinns auf 2,5 Mrd. € seines Unternehmens folgendermaßen:

  > „Wir können im Inland nur mehr Stellen schaffen, wenn wir hier gesamtwirtschaftlich mehr Wachstum sehen. So lange wir unsere Gewinne vor allem im Ausland erwirtschaften, können wir in Deutschland nur begrenzt zusätzliche Arbeitsplätze schaffen."[188]

- Diese einseitige Betonung des Shareholder-Value-Managements hat zu Auswüchsen geführt, die politisch und auch ethisch kaum mehr tragbar sind, weil sie ohne Not allgemein akzeptierte Grenzen des Wirtschaftslebens überschreiten. Daniel Goeudevert, der ehemalige Vizepräsident der Volkswagengruppe, übt scharfe Kritik am Shareholder-Value-Konzept: Rendite komme dabei davor Moral. Günther Beckstein führt dies anlässlich eines Vortrages beim Bund der katholischen Unternehmer Deutschlands aus. Er verweist auf die gesellschaftliche Verantwortung der Unternehmer und kritisiert die einseitige Ausrichtung einiger im Deutschen Aktienindex notierten Gesellschaften nach ihrem Börsenwert. Er fordert eine Ethik der Nachhaltigkeit statt Personalabbau aus Kursgründen und verlangt hierzu Mut und Standfestigkeit der Unternehmer.

---

[186] Klaff, Europas Wirtschaft wird gewinnen, 2005
[187] 70 % der Bevölkerung halten nach einer Umfrage die Kritik des SPD-Politikers Franz Müntefering an dieser Bemerkung Ackermanns für berechtigt.
Vgl. Mönninghoff, Heuschrecken ziehen in die Hörsäle, 2005
[188] Ackermann, Wir brauchen mehr starke Banken, 2005

- Zwei aktuelle Leserbriefe stellen den Standpunkt der Arbeitnehmer dar:

Küstner schreibt:

> „Die Gewinnaussichten bei Aktien steigen, wenn der Vorstand der AG eine ausreichend gute Rendite in Aussicht stellt. Die Firma Siemens zum Beispiel erwartet von jeder ihrer Sparten eine Rendite von 15 %. Kann eine Sparte die Marge nicht erreichen, dann wird sie, wie jetzt die Mobiltelefon-Sparte, verkauft, was den betroffenen Mitarbeiter den Arbeitsplatz kosten kann.
>
> Als der Vorstand der Deutschen Bank, Josef Ackermann, den neuen Rekordgewinn verkündigen durfte und gleichzeitig den Abbau von 6.000 Arbeitsplätzen in Aussicht stellte, hat dies teilweise für große Entrüstung gesorgt. Warum eigentlich?"[189]

Ähnlich äußert sich der Leserbriefschreiber Synak:

> „Sobald geldgierige Aktionäre immer höhere Dividenden einfordern, saugen sie die Firmen finanziell aus und zwingen das Management im Sinne des „Shareholder-Value" zu Rationalisierungsmaßnahmen, die letztlich immer in einen Stellenabbau und die Vernichtung von Arbeitsplätzen münden. Das beste Negativbeispiel ist hier die Deutsche Bank..."[190]

Der ehemalige SIEMENS-Vorstand Heinrich von Pierer vertritt grundsätzlich eine andere Ansicht. Er äußerte sich dahingehend, dass es Prinzip seines Unternehmens sei, in der Gegenwart nicht zu Lasten der Zukunft zu handeln:

> „Das wichtigste Ziel des Managements ist die dauerhafte Sicherung des Geschäftserfolgs – nicht als Zweck an sich, sondern im Interesse von Aktionären, Investoren, Mitarbeitern und anderen Stakeholdern. Bei SIEMENS haben wir über 150 Jahre Erfahrung darin, das Unternehmen auch in wirtschaftlich und politisch schwierigen Zeiten und Weltregionen auf Kurs zu halten. Dabei kommt uns zugute, dass es von Beginn an zu unserer Unternehmenskultur gehörte, langfristig zu denken und zu handeln."[191]

---

[189] Küstner, Lieber Schafkopf statt Börsenplanspiel, 2005
[190] Synak, Aufklärung ist wichtig, 2005
[191] Siemens AG (Hg.): Corporate Responsibility Report, 2004, S. 5, 12

Es gibt unter der deutschen Unternehmerschaft weitere Beispiele, die neben dem Streben nach Shareholder Value auch wirtschaftsethische Ziele verfolgen.

Beispiele für wirtschaftsethisch motiviertes Handeln deutscher Unternehmen	
Unternehmen	Aktionen
FABER-CASTELL (Schreibgerätehersteller, besonders Bleistifte)	schafft auf der Grundlage der „Sozialcharta" seines Unternehmens humane Arbeitsbedingungen rund um den Globus, z. B. keine Kinder- und Zwangsarbeit, anständige Bezahlung und Schutz der Tropenwälder
LANGENSCHEIDT KG (Buchverlag, speziell Wörterbücher)	Buchveröffentlichung: „Unternehmerische Verantwortung", Aktionen: Umweltstiftungen, Einsatz für benachteiligte Kinder
BOSTON CONSULTING (Unternehmensberatung)	kostenloses Angebot an Beratungsleistungen „pro bono" für gesellschaftliche Institutionen und Organisationen
RITTER SPORT (Schokoladenproduzent)	Förderung einer nachhaltigen Landwirtschaft in Nicaragua, Einkauf von Kakao zu fairen Erzeugerpreisen.
DEUTSCHE POST WORLD NET AG (Logistikunternehmen für Brief-, Paket- und Frachtgutzustellung)	Definition und Überwachung der Einhaltung von „Unternehmenswerten", Umsetzung weltweiter sozialer Standards in den Ländern, in denen der Logistikkonzern tätig ist
MEDIANTIS (früher: bücher.de, Internetshop für Bücher, Musik, Filme und Software)	„Spenden statt Geschenke" lautet die Aufforderung der Firmeninhaber an ihre Gäste. Unterstützung von Bildungsprojekten in Lateinamerika
SAP	Stiftung einer Eliteuniversität in Deutschland

Fig. 42: Beispiele für wirtschaftsethisch motiviertes Handeln[192]

2.7 Die Auswirkungen der weltweiten Finanzkrise auf das Streben nach „Shareholder Value"[193]

Unvergessen sind in die Deutschland die Forderungen des Vorstandsvorsitzenden der Deutschen Bank AG Josef Ackermann, wonach dieser für sein Kreditinstitut eine jährliche Rendite des Eigenkapitals von 25 % anstrebte. Vorbild waren die amerikanischen Investmentbanken, die bewiesen, dass durch ihre Geschäftsmodelle hohe zweistellige Erträge möglich seien („super return"). Die deutschen Banken rangierten dagegen im globalen Vergleich am Ende der Renditeskala, die im vorangegangenen Jahrzehnt einen dramatischen Bedeutungsverlust durch fehlende

---

[192] Vgl. Folckenbrock; Moss, Familientreffen in Frankfurt, 2005
[193] Vgl. Iwersen, Ölkonzerne investieren in Aktien statt in die Zukunft, 2009
    Vgl. Wiebe, Hebelgesetze, 2009
    Vgl. Maisch, Investmentbanken, Offenbarungseid, 2008
    Vgl. Hanke, Vom Super Return zur Superpleite, 2008

Finanzkraft erlebt hatten. Ackermann steht heute für ein Banking, das zu einem Großteil gescheitert ist, ein Geschäftsmodell, das auf Jahre hinaus keine Renaissance erleben wird.

Was waren die Folgen der Finanzmarktkrise für das „Shareholder-Value-Konzept?

- Die deutschen Banken stehen am Rand des Abgrunds. Ihr Geschäftsmodell, das höchste Renditen auf der Grundlage des Leverage-Effekts versprach, hat kläglich versagt. Man versteht darunter die Erzielung einer hohen Eigenkapitalrendite durch die Aufnahme zinsgünstigen Fremdkapitals für die Arbeit des Unternehmens. Weite Teile der Wirtschaft negierten den Zusammenhang, dass hohe Renditen nur bei Akzeptierung hoher Risiken erkauft werden können. Die Bankbilanzen enthielten weltweit abenteuerlich hohe Verschuldungsgrade und zugleich wurden über ausgelagerte Gesellschaften, bedeutende Risiken vor den Aktionären verborgen. Selbst der Branchenprimus DEUTSCHE BANK AG musste einen Verlust von knapp fünf Mrd. € für 2008 bekannt geben, nachdem die Bank 2007 noch einen Rekordgewinn von 6,5 Mrd. € erwirtschaftete. Ähnliches gilt für die Großbanken der Welt, von denen jetzt die meisten staatlicher Hilfen bedürfen, um sie vor Insolvenz zu bewahren.

- Die aktuelle Finanzmarktkrise wird in weiten Teilen der Bevölkerung als das Ende überzogener Renditeerwartungen erachtet, die mit allen zur Verfügung stehenden Mitteln der Finanzwelt herbeigeführt worden war. Das Motto „Gier ist gut" wird heute abgelöst durch „Vorsicht ist besser". In Deutschland wurde, Umfragewerten zufolge, von 70 % der Bevölkerung ein starker Staat gefordert, um seine Bürger in einer globalisierten Welt vor ausufernden Entwicklungen zu schützen. Hierzu zählt auch die Finanzkrise.

- Auch die Wissenschaft ist sich über die Fehlentwicklung einig, wenn argumentiert wird, dass ein Teil der Wirtschaftselite das Augenmaß dafür verloren hätte, was gesellschaftlich noch akzeptabel sei und die Folgen eines sinkenden Vertrauens in die Wirtschaft billigend in Kauf genommen würden. Auch die Marktwirtschaft neige zu Fehlentwicklungen, beispielsweise durch das Shareholder-Value-Credo, der Maximierung des Aktionärsgewinns. Die Führungs- und Aufsichtsprinzipien, die Corporate Governance, der Unternehmen müssten auf den Prüfstand und dringend neu fixiert werden.[194]

- Die Idee der Investmentbanken ist tot. Dieses Geschäftsmodell wurde nach der Weltwirtschaftskrise als ausgegliederte risikoreiche Form der Banken 1933 eingeführt und endete 2008. Die fünf größten Investmentbanken der USA ereilte dabei das folgende Schicksal: Die Investmentbank LEHMANN BROTHERS ging in 2008 Konkurs. MERRIL LYNCH wurde von der BANK OF AMERICA aufgekauft, BEAR STEARNS zwangsweise an den Finanzkonzern

---

[194] Vgl. Fockenbrock, Zeitenwende in der Unternehmensführung, 2008
Vgl. Müller-Stewens, Manager geraten in Misskredit, 2009

J.P. MORGAN CHASE verkauft. Traditionshäuser unter den Investmentbanken wie GOLDAN SACHS und MORGAN STANLEY wandelten sich in Universalbanken um, die Zugang zu Privatkundengeldern suchen und den lukrativen Eigenhandel mit Wertpapieren aufgeben. Sie dürfen keine extremen Risiken für hochlukrative Geschäfte mehr eingehen und bekommen dafür die Möglichkeit, Kredite von der Notenbank zu erhalten. Dies wird nicht nur als das Ende einer Ära, sondern als ein Offenbarungseid einer ganzen Branche interpretiert.

- Die Insolvenzen der Banken und die staatlichen Rettungsaktionen bis hin zur Verstaatlichung von Banken und der Genehmigung von „Bad Banks" belasten den Staatshaushalt und damit alle Bürger. Als Ursache wird häufig das alleinige Streben nach „Shareholder Value" angesehen.

- Die Finanzmarktkrise wird als ein Platzen der Spekulationsblase angesehen, die insbesondere durch leichtfertige Kreditvergabe, überschießende Liquidität und riskanten Handel mit Derivaten verursacht wurde.

- Die dem Verschulden der Banken zugerechnete globale Finanzkrise mündet vielfach in einer grundlegenden Kritik am kapitalistisch-marktwirtschaftlichen System, das Gewinne privatisiert und Verluste dem Steuerzahler auflastet. Wenn eine „Bad Bank" die „toxischen" Wertpapiere aufnimmt, dann bedeutet dies nichts anderes, als dass der Steuerzahler die Verluste übernimmt und die Banken Zinsen für die Wertpapiere mit hoher Bonität beziehen. Beim Weltsozialforum 2009 stieß der brasilianische Staatschef Luiz Lula da Silva in seiner Ansprache verbal den „Gott Markt" vom Thron, da seiner Ansicht nach der ungebändigte Kapitalismus die Hauptursache der schweren globalen Wirtschaftskrise sei.

- Moralische Aspekte: Der deutsche Bundespräsident Horst Köhler forderte Ende 2008 von den Bankern in Deutschland eine grundlegende Erneuerung ihrer Geschäftsstrategie und eine umgehende Korrektur der Fehlentwicklungen. Die ganze Bankenbranche hätte sich offenbar am Streben nach Renditen derart berauscht, dass sie darüber blind geworden sei für Risiken. Gefordert seinen nun Demut, Anstand und Bescheidenheit. Der Vorstandsvorsitzender DEUTSCHEN BANK, Josef Ackermann, räumte eigene Fehler und persönliche Vermögensverluste im Laufe der Finanzkrise ein, lehnte jedoch trotz entsprechender Aufforderung eine Entschuldigung gegenüber den deutschen Sparern ab. Auch die römisch-katholische Kirche in Deutschland meldete sich zu Wort: Es dürften nicht weiterhin diejenigen auch noch belohnt werden, die sich der Gier und dem „Habenwollen" verschrieben hätten. Vielen scheine der moralische Gleichgewichtssinn verloren gegangen zu sein. Auch die evangelisch-lutherische Kirche Deutschlands unterstützte diese Position, indem gefordert wurde, dass nie mehr ein Bankenchef eine Rendite von 25 % als Ziel vorgeben dürfe.

- Die Finanzkrise wird häufig als zentrales Element für eine grundlegende Kritik an der Globalisierung verwendet. Die Globalisierung verlangsamt sich zwar dadurch ist aber grundsätzlich unumkehrbar.

- Neben der Kritik am überzogenen Renditestreben steht das Verhalten der Manager deutlich in der Kritik. In den USA wurde massive Medienschelte an den drei Vorstandsvorsitzenden von GENERAL MOTORS, FORD und CHRYSLER geübt, als diese für ihren Flug von Detroit nach Washington zum zuständigen Senatsausschuss je drei eigene Firmenjets benutzten, um anschließend um staatliche Hilfe für ihre Firmen zu bitten. Auch die Kosten für die Möblierung des Luxusbüros eines Managers für 1,2 Mio. US-$ wird zwischenzeitlich öffentlich kritisiert.

- Im Zentrum der Kritik stehen jedoch vor allem die hohen Managergehälter, die bei deutschen Topmanagern insgesamt ca. 4-8 Mio. € pro Jahr betragen. Zu den Festgehältern kommen insbesondere die hohen von kurzfristigen Erfolgen abhängigen Boni. Sie stellen erfolgsabhängige variable Bestandteile der Vergütung dar.

- Die deutsche Bundesregierung strebt eine gesetzliche Beschränkung der Höhe der Managergehälter an und zielt dabei auf eine Grenze der steuerlichen Absetzbarkeit der Vergütungen für Manager. Zum Zeitpunkt der Drucklegung dieses Buches konnte noch keine politische Einigung über diese Frage erzielt werden.

Die US-amerikanischen Banken schütten für 2008 trotz der Finanzkrise an 17.000 Beschäftigte Boni im Volumen von 18,4 Mrd. US-$ aus, die sechsthöchste Summe aller Zeiten. Die Schweizer Bank UBS hat 2007 zehn Mrd. Franken Boni ausgeschüttet, obwohl die Aktionäre zur gleichen Zeit keine Dividende erhielten. Frankreich plant, die Gewährung von Staatshilfen für Banken an den Verzicht auf Bonuszahlungen zu koppeln, trifft hierbei jedoch auf massiven Widerstand der Betroffenen. Josef Ackermann, Chef der DEUTSCHEN BANK, verzichtete auf Boni in zweistelliger Millionenhöhe. Als Motiv gab er an, ein Zeichen einer Mitschuld zu setzen, und um einen Beitrag zu leisten, dass Derartiges künftig nicht mehr geschehen könne. Er gab sich mit einem Gehalt von ca. 2 Mio. € im Jahr 2008 zufrieden, im Vergleich zu den 13,2 Mio. € des Jahres 2007 nur ein Bruchteil seines Verdiensts in der Vergangenheit.

Die Kritik am Shareholder-Value-Konzept lässt sich heute in den folgenden Punkten zusammenfassen:

Übertriebenes Streben nach Rendite	• Subprime-Hypotheken • Investmentbanking • Einsatz exzessiv gehebelter Geschäftsmodelle (Leverage-Effekt) • Handel mit Derivaten • Überspekulation • Exzessive Kreditvergabe durch Auslagerung von Risiken aus Bankbilanzen • Finanzgeschäfte haben bis in das Jahr 2008 hinein Vorrang vor der Herstellung von Gütern (große Finanzsektoren bei GENERAL ELECTRIC und SIEMENS; Ölmultis geben Geld für den Rückkauf ihrer Aktien aus, anstatt die Mittel für Erdölexploration zu verwenden.)
Kritik an der Rolle der Manager	• exorbitant hohe Gehälter (bei weitgehendem Fehlen von Mindestlöhnen der am schlechtesten bezahlten Mitarbeiter) bei fast jeglichem Ausschluss von persönlicher Haftung für Managemententscheidungen • hohe Jahresboni aufgrund kurzfristiger Performance • hohe Abfindungen bei Ausscheiden aus den Unternehmen, keine Übernahme der Kosten des Risikos ihrer Entscheidungen • übertrieben hohe Repräsentation
Folgen des Strebens nach Shareholder Value	• weltweite Vermögensverluste institutioneller und privater Anleger • weltweiter Konjunktureinbruch (Arbeitslosigkeit, Einbruch bei Konsum und Investitionen) • erheblicher Verlust privater Vermögen • weltweiter Anstieg der Staatsverschuldung • Gefahr für Währungsstabilität ($ und €)
Ende des Wirtschaftsliberalismus	• Die grenzenlose Freiheit für Finanz- und Börsengeschäfte hat jetzt ein Ende; eine starke staatliche und überstaatliche Regulierung droht (EU, IMF) • hoher globaler Ansehensverlust der Bankenwelt • Kapitalismuskritik: Gewinne werden privatisiert, Verluste sozialisiert. Der Steuerzahler übernimmt die Risiken und zahlt die Verluste der Banken • Staat muss auf deren Wunsch die Banken retten: staatlicher „Rettungsschirm" wegen „toxischer Wertpapiere" • Teile der Weltwirtschaft werden in der Krise mit Zustimmung der Betroffenen verstaatlicht. Zeigt dies die Grenzen des Marktes?

Fig. 43: Kritik am Konzept des Strebens nach „Shareholder Value"

Wie sieht es mit der Zukunft des Strebens nach „Shareholder Value" aus?

Das Streben nach „Shareholder Value" wurde durch die aktuelle Finanzkrise als Fehlentwicklung gebrandmarkt und hat damit gesellschaftspolitisch und moralisch weltweit an Rechtfertigung verloren. Es ist fraglich, ob in der Zukunft lediglich eine Modifizierung des Grundprinzips des Shareholder-Value-Konzepts erfolgen kann oder ob der Managementstil keine Zunft mehr hat. Gegenwärtig ist noch keine klare Linie abzusehen.

Folgende Punkte sind jedoch von Bedeutung:

- Weder in der Presse noch in der Politik wurde mehrheitlich eine grundsätzliche Kritik am Kapitalismus und der Marktwirtschaft laut. Kritische Stimmen erhoben sich nur vereinzelt und waren nicht repräsentativ. Damit ist die Grundlage für das „Shareholder-Value-Konzept" weiterhin gesichert.

- Das Streben nach der Rendite einer Investition bleibt natürlich legitim, jedoch in deutlich modifizierter Form: Selbstverständlich streben die Unternehmen weiterhin nach Gewinn; übertriebene Renditeerwartungen werden aber deutlich reduziert und damit verbundene Geschäfte derzeit vermieden. Neben den Interessen der Eigentümer ("Shareholder") treten jetzt verstärkt auch diejenigen der anderen Interessenten am Unternehmen (Stakeholder).

- Diese neue Auffassung hinsichtlich des Gewinnstrebens zeigt sich darin, dass die verbliebenen US-Investmentbanken freiwillig ihren Status geändert haben und seit 2009 als normale Geschäftsbanken agieren. Es erfolgte eine Rückkehr zum traditionellen Bankgeschäft, besonders mit Privatkunden und klassische Formen der Aktien- oder Anleihenanlagen im Eigengeschäft der Banken. Es gibt jedoch auch andere Sichtweisen: Josef Ackermann von der DEUTSCHEN BANK vertritt weiterhin das Konzept des Investmentbanking und das damit verbundene Streben nach einer hohen Eigenkapitalrendite seines Unternehmens.

- Die Gehälter der Manager werden nach oben hin begrenzt (Reduzierung der Grundgehälter, Beschränkung der Boni) und für die sozial Schwächsten wird in zunehmend mehr Branchen ein Mindestlohn bezahlt. Beispielsweise wurde das Gehalt des Vorstandssprechers der COMMERZBANK AG, die massive staatliche Hilfen erhielt, zwangsweise auf 500.000,00 € p. a. gekürzt.

- Der Kontrast zwischen marktwirtschaftlicher und staatlicher Lenkung verringert sich. Viele Banken suchen den staatlichen Schutzschirm (Garantien, Eigenkapitalhilfen, Verstaatlichung), da die von ihnen begangenen Fehler des Managements sonst zur Insolvenz geführt hätten. Der höhere Staatseinfluss wird gesucht und hinsichtlich geplanter restriktiver Regelungen des Geschäftsgebarens auch akzeptiert.

3. Konzentration auf das Kerngeschäft

Unter einer Unternehmensstrategie versteht man die Definition der langfristigen Ziele und Aufgaben eines Unternehmens, die Festlegung eines Planes für deren Realisierung sowie die Zuweisung der hierfür erforderlichen Ressourcen.

Nach Simon ist Strategie „die Kunst und Wissenschaft, alle Kräfte eines Unternehmens so zu entwickeln und einzusetzen, dass ein möglichst profitables, langfristiges Überleben gesichert wird."[195] Dabei sind zwei Aspekte maßgeblich:

- Nach außen muss das Unternehmen Kundenbedürfnisse genau identifizieren und besser als seine Wettbewerber befriedigen.

- Im Inneren müssen die Ressourcen des Unternehmens identifiziert und die „Kernkompetenz" bestimmt werden. Es geht darum, zu klären, was das eigene Unternehmen besser als Wettbewerber beherrscht und evtl. auch schneller am Markt positionieren kann.

Externe Chancen können nicht genutzt werden, wenn die internen Ressourcen des Unternehmens fehlen. Aus diesem Grund scheiterte beispielsweise die VOLKS-WAGEN AG am Computermarkt. Andererseits wird deutlich, dass sich die Kompetenzen erfolgreicher Unternehmen der Nachahmung entziehen. Wäre dies nicht der Fall, dann gäbe es nicht derart große Unterschiede zwischen den Wettbewerbern innerhalb desselben Geschäftszweiges. Die Qualität der unternehmerischen Ressourcen und Kompetenzen entscheidet somit über die Vorgehensweise („structure follows strategy") und den Markterfolg.

Auch Wolfgang Mewes, der Schöpfer der EKS-Strategie (Engpasskonzentrierte Strategie), empfiehlt ein ähnliches Vorgehen:

- Erkennen der eigenen Stärken und Schwächen
- Entscheidung hinsichtlich der Tätigkeit für eine klar definierte, eng umrissene Zielgruppe
- Suchen und Erkennen des größten Problems der Zielgruppe (Engpass)
- Konzentration auf dieses größte Problem und Entwickeln von Lösungsmöglichkeiten
- Erkennen des konstanten Grundbedürfnisses der Zielgruppe und langfristiges Angebot von Lösungen.

Doppler und Lauterburg gehen davon aus, dass langfristige strategische Konzeptionen eine überzeugende Antwort auf die Frage geben müssen:

> „Welches sind die Kernaktivitäten, mit denen wir aufgrund unseres spezifischen Know-hows in der Zukunft Erfolg haben können und auf die wir uns konzentrieren müssen?"[196]

---

[195] Simon, Integrative Strategie, 2005, S. 46
[196] Vgl. Doppler; Lauterburg, Change Management,2005, S. 51

Bei den zahlreichen Unternehmensstrategien hat sich somit in den letzten beiden Jahrzehnten ein grundlegender Wandel vollzogen, der das Tätigkeitsfeld der Unternehmen ebenso wie deren Stärken deutlicher in den Vordergrund stellt und neu bestimmt. Man spricht in diesem Zusammenhang von der Strategie der „Konzentration auf das Kerngeschäft". Die Begründer dieser Theorie waren Hamel und Prahalad mit ihrem Werk „Competing for future", das kurze Zeit nach Erscheinen 1995 bereits in die deutsche Sprache übersetzt worden war.[197]

Die Position eines Weltmarktführers wird üblicherweise über Fusionen und Allianzen angestrebt. Hopfenbeck spricht jedoch auch von Gegenbewegungen bei den Strukturveränderungen der Unternehmen und beschreibt die Vorgehensweise:

> „Systematische Desinvestionsmaßnahmen von Randaktivitäten vor allem bei den „Gemischtwarenläden", d. h. Verkleinerung/Verengung/Entflechtung/Abspaltung der Produktpalette ... und klare Fokussierung/Konzentration auf Kernkompetenzen.[198]

Die auf dieser Erkenntnis aufbauende Strategieentwicklung lässt sich folgendermaßen zusammenfassen:

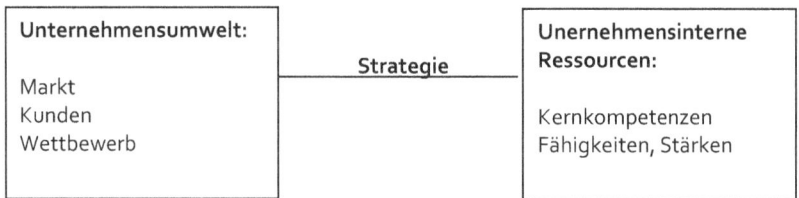

Unternehmensumwelt:		Unernehmensinterne Ressourcen:
Markt Kunden Wettbewerb	**Strategie**	Kernkompetenzen Fähigkeiten, Stärken

Fig. 44: Unternehmensstrategie: Fokussierung auf das Kerngeschäft[199]

3.1 Diversifikation vs. Konzentration auf das Kerngeschäft

Als der Verfasser in den siebziger Jahren beim Großversandhaus Quelle Gustav Schickedanz KG als Managementtrainer beschäftigt war, bestand der Konzern aus einer Gruppe von Unternehmen, die in den unterschiedlichsten Bereichen tätig waren.

Die damals wichtigsten Konzerntöchter werden nachfolgend aufgeführt:

---

[197] Vgl. Hamel; Prahalad, Wettlauf um die Zukunft, 1995
[198] Hopfenbeck, Allgemeine Betriebswirtschaftslehre und Managementlehre, 2002, S. 82
[199] Vgl. Simon, Integrative Strategie, 2005, S. 47

- Europas größter Versandbetrieb (GROSSVERSANDHAUS QUELLE KG, GROSSVERSANDHAUS NECKERMANN KGAA und GROSSVERSANDHAUS SCHÖPFLIN GMBH)
- 25 kleinere und mittlere Kaufhäuser (teilweise mit eigener Rechtsform)
- VEREINIGTE PAPIERWERKE GMBH (mit bekannten Produkten wie „Tempo-Taschentüchern" oder „Camelia"-Hygieneartikeln)
- PATRIZIER-BRAUEREIGRUPPE GMBH (damals Bayerns zweitgrößte Brauerei)
- NORIS BANK GMBH (spezialisiert auf Verbraucherkredite)
- QUELLE-VERSICHERUNGSBÜRO GMBH
- QUELLE-FERTIGHAUS GMBH
- GUSTAV SCHICKEDANZ WOHNUNGSBAUGESELLSCHAFT MBH
- MÖBEL HESS GMBH (Möbeleinzelhändler)
- REVUE VERTRIEBSGESELLSCHAFT (Kameras und Filmentwicklung)
- FRANKFURTER BETTFEDERNFABRIK GMBH usw.

Wie ist ein derartig vielfältiges Tätigkeitsfeld zu beurteilen?

Einerseits wird durch die breite Aufstellung und diversifizierte Struktur des Unternehmens ein hohes Maß an Sicherheit produziert: Wenn eine Branche bzw. ein Unternehmensteil rückläufig ist, kann vielleicht eine andere den dadurch entstehenden Verlust durch einen höheren Gewinn auffangen. Dieser möglicherweise positiven Stabilisierungsfunktion steht jedoch das Problem gegenüber, dass ein diversifiziertes Unternehmen nicht zwangsläufig stets in den ertragreichsten Bereichen mit den bestmöglichen Geschäftsprozessen und einer optimalen Organisationsstruktur tätig ist. Somit können sich in unterschiedlichen Bereichen auch Verluste häufen, wenn sich die Umweltbedingungen der wirtschaftlichen Aktivität ändern. Die Strategie der Diversifizierung ist somit weder ein Garant für Ertrag noch für die Sicherheit des Unternehmens.

Ein weiteres Argument zugunsten diversifizierter Unternehmen sind „Economies of Scope", Verbundvorteile, die evtl. in bestimmten Funktionsbereichen synergetische Effekte im Sinn von Kostenersparnissen erzielen, etwa durch gemeinsamen Einsatz von finanziellen, technologischen oder unternehmerischen Ressourcen. Ein häufig genanntes Beispiel ist, wenn auf Grund des Güter- und Dienstleistungsangebots Forschung und Entwicklung gemeinsam durchgeführt werden können. Diesen möglichen Vorteilen stehen jedoch in diversifizierenden Unternehmen die Gefahr von „Diseconomies of Scope" gegenüber, d. h., Nachteile durch das Anwachsen von Bürokratie zur Verwaltung derartig großer Firmenkonglomerate.

In der Folgezeit hat die QUELLE alle ihre Beteiligungen verkauft und firmierte als „QUELLE AG". Mit dem Erwerb der KARSTADT AG, Deutschlands größtem Warenhauskonzern, erfolgte die Beschränkung auf Einzelhandelstätigkeiten in Form von Versand und stationärem Handel. Hinzu kam jedoch – branchenfremd – durch die Übernahme von Thomas Cook die Tätigkeit im zukunftsträchtigen Reisemarkt.

Das Unternehmen trägt heute den Namen „ARCANDOR AG". Somit erfolgte die Umstrukturierung von einem diversifizierten Unternehmen auf ein zentrales Betätigungsgebiet, das als Kerngeschäft definiert wurde. Der Prozess dauert bis heute an, da weiterhin Randaktivitäten des neu fusionierten Unternehmens und renditeschwache Geschäftsbereiche verkauft werden, beispielsweise 75 kleinere Warenhäuser und zwei Fachhandelsketten. Selbst im Kernbereich, dem Versand, erfolgt eine Fokussierung auf Zielgruppen und Produkte und die alte Strategie „Alles unter einem Dach", die einen Vollsortimenter auszeichnet, wurde aufgegeben. Auf diese Weise will man die Herausforderungen der neuen Wettbewerber wie des Spezialversenders TCHIBO (ehemals reiner Kaffeeeinzelhandel) und der Versteigerungsplattform EBAY aufnehmen, die ebenfalls Neuwaren verschiedener Händler zum Verkauf anbietet.

Dieses Beispiel ist symptomatisch für eine Vielzahl von Firmen, die den gleichen Schritt, weg von der Diversifizierung und dem damit verbundenen Mischkonzern hin zur Spezialisierung, d. h. der Konzentration auf das Kerngeschäft, vollzogen haben.

Mit diesem Vorgehen wird eine neue Unternehmensstrategie definiert, die man häufig unter der Überschrift „Konzentration auf das Wesentliche" zusammenfasst. Das Ziel ist die Fokussierung auf die Kernkompetenz des Unternehmens und darauf aufbauend auf eine Organisationsstruktur, die sich nur dem Kerngeschäft widmet.

Die Fokussierung der Unternehmen konzentriert sich insbesondere auf die folgenden drei Ziele:

- Ausgehend von der zielgruppenbezogenen Kernkompetenz erfolgt die Beschränkung der Aktivitäten des Unternehmens auf das unmittelbar wettbewerbswirksame Kerngeschäft.

- Optimierung der Leistungsprozesse durch den Abbau von Hierarchien und

- Verkürzung des Prozesses der Leistungserstellung durch Reduzierung der Durchlaufzeiten.

Die Ursachen für den Strategiewechsel sind vielfältiger Natur:

- Die Folgen der Globalisierung und die damit verbundene Änderung der Wettbewerbsbedingungen führen zu neuen Überlegungen hinsichtlich der Gestaltung einer zukunftsorientierten Unternehmensstruktur.

- Unternehmenskonglomerate arbeiten innerhalb des Konzerns meist zu wenig zusammen und die Kommunikation sowie eine gemeinsame IT-Architektur sind meist nicht im erforderlichen Umfang gegeben.

- Die Diversifizierung der Unternehmen bewirkt häufig eine Verschiebung von einer funktionalen einheitlichen Organisationsform zu eher locker verknüpften Segmenten. Dies kann dazu führen, dass die jeweils vorhandenen Strukturen nicht immer Ausdruck der durch das Management gewollten Unternehmensstrategie sind. Untersuchungen haben gezeigt, dass aus Unternehmen mit diversifizierten Geschäftsfeldern keine Größenvorteile und Synergien entspringen. Anstatt für zusätzliche Wertschöpfung zu sorgen, lenkt die Vielfalt der Geschäftsfelder eher davon ab. Goold, Alexander und Campbell haben berechnet, dass in mehr als der Hälfte diversifizierender Unternehmen das Ganze weniger wert ist als die Summe der Einzelunternehmen. Statt Wert hinzuzufügen und zu erhalten, zieht die Gesamtorganisation Werte ab und ist damit häufig kontraproduktiv. Hamel kommentiert dieses Ergebnis und ergänzt: „Im schlimmsten Fall war der Wert des Mischkonzerns geringer als der Wert, der mit seiner Auflösung zu erzielen wäre."[200]

> Der Druck von Hedgefonds führt dazu, dass sich deutsche Unternehmen von unrentabel erscheinenden oder nicht zum Kerngeschäft gehörenden Unternehmensbereichen trennen und damit insgesamt ein schlankeres und effizienteres Bild bieten. Hedgefonds beobachten deutsche Unternehmen permanent. Bei falschen Entscheidungen des Managements werden die weitgehend unregulierten Kapitalsammelstellen aktiv. Dies betrifft vor allem Unternehmen mit hohem Streubesitz und Konzerne mit Unternehmensbereichen, die nicht zum Kerngeschäft gehörten und wenige Synergien bringen. Derartige Unternehmen gelten als teilweise ineffizient aufgestellt und besitzen ein hohes Restrukturierungspotenzial.

3.2 Kernkompetenzen

Die Konzentration auf das Kerngeschäft erfordert insbesondere, zu dessen Durchführung die „Kernkompetenz" des Unternehmens zu erkennen.

Hopfenbeck definiert den Begriff folgendermaßen:

> „Kernkompetenzen bilden in der langfristigen Entwicklung der Unternehmung den Bodensatz von Erfahrungen im Umgang mit kontextual und situational bewältigten normativen, strategischen und operativen Problemen, auf den bei der Entwicklung von Nutzen-, Verständigungs- und strategischen Erfolgspotentialen und Erfolgspositionen zurückgegriffen werden kann bzw. aus dem heraus neue strategische oder normative Potentialentwicklungen erfolgen."[201]

Kernkompetenzen bilden das Know-how von Firmen in ihren erfolgreichen Geschäftsfeldern. Nur durch eine Konzentration auf Kernkompetenzen lassen sich

---

[200] Goold; Alexander; Campbell, Corporate-Level Strategy, 2005, S. 95
[201] Vgl. Hopfenbeck, Allgemeine Betriebswirtschafts- und Managementlehre, 2002, S. 758

sowohl räumliche, zeitliche, materielle und informationelle Ressourcen bündeln. Eine effiziente Unternehmensführung erkennt auf Grund der vorhandenen Kernkompetenzen das zukunftsträchtige Kerngeschäft, trennt sich zum frühestmöglichen Zeitpunkt von unrentablen Geschäftsbereichen und ersetzt diese durch profitable Betätigungsfelder. Problematisch wird es dann, wenn auch strategisch bedeutsame Ressourcen in den Bereichen Informatik, Personal oder Materialwirtschaft etwa durch Erledigung externer Dritter aus der Hand gegeben wurden. Dies gilt etwa auch für die QUELLE, die ihren gesamten Einkauf an ein chinesisches Handelshaus ausgelagert hat.

„Kernkompetenzen" stellen das kollektive Lernergebnis in einem Unternehmen dar. Sie umfassen die Koordination der Produktionsfähigkeiten und die Integration der Technologieströme. Unternehmen sind deshalb nicht eine Ansammlung von Einzelsektoren, sondern eines Portfolios von Kernkompetenzen. Kooperationen von Unternehmen oder Fusionen sollten deshalb stets zur Folge haben, dass die Partner ihre Kernkompetenzen einbringen und die Gesamtheit synergetisch ergänzen.

Folgende Fragen sind nach Beck zu klären:[202]

> **Was sind die Kernkompetenzen des Unternehmens?**
> **Wodurch wird Mehrwert für den Kunden erzeugt?**
> **Worin liegen die Wettbewerbsvorteile?**

Fischer definiert „Kernkompetenz" als die Fähigkeit zur Lösung individueller Kundenprobleme und Kundenwünsche. Unternehmen müssen demzufolge in der Zukunft in immer höherem Maße in der Lage sein, auf Grund ihrer internen Fähigkeiten, Probleme für die speziellen Bedürfnisse der einzelnen Kunden zu lösen.[203]

Levit fordert, dass sich die Unternehmen vor allem auf die Kunden und weniger auf die Produktion konzentrierten, um den Anforderungen eines „Käufermarktes" gerecht zu werden. Aus diesem Grund benötigen Unternehmen eine weiter gefasste Perspektive auf ihre Kernkompetenzen, in dem man erkennt, in welchen Bereichen künftiges Wachstum möglich ist, um die Kundenbedürfnisse optimal zu befriedigen.

Als Negativbeispiele führt Levit die Bahngesellschaften an, die diesen Bedarf nicht befriedigt haben, weil sie glaubten, ihr Geschäft sei das Bahngeschäft und nicht der Transport allgemein. Eine ähnliche Feststellung trifft er hinsichtlich der Filmindustrie, der es nicht gelungen sei, auf die Expansion des Fernsehens zu reagieren, weil

---

[202] Vgl. Beck, Outsourcing: Modetrend oder echte Alternative, 2005, S. 2
[203] Vgl. Fischer, Arbeiten im virtuellen Zeitalter, 1997, S. 188f

sie die Ansicht vertrat, ihr Geschäft sei die Produktion von Filmen und nicht das Markterfordernis „Unterhaltung."[204]

Die Konzentration auf Kernkompetenzen („core competencies") bzw. Kernfähig-keiten („core capabilities") verbessert die Marktposition ebenso wie die Kostensi-tuation und verstärkt das Streben nach Qualität.

Helmut Panke, der Vorstandsvorsitzender der BMW AG, berichtet über seine Stra-tegie, die auf der Bedeutung der Kernkompetenzen seines Unternehmens beruht:

> „Die Premiummarken-Strategie der BMW Group ruht zu einem großen Teil auf den Erfolgsfaktoren Fokussierung und Konsistenz. Das heißt: Eine Unternehmensstrategie sollte stets auf den Stärken des Unter-nehmens aufbauen. Die BMW Group fokussiert sich auf das, was wir am besten können und wofür wir stehen – Entwicklung, Produktion und Vertrieb von Premium-Fahrzeugen... Das tun, was man am besten kann – und es besser tun als die anderen – mit dieser Strategie sind wir unter den derzeit schwierigen Bedingungen auf den internationalen Automo-bilmärkten erfolgreich."[205]

Die Diversifizierungsstrategie und die Konzentration auf Kernkompetenz und Kerngeschäft lassen sich folgendermaßen vergleichen:

---

[204] Vgl. Levitt, Innovation in Marketing, 2005, S. 233f
[205] Panke, Eine Marke verträgt keine Kompromisse, 2005

Vergleichsparameter	Diversifizierungsstrategie	Konzentration auf das Kerngeschäft (Kern- kompetenz)
Produktion	breit gefächertes Produktionspro- gramm mit unterschiedlichen Ferti- gungsformen	einheitliches oder verwandtes Produktionsprogramm mit Konzentration auf bestimmte Fertigungsformen
Absatz	vielfältiges Güter- und Dienstleistungsangebot für unterschiedliche Zielgruppen	eng umrissenes Güter- und Dienstleistungsangebot für spezielle Zielgruppen
	Marktführerschaft selten	Marktführerschaft möglich
Finanzierung	höhere Sicherheit durch Vielfalt geringeres Insolvenzrisiko durch Un- ternehmensverbund	geringere Sicherheit durch Spezialisierung
	geringere Rendite pro Geschäftsfeld zeitlich begrenzt möglich	permanenter Zwang zu hoher Rendite im Kerngeschäft
	Gefahr von Übernahmen durch breit angelegte Marktpräsenz bei fehlender Größe der Einzelbereiche	höheres Maß an Unabhängig- keit durch „economies of sca- le" (Größenvorteile)
Unternehmensführung	hoch komplexes, schwer zu steuern- des Gesamtunternehmen	einfachere Leitung durch klare Strukturen
	meist unzureichende Zusammenar- beit der Unternehmenseinheiten	straff koordinierte Zusam- menarbeit der Unternehmens- einheiten
	„economies of scope" (Verbundvor- teile) oder „diseconomies of scope" (infolge bürokratischer Steuerung)	„economies of scope" sind auch bei fokussiertem Kernge- schäft möglich

Fig. 45: Vergleich: Diversifizierung und Fokussierung auf das Kerngeschäft

Ein guter Indikator für die Restrukturierung und Besinnung auf Kernkompetenzen zur Fokussierung auf das Kerngeschäft sind Ausgliederungen nicht betriebsnot- wendiger Vermögensteile, insbesondere im Bereich des Anlagevermögens.

Nachfolgend einige Beispiele von Unternehmen unterschiedlicher Größe und Bran- che, die sowohl erste Schritte als auch Ergebnisse der Konzentration auf das Kern- geschäft zeigen:

- Die DEUTSCHE BANK AG verkaufte 2003 die Hälfte ihres internationalen Immobilienbesitzes an einen US-Investor und erhielt hierfür einen Erlös von 1,04 Mrd. €. „Die DEUTSCHE BANK konzentriert sich damit weiter auf ihr Kerngeschäft. Die für den Verkauf erhaltenen liquiden Mittel wurden in vollem Umfang für die Durchführung und Expansion des Bankgeschäfts eingesetzt. Das gleiche Motiv lag dem Verkauf von Industriebeteiligungen und „Randaktivitäten" im Jahr 2002 zu Grunde, die für über 8 Mrd. € verkauft wurden. Nach Auskunft der DEUTSCHEN BANK AG wurde damit die Strategie fortgesetzt, sich von Vermögen zu trennen, das keine angemessene Rendite erwirtschaftet. Andere Kreditinstitute wie die DRESDNER BANK AG folgten diesem Vorbild. Zur Verbesserung der Unternehmensrendite wurden die 300 Liegenschaften des Kreditinstituts verkauft und zurückgeleast, was einen Erlös von 1 Mrd. € erwirtschaftete. Einen ähnlichen Schritt, nämlich den Verkauf eines Großteils des Immobilienvermögens zur Steigerung der Rentabilität des Unternehmens gingen auch die DEUTSCHE TELEKOM, DAIMLER-CHRYSLER und McDONALD`s.

- Der Maschinen- und Fahrzeugbaukonzern MAN trennt sich von Randgeschäften. Im Jahr 2004 hat das Unternehmen durch Verkäufe 443 Mio. € an Umsatz und 2.200 Beschäftigte abgegeben.

- Auch der VOLKSWAGEN-Konzern prüfte, ob er sich von Randaktivitäten trennen sollte. Da kein Automobilbauer weltweit mehr Autovermietungsunternehmen betreibt – FORD trennte sich von HERTZ – verkaufte auch VW seine Mietwagenfirma EUROPCAR.

- Der Sanitärhersteller GROHE straffte das Sortiment von 17.000 auf 6.000 Artikel. Auf die nicht mehr produzierten Artikel entfiel ein Umsatzanteil von weniger als einem Prozent.

- Der Batteriehersteller VARTA trennte sich von seinem historischen Kerngeschäft mit Industriebatterien und produziert ausschließlich noch Mikrobatterien, für die auch in Zukunft ein profitabler Markt besteht.

- „Werte schaffen durch Spaltung". Mit diesem Ziel begründete der Vorstandsvorsitzende der BAYER AG die Abspaltung des Chemie- und eines Teils des Polymergeschäfts seines Unternehmens unter dem neuen Namen LANXESS. Die Entscheidung beruhte auf einer Analyse der Marktchancen und Erfolgsfaktoren des Mutterunternehmens. Im Hinblick auf schlankere, ertragbringende Strukturen war der Schritt unausweichlich. Die verbleibenden drei Geschäftsfelder der BAYER AG rangieren unter den vier führenden Herstellern im weltweiten Ranking.

- Der stark spezialisierte Versorger RWE will sich nur noch auf Strom und Gas konzentrieren und verkaufte wegen unzureichender Rentabilität seine Wassersparte. Damit wurde die Vision des „integrierten Versorgers" beendet, das Angebotsspektrum des Mischkonzerns reduziert und damit das Kerngeschäft weiter eingeschränkt. Das Volumen der Abspaltung betrug ca. 12,5 Mrd. €. [206]

3.3 Fokussierung auf das Kerngeschäft

Ausgangspunkt ist in der Regel eine Portfolioanalyse als Bestandteil der langfristigen Unternehmensplanung. Auf diese Weise werden die strategischen Geschäftsfelder festgelegt, die am besten die zukünftige Überlebensfähigkeit des Unternehmens sichern. Das Erfolgspotential und die diesem zu Grunde liegenden Kernkompetenzen des Unternehmens sind die Grundlage, um die finanziellen Ressourcen ertragbringend und zukunftssicher umzuschichten.

3.3.1 Profit Centers und Business Units

Die Portfolioanalyse beginnt in der Regel mit der Aufteilung des Unternehmens in klar abgrenzbare Einheiten, um deren Beitrag zum Gewinn zu ermitteln. Ziel ist dabei die von der Geschäftsleitung vorgegebene Richtgröße des anzustrebenden Gewinns. Dies geschieht in der Weise, dass man organisatorisch, leistungsspezifisch und kostenrechnerisch klar abgegrenzte „Profit Centers" schafft und deren Beitrag zum Gesamtergebnis des Unternehmens ermittelt.

Unter einem „Profit Center" versteht man eine organisatorische Einheit eines Unternehmens, für die ein gesonderter Ergebnisausweis vorgenommen wird. Die Manager erhalten die Ergebnisverantwortung für diesen Bereich übertragen. Neben einer Reduzierung der Komplexität des Unternehmens wird auf diese Weise auch eine klare Ergebnismessung des Geschäftsfeldes möglich.

Die Analyse kann zu folgenden drei Feststellungen führen:[207]

- Einige Unternehmensteile bzw. Profit Centers erfüllen oder übertreffen die Renditeerwartungen des Management. Es handelt sich dabei um die eigentlich ertragbringenden Geschäftsfelder, die „cash cows" der Organisation, die selbstverständlich beibehalten und nach Möglichkeit ausgebaut werden. Diese Unternehmensteile beinhalten in der Regel die Kernkompetenz und werden als das Kerngeschäft des Unternehmens definiert.

- Die zweite Gruppe besteht aus Unternehmensteilen, die die Gewinnvorgaben nicht bzw. noch nicht erfüllen: Ihr Ergebnis liegt zwischen dem Break-Even-Point, d. h. sie erwirtschaften weder Gewinn noch Verlust und der durch das Management vorgegebenen Zielrendite. Bei diesen Profit Centers wird geprüft, ob es möglich ist, dass sie den anzustrebenden Gewinn innerhalb eines Zeitraums von meist ein oder zwei Jahren erreichen. Im Erfolgsfall

---

[206] Vgl. Presseberichterstattung des HANDELSBLATTS 2005
[207] Vgl. Hillebrand, Bittere Lektionen, 2005, S. 70

können sie ebenfalls „cash cows" werden, bei Misserfolg wird überlegt, ob man sich von diesen Einheiten trennt. Die Möglichkeiten hierfür sind: Ausgliederung mit anschließendem Verkauf oder Schließung.

- Die dritte Gruppe besteht aus Profit Centers, die aktuell oder sogar seit Jahren Verlust erwirtschaften. Innerhalb einer Zeitvorgabe von meist einem Jahr müssen diese in die Gewinnzone gelangen und in die zweite Gruppe aufschließen. Bei Misserfolg wird ebenfalls Ausgliederung, Verkauf oder Schließung erwogen, sogar dann, wenn diese historisch einmal zum Kerngeschäft gehörten.

Das Ziel der Portfolioanalyse besteht darin, ausschließlich rentable Unternehmenseinheiten zu führen, um den Shareholder Value zu erhöhen.

Modellhaft und mit sehr großem Erfolg hat diese Definition der Profit Centers und Business Units sowie die daran anschließende Portfolioanalyse und die Konzentration auf das Kerngeschäft das Unternehmen GENERAL ELECTRIC unter ihrem langjährigen Präsidenten Jack Welsh seit 1981 durchgeführt. Die deutsche SIEMENS AG ist dem gleichen Weg gefolgt und ist heute nur noch in den Geschäftsfeldern „Industry", „Energy", „Healthcare", „IT Solutions and Services" sowie „SIEMENS Financial Services" tätig. Die jeweiligen Business Units und deren Untergliederungen erhalten vorgegebene jährliche Renditeziele („Zielbänder"), an denen ihre Leistung und damit auch der Fortbestand ihrer Existenz im Konzern beurteilt wird.[208]

3.3.2 Ausgliederung, Mergers, Acquisitions

Wie bereits erwähnt, werden unrentable Profit Centers zunächst ausgegliedert und als nicht mehr zum Kerngeschäft zugehörig betrachtet. In einem zweiten Schritt versucht in der Regel eine Investmentbank einen Käufer zu finden, der diesen Unternehmensteil erwirbt, um sein Kerngeschäft abzurunden.

In diesem Fall spricht man von „Acquisitions", wenn ein Käufer das Profit Center oder eine ganze Firma übernimmt. Für den Käufer stellt dies eine Form von Eingliederung in sein neues Unternehmen dar, was in der Fachliteratur häufig als „Merger" bezeichnet wird.

Nach Achleitner und Schiereck versteht man unter „Mergers and Acquisitions (M&A) ...die Zusammenführung von Unternehmen auf dem Weg einer Fusion oder eines Unternehmenskaufs."[209] Käufer haben entweder als Unternehmen strategische Interessen oder es handelt sich um Finanzinvestoren wie Fondgesellschaften oder Private Equity-Häuser.

---

[208] Vgl. Slater, Business is simple, 1996
    Vgl. Homepage der SIEMENS AG
[209] Achleitner; Schiereck, Mergers & Acquisitions, 2004, S. 2034

Bei einer horizontalen Übernahme wird ein Unternehmen der gleichen Branche oder Wertschöpfungsstufe gekauft, bei einer vertikalen Übernahme ein Unternehmen der gleichen Branche, jedoch einer direkt vor- oder nachgelagerten Wertschöpfungsstufe.

Der Markt für Fusionen und Übernahamen boomt. Nach Informationen des britischen Informationsdienstes MERGERMARKT wurden 2005 weltweit insgesamt 9.267 derartige Geschäfte mit einem Volumen von insgesamt 1,3 Billionen US-$ abgeschlossen. Bemerkenswert ist dabei, dass auch Schwellenländer in zunehmendem Maße als Käufer auftreten, um etablierte Kunden aus den Industriestaaten aufzukaufen, allen voran China und Mexiko. Gründe hierfür sind ein neues Selbstbewusstsein der Schwellenländer, mit dem Ziel, sich an der ökonomischen Aufholjagd ihrer Länder zu beteiligen. Sie waren hierzu wegen ihres starken Wirtschaftswachstums und weltweit jahrelang günstiger Finanzierungsbedingungen in der Lage. Nach Berechnungen der CITIGROUP wurden in der Zeit von 2000 bis 2004 Übernahmen im Wert von 19,6 Mrd. US-$ vorgenommen

Ein Beispiel für eine größere Akquisition ist der Kauf der amerikanischen Sportartikelfirma REEBOK durch den deutschen Sportkonzern ADIDAS. Das Unternehmen wurde von ADIDAS zum Preis von 3,1 Mrd. € erworben.

Der Vorstandsvorsitzende von ADIDAS begründete den Erwerb mit den folgenden Vorteilen:

- Sehr gute Ergänzung der Produktpalette beider Firmen
- Stärkung der Präsenz von ADIDAS auf dem US-Markt
- Deutlich größere Einkaufsmacht
- Erhöhte Schlagkraft im weltweiten Vertrieb
- Durch den Erwerb von REEBOK wird ADIDAS zur Nr. 2 auf dem Weltmarkt für Sportartikel und Sportbekleidung
- Kostensenkungen durch Synergien in Höhe von jährlich 125 Mio. €.
- Relativ problemlose Integration von REEBOK in die Firmenkultur von ADIDAS.

Während 1990 mehr als die Hälfte aller weltweiten Fusionen und Übernahmen den Industriesektor betrafen, waren es 2006 nur noch 30 Prozent. Im Dienstleistungssektor erhöhte sich der Anteil der Übernahmen von 42 % auf 64 %.

Nach den für das erste Halbjahr 2008 vorliegenden Zahlen nahmen Fusionen und Übernahmen trotz eines scharfen Einbruchs gegenüber dem Vorjahr um 50 % weiterhin einen bedeutsamen Platz beim Geschäft der Investitionsbanken ein. Die sieben größten Banken übernahmen in diesem Zeitraum ein Transaktionsvolumen von 176,7 Mrd. US-$, davon allein die DEUTSCHE BANK 37,6 Mrd. (Rang 1). Im Gesamtjahr 2008 ist das Volumen aus Mergers & Acquisitions jedoch um weitere 30 % gefallen.[210]

Wie sieht die Zukunft dieses Marktes aus? Hierzu eine Einschätzung aus der Automobilindustrie: Nach einer Umfrage der Beratungsgesellschaft KPMG vom Januar 2009 unter den Managern der Automobilindustrie erwarten diese in den nächsten fünf Jahren geringere Umsätze und Gewinne, mehr Insolvenzen und eine daraus steigende Anzahl von Fusionen und Übernahmen. 72 % der Befragten gehen davon aus, dass es unter den Herstellern bis 2013 zu Fusionen, Übernahmen und Allianzen kommt.

Die zehn größten Investmentbanken der Welt haben bisher ein Gesamtvolumen von 5,7 Bio. US-$ an Mergers & Acquisitions durchgeführt, wie die nachfolgende Graphik zeigt.

Rang	Bank	Volumen in Mrd. US-$
1	GOLDMAN SACHS	763,7
2	JP MORGAN	718,2
3	CITIGROUP	695,9
4	DEUTSCHE BANK	601,4
5	MERILL LYNCH	575,6
6	UBS	566,9
7	CREDIT SUISSE	502,0
8	MORGAN STANLEY	487,5
9.	LAZARD	398,2
10.	LEHMANN BROTHERS	398,2
	Transaktionsvolumen der 10 größten Banken	5.707,6

Fig. 46: Gesamtvolumen der durch Investmentbanken betreuten Fusionen

„Mergers" sind nicht unumstritten.

Sie bieten folgende Vorteile:

• Durch die Zusammenlegung von Banken werden Synergien geschöpft. Man spricht in diesem Zusammenhang von „Economies of Scale and Scope", d. h. von Größen- und Verbundvorteilen. Kosten werden durch gemeinsame Zentralabteilungen gesenkt und damit die Erträge erhöht. Häufig entsteht

---

[210] Vgl. Köhler; Landgraf, Geschäft mit Fusionen bricht ein, 2008

ein deutlich produktiveres Arbeitsumfeld und ein „Mehrwert" wird geschaffen.

- Ein Aufstieg in die Europaliga oder Weltliga der Branche wird durch Fusionen und Unternehmenszukäufe möglich, da häufig eine Bereinigung des Marktes durch das Ausschalten eines Konkurrenten erfolgt und damit der relative Anteil am Weltmarkt vergrößert wird. Die Rendite der Aktionäre steigt dadurch an. Man spricht in diesem Zusammenhang von einer Plattform-Strategie, um auf der Grundlage einer bestimmten Größe besser in neue Märkte zu investieren und Skaleneffekte zu erzielen. Organisches Wachstum reicht in vielen Fällen nicht aus, um Wettbewerbsvorteile zu gewinnen. Firmen, die nicht fusionierten, erwirtschafteten die niedrigste Rendite. Deshalb sei akquisitionsgetriebenes Wachstum unerlässlich.

- „Mergers of Equals", d. h. Fusion gleichartiger großer Unternehmen ersparen Finanzmittel, wenn die Vereinigung durch Aktientausch geschieht. Außerdem entsteht kein zusätzlicher Goodwill (Firmenwert), womit evtl. das Ergebnis belastende Abschreibungen vermieden werden, wie dies häufig bei aufnehmenden Unternehmen der Fall ist.

- Finanzinvestoren sehen als Vorteil eines Kaufes die von ihnen analysierte Unterbewertung der Unternehmen, evtl. die Nutzung von Verlustvorträgen und die Möglichkeit, durch finanzwirtschaftliche und/oder operative Restrukturierungen des Zielunternehmens entsprechende Gewinne zu realisieren.

Unübersehbar sind aber die Nachteile, die im Zusammenhang mit Mergers entstehen:

- Zu hohe Kaufpreise für die Firmenübernahmen gemessen am tatsächlich geschaffen Firmenmehrwert. Beispiele hierfür sind AOL und TIME WARNER, VIVENDI und UNIVERSAL sowie DAIMLER-CHRYSLER und MITSUBISHI. Die Zahl der deutschen Banken hat sich von 1999-2005 durch Fusionen um mehr als 25 % verringert, jedoch nur ein Drittel der Fusionen verbesserte Profitabilität und Unternehmenswert signifikant.[211] Der Hauptgrund für das Misslingen von Fusionen liegt in den Sonderabschreibungen für den Firmenwert auf Grund überteuerter Zukäufe. Der vom Käufer bezahlte Firmenwert liegt nicht selten über dem Eigenkapital des fusionierten Unternehmens.[212] Insgesamt wurden durch die Firmenverkäufe vergangener Jahre in Deutschland 123 Mrd. € an immateriellen Firmenwerten (Goodwill) bilanziert.

- Einige Beispiele verdeutlichen die Wertvernichtung durch Fusionen:

---

[211] Vgl. Reppesgaard, Warum Fusionen meist nichts bringen, 2005
[212] Vgl. Falckenbrock, Jetzt rächen sich teure Zukäufe, 2009

Käufer:	Übernahmekandidat	Wertverlust in Mrd.
TIME WARNER	AOL (Medien)	145,8 US-$
VIACOM	CBS (Medien)	45,7 €
DAIMLER	CHRYSLER	37,0 €
SPRINT	NEXTEL	45,0 US-$

Fig. 47: Kosten misslungener Fusionen[213]

- Mangelnde oder verzögerte Integration des zugekauften Unternehmens in das neue Gesamtunternehmen. Die Heterogenität stark segmentierter Unternehmen steht meist der Integration und der Schaffung eines kohärenten Wertschöpfungssystems im Wege. Nach Informationen der Beratungsgesellschaft A. T. KEARNY würden 80 % der Fusionen nur theoretisch Sinn ergeben, in der Praxis würde das Management jedoch häufig das Potenzial eines Zusammenschlusses verschenken. 67 % der Manager würden die damit verbundenen Integrationsprobleme unterschätzen, zwei Drittel hingegen die potentiellen Synergien überschätzen. Nur durch eine effektive Kommunikation und eine zügige Integration des aufgenommenen Personals in die Firmenkultur könne diesem Problem begegnet werden.

- Wertverluste bei den Verkäufern: Deutsche Unternehmen verloren über Ausgliederungen ca. 50 Mrd. €, die bei einem späteren Weiterverkauf durch die neuen Eigentümer entsprechende Gewinne erwirtschafteten.[214]

- Zu hohe Kosten der Fusion bzw. Integration für den Käufer.

- Häufig zu geringe Vorteile für den Käufer, wenn Erwartungen hinsichtlich der Reduzierung der Kosten oder der Erhöhung des Marktanteils nicht eintreten.

- Viele Fusionen sind „Investitionsruinen", da sie durch die Zukäufe nicht das Kerngeschäft stärken, sondern Randgebiete unternehmerischer Tätigkeit neu besetzen.

Aus diesem Grunde scheitern zahlreiche derartige Fusionen. Experten gehen von einer Misserfolgsquote von bis zu 70 Prozent aus.[215] Die Unternehmensberatung Bain & Company belegt diese Zahl durch eine eigene Untersuchung über einen Zeitraum von 15 Jahren bei 1.700 Unternehmen.

---

[213] Vgl. Schlautmann, Firmenehen vor der Scheidung, 2005
Vgl. Koenen, Jede zweite Fusion gefährdet, 2008
[214] Vgl. Müller-Soares; Zdral, Casino Fatal, 2007, S. 22ff
[215] Vgl. Helm, Outsourcing und Insourcing, 2005

Eine Alternative zu „Mergers & Acquisitions" sind Kooperationen. Es handelt sich dabei um die freiwillige Zusammenarbeit selbständiger Unternehmen, die jeweils individuelle Vorteile aus der Zusammenarbeit ziehen. Sie erhalten ihre Unabhängigkeit aufrecht und die möglichen Synergien sind ohne Kapitaleinsatz und finanzielle Risiken der Betroffenen möglich.

Ein Beispiel hierfür ist die „Star Alliance", eine Kooperation von insgesamt 17 unabhängigen international tätigen Luftverkehrsunternehmen, die unter der Führung der deutschen LUFTHANSA und dem amerikanischen Partner UNITED AIRLINES organisiert ist.

Die Selbständigkeit der Partner ist von großer Bedeutung, wird doch bei Luftfahrtgesellschaften Fragen des Nationalstolzes ebenso davon berührt wie die jeweiligen Landerechte in ihren Ländern.

Darüber hinaus bietet die Kooperation im Rahmen der „Star Alliance" die folgenden Vorteile:[216]

- Gemeinsamer Einkauf von Flugzeugen für 17 Gesellschaften.

- Gemeinsame langfristige Beschaffung von Flugbenzin auf der Grundlage von Optionen für den jeweiligen Jahresbedarf

- Gemeinsame Durchführung der weltweiten Wartung der Maschinen durch LUFTHANSA

- Optimale Nutzung der Flugkapazität durch „Umbuchung" der Gäste innerhalb der Allianz, um eine möglichst hohe Belegung pro Flug zu erreichen (Auslastung der LH-Maschinen: 77,2 %).

- Gegenseitige Finanzhilfe in Krisensituationen (z. B. im Fall von AIR CANADA), um die Existenz des Partners zu sichern.

Der ehemalige LUFTHANSA-Chef Jürgen Weber ist davon überzeugt, dass 90 % der gemeinsamen Ziele durch Kooperationen anstatt durch Fusionen erreicht werden können. 2003 trat Wolfgang Mayerhuber die Nachfolge an und begann mit dem Umbau des 93.000 Mitarbeiter zählenden breit aufgestellten Konzerns, indem sich die LUFTHANSA von allen Randaktivitäten trennte (z. B. Touristik und Catering) und ausschließlich auf das Kerngeschäft konzentriert. Auf diese Weise und durch ein rigides Sparprogramm gelingt es ihm, die Rentabilität zu steigern und den Kampf gegen die zunehmende Konkurrenz der Billig-Fluglinien zu bestehen. Auch für Mayerhuber gilt: Die Verbundstrategie bleibt auch in der Zukunft beste-

---

[216] Vgl. Kolf, Fusionen werden die Allianzen ablösen, 2000

hen, eine richtige Entscheidung wie der andauernde Erfolg der LUFTHANSA bis heute zeigt.[217]

Andere europäische Gesellschaften wie AIR FRANCE („Skyteam") und BRITISH AIRWAYS („Oneworld-Alliance") kopierten das Modell durch Schaffung eigener Allianzen. Sie sind ebenfalls erfolgreich – ganz im Gegensatz zu US-amerikanischen Fluglinien, die ohne derartige Kooperationen arbeiten, wie DELTA oder NORTHWESTERN, die jahrelang am Rande der Insolvenz standen und sich nur durch eine Fusion retten konnten.

3.3.3 Lean Management

Die Reduzierung der unternehmerischen Tätigkeiten auf Kernkompetenzen führt dazu, dass ganze Geschäftsfelder redundant werden. Dies führt nicht nur zur Entlassung von Mitarbeitern, sondern in vielen Fällen werden auch Führungskräfte überflüssig und Bürokratie entfällt. In einer derartigen Situation, wenn ein organisatorischer Neuaufbau erfolgen muss, kann das Konzept des „Lean Management" zum Einsatz gelangen.

Unter „Lean Management" versteht man generell alle Maßnahmen zur Steigerung der Effizienz, um den Kunden mit Hilfe flexibler Strukturen Leistungen zu bieten, die er wirklich wünscht, zur richtigen Qualität und einem niedrigstmöglichen Preis. Diese Form der Unternehmensführung wurde von japanischen Unternehmen entwickelt. Insbesondere eine schlanke Unternehmensführung und flache Hierarchien charakterisieren das „schlanke Management".[218] Dies geschieht vor allem durch den Abbau von Hierarchieebenen als Folge einer vorangegangenen Dezentralisierung und Delegation von Aufgaben und Verantwortung, Vereinfachung von Abläufen und Abbau von Komplexität ebenso wie durch die Reduzierung der Anzahl der Manager pro Leitungsstufe.

Beim Großversandhaus QUELLE Gustav Schickedanz KG galt noch in den siebziger Jahren die folgende Hierarchiestruktur in der Verwaltung, wobei von der jeweiligen Einstufung auch Typ und Größe des Dienstwagens (ab Hauptabteilungsleiter) abhing:

Die erste Führungsebene umfasste die Bereichsleiter und Hauptbereichsleiter, von denen ausgewählte Persönlichkeiten den Titel „Direktor" von der Geschäftsleitung verliehen bekamen (insgesamt ca. 200 Führungskräfte), die zweite Führungsebene Gruppenleiter, Abteilungsleiter und Hauptabteilungsleiter (ca. 800 Führungskräfte im Konzern). Bei einer anschließenden Restrukturierung wurde die Zahle der Abteilungsleiter erheblich reduziert und die Ebene „Hauptabteilungsleiter" komplett abgeschafft, da erkannt wurde, dass flachere Hierarchien die Entscheidungswege verkürzen.

---

[217] Vgl. Noé, Der Techniker im Mittelsitz, 2004
[218] Vgl. Klodt, Neue Ökonomie, 2004, S. 2150

„Lean Management" verändert heute Unternehmen grundlegend: Parallel dazu erfolgt „Lean Administration", die Verschlankung der Verwaltung bzw. der Abbau der Bürokratie. Hinzu kam das von TOYOTA entwickelte Konzept der „Lean Production",[219] die eine Optimierung des Einsatzes der Produktionsmittel mit Null-Fehler-Qualität sowie die Reduzierung der Fertigungstiefe und Fertigungsbreite zum Ziel hatte. Außerdem sollte die Kernkompetenz in den Mittelpunkt des Kerngeschäfts gestellt werden, in dem man sich von sämtlichen Randbereichen trennte.

Die Konsequenzen dieses Unternehmensumbaus sind:[220]

- Im engeren Sinne werden die Gehälter für Führungskräfte und deren Apparat (Sekretariate, Assistenten, Dienstfahrzeuge) durch den Abbau der Hierarchien reduziert bzw. entfallen komplett. Darüber hinaus findet jedoch eine grundlegende Verschlankung aller Prozesse und Abläufe statt, die zu einer weiteren Kostendegression führen.

- Die Unternehmenskommunikation wird auf diese Weise beschleunigt, ebenso die Geschwindigkeit, mit der Entscheidungen getroffen und umgesetzt werden.

- Die Kultur des Unternehmens wird positiv verändert, da eine Reduzierung der Hierarchien und des Führungspersonals mit dem „Empowerment" der Mitarbeiter und einer Neustrukturierung der Unternehmensprozesse einhergehen muss, um die erforderlichen Entscheidungen gegenüber den hiervon intern oder extern Betroffenen kompetent und zügig treffen zu können. Das Führungskonzept des Lean Management wird durch institutionalisierte kontinuierliche Verbesserungsprozesse der Belegschaft, die häufig in Gruppen zusammenarbeitet, ergänzt.[221]

- Durch diese Maßnahmen wird es möglich, ein weiteres wichtiges Wettbewerbsziel zu erreichen, nämlich die Beschleunigung der Unternehmensprozesse, die nicht nur Kosten für die Ablauforganisation spart, sondern auch dafür sorgt, dass sich das Unternehmen durch entsprechende Innovationen rascher und flexibler den Bedürfnissen des Marktes anpasst. Feste Marktanteile sind heute nur von kurzer Dauer. Unternehmen, die überleben wollen, müssen rasch auf Veränderungen des Marktes reagieren, da die Produktlebenszyklen immer kürzer werden. Ein gelungenes Beispiel für rasche Produktinnovationen ist die Firma HEWLETT-PACKARD, die die meisten Erträge mit Produkten erwirtschaftet, die jünger sind als ein Jahr und diese deshalb auch regelmäßig verbessert und ersetzt.

Eine häufig geäußerte Erkenntnis lautet: Heute siegt nicht mehr der Größere über den Kleineren, sondern der Schnellere über den Langsamen. Dies ist

---

[219] Der Begriff wurde erstmals 1990 durch Womack; Jones in: „The Machine, That Changed the World", 1990, geprägt.
[220] Vgl. Womack; Jones, Auf dem Weg zum perfekten Unternehmen, 1997, S. 15ff
[221] Vgl. Womack; Jones; Roos, Die zweite Revolution in der Automobilindustrie, 1991, S. 21ff

auch die wichtigste Botschaft des Lean Management, dessen Ergebnisse zu Beginn der neunziger Jahre eindrucksvoll bei Produktinnovation, Marktauftritt und Qualität und Preis japanischer Automobile in Europa zutage traten.

Im Extremfall treffen eine entsprechende Unternehmensgröße und eine hohe Geschwindigkeit beim Marktauftritt zusammen. GENERAL ELECTRIC ist ein derartiges Unternehmen, das größer und erheblich flexibler am Markt agiert als sein Konkurrent SIEMENS. Die Agilität von GENERAL ELECTRIC zeigt sich beispielsweise darin, dass in Rekordzeit die Firma „GE MONEY BANK" in Deutschland auf den Markt trat. Innerhalb eines Jahres wurden drei zugekaufte Spezialinstitute fusioniert, 100 Filialen aufgebaut, ein integriertes neues IT-System installiert und mit 450 Mitarbeitern eine neue Zentrale in Hannover bezogen. Insgesamt beschäftigt die Bank 1.200 Mitarbeiter und hat 500.000 Kunden Nach nur einem Jahr wurden 30 Mio. € Gewinn bei einer Eigenkapitalrendite von 14 % erzielt. Neue Zahlen gibt die GE MONEY BANK nicht in der Öffentlichkeit bekannt. Robert Law, der CEO der GE Money Bank, beschreibt die Hautursache seines Erfolges: "Wer seine Produkte genau auf die Zielgruppe zuschneidet, hat in jeder Branche Erfolg."[222] Die Bank wurde 2008 an die deutsche SANTANDER-Bankengruppe verkauft.

Ein ähnliches Beispiel stellt die 1965 als Gewerkschaftsbank gegründete „BSV-Bank für Sparanlagen und Vermögensbildung" dar. Nach der Übernahme durch die niederländische ING und Neufirmierung als „DIBA-Direktbank", trat diese erstmals 2002 deutschlandweit am Markt auf. Innerhalb von vier Jahren hat sie ihre Kundenzahl verfünffacht. Das Betriebsergebnis versechsfachte sich von 2001 bis 2004 auf 55,7 Mio. € und die Bilanzsumme stieg auf 53 Mrd. € (2004). Im Jahr 2007 betrug die Bilanzsumme 76 Mrd. €. Die 2.740 Mitarbeiter erwirtschafteten einen Gewinn von 469 Mio. € mit ihren 6,2 Mio. Kunden. Dieses Ergebnis beruht auf der „Konzentration auf das Wesentliche": einfachen Kern-Produkten, standardisierten unbürokratischen Arbeitsabläufen, schlanken Unternehmensstrukturen und einem aggressiven Vorgehen am Markt.[223] Die IngDiba ist heute die größte deutsche Direktbank.

3.4 Beispiele für die Konzentration auf das Kerngeschäft

Die nachfolgenden Darlegungen zeigen Fälle von Unternehmen, die sich auf das Kerngeschäft fokussiert haben.

3.4.1 ALPHA KLINIK MÜNCHEN

Die in den achtziger Jahren gegründete ALPHA-Klinik in München-Bogenhausen entstand als Arztpraxis der niederländischen Chirurgen Dr. Hoogland und Dr. Deckers. Sie hat sich extrem spezialisiert und führt ausschließlich Operationen in zwei Bereichen durch: Wirbelsäule und Knie. Hinzu kommt noch ein der Klinik gehörendes medizinisches Rehabilitationszentrum. Bereits der Werbeprospekt zeigt die Konzentration auf das Kerngeschäft: Es wird die Frage gestellt, wer wohl der Bes-

---

[222] Hagen, Auffällig innovativ, 2005, S. 66
[223] Vgl. Benders, Mit einfachen Mitteln zum Erfolg, 2005

sere ist – der Zehnkämpfer im Sport oder derjenige, der sich auf eine einzige Disziplin konzentriert.

Die beiden Ärzte haben ein weltweit einmaliges System auf höchstmöglichem Niveau mit eigens für sie konstruierten medizinischen Instrumenten entwickelt, Operationen an der Wirbelsäule ambulant durchzuführen, so dass ein Patient mit einem Bandscheibenvorfall nach einer ca. 45 Minuten dauernden Operation mit Hilfe eines minimal invasiven Eingriffs vom Operationstisch aufstehen und sich nach Hause fahren lassen kann. Üblicherweise sind derartige Operationen mit einem mehrwöchigen Krankenhausaufenthalt und einer lang dauernden Nachsorge verbunden, so dass insgesamt eine Behandlungsdauer von drei Monaten erforderlich ist. Die Klinik ist weltweit anerkannt und die Patienten kommen aus dem In- und Ausland, um sich operieren zu lassen.

Die Klinik bietet ihren Patienten insbesondere die folgenden Vorteile:

- Operationen nach einer weltweit einmaligen Methode mit hohen Erfolgsquoten

- Hohe Anzahl gleichartiger Operationen dokumentiert die große Erfahrung des Ärzteteams (z. B. über 30.000 Knieoperationen)

- Sehr kurzfristige Terminierung für Operationen

- Außerordentlich rascher Durchlauf durch die Praxis: Durchführung sämtlicher Untersuchungen vor der Operation am gleichen Tag innerhalb von zwei bis drei Stunden ohne Wartezeit

- Atmosphäre der Klinik wie in einem Luxushotel. Dies gilt für die Ausstattung, den ausgezeichneten Service und gebotene medizinischen, pflegerischen und organisatorischen Leistungen.

- Der Ablauf in der Klinik ist nach den Wünschen der Patienten und nicht nach den Erfordernissen eines Krankenhauses organisiert.

- Bei einer stationären Nachsorge besteht die Möglichkeit, im nahegelegenen SHERATON-Hotel oder einem der Luxuszimmer der Klinik zu übernachten. Die Patientenverpflegung wird grundsätzlich aus dem SHERATON-Hotel angeliefert.

- Entsprechende Marketingmaßnahmen sorgen für den Bekanntheitsgrad der Klinik. Beispielsweise erhält jeder Patient einen Videofilm über die Klinik und die Operationsmethode, bedruckte Sporttaschen und Wein für „Genesungszwecke" neben der Imagebroschüre des Krankenhauses ausgehändigt.

Die ALPHA-Klinik verfügt somit durch ihre enge Spezialisierung auf zwei Kernbereiche medizinischer Versorgung derzeit über Alleinstellungsmerkmale, die den wirtschaftlichen Erfolg seit Jahren sichern. Mittlerweile kommen die Patienten der ALPHA-Klinik aus über 60 Ländern. Das Alpha-Klinik Team spricht über 20 Sprachen.

Der Verfasser, der selbst einmal Patient der ALPHA-Klinik in München war, kann der Werbebotschaft der Geschäftsleitung nicht widersprechen: „Die Alpha-Klinik hat somit Modellcharakter für sinnvolle zukünftige Entwicklungen."

3.4.2 Hidden Champions[224]

„Hidden Champions" sind „versteckte Sieger", in der Regel kleine und mittelständische Unternehmen, die in einem eng umgrenzten Segment, ihrem Kerngeschäft, Marktführer sind, die sogar am Weltmarkt bis zu 90 % der Marktanteile halten. Häufig handelt es sich um Familiengesellschaften, ca. 1.400 Unternehmen. Sie haben in den letzten Jahren weltweit ca. 1 Mio. Arbeitsplätze geschaffen, davon 300.000-400.000 in Deutschland. Hidden Champions sind nach Simon keine Wunderunternehmen, aber eine Elite unter den Firmen.

Wodurch sind diese Unternehmen charakterisiert?

- Sehr eng umrissenes, in der Regel einzigartiges, Produktionsprogramm, das unverwechselbar ist. Imitationen sind schwer oder überhaupt nicht möglich.

- Permanente Produktinnovationen erforderlich

- Hohe Fertigungstiefe für Kernkompetenzen zum Schutz des Kern-Know-how

- Konzentration auf eine klar definierte Zielgruppe in einem eng umrissenen oligopolistischen Markt mit intensivem Wettbewerb.

- Wettbewerbsvorteile entstehen durch Differenzierung, weniger durch Kostenvorteile.

- Starke Abhängigkeit der Unternehmen von ihren Kunden

- Hohes Maß an Flexibilität und Überlebensfähigkeit

- Geringe Bürokratie in diesen Unternehmen

- Hoher Exportanteil durch globale Vermarktung

---

[224] Vgl. Simon, Die heimlichen Gewinner, 1997, S. 1ff

Nachfolgend einige Beispiele für „hidden champions":

Firma	Produktionsprogramm	Firma (Daten von 2007)	Bedeutung
BRITA GMBH	Wasserfiltersysteme für Haushalte	800 Mitarbeiter, keine Angaben über Umsatz und Gewinn	85 % Weltmarktanteil
E.G.O. GMBH	Haushaltsgeräte, besonders Glaskeramikkochplatten	7.1676. Mitarbeiter Umsatz: 598 Mio. €	Weltmarktführer
HARIBO GMBH	Süßigkeiten, besonders Gummibären	6.000 Mitarbeiter Umsatz: 1,7-2 Mrd. €	Weltmarktführer
HAUNI MASCHINENBAU AG	Maschinen für die Herstellung und Verpackung von Zigaretten	3.750 Mitarbeiter Umsatz: 685 Mio. €	90 % Weltmarktanteil
KRONES AG	Getränkeabfüllanlagen, Verpackungsmaschinen	7.942 Mitarbeiter Umsatz: 1,968 Mrd. € Jahresüberschuss: 84,4 Mio. €	80 % Weltmarktanteil
WEBASTO AG	Standheizungen für Autos u. Schiebedächer	7.048 Mitarbeiter Umsatz: 1,791 Mio. €	Weltmarktführer
STIHL AG & CO KG	Motorsägen	Mitarbeiter:9.779 Umsatz: 2,08 Mrd. € EK-Quote: 61 %	Weltmarktführer

Fig. 48: Beispiele für "Hidden Champions"[225]

Es werden jedoch auch bei den „Hidden Champions" zunehmend Randgebiete besetzt und die Konzentration auf das Kerngeschäft teilweise aufgegeben. Man spricht in diesem Zusammenhang von „weicher Diversifikation."[226]

3.5 Renaissance des Mischkonzerns?

Zwischenzeitlich ist jedoch die Managementlehre zur „Konzentration auf das Kerngeschäft" nicht mehr unumstritten.

Eine Anzahl von Gründen ist hierfür verantwortlich:

- Das „Kerngeschäft" trifft in zunehmendem Maße auf gesättigte Märkte und bedarf einer renditestarken Ergänzung. Beispielsweise hat die Firma WÜRTH, der weltgrößte Schrauben- und Werkzeughersteller, seit 2007 mit der Diversifizierung begonnen. Neben dem Kerngeschäft wurden bereits über 85 Mio. € in die Fertigung von Solarzellen investiert. Das Unternehmen

---

[225] Die Zahlen stammen von der jeweils aktuellen Homepage der Unternehmen.
[226] Vgl. Simon, Das ist Globalisierung par excellence, 2007, S. 31

verfügt sogar über ein eigenes Kreditinstitut, das „BANKHAUS BODENSEE" und hat somit den ersten Schritt hin zu einem Mischkonzern unternommen. Ähnliches gilt auch für die Firma SCHWAN-STABILO, eine Bleistiftfabrik, die heute Schreibgeräte aller Art und Kosmetikartikel produziert und sich damit in einem Markt bewegt, der in Zukunft kaum ein großes Wachstum erwarten lässt. Dieses im Markt klar positionierte Unternehmen übernahm 2006 den Augsburger Rucksackhersteller DEUTER, da das Outdoor-Geschäft als ein renditeträchtiger Wachstumsmarkt seitens von SCHWAN-STABILO erachtet wird. Damit wird klar der Bereich des Kerngeschäfts verlassen.[227]

- Ein weiterer wichtiger Grund zur Diversifizierung ist die Verringerung der Abhängigkeit von einer Branche, die in Zeiten der Strukturkrise des Automobilbaus an Bedeutung gewinnt. Der weltgrößte Zulieferer der Automobilbranche, die aus einer überschaubaren Anzahl von Großbetrieben besteht, ist die ROBERT BOSCH GMBH. Das Unternehmen versucht, die jahrzehntelange Abhängigkeit von der Automobilbranche durch die Aufnahme neuer Produktionszweige und Betätigungsfelder zu verringern. Beispielsweise übernahm BOSCH 2008 den Thüringer Solarzellen-Hersteller ERSOL und baut derzeit eine neue Windanlagen-Fabrik in Nürnberg. Einen anderen Weg ist die Firma SCHAEFFLER gegangen, die 2008 Continental übernommen hat und als Gesamtkonzern nunmehr für 17 % aller Komponenten für die Automobilherstellung weltweit verantwortlich ist. Das Unternehmen wird derzeit voll von der Absatzkrise im Automobilsektor mit erfasst.[228]

- Nicht immer bringt die Fokussierung auf das Kerngeschäft die erhoffte Rendite. Der Reiseveranstalter TUI, der sich in einem rentablen Zukunftsmarkt positioniert hat, erwirtschaftet seit Jahren nur magere Erträge und zieht offensichtlich nicht die erhofften Synergieeffekte durch Konzentration auf einen einzigen Geschäftsbereich.

- Die Konzentration auf das Kerngeschäft soll Handlungsfähigkeit beweisen. Oft steckten jedoch dahinter lediglich finanzielle Zwänge und keine strategischen Aspekte, da durch die Fokussierung auf einen Bereich und der entsprechende Verkauf anderer Betriebsteile lediglich dem Abbau von Schulden diente.

- Neueste Untersuchungen ergaben, dass Mischkonzerne neue Stärke zeigen. Bislang breit diversifizierende Konzerne wurden mit einem sog. „Konglomeratsabschlag" bewertet. Eine aktuelle Studie der Boston Consulting Group zeigt jedoch, dass der Grund hierfür heute entfällt:

> „Dass Mischkonzerne durch Fokussierung mehr Wert für Aktionäre schaffen können, hält sich hartnäckig als Mythos.

---

[227] Vgl. Hofer, Der erste Zukauf seit 151 Jahren, 2007
[228] Vgl. Giese, Radikale Brüche nötig, 2009

Tatsächlich gelingt dies in weniger als der Hälfte der Fälle."[229]

Die Autoren der Studie belegen, dass bei einer Analyse der jeweils 100 umsatzstärksten Firmen aus Europa, Asien und den USA in der Zeit von 1996-
2005 insgesamt 52 % der Konglomerate ihren jeweiligen Marktindex schlagen
konnten. Dies würde die Ansicht widerlegen, dass nur die Konzentration auf
das Kerngeschäft renditeträchtige Unternehmen hervorbringt und sichert.

Gegenwärtig ist die Diskussion über die Fortsetzung der Strategie „Konzentration
auf das Kerngeschäft" vs. „Diversifizierung" noch nicht abgeschlossen und es bleibt
abzuwarten, ob auf breiter Front eine Renaissance der Mischkonzerne bevorsteht.
Der Verfasser bezweifelt, dass dies, langfristig der Fall sein dürfte.

Fig. 49: Wertentwicklung diversifizierender Unternehmen

4. Outsourcing und Offshoring

Wie bereits dargelegt, konzentrieren sich die Unternehmen heute in zunehmendem Maße auf ihr Kerngeschäft. Die Produktpalette und die Geschäftsfelder werden verstärkt unter Wirtschaftlichkeitsaspekten betrachtet, um die gewünschte
Steigerung der Rentabilität der Profit Center und damit den „Shareholder Value"
herbeizuführen.

Dies impliziert, dass alle Aktivitäten, die nicht zum Kerngeschäft des Unternehmens zählen, von externen Partnern, mit möglichst hoher aufgabenspezifischer
Kompetenz, wahrgenommen werden. Deshalb werden zunehmend betriebliche
Funktionen auf in- und ausländische Partner ausgegliedert, um die Kostenwirtschaftlichkeit zu erhöhen.

---

[229] Sommer, Mischkonzerne zeigen neue Stärke, 2007

4.1 Begriffsklärungen

Zwei Begriffe sind eng mit den politischen und wirtschaftlichen Veränderungen, die seit 1989 stattgefunden haben, verbunden: Outsourcing und Offshoring. Das Entstehen neuer Märkte in Mittel- und Osteuropa sowie die Globalisierung schaffen neue Wettbewerbsbedingungen, um Güter und Dienste außerhalb des eigenen Unternehmens im In- und Ausland möglichst kostengünstig zu produzieren.

4.1.1 Wesen des Outsourcing[230]

Der Begriff „Outsourcing" kommt aus dem Bereich der Industrie und des Managements und bedeutet im engsten Sinne „Produktionsverlagerung". „To outsource" beinhaltet, Arbeiten und Aufträge „nach außen" zu vergeben.

4.1.1.1 Der Terminus „Outsourcing"

Outsourcing ist ein künstlich geschaffener Begriff, der sich aus den englischen Wörtern „outside" (außen), „resource" (Hilfsquellen) und „using" (benutzen) zusammensetzt und bedeutet „die Nutzung externer Ressourcen". Outsourcing stellt ein Managementkonzept dar, außerhalb des Unternehmens liegende Ressourcen zur eigenen Versorgung heranzuziehen. Einzelne Unternehmensprozesse werden dabei von selbständigen Produzenten und Dienstleistern erbracht, die auch die Verantwortung für ihre Leistungen gegenüber dem Auftraggeber tragen.

Outsourcing bezeichnet somit die zeitlich begrenzte, jedoch in der Regel längerfristig geplante, Ausgliederung von Aufgaben und Strukturen eines Unternehmens an Dritte. Outsourcing ist somit eine Sonderform des Fremdbezugs von bislang intern erbrachter Leistung, wobei die Dauer und der Gegenstand der Leistung vertraglich fixiert werden. Dies grenzt Outsourcing von sonstigen Partnerschaften ab.

Eine weite Fassung des Terminus „Outsourcing" umfasst nach Männel „sämtliche Gegenstandsbereiche, Ebenen und Formen der Ausgliederung einzelner Funktionen, Aufgaben oder Aufgabenkomplexe eines Unternehmens."[231] Outsourcing bezweckt durch eine Auslagerung von bisher in einem Unternehmen selbst erbrachten Leistungen an externe Auftragnehmer eine Reduzierung der Eigenleistung. Damit verbunden ist die Auslagerung von Wertschöpfungsprozessen aus dem ursprünglichen Unternehmen in selbständige Zuliefererbetriebe zwecks Verringerung der eigenen Wertschöpfungstiefe.

Folgende Kriterien müssen erfüllt sein, um bei der externen Leistungserbringung von „Outsourcing" zu sprechen:

---

[230]   Vgl. Lang, Outsourcing: 2000, S. 32f
[231]   Männel, Outsourcing, 1997, S. 777

- Die Übertragung der Leistung an Dritte muss permanent oder über einen längeren Zeitraum erfolgen.
- Es muss eine spezifische, individuelle Form der Zusammenarbeit vorliegen.
- Die Auslagerung muss marktbezogen sein, d. h. an dem Prozess der Leistungserstellung muss mindestens ein externes wirtschaftlich und rechtlich selbständiges Unternehmen beteiligt sein.

4.1.1.2 Die Abgrenzung des Outsourcing von „make or buy"

In vielen Fällen liegt der Entscheidung hinsichtlich des Outsourcings der Vergleich der Wirtschaftlichkeit von „make or buy"[232] zugrunde, der auf die Transaktionskostentheorie des Nobelpreisträgers Ronald Coase zurückgeht.[233] Die Kernfrage lautet: Ist unter Einbezug aller relevanten Kostengrößen die Eigenproduktion eines Gutes oder einer Dienstleistung kostengünstiger als deren Vergabe als Auftrag an einen Dritten?[234] Häufig erfolgt als ein erster Schritt der Kostenvergleich zwischen dem Preis des fremdbezogenen Gutes und den Herstellkosten bei Eigenfertigung. Eng damit ist die Frage verbunden, ob bei einer Einstellung der Eigenfertigung sämtliche Fixkosten abgebaut werden können oder ob Fixkostenremanenz besteht.[235] Hinzu kommen jedoch weitere Parameter wie die Qualität, Zuverlässigkeit und Liefertreue des externen Lieferanten und die einmaligen und laufenden Transaktionskosten, um diese weitreichende Entscheidung des Managements umfassend abzusichern.

Outsourcing lässt sich von der „Make-or-Buy-Entscheidung" in zweifacher Hinsicht abgrenzen:

Management-entscheidung	Make-or-Buy-Entscheidung	Outsourcing
sachliche Unterschiede	umfassender Begriff für jegliche Form des Fremdbezugs	Outsourcing ist eine Sonderform der Make-or-Buy-Entscheidung
zeitliche Unterschiede	Entscheidung in frühem Stadium, meist vor Beginn der Produktentwicklung.	Die Produktion eines Gutes wird bereits im Unternehmen durchgeführt. Die Entscheidung über Outsourcing erfolgt später.

Fig. 50: Vergleich von „Outsourcing " und „Make-or-Buy"

[232] Vgl. Männel, Make-or-buy-Entscheidung, 1997, S. 68off
[233] Vgl. Rogler, Transaktionskosten, 1997, S. 1082f
[234] Vgl. Lang, Kosten- und Leistungsrechnung, 2009, S. 140f
[235] Vgl. Ders., Theory and Practice of Cost Analysis, 2008, S. 49

Outsourcing bedeutet einen teilweisen Neuaufbau des Geschäfts (Business Process Reengineering), da die Geschäftsfelder des Unternehmens neu definiert werden müssen, bevor Leistungen ausgelagert werden können.

Die Auslagerung kann raumbezogen (z. B. auf ein bestimmtes Land), produktbezogen oder funktionsbezogen (z. B. Forschung, Buchhaltung oder Produktion) erfolgen.

Der Begriff „Outsourcing" gibt keine Auskunft über die geographische Reichweite der Ausgliederung betrieblicher Funktionen an außenstehende Dritte. Outsourcing beinhaltet grundsätzlich sowohl die Auslagerung von Aufgaben an inländische Auftragnehmer als auch eine Auftragsvergabe an ausländische Unternehmen bzw. die Standortverlagerung in das kostengünstige Ausland.

Entscheidungskriterien hinsichtlich des Outsourcings resultieren aus der jeweiligen strategischen Zielsetzung des Unternehmens.

4.1.1.3 Arten des Outsourcing

Es lassen sich drei Hauptformen des Outsourcing unterscheiden:

- In einer ersten Form können **strategische Partnerschaften mit Dritten** wie Zulieferern, Systemintegratoren und sogar Wettbewerbern eingegangen werden, um Aufgaben gemeinsam und kostengünstig durchzuführen. DAIMLER kooperiert z. B. mit VW beim Bau von Transportfahrzeugen. Das Volkswagenwerk entwickelte mit PORSCHE gemeinsam die Geländewagen „Touareg" (VW) und „Cayenne" (PORSCHE) und VW baut für die beiden Fahrzeugtypen die Karosserien. In der Automobilindustrie geht die Zusammenarbeit so weit, dass BMW sogar ganze Fahrzeuge im Verbund entwickelt. Bei dieser Form des Outsourcing werden Betriebsteile nicht vollständig wirtschaftlich und rechtlich ausgelagert, sondern in Arbeitsgemeinschaften oder Joint Ventures mit externen Partnerunternehmen unter einem gemeinsamen Management vereint.

- Outsourcing bezieht sich grundsätzlich auf **sämtliche Formen der Fertigungsprozesse und die Erstellung von Dienstleistungen aller Art.** In juristischer Hinsicht liegen entweder Verträge mit unabhängigen Unternehmen vor oder die rechtlich verselbständigten Abteilungen oder in- und ausländischen Niederlassungen des Unternehmens sind die jeweiligen langfristigen Vertragspartner.

- Beispiele für Outsourcing: Die Werkskantine kann statt durch eigenes Personal durch einen externen Pächter oder ein hierauf spezialisiertes Catering-Unternehmen betrieben werden. Die Buchführung erledigt keine Betriebsabteilung, sondern ein selbständiger Steuerberater oder eine eigens in einem Niedriglohnland errichtete Niederlassung. Die Produktion von Teilen und Komponenten erfolgt nicht im Stammhaus, sondern durch externe Zulieferer aus dem In- oder Ausland.

- **Management-Buy-Out:**[236] Dies geschieht in der Weise, dass entweder betriebliche Funktionen oder Betriebsteile verselbständigt und an die ehemaligen Führungskräfte des Unternehmens verkauft werden („Management-Buy- Out" bzw. „Walk-Out") oder an dessen Mitarbeiter (Belegschafts-Buy-Out), so dass Dritte die ursprünglich durch das Unternehmen durchgeführten Prozesse und Aufgaben wahrnehmen. Ursachen für diese Managemententscheidung sind die Senkung der fixen Kosten zur Erhöhung der Wettbewerbsfähigkeit der Unternehmen oder die Reduzierung der Aktivitäten auf das jeweilige Kerngeschäft.

Beispielsweise kann im Rahmen eines Management-Buy-Out-Konzepts die Werbeabteilung einer Firma an den Leiter der Werbeabteilung „verkauft" werden. Dieser führt die ehemalige „Kostenstelle Werbung" als selbständiger Unternehmer fort. Die Transformation einer Abteilung oder eines Betriebsbereichs in eine wirtschaftlich und rechtlich unabhängige Firma wird „spin off" bezeichnet. In der Regel bleibt das bisherige Unternehmen – zumindest für einen bestimmten, meist garantierten, Zeitraum – der Hauptkunde dieser Firma. Sie wird sich jedoch auch um weitere Aufträge Dritter bemühen, um langfristig ihre neue Existenz am Markt zu sichern. Das Management-Buy-Out-Unternehmen kann durchaus in den ehemaligen Geschäftsräumen mit der bislang vorhandenen Ausstattung gegen eine entsprechende Pacht arbeiten und auch ehemalige Mitarbeiter der Werbeabteilung übernehmen, die zu dem neuen Unternehmen hinüber wechseln.

Die Vorteile für das „Altunternehmen" liegen auf der Hand: Tausch fixer gegen variable Kosten und Erhöhung der Flexibilität, da bei Vergleich der Kosten und der Qualität der Dienstleistung „Werbung" der Auftrag auch an andere Partner vergeben werden kann. Das Management-Buy-Out-Unternehmen steht somit bei einer klar definierten Kosten-Leistungsbeziehung zu festgelegten Preisen im Wettbewerb mit anderen Werbeagenturen am Markt und muss während der Vertragslaufzeit eine qualitativ hochwertige und kostengünstige Leistung gegenüber seinem „alten Kunden" erbringen, da es sonst Gefahr läuft, keinen Anschlussauftrag mehr zu erhalten.

Praxisbeispiele für Management-Buy-Out sind Unternehmen wie JENOPPTIK, LOEWE-OPTA und LEVI STRAUSS bzw. die rechtliche und wirtschaftliche Verselbständigung von Forschungs- und Entwicklungsaktivitäten bei NIXDORF, BMW und SIEMENS.

---

[236] Vgl. Bürkle, Selbständig werden, aber wie? 2005, S. 1f

Nach einer britischen Statistik erreichte das Volumen des Management-Buy-Out in der Zeit von 1992-1996 in Großbritannien 21,4 Mrd. und in Deutschland 3,14 Mrd. Pfund Sterling.[237]

Der Outsourcing-Markt hat in Deutschland ein Volumen von 8-10 Mrd. €. Das durchschnittliche Wachstum des Marktes wird in der Zeit von 2002-2008 auf jährlich 10-12 % geschätzt. Das Business Process Outsourcing, bei dem ganze Unternehmensprozesse nach außen verlagert werden, birgt ein Wachstumspotential von jährlich 35-38 %. Nach Schätzungen von Analysten wird allein dieser Markt im Jahr 2008 ein Volumen von über 1 Mrd. € besitzen. Der Trend zum Outsourcing ist dabei nach Ansicht von Fachleuten noch nicht an seinem Höhepunkt angelangt.

4.1.2 Praxisbeispiele für Outsourcing

Mittlerweile wird eine Vielzahl betrieblicher Kernfunktionen ausgelagert, insbesondere Dienstleistungen.

Scholtissek, der Deutschland-Chef von ACCENTURE, spricht in seinem Buch „New Outsourcing" von einer „dritten Revolution der Wertschöpfung". Als erste Umwälzung definiert er die Einführung des Fließbands, als zweite die Auslagerung industrieller Produktion an externe Zulieferer und als dritte die Erledigung von Verwaltungsfunktionen durch Dritte. Diese jüngste Form der Funktionsausgliederung hätte nach Scholtissek eine völlig neue Qualität, da damit nicht nur eine Reduzierung der Kosten, sondern auch eine umfassende Restrukturierung interner Verwaltungsprozesse einherginge – eine Art von „Business Reengineering".[238]

Die nachfolgende Tabelle stellt eine Zusammenfassung der wichtigsten Funktionen des Outsourcing, des Vorgehens und der Wirkungen dieses Managementinstruments dar.

---

[237]   Vgl. Rezmer, Schotten wollen an deutschen Chefs verdienen, 1998
[238]   Vgl. Scholtissek, New Outsourcing, 2004

Funktions-bereich	Vorgehen und Wirkung	Beispiele
Buchführung und Control-ling	Verlagerung in das kostengünstige Ausland, Datentransfer via Satellit	ELECTROLUX : Polen SIEMENS: Tschech. Republik INFINEON: Portugal
administrative Prozesse	Einsparungspotenziale bei Finanzdienst-dienstleistern bis zu 30 %, Banken : 12 %, Versi-cherungen : 69,1 %	CITIBANK: Niederlande
Daten-verarbeitung	Selbständige Rechenzentren u. IT-Support („outside resource using")	SIEMENS, SAP, IBM
Einkauf	gesamter Einkauf für Einzelhandel	ARCANDOR: China
Vertrieb	selbständige Verkäufer Kostenersparnis: 30-40 %	SALES BRIDGE
Callcenters	Telefonakquise, Kundenbetreuung, Kunden-dienstleistungen, 2000 Callcenter in Deutsch-land, 400.000 Mitarbeiter	ARVATO WALTER SERVICES D+S EUROPE
Facility Management	Alle Dienstleistungen im Zusammenhang mit der Bewirtschaftung von Gebäuden: Vermie-tung, Reinigung, Kantinen- u. Automatenbe-trieb, technische Wartung, Außenanlagen, Werksschutz, kaufmännische Verwaltung u.a.	DUSSMANN, BILFINGER & BERGER, SIEMENS BUILDING TECHNOLOGIES, THYSSEN FACILITY MANA-GEMENT
Travel Mana-gement	Reisekostenmanagement: Kreditkarte, Sonder-tarife für Hotels, Mietwägen, Fluglinien, Aus-stellung von Tickets, zinslose Kreditierung der Reisekosten, detaillierte Kostenaufstellung pro Mitarbeiter	AMERICAN EXPRESS DINERS
Fleet Mana-gement	Fuhrparkmanagement: Ist-Analyse des Fuhr-parks, kostengünstiger Einkauf oder Leasing, Minimierung der Stillstandszeiten, Überwa-chung variabler Kosten (Kraftstoffverbrauch, Reparaturhäufigkeit), Einsparungen bis zu 30 %	DEKRA FORD ARAL
Energie-broker	Einkauf von Strom und Gas zu günstigen Einstandspreisen durch Spezialisten	AMPERE, FIRST ENERGY, STADTWERKE DUISBURG

Fig. 51: Funktionsbereiche des Outsourcing

4.1.3 Offshoring

Der Begriff „Offshoring" ist relativ neu und – im Gegensatz zu Outsourcing – noch nicht in die anerkannten Lexika aufgenommen. Das Adjektiv „offshore" bezeichnet im wirtschaftlichen Sinne ein ausländisches, auswärtiges oder exterritoriales Kapi-talinvestment. Der Begriff „Offshoring" stammt aus der Finanzökonomie, in der

Offshore-Zentren die Bezeichnung für Steueroasen waren.[239] Heute charakterisiert er die Ausgliederung betrieblicher Funktionen eines inländischen Unternehmens in das Ausland.

4.1.3.1 Der Terminus „Offshoring"

Offshoring stellt eine Sonderform des Outsourcing dar. Er bezeichnet die Funktionsausgliederung durch Outsourcing auf in Niedriglohnländern ansässige Partner, die über günstige Rahmenbedingungen verfügen, seien es eigene Niederlassungen oder selbständige Firmen. Der Begriff ist nicht ganz eindeutig und wird häufig mit „Outsourcing" gleichgesetzt oder als „Business Process Outsourcing" bezeichnet. Außerdem wird „Offshoring" im Unterschied zu „Outsourcing" häufig auch dann gebraucht, wenn nicht nur einzelne Tätigkeiten, sondern vollständige Arbeitsprozesse in Billiglohnländer verlagert werden. Offshoring steht somit für die Verlagerung ganzer Arbeitsbereiche, Entwicklungs- und Fertigungsabteilungen in das Ausland. Damit wird auch hochqualifizierte Arbeit nicht mehr vom Globalisierungsprozess ausgeschlossen.[240] Zielländer für Offshoring-Aktivitäten sind die neuen Marktwirtschaften in Mittel- und Osteuropa sowie in Asien insbesondere Indien und China.

Das Offshoring von nicht persönlich zu erbringenden Dienstleistungen (disembodied services) wird vor allem durch den technischen Fortschritt ermöglicht:

- Die moderne Informationstechnologie erlaubt die Digitalisierung eines Großteils der Arbeitsergebnisse, die nach der Speicherung kopiert und versandt werden können.
- Dank global vernetzter Datenleitungen liegen die digitalisierten Ergebnisse sofort vor und können – dank unterschiedlicher Weltzeitzonen – an 24 Stunden pro Tag weiter bearbeitet werden.[241]

Eine neue Sonderform des Offshoring erfolgt bei Exportaufträgen: Die SIEMENS AG erhielt von der Volksrepublik China im November 2005 die Order, 60 Hochgeschwindigkeitszüge zu liefern. Das Auftragsvolumen beträgt ca. 1,3 Mrd. €. Man könnte annehmen, dass es sich dabei um ein Exportgeschäft handelt, das auf Jahre inländische Produktionsstätten von SIEMENS auslastet. Lukrative Folgegeschäfte werden bereits diskutiert, da die chinesische Regierung plant, bis zum Jahr 2010 insgesamt 50 Mrd. € für Investitionen in das Schienen- und Zugnetz bei einer jährlichen Neubaustrecke von geplanten 1.000 Kilometern auszugeben. Im vorliegenden Fall wurde jedoch für die Abwicklung dieses Auftrages in China ein Joint Venture gegründet. SIEMENS produziert ausschließlich in China, und zwar mit den Partnerunternehmen CHINA TANSHAN LOCOMOTIVE und ROLLING STOCK WORKS. Aus Deutschland werden lediglich einzelne Komponenten und die Software für den Betrieb der Züge geliefert. Arbeitsplätze entstehen somit ausschließlich in China.

---

[239] Vgl. Deutsche Bank Research: Offshoring, 2005, S. 1
[240] Vgl. Hackmann, Worthülsen verunsichern Anwender, 2005, S. 40
[241] Vgl. Deutsche Bank Research: Offshoring, 2005. S. 1f

4.1.3.2 Praxisbeispiel für Offshoring: IT-Auslagerung nach Indien

Eine Vielzahl von branchenspezifischen Produkten und Dienstleistungen sowie von Unternehmensstandorten für das Offshoring werden in der Fachliteratur hinsichtlich der damit verbundenen Chancen und Probleme diskutiert. Besonderes Augenmerk findet dabei das Offshoring von IT-Dienstleistungen in Indien.

Indien, als typisches Niedriglohnland, bietet sich für zahlreiche Branchen, insbesondere aber für IT-Dienstleistungen, für Offshoring europäischer und US-amerikanischer Firmen an. 90 % aller amerikanischen Firmen und 45 % aller europäischen Unternehmen, die Offshore-Aufträge vergeben, wählen hierfür Indien. Entweder werden Tochtergesellschaften gegründet, Joint-Venture-Unternehmen ins Leben gerufen oder eine Beteiligung an einer ortsansässigen Firma gesucht.

Von den 1.000 größten Unternehmen der Welt, die in der sog. „Fortune List" enthalten sind, haben bereits ein Fünftel ihre Geschäftsprozesse und IT-Bereiche nach Indien verlagert. Allein im Jahr 2004 wurden rund 830.000 IT-Arbeitsplätze aus Industriestaaten in Niedriglohnländer verlagert.

Ende 2003 kündigte die deutsche Softwarefirma SAP, der Weltmarktführer für Unternehmenssoftware, an, das Unternehmen werde Indien zum weltweit größten Standort der Firma machen. SAP hat bereits in Indien sein größtes Entwicklungszentrum im asiatisch-pazifischen Raum mit 3.000 Mitarbeitern. Ursache hierfür sind nicht nur die niedrigen Löhne und die langen Arbeitszeiten, sondern auch die hohe Qualifikation des Personals dieses Landes.

Innerhalb eines einzigen Jahres (2002) zog die SIEMENS AG insgesamt 20.000 Arbeitsplätze in der Softwareproduktion ab, die zu 70 % in Deutschland und Westeuropa sowie in den USA durchgeführt wurde. Ein Jahr später, 2003, waren nur noch 49 % der Beschäftigten in diesen Ländern tätig. 20.000 gut bezahlte Arbeitsplätze bei der Netzwerktochter ICN der SIEMENS AG von insgesamt ehemals 54.000 Stellen verschwanden nach Osteuropa, China und vor allem Indien.[242]

Die gravierenden Unterschiede der Arbeitskosten eines Softwareingenieurs im Jahr 2003 in den jeweiligen Ländern erklären den Trend zur Verlagerung:

---

[242] Vgl. Kowalewsky, Wie am Fließband, 2004, S.44ff

Land:	Stundenlohn in €
Deutschland	54,00
China	14,00
Slowakische Republik	9,50
Indien	6,80

Fig. 52: Stundenlohn eines Softwareingenieurs im Jahr 2003[243]

Die „DEUTSCHE BANK AG Research" kalkulierte die Tagessätze von Programmierern, wobei diese auch die Infrastruktur vor Ort, die Anbietermarge und alle sonstigen Bezugskosten beinhaltet. In Indien liegt ein derartiger Tagessatz bei 140-200 €, in Deutschland in etwa beim Fünffachen, nämlich bei 600-1.000 €. Das Einstiegsgehalt eines indischen Softwareentwicklers liegt bei jährlich ca. 8.000 €, das seines Kollegen in Deutschland bei ca. 40.000,00 €.

Allein in den Jahren 2003-2004 entstanden in Indien 212.000 neue qualifizierte Arbeitsplätze im Bereich der Informationstechnologie, die Exporterlöse in Höhe von 2,15 Mio. Pfund für Indien erwirtschafteten. Der Gesamtexport an IT-Service-Leistungen Indiens betrug im Jahr 2003 zwölf Mrd. US-$.

Eine Viertelmillion hochqualifizierter Techniker sind in den indischen Technologie-Parks von Bangalore, Hydrabad oder Madras in Callcenters oder bei der Softwareentwicklung von multinational agierenden EDV-Firmen wie der deutschen SAP AG tätig. Im Jahr 2002 arbeiteten in der indischen IT-Industrie über vier Millionen Beschäftigte, von denen über 600.000 Fachkräfte einen Hochschulabschluss und weitere 500.000 Software-Entwickler die entsprechenden Zertifikate von MICRO-SOFT, CISCO u. a. erworben haben.[244] Indien wird zunehmend zum Hochtechnologie-Laboratorium für alle Industriestaaten. Erwähnenswert ist dabei, dass Englisch die am meisten gesprochene Sprache des Landes ist, so dass keinerlei Sprachbarrieren gegenüber der anglo-amerikanischen Geschäftswelt bestehen – ganz im Gegensatz zur Volksrepublik China.

Exkurs: Erwähnenswert ist auch China als Offshoring-Land für IT-Dienstleistungen, das über 400.000 einschlägige Fachkräfte und jährlich 40.000 IT-Berufseinsteiger verfügt und dem ein hohes Wachstumspotential für die Zukunft prognostiziert wird.

---

[243] Vgl. Boes; Schwemmle, Herausforderung Offshoring, 2004, S. 25ff
[244] Vgl. Corazza, Ulrich: Offshoring von IT-Leistungen, 2005, S. 10

4.2 Vorteile von Outsourcing und Offshoring

Die Vorteile der beiden strategischen Maßnahmen haben ihren Ausgangspunkt in den politischen und wirtschaftlichen Veränderungen in Europa und der Welt, die seit 1989 stattgefunden haben und oben bereits ausführlich dargestellt wurden.

4.2.1 Betriebswirtschaftlicher Nutzen

Sowohl Outsourcing als auch Offshoring bieten eine Vielzahl bedeutender kostenwirtschaftlicher und absatzpolitischer Vorteile.

Die Funktionsausgliederung, insbesondere in das Ausland, bietet ein erhebliches Potential für mögliche **Kostensenkungen**:

- Einsatz des Know-how von Spezialisten zur kostengünstigen Erledigung ausgelagerter unternehmerischer Aufgabenbereiche. Durch die Übernahme der jeweiligen Dienstleistung werden Kosten für Fachpersonal und Verwaltung gespart, Geschäftsprozesse rationalisiert, die Komplexität der Prozesse reduziert und Management-Kapazitäten frei.

- Planbare Synergieeffekte durch Kooperation mit einem Fachbetrieb und dessen spezialisierten Ressourcen.

- Es bieten sich ständig weitere Betätigungsgebiete für Outsourcing-Spezialisten in traditionellen und neuen Geschäftsfeldern zur Erhöhung der Kernkompetenz der die Funktionsausgliederung betreibenden Unternehmen. Es gilt der Slogan „Do what you can do best – outsource the rest". Dadurch erfolgt eine Reduzierung der Kosten für Beschaffung, Verwaltung und Fortbildung von eigenem qualifiziertem Personal im ausgliedernden Unternehmen.

- Reduzierung der Kosten insgesamt, speziell der fixen Kosten und des Kapitaleinsatzes im inländischen Unternehmen. Anstelle der schwer abbaubaren fixen Kosten entstehen jetzt variable Kosten. Die Kostenflexibilität bei Kapazitätsschwankungen verbessert sich.

- Die Festlegung von Volumen, Kosten und Qualität von klar definierten Leistungen gegenüber dem Outsourcing-Unternehmen schafft höhere Transparenz für die Vertragspartner.

- Abwälzung des Qualitäts-, Beschäftigungs- und Innovationsrisikos auf den externen Zulieferer, insbesondere in der Automobilzuliefererindustrie.

- Ersparnis von Eigen- und Fremdkapital bei rascher Verfügbarkeit der Kapazitäten des Outsourcing-Dienstleisters.

- Austauschmöglichkeit des Outsourcing-Dienstleisters bei entsprechender Wettbewerbssituation.

- Erstellung eines aussagefähigen Rechnungswesens durch den Outsourcing-Spezialisten mit einer Gliederung der für die Dienstleistung entstandenen Kosten nach Kostenarten und Kostenstellen sowie entsprechenden Richtwerten und Kennziffern zur Durchführung von Controllingmaßnahmen.

- Erhöhung der unternehmerischen Flexibilität und Reaktionsgeschwindigkeit auf Marktveränderungen durch die Reduzierung der betrieblichen Aktivitäten und damit eine Konzentration auf das Kerngeschäft.

- Vorteile einer kleinen Organisation mit Lean Management: Kürzere Innovationszeiten und das Streben nach Marktführerschaft werden möglich.

- Weltweite Nutzung günstiger Standorte.

- Erhebliche Senkung der Lohn- und Lohnnebenkosten durch Standortverlagerung.

- Erheblich längere Arbeitszeiten in Niedriglohnländern wie China und Indien.

- Eine tägliche 24-Stunden-Arbeitszeit wird durch Standorte an unterschiedlichen Zeitzonen bei multinationaler Kooperation mit Hilfe moderner Datenautobahnen ohne die Bezahlung von Überstunden möglich. Arbeitsergebnisse liegen auf diese Weise in kürzest möglicher Zeit vor.

- Verbesserter Zugang zu internationalen Faktormärkten, insbesondere für qualifizierte Arbeitskräfte, Rohstoffe und Kapital.

- Erstellung kostengünstiger Vorleistungen durch neu gestaltete internationale Wertschöpfungsketten und Reduzierung der Fertigungs- und Wertschöpfungstiefe im eigenen Unternehmen.

- Nutzung weiterer Kostenvorteile beim Offshoring, z. B. für Grundstücke und Gebäude.

- Wegfall von Transportkosten durch Produktion in dem Land bzw. Kontinent, in dem die Abnehmer ihren Sitz haben.

- Fertigung für einen größeren Markt mit positiven Folgen für die Kosten-degression.

- Möglichkeit der regionalen und internationalen Produkt- und Prozessspe-zialisierung durch Ausnutzung komparativer Kostenvorteile beim Handel der jeweiligen Länder, auf die bereits David Ricardo 1817 hingewiesen hat (Bei-spiel der komparativen Kosten für die Produktion von Textil und Wein in England und Portugal).[245]

- Möglichkeit, die Fertigungstiefe und damit auch die Wertschöpfungstiefe („value networks"), zu reduzieren.

- Häufig geringere Regelungsdichte für die unternehmerische Betätigung im Ausland, z. B. weniger Bürokratie und geringere Umweltauflagen.

- Minimierung der Steuerbelastung durch niedrige Ertragssteuern und der Möglichkeit der Gewinnverlagerung in Staaten mit niedrigen Unterneh-menssteuern.

Potential für Wettbewerbsvorteile durch eine **Ausweitung des Absatzes:**

- Schnelles Wachstum eines Unternehmens wird ermöglicht, ohne eine zeit-raubende und kapitalintensive Infrastruktur aufbauen zu müssen.

- Absatzsicherung und -erhöhung durch größere Marktnähe im Gastland und den Nachbarstaaten. Produziert wird dort, wo die Kunden ihre Niederlas-sungen haben.

- Kostengünstige Erhöhung der Fertigungsbreite für die Bedürfnisse des Gast-landes auf der Grundlage vorhandener Technologie und Produktkonzepte.

- Freie wirtschaftliche Betätigung im Gastland als „inländischer" Betrieb.

- Umgehung möglicher Importrestriktionen wie Zölle und Einfuhrbeschrän-kungen.

- Unabhängigkeit von der unsicheren Entwicklung der Devisenkurse durch Produktion im „Inland", die z. B. das Volkswagenwerk in den USA im Jahr 2004 wegen der damaligen Dollarschwäche ca. 1 Mrd. € als Auswirkung der Wechselkurseffekte gekostet haben.

---

[245] Vgl. Samuelson; Nordhaus, Volkswirtschaftslehre, 1999, S. 41ff

4.2.2 Volkswirtschaftliche Vorteile

Aus makroökonomischer Sicht bieten sich für die vom Outsourcing bzw. Offshoring betroffenen neuen Partnerländer eine Reihe positiver Effekte, auf die bereits im Rahmen des Kapitels „Globalisierung" hingewiesen wurde:

- Entstehen neuer inländischer Arbeitsplätze durch die Übernahme von Aufgaben bei den Outsourcing-Spezialisten. Die Arbeitsplatzverluste der die Funktionen ausgliedernden Unternehmen werden dabei teilweise wieder wettgemacht. Dies gilt jedoch nicht, wenn die Aufgabenverlagerung durch Offshoring in das Ausland erfolgt. Massive Verluste von Arbeitsplätzen sind dann die Folge (vgl. unten).

- Förderung der Innovation und des Strukturwandels in den alten Industriestaaten.

- Die deutsche Volkswirtschaft und die aller Industriestaaten profitiert von der global organisierten Arbeitsteilung.

- Der Export deutscher Firmen weist seit über einem Jahrzehnt hohe Steigerungsraten auf und dokumentiert damit auch die Kaufkraft der durch Offshoring-Maßnahmen betroffenen Importländer.

- Die Wettbewerbsfähigkeit der deutschen Wirtschaft und der großen Exportnationen USA und Japan steigt.

- Die Weltwirtschaft hat durch Wegfall staatlicher Regulierungen zunehmend mehr offene, oft untereinander vernetzte, Güter-, Dienstleistungs- und Finanzmärkte.

- Ein uneingeschränkter Welthandel mit internationaler Arbeitsteilung wird möglich.

- Der Wohlstand aller Menschen auf der Erde steigt. Damit wird ein erheblicher Beitrag zur Friedenssicherung durch internationalen Warenaustausch geleistet.

4.3 Nachteile von Outsourcing und Offshoring

Den Vorzügen stehen jedoch auch eine ganze Anzahl von Problemen gegenüber, die bei Wahrnehmung von Outsourcing und Offshoring auftreten.

4.3.1 Betriebswirtschaftliche Probleme

Den oben beschriebenen Vorteilen, stehen jedoch auch nicht unerhebliche Nachteile gegenüber, die den Gesamtnutzen von Outsourcing und Offshoring beschränken oder gar in das Gegenteil verkehren können.

Die nachfolgenden Gründe sind hierfür ausschlaggebend:

- Langfristige vertragliche Bindung an den Outsourcing-Dienstleister.

- Verluste oder Preisgabe von Know-how, wenn keine dauerhafte Sicherstellung des technologischen „state of the art" erfolgt.

- Häufig Entstehung irreversibler Abhängigkeiten vom Outsourcing-Dienstleister, da in manchen Branchen oligopolistische oder monopolistische Strukturen bei Zulieferern herrschen.

- Willkürliche Zerlegung zusammengehöriger Prozesse (z. B. im Automobilbau).

- Mögliches Konfliktpersonal zwischen den Kooperationspartnern, unabhängig davon ob es sich dabei um Gleichberechtigte oder Abhängige handelt. In jedem Fall besteht ein hohes Maß gegenseitiger Abhängigkeit bei evtl. unterschiedlichen Unternehmenskulturen und fehlenden Einfluss- und Kontrollmöglichkeiten.

- Gefahr ungünstiger Risikoverteilung, besonders hinsichtlich des Qualitätsrisikos und Lieferrisikos.

- Das Risiko der Preiserhöhung macht Rentabilitätsüberlegungen als Grundlage für das Outsourcing/Offshoring häufig zunichte. Hauptsache hierfür sind die hohen Lohnsteigerungen in Osteuropa und in den Schwellenländern Indien und China.

- Entstehung einer weltweiten hohen wirtschaftlichen Dynamik, die zu einer permanenten Verschärfung des Wettbewerbs und dem damit verbundenen Kosten- und Rationalisierungsdruck führt.

- Internationaler Preisverfall durch globale Konkurrenz und die Chance der Produktion in Niedriglohnländern.

- Ungünstige Machtverlagerung zu Lasten der Zulieferbetriebe, die in hohem Maße vom wirtschaftlichen Erfolg des Auftraggebers abhängen. Dies gilt beispielsweise für die 971 Zulieferer des VW-Konzerns, die bis zum Jahr 2009 drei Mrd. € weniger für ihre Vorleistungen erhalten sollen und dies bei einem weiteren Anstieg der Qualität.[246]

- Teilweise hohe Transportaufwendungen für im Ausland gefertigte Vorleistungen und hoher logistischer Aufwand für eine inländische fertigungssynchrone Belieferung von weltweit gefertigten Komponenten. Dies veranlasste beispielsweise den Tresorbauer FORMAT, seine Tochterfirma in Polen zu schließen und 30 Arbeitsplätze nach Deutschland zurückzuholen. Begründung: Steigende Benzinpreise und die neue Autobahnmaut hatten den Transport drastisch verteuert, so dass auch die niedrigen polnischen Löhne hierfür keinen Ersatz darstellten.[247]

- Häufig Qualitätsprobleme von im Ausland gefertigten Gütern bzw. produzierten und erbrachten Dienstleistungen.

- Politische, bürokratische, steuerrechtliche und kulturelle Probleme im Gastland beeinträchtigen die Standortvorteile teilweise in erheblichem Umfang.

- Teilweise unzureichende Infrastruktur im Gastland.

- Sprachprobleme, wenn etwa ein deutscher Manager in der Tschechischen Republik oder in Rumänien tätig wird.

- Teilweise unzureichende Vorbildung, Arbeitsmoral und Arbeitsproduktivität des Personals im Gastland.

- Erhöhter Kommunikationswand und damit verbundene Telekommunikationskosten

- In Deutschland wurde durch Einführung einer neuen Bewertungsmethode bei Funktionsverlagerungen von Unternehmen in das Ausland eine Steuerverschärfung eingeführt, die den Wegzug erheblich unattraktiver macht.[248]

4.3.2 Beeinträchtigungen für die nationale Volkswirtschaft

Die nachfolgend geschilderten Gefahren von Outsourcing und Offshoring stellen eine Zusammenfassung der negativen Folgen dar, die bereits im Kapitel über „Globalisierung" ausführlich erörtert wurden:

- Ungebremster und hoher Verlust inländischer Arbeitsplätze.

---

[246] Vgl. Fasse, VW verliert an Vertrauen bei den Zulieferern, 2005
[247] Vgl. Lixenfeld, Wenn Heuschrecken helfen, 2005
[248] Vgl. Freudenberg, Steuerverschärfung belastet Konzerne, 2008

- Weltweites Lohndumping und Abbau von Sozialstandards in den Industriestaaten.

- Erhöhung des staatlichen Aufwands für die Finanzierung der Arbeitslosigkeit (Arbeitslosengeld und Sozialleistungen)

- Ausfälle an Steuern und Sozialabgaben im Inland durch Arbeitslose und den Wegzug von Unternehmen.

- Machtverlust der Politik der Nationalstaaten, deren Handlungsfähigkeit erheblich eingeschränkt wird.

- Wettbewerb der Nationen um Schaffung und Erhaltung von Arbeitsplätzen.

4.4 Aktuelle Entwicklungen von Outsourcing und Offshoring

Die Zukunft dieser Managementlehre ist unklar. Einerseits besteht noch eine erhebliche Neigung zu einer Fortsetzung und Intensivierung von Outsourcing und Offshoring, andererseits werden jedoch in zunehmendem Maße auch klar die Grenzen erkannt und ein Prozess der Reintegration von Funktionen in das Unternehmen bzw. eine Rückkehr in das Heimatland beginnt.

4.4.1 Fortsetzung des Trends zu Outsourcing und Offshoring

Das McKinsey Global Institute schätzt auf Grund von Studien, dass allein im Jahr 2003 ca. 1,5 Mio. Arbeitsplätze aus dem Dienstleistungssektor von entwickelten Ländern abgewandert sind. Man rechnet damit, dass sich diese Zahl verlorengegangener Arbeitsplätze bis zum Jahr 2008 auf insgesamt 4,1 Mio. erhöhen wird, wenn die damit verbundenen Tätigkeiten im Wert von rund 300 Mrd. US-$ in Niedriglohnländer verlagert werden.

Eine Studie der DEUTSCHEN BANK AG prognostiziert, dass von der deutschen Dienstleistungsbranche bis 2009 bis zu 500.000 Arbeitsplätze im Inland abgebaut und in das Ausland abwandern dürften, wobei nicht nur einfache industrielle Tätigkeiten, sondern zunehmend auch Service-Jobs betroffen sein werden.[249] Nach einer Umfrage des Deutschen Industrie- und Handelskammertages erscheint inzwischen jeder vierten deutschen Firma Mittel- und Osteuropa verlockend. Deshalb würden neue Standorte in diesen Ländern und der Abbau von Betriebsstätten im Inland geplant. Zunehmend rücke jedoch auch Asien in den Mittelpunkt des Interesses für Produktions-verlagerungen.

Das Centre for Economic Policy Research (CEPR) ermittelte, dass zwischen 1990 und 2001 ca. 460.000 Arbeitsplätze aus Deutschland nach Osteuropa verlagert

---

[249] Vgl. Riecke, Globalisierungsdebatte erreicht den Elfenbeinturm, 2004

wurden, wobei jedoch vorwiegend einfachere industrielle Tätigkeiten betroffen waren. Dies kann sich jedoch in Zukunft ändern, wenn auch qualifiziertere Aufgaben im Ausland wahrgenommen werden.

Eine Umfrage der Unternehmensberatung Droege & Company sowie des Fraunhofer-Instituts für Produktionstechnologie unter 980 Top-Managern ergab, dass der Trend zu Offshoring auch in Zukunft weiterhin besteht. Insgesamt beabsichtigen 46 % der befragten Firmen, in den kommenden drei Jahren, ihre Produktion vollständig oder zum Teil nach Osteuropa oder Asien zu verlegen.

Durch die ständig steigende Qualität der Ausbildung der Fachkräfte in Niedriglohnländern werden lt. Forrester Research bis zum Jahr 2015 knapp 3,3 Mio. Arbeitsplätze in Europa und den USA durch Offshoring verloren gehen.

Der Offshore-Outsourcing Markt wächst dynamisch weiter. „Zweistellige jährliche Wachstumsraten sind die Regel, und oft wird die 20%-Marke in den Prognosen übertroffen."[250]

4.4.2 Beendigung von Outsourcing und Offshoring

Trotz aller Euphorie über die Vorteile von Outsourcing mehren sich die Stimmen der Kritiker an der Funktionsverlagerung, insbesondere in das Ausland, und eine Rückbesinnung und teilweise gar Rückkehr an den Standort Deutschland setzt ein. Eine McKinsey-Studie aus dem Jahr 2003 ergab, dass 58 % der befragten Unternehmen von den Ergebnissen der Standortverlagerung in das Ausland enttäuscht sind. Die Kosten des gescheiterten Offshoring westeuropäischer Firmen liegen demzufolge bei ca. 6 Mrd. €. Innerhalb von zwei Jahren kehrten allein in der Metall- und Elektroindustrie 1.200 Firmen nach Deutschland zurück, das bei internationalen Standortvergleichen in das Spitzenfeld vorgerückt ist.

Nach einer Statistik des Handelsblatts auf der Grundlage einer Befragung haben 20 % der Unternehmen aller Größenklassen, die in den letzten drei bis vier Jahren bereits Outsourcing durchgeführt haben, nicht vor, weitere Outsourcing- bzw. Offshoring-Maßnahmen zu ergreifen. Bei denjenigen Unternehmen, die sich innerhalb dieser Zeit nicht für Outsourcing entschieden haben, beabsichtigen, 49 % auch künftig auf diese strategische Maßnahme zu verzichten: 48 % der Großunternehmen wünschen in diesem Fall kein Outsourcing. Bei Kleinunternehmen beträgt die Zahl der ablehnenden Betriebe sogar 53 %. Zukäufe gewinnen an Bedeutung gegenüber dem Outsourcing.

Die wichtigsten der zahlreichen Gründe für die Beendigung von Outsourcing und Offshoring werden nachfolgend tabellarisch angeführt:

---

[250]   Vgl. Deutsche Bank Research: Offshoring, 2005

Ursache	Konkretisierung	Beispiele
Kommunikationsprobleme, unzureichende Arbeitshaltung	Unterschiede im Dienstleistungsverständnis, Kommunikationsdefizite, Sprachprobleme, mangelndes Businessverständnis und unzureichende Kontakte mit dem ausländischen Partner	GE MONEY BANK LUFTHANSA CARGO
Verlust an Kontrolle und an Mitarbeitermotivation	unzureichende Kontrolle über die Wertschöpfungskette des ausländischen Partners, Effizienz- und Motivationsverluste bei den Mitarbeitern	SANOFI-AVENTIS
Qualitätsprobleme und fehlende Termintreue	zu wenige qualifizierte ausländische Mitarbeiter am Markt, geringere Arbeitsproduktivität, verspätete Lieferung, erhebliche Qualitätsmängel, Verlängerung der Durchlaufzeiten, eigene, nicht ausgelastete Kapazitäten	KIEL CLASSIC (Segelyachten)
Transportprobleme	langsame und teuere Transporte durch unzureichende Infrastruktur in den Partnerländern, fehlende Transportkapazitäten, Probleme mit der Energieversorgung	INDIEN als Schwellenland
Rentabilitätsprobleme	zu geringe und sinkende Kostenersparnis, hohe Lohnsteigerungen in Osteuropa und in den asiatischen Ländern, versteckte Kosten und Zusatzkosten durch die hohe Komplexität der Organisation der Wertschöpfungsketten; Kostenersparnisse beim Outsourcing werden teilweise durch die Gewinne der Zulieferer wieder kompensiert; unrentable Auslandsniederlassungen, u.a. durch hohe Transportkosten	ELECTROLUX

Fig. 53: Ursachen für die Beendigung von Outsourcing und Offshoring

Die im Jahr 2004 und 2005 abgehaltene Konferenz der Industrie- und Handelskammer für Mittelfranken und den bayerischen Industrieverbänden mit dem Thema „Bleiben Sie hier!" will deutschen Unternehmen Mut machen, im Inland zu arbeiten und auf Verlagerungen von Tätigkeiten in Niedriglohnländer zu verzichten. Den günstigen Lohnkosten im Ausland stehen häufig erhebliche Nachteile unterschiedlichster Art in den jeweiligen Gastländern gegenüber. Die Vorteile des einheimischen Standorts, angefangen von der intakten Infrastruktur und qualifizierten Arbeitnehmern, bis hin zu Stabilität in Politik und Rechtsfragen sollen die wechselwilligen Unternehmen zum Nachdenken anregen. Es wird dabei den Firmen eine geeignete Mischung von in- und ausländischen Aktivitäten empfohlen.

Als Beispiel wird die LEONI AG genannt, die Zulieferteile für den Automobilsektor mit dem Schwerpunkt Verkabelungssysteme und Bordnetz-Systeme herstellt. Von den insgesamt 30.000 Beschäftigten arbeiten 27.000 im Ausland und 3.000 im Inland. Durch das internationale Wachstum war es möglich geworden, die Zahl der inländischen Arbeitskräfte innerhalb der vergangenen zehn Jahre um 20 % zu erhöhen. Die Kabelproduktion erfolgt fast ausschließlich vollautomatisch. Deshalb ist der Kostenvorteil günstigerer Löhne im Ausland für die jeweilige Standortentscheidung kaum ausschlaggebend.[251]

Dieser Argumentation schließt sich auch der Leiter des Instituts der deutschen Wirtschaft an: „Wenn wir die Kosten um 15 bis 20 Prozent zurückfahren, dann sind wir im Verbund mit den vorhandenen Standortvorteilen auch wieder wettbewerbsfähig."[252] Die höheren inländischen Lohnkosten sollten deshalb sehr sorgfältig mit den hervorragenden Standort- und Infrastrukturbedingungen in Deutschland abgewogen werden. Nach einem stärkeren Anstieg der Löhne in China für Fachkräfte und Manager haben 20 % der deutschen Unternehmen ihre Niederlassung in China 2008 geschlossen. Hinzu kommt der für Firmen positive Effekt des realen Absinkens des Lohnniveaus in Deutschland als Folge unterschiedlicher Lohnabschlüsse und Preisentwicklungen in Europa in den letzten Jahren.

Trotz Outsourcing und Offshoring der VOLKSWAGEN AG konnte im September 2005 der deutsche Standort gestärkt werden. Durch eine mit der Industriegewerkschaft Metall vereinbarte Kürzung von Löhnen und Lohnzusatzkosten wurde es möglich, ein Geländefahrzeug in Wolfsburg zu fertigen und eine Produktionsverlagerung nach Portugal zu verhindern. Derartige „betriebliche Bündnisse für Arbeit" zwischen Unternehmensleitung und Gewerkschaft leisten einen wichtigen Beitrag zur Sicherung der im Inland verbliebenen Arbeitsplätze. Geeignete Maßnahmen, die Attraktivität des einheimischen Arbeitsmarktes zu steigern und damit die Abwanderung zu stoppen, sind die Angebote der Gewerkschaften hinsichtlich einer Erhöhung der Arbeitszeit ohne Lohnausgleich und die Einführung flexibler Arbeitszeiten sowie die Nutzung von Beschäftigungsgesellschaften, um den Arbeitskräftebedarf der jeweiligen Kapazitätsauslastung anzupassen.

4.5 Exkurs: Outsourcing und Insourcing

Der Begriff "Insourcing" hat zwei Bedeutungen:

Einerseits versteht man unter "Insourcing" allgemein die Hereinnahme von Aufträgen Dritter, um für diese in Form von Lohnfertigung zu produzieren. Diese Aufgabe wurde bislang teilweise oder vollständig extern von Dritten wahrgenommen und wird nun im Unternehmen in höherem Umfang als bisher durchgeführt oder völlig neu aufgenommen.

Beispielsweise kann ein Automobilwerk auch Komponenten und Teile für Mitbewerber fertigen oder der Bereich „Forschung und Entwicklung" dieses Unternehmens kann Konstruktionsdienstleistungen für Dritte erbringen. Das Ziel ist die Auslastung freier Kapazitäten zur Deckung der fixen Kosten und evtl. die Gewinnerzielung für Profitcenter des Unternehmens.

---

[251] Vgl. Wonneberger, Es gibt Alternativen zur Stellenverlagerung, 2005
[252] Vgl. ebenda

Andererseits wird „Insourcing" im Gegensatz zu „Outsourcing" in der Weise gebraucht, dass darunter alle Aktivitäten zusammengefasst werden, die zu einer Verlagerung des Zukaufs von Leistungen oder extern gefertigten Teilen und Komponenten zu einer eigenen „Inhouse-Erstellung" führen. Insourcing stellt dann eine Gegenbewegung zu einem Outsourcing dar und wird häufig „Re-Insourcing" bezeichnet.

Bei diesem Begriffsverständnis ist Outsourcing gelegentlich auch nur eine Vorstufe für späteres Insourcing, oft auch, wenn wegen fehlender Auslastung der eigenen Produktion freie Kapazitäten zur Fertigung bislang von Dritten zugekaufter Teile bestehen. Man spricht in diesem Zusammenhang auch von „operativem Insourcing".[253]

Die PORSCHE AG, der bekannteste Sportwagenhersteller Deutschlands, betreibt seit den neunziger Jahren sowohl Insourcing als auch Outsourcing. Zu dieser Zeit war das Unternehmen wegen des von ihm abgedeckten engen Luxussegments und einer geringen Produktpalette am Markt sowie wegen hoher nicht ausgelasteter Kapazitäten in finanzielle Schwierigkeiten geraten.

Der neue Vorstandsvorsitzende Wendelin Wiedeking begann zunächst mit Insourcing, um die hohen Fixkosten, die wegen mangelnder Auslastung der vorhandenen Kapazität entstanden, abzudecken und die Fixkosten pro Stück zu senken. Deshalb begann PORSCHE mit der Fertigung von Teilen für deutsche und japanische Mitbewerber. Nach wenigen Jahren war das Werk voll ausgelastet und produziert inzwischen im Dreischichtenbetrieb an sieben Tagen in der Woche. Dieses Vorgehen hat nicht nur die Kostenwirtschaftlichkeit erhöht, sondern auch die Liquidität durch die Fremdfertigung verbessert.

Auch das PORSCHE Entwicklungszentrum mit seinen ca. 3.000 Mitarbeitern übernimmt Konstruktionsaufträge für die Automobilindustrie sowie für andere Anlagenbauer (z. B. LIEBHERR, SCHINDLER u.a.). Auf diese Weise wird die vorhandene Kapazität ausgelastet, die Kosten gedeckt und - im Fall des PORSCHE-Entwicklungszentrums – ein positiver Deckungsbeitrag durch dieses Profit Center erwirtschaftet.

Andererseits hat die PORSCHE AG darauf verzichtet, die volle Fertigungsbreite und Fertigungstiefe aufrecht zu erhalten. Das Unternehmen produziert nämlich nur noch 10-20 % der Teile der von ihm gefertigten Fahrzeuge in eigenen Fabrikationsstätten und bezieht 80-90 % aller Teile, Komponenten und Baugruppen durch Zuliefererbetriebe. Insgesamt sind dies derzeit 500 Unternehmen, eine Reduzierung auf 300 ist geplant. Somit erfolgt ein weitgehendes Outsourcing und Offshoring

---

[253] Vgl. Kämpf; Gienke, Strategische Maßnahmen zur Beschaffung von Material und Dienstleistungen, 2005, S. 1

der Teileproduktion bei PORSCHE. Das Unternehmen hat damit die geringste Fertigungstiefe in der gesamten Automobilindustrie. Außer Motor und Fahrwerk werden fast alle anderen Teile zugeliefert. Dieses setzt sich jedoch auch bei der Fertigung fort. Beispielsweise montiert die finnische Autofabrik VALMET ganze Fahrzeuge wie das Modell „BOXTER" für PORSCHE.

Beim Geländefahrzeug CAYENNE wurde das System weiter perfektioniert: Nur zehn Prozent beträgt die hauseigene Wertschöpfung, 90 Prozent der Teile werden von externen Systemlieferanten bezogen. Der Zusammenbau des Fahrzeuges erfolgt bei VW in Bratislava, ein externer Logistiker liefert im Montagewerk in Leipzig alle Teile an das Band, wo lediglich noch der Motor eingebaut wird. Trotzdem betrachtet der Kunde den von PORSCHE angebotenen Sportwagen als deutsches Qualitätsprodukt.

Die Folgen dieser Strategie sind: geringe Kapitalbindung, hohe Liquidität und hohe Rentabilität durch hohe Preise bei hervorragender Qualität und weiterhin exzellentem Markenimage.

Buchenau ist zuzustimmen, wenn er resümiert: „Im Prinzip ist PORSCHE eine Entwicklungs- und Marketingabteilung mit angeschlossener Produktion und immer stärkerer Fremdfertigung."[254]

Zusammenfassung: Die PORSCHE AG betreibt zugleich Insourcing aus Gründen einer besseren Kapazitätsauslastung der Fertigung und Outsourcing, das die Flexibilität der Produktion erhöht und ebenfalls mit erheblichen Kostenvorteilen verbunden ist. PORSCHE ist auf Kooperationen angewiesen, um nicht zu große eigene Kapazitäten aufzubauen, die bei einem Absatzrückgang nicht mehr auszulasten wären. Offshoring wird erfolgreich praktiziert, jedoch nicht in China, was im Hinblick auf Transportkosten und Lieferzeiten schwer realisierbar wäre, wohl aber in der Tschechischen und Slowakischen Republik. „PORSCHE ist damit ein Paradebeispiel dafür, dass in Zeiten der Globalisierung nicht unbedingt der Größte, sondern der Schnellste überlebt",[255] fasst Buchenau die Leistung des mittlerweile profitabelsten Autoherstellers der Welt im Hinblick auf Umsatz und Kapitaleinsatz zusammen.[256]

5. Business Reengineering (1994)

Das Ziel, die Situation der Unternehmen in einer Zeit des weltweiten politischen und wirtschaftlichen Umbruchs durch neue Managementinstrumente zu sichern und zu verbessern, erfolgt auf höchst unterschiedliche Weise.

---

[254] Buchenau, Martin-W.: Porsche: Schneller David, 2005
[255] Ebenda
[256] Auch die Luftfahrtindustrie beginnt jetzt, dieses Geschäftsmodell zu übernehmen: AIRBUS will künftig bis zu 70 % seines Fertigungsvolumens durch externe Zulieferer produzieren lassen. MAN beschränkt seine Fertigungstiefe auf 19 % an Eigenproduktion, der Rest wird zugekauft.

Ansatzpunkte waren die Mitarbeiter im Unternehmen (Change Management), die Betonung des Gewinnstrebens (Shareholder Value) Einzelaspekte der Neuausrichtung wie die Fokussierung auf das Kerngeschäft, Mergers & Acquisitions und Lean Management sowie Outsourcing und Offshoring.

Eine Guppe von Fachautoren betrachtet jedoch das Unternehmen in seiner Gesamtheit, das nach jeweils einem dominierenden Sachaspekt ausgerichtet werden soll. Hierzu zählen das Business Reengineering, Benchmarking, ganzheitliches Qualitätsmanagement und die Balanced Scorecard.

5.1 Definition: Business Reengineering

Die Idee des Business Reengineering wurde von Michael Hammer und James Champy erstmals im Jahr 1994 publiziert. Von diesen beiden Autoren wurde der Begriff „Business Reengineering" durch ihr Buch mit dem gleichnamigen Titel in die Managementlehre eingeführt. Es hat den Charakter eines Kursbuchs des Unternehmensumbaus. Die Autoren bezeichnen ihre Lehre selbst als eine „Radikalkur für das Unternehmen".[257]

Hammer ist Präsident von Hammer & Company Inc., einer Schulungs- und Beratungsfirma für Manager, und war früher Professor am Massachusetts Institute of Technology. James Champy war ursprünglich Unternehmensberater in der Consulting-Firma CSC Index, die eine Vorreiterrolle bei der Entwicklung und Umsetzung des Business Reengineering führte.[258]

Das Managementkonzept des Business Reengineering wurde zur zentralen Aufgabe für diese Unternehmensberatung, die ihren Umsatz von 30 Mio. US-$ im Jahr 1988 auf 150 Mio. US-$ 1993 gesteigert hat.[259] Heute verzeichnet die Firma CSC Index infolge der jahrelangen enormen Popularität von Business Reengineering Umsätze von über 500 Mio. US-$ und beschäftigt weltweit über 2.000 Mitarbeiter.

Hammer und Champy zählen zu den treffendsten Beispielen dafür, dass US-amerikanische Consultants die Hochschullehrer als Produzenten neuer Theorien zur Unternehmensführung abgelöst haben.

Unter "Business Reengineering" versteht man nach Hammer und Champy

"ein <u>fundamentales</u> Überdenken und <u>radikales</u> Redesign von Unternehmen oder wesentlichen <u>Unternehmensprozessen.</u> Das Resultat sind <u>Verbesserungen um Größenordnungen</u> in entscheidenden, heute wich-

---

[257] Vgl. Untertitel des Buches von Hammer/Champy, Hammer; Champy, Business Reengineering, Die Radikalkur für das Unternehmen, 1995, S. 1
[258] Vgl. ebenda, S. 4
[259] Vgl. Schmid, Blueprints from the U.S.?, 2003, S. 13

tigen und messbaren Leistungsgrößen in den Bereichen Kosten, Qualität, Service und Zeit."[260]

Die Schlüsselworte der Definition weisen den Weg für die Umsetzung:[261]

- Fundamental: Warum finden bestimmte Abläufe im Unternehmen überhaupt statt? Warum erfolgen sie in der Weise, wie dies gegenwärtig der Fall ist? Man muss deshalb klären, „was" überhaupt getan werden soll und dann das „wie", die Art und Weise der Durchführung. Die gegenwärtigen Zustände im Unternehmen werden bewusst ignoriert, man konzentriert sich auf die Gestaltung der wünschenswerten unternehmerischen Geschäftsprozesse, unabhängig von den real vorhandenen Zwängen und Gegebenheiten.

- Radikal: Man muss bei der Wurzel (lat. radix) ansetzen. Es sollen völlig neue Wege entwickelt werden, die Arbeit zu erledigen. Ziel ist die komplette Neugestaltung des Unternehmens, nicht lediglich die Verbesserung oder Modifizierung der Geschäftsabläufe.

- Unternehmensprozesse: Man versteht unter einem „Prozess" eine Folge logisch zusammenhängender Aktivitäten. Mit Hilfe von Inputfaktoren soll ein Output geschaffen werden, der als Ziel definiert wurde. Innerhalb des Prozesses soll ein Wertzuwachs bzw. eine Wertschöpfung erfolgen. Nach Hammer/Champy ist ein Unternehmensprozess ein Bündel von Aktivitäten, für das verschiedene Produktionsfaktoren als Input erforderlich sind, um für den Kunden als Output einen Wert zu erzeugen. Bei der Konzentration auf die einzelnen Schritte – das Ergebnis der von Adam Smith und Frederick Taylor propagierten Arbeitsteilung – besteht die Gefahr, das übergeordnete Ziel aus den Augen zu verlieren. Nicht mehr ein auf die Erledigung einzelner Aufgaben konzentriertes Denken, sondern prozessorientierte Vorgehensweisen bewirken die gewünschten radikalen Veränderungen im Hinblick auf das Endziel eines Wertschöpfungsprozesses. Reengineering bleibt nicht bei der Verbesserung von Prozessen stehen. Das Ziel lautet: „Umkehrung der Industriellen Revolution" und der damaligen Form der Arbeitsteilung.

- Verbesserungen um Größenordnungen: Es geht nicht um „Rationalisierung" oder um geringfügige Verbesserungen, sondern um Quantensprünge. Interessenten am Business Reengineering sind deshalb insbesondere die folgenden drei Gruppen: Unternehmen in wirtschaftlichen Schwierigkeiten, Firmen, die – ohne akute Probleme zu haben – für die Herausforderungen der Zukunft gerüstet sein wollen und Spitzenunternehmen in Höchstform, die ihren Vorsprung vor der Konkurrenz noch weiter ausbauen möchten. Die Informationstechnologie leistet dabei eine wichtige Hilfestellung.

---

[260] Vgl. Hammer; Champy, Business Reengineering, 1995, S. 48. Die Hervorhebungen im Text erfolgten durch den Verfasser, um auf die nachfolgende Erklärung der Schlüsselworte hinzuweisen.
[261] Vgl. ebenda, S. 48ff

Hammer und Champy definieren die wesentliche Botschaft Ihres Buches:

> „Es ist nicht mehr sinnvoll und wünschenswert, dass Unternehmen ihre Tätigkeiten nach Adam Smiths Grundsätzen der Arbeitsteilung organisieren. Einzelaufgabenorientierte Arbeitsplätze sind in der heutigen Welt der Kunden, des Wettbewerbs und des Wandels nicht mehr zeitgemäß. Stattdessen müssen die Firmen die Arbeit prozessorientiert organisieren."[262]

Business Reengineering bedeutet „ganz von vorne anfangen" und nicht die vorhandenen Abläufe im Hinblick auf Verbesserungen zu analysieren, bei denen die zugrundeliegenden Strukturen unangetastet bleiben. Man muss sich – am besten auf einem leeren weißen Blatt Papier – die folgende Frage stellen:[263] „Wenn ich dieses Unternehmen heute mit meinem jetzigen Wissen und beim gegenwärtigen Stand der Technik neu gründen müsste, wie würde es aussehen? Welche Wettbewerbsvorteile würde es bringen?"[264] Business Reengineering bedeutet, überholte Systeme im Unternehmen zu erkennen, aufzugeben und von vorne anzufangen. Dazu muss man grundsätzlich bei Null beginnen und sich neue, zeit- und kundengemäße Vorgehensweisen zur Erledigung der Arbeit ausdenken und in die Praxis umsetzen. Hammer und Champy beklagen, dass in zahlreichen Unternehmen heute niemand eine Prozessverantwortung trägt, da fragmentierte Prozesse ohne Ausrichtung auf die Bedürfnisse der Kunden erfolgen. Die Autoren fordern, dass Unternehmensprozesse für den Kunden einen Wert erzeugen sollen. Regelmäßige Befragungen können die Kundenzufriedenheit ermitteln und damit auch eine Auskunft über die Prozessqualität geben.

Ein von Hammer und Champy zitierter Vergleich des Kreditorenmanagement bei FORD und MAZDA schildert eindrucksvoll den neuen Weg, den Business Reengineering beschreitet:[265]

In den achtziger Jahren hatte die FORD Motor Company, Detroit, einen 25%igen Anteil an dem japanischen Autobauer MAZDA erworben. Auf diese Weise wurde der Vergleich der Geschäftsprozesse zwischen beiden Unternehmen möglich.

In der Kreditorenbuchhaltung von FORD North America waren 500 Mitarbeiter tätig, die für die Begleichung der Rechnungen zuständig waren, die die Zulieferer an FORD stellten. Das Management beabsichtigte, durch den Einsatz von Computern zur Standardisierung und Automatisierung bestimmter Funktionen Personaleinsparungen in Höhe von 20 % zu erzielen. Durch diese Rationalisierungsmaßnahme wäre die Anzahl der Mitarbeiter auf 400 gesunken. Nach einem Besuch bei MAZDA erkannten sie die Grenzen reiner Rationalisierungsmaßnahmen.

---

[262] Vgl. Hammer; Champy, Business Reengineering, 1995, S. 43
[263] Vgl. Eckhardt, Reengineering, 1994
[264] Hammer; Champy, Business Reengineering, 1995, S. 47
[265] Vgl. ebenda, S. 57-63

MAZDA ist erheblich kleiner als FORD, bewerkstelligt jedoch die gleiche Aufgabe in der Kreditorenbuchhaltung mit lediglich fünf Mitarbeitern. Dies war möglich geworden, weil der Geschäftsprozess bei MAZDA radikal verändert wurde. Die große Anzahl der Mitarbeiter bei FORD war deshalb erforderlich, weil häufig Differenzen zwischen der Bestellung, dem Wareneingangsschein und der darauf erfolgenden Rechnung auftraten. Die Abklärung dieser Probleme verursachte den größten Zeitaufwand für die Beschäftigten der Kreditorenbuchhaltung bei FORD.

MAZDA ging anders vor: Beim Wareneingang wurde mit Hilfe der gut ausgebauten Informationstechnologie des Unternehmens lediglich geprüft, ob die Lieferung mit der Bestellung der Waren übereinstimmte. War dies der Fall, dann wurde die Rechnung angewiesen, wenn nicht, ging die komplette Lieferung an den Hersteller zurück. Bei wiederholten falschen oder unvollständigen Sendungen wurde der Zulieferer von der Liste der Beschaffungsunternehmen von MAZDA gestrichen. Somit wurde bei Erhalt der richtig gelieferten Waren bezahlt und Probleme an den Lieferanten zurück verwiesen.

Die Übertragung dieses Modells auf die Verhältnisse von FORD führte dazu, dass die Zahl der Mitarbeiter für das Kreditorenmanagement von 500 auf 125 gesenkt werden konnte.

Hammer und Champy wollen mit diesem Beispiel zeigen, dass eine radikale Neugestaltung der Unternehmensprozesse (Business Reengineering) unter starkem Einbezug der Informationstechnologie erhebliche Kostenvorteile bewirken kann.

Bullinger/Friedrich definieren den Begriff folgendermaßen:

> „Reengineering ... ist dem Wesen nach eine geistige Grundhaltung zur grundlegenden Neugestaltung von Unternehmensteilen oder des Gesamtunternehmens und setzt voraus, dass praktikable, tragfähige Ziele, Strategien, Konzepte, Werkzeuge und Instrumente bis hin zu speziellen Techniken zur Unterstützung und Neukonzeption organisatorischer und operativer Arbeitsabläufe zielorientiert ausgewählt, konfiguriert und situationsangemessen eingeführt sowie zukünftig effizient angewendet werden."[266]

---

[266] Bullinger; Friedrich, Management of Change, 1995, S. 22

Business Reengineering unterscheidet sich somit von einer Anzahl ähnlicher Instrumente:

Managementinstrument:	Beurteilung:
Rationalisierung	Punktuelle einmalige Maßnahme zur Verbesserung vorhandener Geschäftsprozesse zwecks Optimierung der Wirtschaftlichkeit.
Kontinuierliche Verbesserungs- prozesse (KVP)	Organisiertes, durch die Mitarbeiter zu leistendes, meist freiwilliges und unstrukturiertes Vorgehen, um durch Einzelmaßnahmen Verbesserungen der vorhandenen Geschäftsprozesse zu bewirken. Weder grundlegende Änderungen in der Aufbau- noch in der Ablauforganisation sind die Folge.
Kaizen	Japanische Managementkonzeption, um auf dem Weg (Kai) zum Guten (Zen) durch ständige Produkt- und Prozessverbesserungen andauernd Kostensenkungen zu realisieren. Dies erfolgt durch einen kontinuierlichen Unternehmenswandel. Häufig wird der Begriff synonym mit KVP gebraucht.
Prozessmanagement	Systematisches, durch das Management initiiertes Vorgehen, um einzelne Geschäftsprozesse zu verbessern. Ziel ist die optimale Auslastung der Prozessbeteiligten und eine Reduzierung der Durchlaufzeit. Die Aufbauorganisation wird dabei nicht verändert.
Business Reengineering	Radikaler und fundamentaler Unternehmenswandel durch ein entsprechendes Redesign. Durch Änderung der vorwiegend hierarchischen in eine horizontale Prozessanordnung wird die Ablauforganisation neu strukturiert. Nach den Anforderungen der Ablauf- wird auch die Aufbauorganisation entsprechend angepasst. Die Geschäftsprozesse selbst werden in Frage gestellt.

Fig. 54: Abgrenzung des Business Reengineering von verwandten Managementinstrumenten[267]

Das Business Reengineering weist folgende konzeptionelle Merkmale auf:

- Quantensprünge durch eine radikale Neugestaltung sämtlicher Unternehmensprozesse bzw. des gesamten Unternehmens.

- Fokussierung auf Kunden. „Case Workers" haben dabei die zentrale Aufgabe, den kompletten Vorgang vom Anfang bis zum Ende zu bearbeiten und sind der jeweilige Ansprechpartner des Kunden. Komplexere Aufgaben übernehmen „Case Teams".

- Paradigmenwechsel hinsichtlich der Arbeitsorganisation: Es werden nicht mehr Aufgaben im Rahmen einer bestehenden Aufbauorganisation strukturiert, sondern die Ablauforganisation bestimmt die Struktur der Aufbauor-

---

[267] Vgl. Hopfenbeck, Allgemeine Betriebswirtschafts- und Managementlehre, 2002, S. 740ff

ganisation (structure follows processes). Dadurch entsteht eine neue Dominanz der Ablauforganisation.[268]

- Die abteilungsbezogene funktionale Denkweise wird durch eine Prozessorientierung ersetzt.[269]

Nach Hammer und Champy verändert sich eigentlich alles im Unternehmen durch Business Reengineering: Mitarbeiter, Stellen, Manager und Wertesysteme, die jedoch alle miteinander verknüpft sind. Die Autoren haben hierfür den Begriff „Geschäftssystem-Diamant" geprägt:

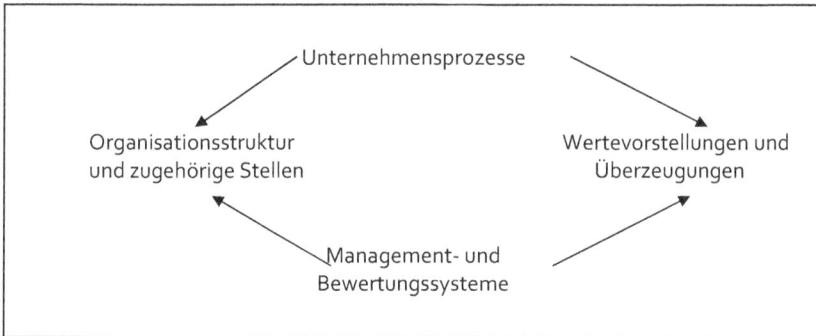

Fig. 55: Der Geschäftssystem-Diamant[270]

Da das Business Process Reengineering häufig mit der Optimierung von Geschäftsprozessen verglichen, ja gelegentlich sogar gleichgesetzt wird,[271] lohnt es sich, diese Vorgehensweisen näher zu betrachten. Beide verfolgen die gleiche Zielsetzung, nämlich einen stärkeren Bezug zu den Kundenwünschen herzustellen und Kosten zu sparen.

Darüber hinaus bestehen jedoch auch eine ganze Anzahl von Wesensunterschieden:

---

[268] Vgl. Krüger, Organisation der Unternehmung, 1993, S. 120f
[269] Vgl. Homburg; Hocke, Change Management durch Reengineering?, 1998, S. 294
[270] Vgl. Hammer; Champy, Business Reengineering, 1995, S. 110
[271] „Der mit Abstand wirksamste, gleichzeitig aber auch anspruchsvollste Ansatz ist die Geschäftsprozessoptimierung (GPO). Sie geht zurück auf die Autoren Hammer und Champy, die ihre Ideen unter dem Begriff Business Process Reengineering veröffentlicht haben, und ist die vielleicht wichtigste Innovation der neunziger Jahre im Bereich der Unternehmensführung."
       Vgl. hierzu: Doppler; Lauterburg, Change Management, 2005, S. 483

Vergleichsparameter:	Business Process Reengineering	Gestaltung von Geschäfts- prozessen
Ausgangspunkt:	extern: kundenorientierte Wertschöp-fung	intern: Optimierung von Geschäftspro-zessen
Ablauforganisation:	gezieltes Aufbrechen der Struktu-ren in einem umfassenden Sinn	gezielte Untersuchung und per-manente Verbesserung bestehen-der Geschäftsprozesse starke Detailbetrachtung (Pro-zesswertanalysen, Prozesscontrol-ling)
	radikales Neudesign von Ge-schäftsprozessen	funktionale Strukturen bleiben erhalten
Prozessgestaltung	abteilungsübergreifend, dadurch höhere Flexibilität und Dynamik interdisziplinäre Prozessteams	innerhalb der einzelnen Abteilun-gen und Bereiche
	Beschleunigung derjenigen Pro-zesse, die für den Kunden eine echte Wertschöpfung bringen und deshalb neu konzipiert wur-den.	Konzentration auf wertschöpfende Bereiche
	Prozessorientierung steht im Mittelpunkt	Entwicklung von Prozesskennzah-len, z. B. definierte Eingangs- und Ausgangsgrößen, Ergebnismes-sung der Einzelprozesse
Einbezug der Informations-technologie	wichtiger Schlüsselfaktor für den Erfolg des Reengineering	gelegentliche Gefahr der Technik-dominanz bei den Prozessen
Rolle der Mitarbeiter	Empowerment: Erhöhung des Aufgabenspektrums, mehr Kompeten-zen und Verantwortung der Sachbearbeiter Reduzierung der Arbeitsteilung Einebnung hierarchischer Strukturen Entfaltung der spezifischen internen Ressourcen	

Fig. 56: Vergleich Business Reengineering und Gestaltung von Geschäftsprozessen[272]

---

[272] Vgl. Schmalzl; Schröder, Managementkonzepte im Wettstreit, 1998, S. 244ff

5.2 Ursachen von Business Process Reengineering

Nach Hammer/Champy sind drei Kräfte heute die treibenden Veränderungsfaktoren:

- Die Kunden übernehmen das Kommando, d. h. eine starke Kundenorientierung ist in allen Unternehmen heute zwingend erforderlich.

- Der Wettbewerb wird intensiver, nicht zuletzt wegen der Globalisierung und der Nutzung des Internet und

- der geplante Wandel wird zur Konstante, wie bereits im Rahmen der Ausführungen zu Change Management dargelegt wurde.[273]

5.3 Vorgehensweisen beim Business Reengineering

Kernpunkte bei der Durchführung des Business Reengineering sind:

- Ausrichtung der einzelnen Prozessschritte am gesamten Unternehmensablauf. Die Fragestellung lautet: Erbringt ein Vorgang aus der Sicht des Kunden überhaupt eine echte Wertschöpfung? Wenn ja, welche? Ohne eine hinreichende Begründung kann und soll dieser bei Reengineering-Maßnahmen entfallen. Das Unternehmen soll sich stattdessen auf die Verbesserung der Kernprozesse fokussieren.

- Verkleinerung der Unternehmensorganisation: Schlüsselprozesse müssen schlank und profitabel gestaltet werden, periphere Prozesse häufig durch Dritte erledigt und dadurch auch Mitarbeiter entlassen werden. CSC, die von Hammer und Champy gegründete Beratungsfirma, hat Erkenntnisse aus der Analyse von 600 Unternehmen gewonnen, die sich im Jahr 1994 in einem Reengineering-Prozess befanden. Im Durchschnitt gingen in den USA 336 Stellen und in Europa sogar 760 Arbeitsplätze je Business-Reengineering-Projekt verloren.

- Reengineering muss weit über die Restrukturierung von Geschäftsprozessen hinausgehen und soll eine „Unternehmensrevolution" hervorrufen. Wie bereits der Begriff „Reengineering" besagt, geht es darum, „to reinvent business", das Geschäft neu zu erfinden und dabei keine Rücksicht auf vorhandene organisatorische Zwänge zu nehmen.

- Reengineering legt größten Wert auf Fähigkeiten und Potenziale der im Unternehmen arbeitenden Menschen. Auch der Führungsstil und die Erledigung der Aufgaben des Managements muss Gegenstand des Wandels wer-

---

[273]   Vgl. Hammer; Champy, Business Reengineering, 1995, S. 30ff

den. Deshalb sollen die drei Kernbereiche des Managements, nämlich Funktionen, Stil und System der Führung, erfasst werden.

- Der Informationstechnologie kommt eine tragende Rolle zu. Sie dient weniger dazu, die bestehenden, gewohnten Geschäftsprozesse zu automatisieren, sondern hat vielmehr die Aufgabe, neue Abläufe einzuführen.

- Die Arbeitswelt im Unternehmen muss verändert werden: Interdisziplinäre Prozessteams treten an Stelle der alten funktionsorganisierten Unternehmensstruktur. Hammer und Champy plädieren für die Einführung von „Caseworkers" und „Caseteams", die einzelnen oder in Arbeitsgruppen ein Kundenproblem bearbeiten. Die Autoren sprechen in diesem Zusammenhang von „Kundenservicerepräsentanten.[274]

Hammer und Champy beschreiben die neue Rolle von Mitarbeitern und Vorgesetzten, bei der alte durch neue Regeln ersetzt werden:[275]

Altes Rollenverständnis	Neues Rollenverständnis
Mein Chef zahlt mein Gehalt.	Nur die Kunden zahlen unsere Gehälter.
Ich bin nur ein kleines Rädchen im Getriebe.	Ich werde für den Wert bezahlt, den ich erzeuge.
Je mehr Mitarbeiter mir unterstellt sind, desto wichtiger bin ich.	Ich bin Mitglied eines Teams: Wir gewinnen oder scheitern gemeinsam.
Morgen wird es genauso sein wie heute.	Niemand weiß, was der morgige Tag bringen wird: Stetiges Lernen ist Teil meiner Arbeit.

Fig. 57: Änderung des Rollenverständnisses durch Business Reengineering

5.4 Vorteile des Business Reengineering

Das Konzept des Business Reengineering weist eine Anzahl bedeutsamer Vorzüge auf:

- Es ist umfassender Natur und führt zu einer grundlegenden Neugestaltung des Unternehmens.

- Business Reengineering berücksichtigt sowohl die Kundenperspektive als auch die prozessualen Abläufe im Unternehmen. Somit beinhaltet es sowohl Aspekte zur Reduzierung von Kosten als auch zur Erhöhung des Absatzes. Damit wird über die verstärkte Kundenorientierung und die Neugestaltung der Geschäftsprozesse insgesamt die Wettbewerbsfähigkeit des Unternehmens verbessert.

---

[274] Vgl. Hammer; Champy, Business Reengineering, 1995, S. 73
[275] Vgl. ebenda, S. 103f

- Die Untersuchung und Verbesserung der Prozesse beschleunigt die Abläufe und Wertschöpfungsketten im Unternehmen. Dies kann zu einem weiteren Wettbewerbsvorteil führen.

- Die Identifikation der Mitarbeiter steigt, da jetzt jeder Beteiligte eigene Vorschläge einbringen kann, Strukturen zu verbessern.

5.5 Probleme im Zusammenhang mit Business Reengineering

Von Anfang an wurde der Neuheitswert von Business Reengineering bezweifelt, ja man sprach sogar von einer „Modewelle"[276]. Kritiker halten das von Hammer und Champy entwickelte Managementsystem für ein altes Konzept mit neuem Etikett.[277]

Frederick Taylor hat in seinen „Grundsätzen der wissenschaftlichen Betriebsführung" einen ähnlichen Wandel gefordert, allerdings vorwiegend hinsichtlich des einzelnen Mitarbeiters und weniger für das Gesamtunternehmen. Taylor geht von der Zerlegung und Objektivierung sowie der organisatorischen und zeitlichen Optimierung des Produktionsprozesses unter bewusster Ausschaltung der arbeitenden Menschen aus. Arbeiter und Management haben anschließend die Vorgaben dieser festgelegten Arbeitsabläufe als Standard in die Praxis umzusetzen.[278] Hamel vertritt die Ansicht, dass Reengineering einer inhaltlichen Struktur folgt, die von der wissenschaftlichen Betriebsführung ausgeht, vom „Industrial Engineering" fortgesetzt wurde und bis hin zur Optimierung der Geschäftsprozesse reicht:

> „So ist das Reengineering im Grunde nichts anderes als der Taylorismus des ausgehenden 20. Jahrhunderts. Selbst wenn man sich heute mehr auf den Prozess als auf die einzelne Arbeitsaufgabe konzentriert, die Absicht ist geblieben: Man will vereinfachen, überflüssige Anstrengungen abbauen, mit weniger Aufwand mehr erreichen."[279]

Das Konzept von Hammer und Champy beruht auf einer Reihe unmittelbarer Vorgängeruntersuchungen. Staehle verweist dabei insbesondere auf die Forschungen von Gaitanides, die dieser unter dem Titel "Prozessorganisation" bereits 1983 veröffentlichte.[280] 1990 publizierte Davenport, der Leiter des Forschungsprogramms PRISM (Partnership for Research in Information Systems Management), einen ersten Bericht, der Vorschläge enthielt, wie mit Hilfe der Informationstechnologie Unternehmensprozesse verbessert werden konnten. Seine Ergebnisse legte er in sei-

---

[276] Vgl. de Kare-Silver, Preissetzung, 2005, S. 126
[277] Der Qualitätsfachmann Joseph Juran kritisiert Business Reengineering: „Das ist alles nur ein neues Etikett für etwas, das es schon lange gibt."
[278] Vgl. Taylor, Die Grundsätze wissenschaftlicher Betriebsführung, 1995, S. 196
[279] Vgl. Hamel, zitiert in: Taylor, Die Grundsätze wissenschaftlicher Betriebsführung, 1995, S. 198
[280] Vgl. Gaitanides, Prozessorganisation, 1983
Vgl. Ders., Business Reengineering/Prozessmanagement, 1998, S. 369-381
Vgl. Staehle, Management, 1999, S. 749

nem Buch „Process Innovation" 1992 nieder, auf die Hammer und Champy teilweise zurückgegriffen haben.[281]

Gegen die Durchführung eines Business-Reengineering-Prozesses sprechen eine Anzahl gewichtiger Argumente:

- Da das gesamte Unternehmen durch den Umstrukturierungsprozess betroffen ist, entsteht damit ein hoher Kosten- und Zeitaufwand für Unternehmen und Mitarbeiter, die für die Erledigung des Alltagsgeschäfts dann fehlt.

- Das formalisierte Verfahren des Reengineering beinhaltet zahlreiche bürokratische Elemente und erfolgt meist unter externer Leitung eines Unternehmensberaters. Da Consulting Firmen auf Dauer den Prozess begleiten, ist die Maßnahme auch mit erheblichen Kosten verbunden.

- Wenn sich ein Unternehmen durch Reengineering von überkommenen Annahmen der Vergangenheit trennt, kann der Fehler begangen werden, diese Erfahrungen nicht bei der Planung der Zukunft einzubeziehen. Es besteht die Gefahr, Jahrzehnte kultureller Evolution zu ignorieren. Die negative Folge kann sein, dass das Unternehmen die Fähigkeit verliert, herauszufinden, warum es früher erfolgreich war und wie es auf derartigen Erfahrungen aufbauen kann.

- Reengineering ist in der Praxis ein schwieriger Vorgang. Der Prozess muss umfassend und innovativ gestaltet und darf nicht zu früh beendet werden. Eine Unternehmensvision für die Zukunft ist ebenso erforderlich, wie die feste Absicht, den Reengineering-Prozess radikal und konsequent durchzuführen. Hammer und Champy forderten zwar eine Revolution auf dem Gebiet der Reorganisation der Unternehmen, aber in der Praxis blieb diese größtenteils aus, da es sich meist sehr viel problematischer als angenommen erwies, das Reengineering durch revolutionäre Schritte konsequent in die Tat umzusetzen. Aus diesem Grund konzentrierte man sich vorwiegend auf die am leichtesten erreichbaren und veränderlichen Prozesse einer Restrukturierung und unternahm keine weitergehenden Schritte. Die Folge war, dass dieses Managementkonzept und dessen Umsetzungsversuche bald vehementer Kritik ausgesetzt waren.

- Die von Hammer und Champy in ihrem Buch „Business Reengineering" unterbreiteten Vorschläge zur Neugestaltung der Unternehmen bleiben relativ vage und bedürfen für die praktische Umsetzung einer erheblichen Konkretisierung und Fundierung. Die nachfolgend dargestellten Ursachen für das

---

[281] Vgl. Holzamer, Stiller Abschied vom Business Reengineering, 1996
Beachtenswert ist, dass Michael Hammer das Konzept des Business Reengineering erstmals 1990, d. h. im gleichen Jahr wie Davenport, vorgestellt hat.
Vgl. Hammer, Das prozessorientierte Unternehmen, 1996, S. 1

Scheitern des Managementkonzepts liegen nicht in der fehlenden Originalität, sondern an den Mängeln der damit verbundenen Theorie.

- Jede Form der Reorganisation führt zu Befürchtungen der Mitarbeiter hinsichtlich einer Veränderung und Erhöhung der Arbeitsleistung bis hin zu Versetzungen und Entlassungen. Bereits in dem Begriff „Reengineering" steckt die Vorstellung einer technokratischen Verbesserung der Produktionsmaschinerie. Kritiker wie Peters stellen fest, dass es nicht um die Optimierung maschineller Abläufe gehe, sondern dass Unternehmen vorwiegend auf der Arbeitsleistung menschlicher Organisationen beruhen, auf Individuen, die Vertrauen und Respekt benötigen, um sich und ihr Engagement für eine gemeinsame Leistung einzubringen. Cohen kritisiert am Business Reengineering, dass die Mitarbeiter als bloße Objekte betrachtet würden, die mit Prozessen umgingen.[282] Mit internen Widerständen und einem Vertrauensverlust gegenüber dem Management ist zu rechnen, insbesondere wenn die Belegschaft sieht, dass durch Outsourcing von Randfunktionen die Anzahl der Beschäftigten sinkt. Durch eine entsprechende Informationspolitik können jedoch ein Teil dieser Folgen gemildert werden. Hall/Rosenthal/Wade[283] erachten es nach einer Analyse zahlreicher Projekte für erforderlich, dass die Unternehmensleitung voll hinter dem Reengineering steht, dass anspruchsvolle Ziele gesetzt werden und der Veränderungsprozess in der Weise gestaltet wird, dass sich alle Mitarbeiter und Führungskräfte mit einbezogen fühlen. Hinterhuber/Matzler betonen: „Die wirklichen Probleme bei der Einführung und Umsetzung sind nicht technischer oder wirtschaftlicher, sondern kultureller Natur."[284] Cohen argumentiert, dass die Mitarbeiter beim Reengineering zu sehr als Objekte betrachtet würden, die Prozesse handhaben. Lorenz vertritt die Ansicht, dass neben der Prozessoptimierung auch ein Wandel in Verhalten und Kultur einhergehen müsse. „Business Reengineering" erhielt einen negativen Beigeschmack, da es häufig als Synonym für „Redundanz" verwendet wurde. Das Buch von Hammer und Champy diente nicht selten als Rechtfertigung für die Entlassung von Mitarbeitern (downsizing).[285]

- Die Phase der Umstrukturierung kann dazu führen, dass am Markt andere Wettbewerber an Potenzial gewinnen, da die eigene Organisation über einen längeren Zeitraum zu sehr mit sich selbst beschäftigt ist.

- Business Reengineering ist eine Daueraufgabe, da in bestimmten zeitlichen Zyklen die jeweils aktuelle Situation erneut geprüft und angepasst werden muss. Dies bindet auf Dauer innerbetriebliche Potenziale und verursacht permanente Kosten für externe Berater. Fehlende Nachhaltigkeit des Business Reengineering Prozesses kann den Erfolg der Maßnahme erheblich beeinträchtigen.

---

[282] Vgl. Champy; Hammer, Business Reengineering, 2005, S. 66f
[283] Vgl. Hall; Rosenthal; Wade, Reengineering, 1994
[284] Vgl. Hinterhuber; Matzler, Reengineering, 1995, S. 138
[285] Vgl. Champy; Hammer, Business Reengineering, 2005, S. 68

- Insgesamt erfährt heute das von Hammer und Champy propagierte Business Reengineering von Fachleuten eine negative Beurteilung. In der Literatur finden sich zahlreiche Berichte über fehlgeschlagene Maßnahmen des Reengineering.[286]

Michael de Care-Silver vertritt die Ansicht, dass Möglichkeiten zur Rentabilitätssteigerung durch ein verbessertes Kosten- und Prozessmanagement derzeit ausgeschöpft erscheinen, da viele Reengineering-Vorhaben die in sie gesetzten Erwartungen nicht erfüllt haben. Untersuchungen bei britischen und amerikanischen Unternehmen zufolge konnten nur 20 % der betroffenen Unternehmen ihre Rentabilität bedeutend erhöhen und weniger als 30 % waren mit dem Verfahren oder dessen Ergebnissen zufrieden.[287]

Nach einer Untersuchung von Homburg/Hocke[288] sind über die Hälfte der Reengineering-Projekte gescheitert. Insgesamt wurden nach dieser Studie in der Produktion 61 % der Maßnahmen durchgeführt, im Vertrieb 48 %, im Controlling-Bereich 35 % und bei Forschung und Entwicklung 26 %.

Von den wesentlichen Zielen wurde nur ein geringer Prozentsatz tatsächlich erreicht:

Unternehmensziel:	Erfolgreiche Projekte:
Erhöhung der Produktivität	26 %
Verbesserung der Kundenorientierung	28 %
Steigerung der Prozessqualität	31 %
Erhöhung der Flexibilität der Prozesse	33 %
Steigerung der Prozessgeschwindigkeit	38 %

Fig. 58: Erfolge bei Business Reengineering[289]

Zusammenfassung:

Business Reengineering wurde stark durch den Einzug der Informationstechnologie in die Unternehmen geprägt. Für die Einführung von IT zur Unterstützung der Geschäftsprozesse war es erforderlich, bestimmte Abläufe anzupassen und zu automatisieren, aber auch neue Prozesse einzuführen. Dies war eine gute Gelegenheit, die bestehenden Geschäftsprozesse in Frage zu stellen und über deren radikale Neugestaltung nachzudenken. Ein weiterer Grund für die Durchführung von Business Reengineering lag darin, den durch die Globalisierung entstandenen großen Preisdruck in den Unternehmen durch Kosteneinsparungen abzubauen. Mittlerweile sind die technologischen Veränderungen in den Unternehmen erfolgt und die

---

[286] Vgl. Kamiske; Füermann, Reengineering versus Prozessmanagement,1995, S. 144
[287] de Kare-Silver, Preissetzung, 2005, S. 127
[288] Vgl. Homburg; Hocke, Change Management durch Reengineering? 1998, S. 294ff
[289] Vgl. ebenda

beabsichtigten Kostensenkungsmaßnahmen durchgeführt. Deshalb spielt Business Reengineering seit der Jahrhundertwende keine bedeutende Rolle mehr als Managementlehre.

Welche Prognosen sind hinsichtlich der Zukunft von Business Reengineering möglich? Man kann heute – in Zeiten weltweiter Krisen – zu Recht sagen, dass es wohl kaum ein Unternehmen wagen wird, durch ein radikales Neudesign im Sinne von Business Reengineering seine Existenz aufs Spiel zu setzen. Kurz- und auch langfristig dürfte diese Managementmethode gescheitert sein. Eine Renaissance von Business Reengineering ist nicht in Sicht. Die kontinuierliche Optimierung von Geschäftsprozessen hat heute eindeutig Vorrang vor einer radikalen Neugestaltung des gesamten Unternehmens.

5.6 Praxisbeispiel für Business Reengineering: WAL-MART[290]

Das nachfolgende Beispiel zählt zu den bekanntesten Erfolgen von Business Reengineering und veranschaulicht die Optimierung der Beziehungen zwischen WAL-MART und seinen Zulieferern durch ein radikales Redesign.

WAL-MART Stores Inc., Bentonville/Arkansas, ist seit Jahrzehnten mit über 6.400 Megastores, wovon 3.702 in den USA sind, der größte Einzelhändler der Welt. Er ist Umsatzweltmeister und zählt zu den größten amerikanischen Unternehmen.

Einige Daten des Geschäftsjahres 2008/2009:

Umsatz:	405 Mrd. US-$
Gewinn:	22,7 Mrd. US-$
Mitarbeiter:	1,9 Mio. Beschäftigte, der mit Abstand größte private Arbeitgeber der Welt
Kunden:	176 Mio. Kunden weltweit pro Woche

Das Unternehmen besitzt große Kaufhäuser in ländlichen Gebieten, die den Kunden alle Waren des täglichen Bedarfs bieten. Günstige Grundstückspreise werden mit niedrigen Baukosten, billigen Arbeitskräften, einem hochtechnologischen Distributionssystem und der Macht eines Rieseneinkäufers über seine Zulieferer vereint, um hohe Gewinne trotz konkurrenzlos niedriger Preise zu erzielen.[291] Eine erfolgsorientierte Firmenphilosophie unterstützt die Geschäftstätigkeit des Unternehmens.[292]

---

[290] Vgl. Hammer; Champy, Business Reengineering, 1995, S. 168f
[291] Vgl. Thomson Datastream, Bloomberg, Unternehmensangaben von Wal-Mart, 2009
[292] Vgl. Siering, Der Unternehmenschef als Messias, 2004

Business Reengineering bei WAL-MART wird am Beispiel der Zusammenarbeit mit dem Zulieferer PROCTER & GAMBLE und dessen Produkt, der „Pampers-Einmalwindel", veranschaulicht.

Ausgangspunkt war das übliche Konzept der Lagerhaltung. WAL-MART hielt in einem Zentrallager sämtliche Artikel für seine Warenhäuser in Reserve und belieferte bei Bedarf – ablesbar an den Umsätzen der Scannerkassen pro Filiale – die WAL-MART-Märkte. Problematisch ist die Ermittlung des Umfangs der erforderlichen Lagerhaltung: Zu geringe Mengen beeinträchtigen die Lieferfähigkeit, zu große Positionen kosten Lagerkapazität und Zinsen. Eine permanente Überwachung des Absatzes ist deshalb erforderlich. Da es sich bei Pampers-Windeln um ein Produkt handelt, das im Vergleich zu seinem Warenwert einen hohen Platzbedarf an Lagerfläche aufweist, bot sich dieser Artikel an, um das Lagerhaltungskonzept radikal zu ändern.

WAL-MART verzichtete auf Lagerflächen für die Produkte von PROCTER & GAMBLE. Der Zulieferer selbst sollte die Lagerhaltung für die an WAL-MART zu verkaufenden Produkte übernehmen. Den täglichen Bedarf lieferten die Daten der Scanner-Kassen der einzelnen Supermärkte, die PROCTER & GAMBLE zur Verfügung gestellt wurden.

Das neue Logistikkonzept kann folgendermaßen beschrieben werden:

- Die Lagerhaltung übernahm PROCTER & GAMBLE. WAL-MART konnte auf diese Weise die Kosten für Lagerhaltung, Verwaltung und Zinsen deutlich verringern.

- PROCTER & GAMBLE ist jetzt für die rechtzeitige Belieferung der WAL-MART-Filialen verantwortlich. Wird die Umsatzüberwachung unterlassen oder vernachlässigt, dann kann es passieren, dass die Vorräte an Pampers-Windeln zu Ende gehen und der Kunde ein Konkurrenzprodukt erwirbt.

- Der Hersteller der Pampers-Windeln übernimmt den Transport zur WAL-MART-Filiale, die Kosten des Einsortierens der Ware in das Verkaufsregal und trägt das Risiko des Diebstahls, Verderbs oder sonstigen Verlustes, da er Eigentümer der Ware bleibt. WAL-MART bietet nur kostenlos die Möglichkeit der Warenpräsentation.

- Mit dem Kauf der Packung Pampers-Windeln an einer Scannerkasse von WAL-MART finden zugleich der Verkaufsvorgang des Herstellers an den Supermarktbetreiber und der von WAL-MART an seinen Kunden statt. Auf diese Weise wird die Finanzierungsdauer der Warenbestände auf ein zeitliches Minimum reduziert.

Leistungsspektrum:	Aufteilung der Leistungen	
	WAL-MART	PROCTER & GAMBLE
Durchführung und Kosten der Lagerhaltung		X
Bestimmung des optimalen Auslieferungszeitpunkts an die Filialen		X
Durchführung sämtlicher Transporte		X
Füllen der Ladenregale		X
Risiko des Untergangs der Ware (Diebstahl, Verderb)		X
Kostenlose Präsentation der Waren in den Filialen von WAL-MART	X	
Jederzeitiger Zugriff auf die Verkaufszahlen der Produkte von PROCTER & GAMBLE in WAL-MART-Niederlassungen	X	

Fig. 59: Das Kooperationsmodell von WAL-MART und PROCTER & GAMBLE im Rahmen von Business Reengineering

6. Benchmarking (1994)

Die Ermittlung der Kriterien für langfristigen wirtschaftlichen Erfolg und die Analyse der Ursachen für die Leistungen von Spitzenunternehmen sowie die Übertragbarkeit der Ergebnisse auf das eigene Unternehmen, stellen einen weiteren Managementansatz dar, die aktuellen Probleme in zahlreichen Branchen der Wirtschaft zu lösen. Robert Camp griff als erster 1994 dieses Thema in seinem Buch „Benchmarking" auf und hat als Pionier über diese neue Managementmethode berichtet.

6.1 Begriffsklärung und Zielsetzung[293]

Der Begriff „Benchmark" stammt aus dem Englischen und dient als Bezeichnung für eine Vermessungsmarkierung, einer vorher festgelegten Position. Diese benutzt man als Bezugspunkt und Standard, an dem etwas gemessen oder beurteilt werden kann. Benchmark bezeichnet somit bei der Landvermessung einen festen Bezugspunkt in der Landschaft, nach dem sich alle Messwerte ausrichten.

Im allgemeinen Sprachgebrauch ist ein Benchmark ein erstrebenswertes Ziel, ein Vorbild. Benchmarking ist demnach vereinfacht ein Prozess, der eingeschlagen wird, um ein Benchmark zu erreichen. Man kann deshalb allgemein definieren:

"Ein Benchmark ist ein Referenzpunkt einer gemessenen Bestleistung."[294]

---

[293] Vgl. Horváth; Herter, Benchmarking, 1992, S. 4ff
  Vgl. Leibfried; McNair, Benchmarking, 1996, S. 324ff
[294] Vgl. Siebert; Kempf, Benchmarking, 2002, S. 5

Der Begriff Benchmarking fand – neben anderen Anwendungen – seine Übertragung in die Wirtschaftswissenschaften:

Benchmarking ist demnach eine praxisbezogene Vorgehensweise, mit der ein Unternehmen Konzepte, Methoden, Instrumente und Prozesse anderer Unternehmen erkennt und versteht. Diese werden auf die eigene Situation übertagen und implementiert, um die Wettbewerbsfähigkeit des Unternehmens zu steigern. Benchmarking hat das Ziel, die systematische Identifikation von Bestlösungen herbeizuführen und erstrebt eine konsequente Orientierung an diesen.[295]

Siebert und Kempf definieren „Benchmarking" folgendermaßen:

„Benchmarking ist der methodische Vergleich von Prozessen und Produkten mittels Benchmarks von als besser identifizierten Vergleichsparametern. Die Vergleichspartner werden anhand von Ähnlichkeiten in der eigenen oder in anderen Organisationen gefunden. Ziel des Benchmarking ist es, die eigenen Prozesse und Produkte durch das Vorbild des Vergleichspartners entscheidend zu verbessern."[296]

Berens liefert eine umfassende Klärung des Begriffs „Benchmarking":

„Benchmarking bezeichnet eine objektive, vergleichende Bewertung von organisatorischen Strukturen, Kosten, Technologien und Leistungskennwerten mit Hilfe von Indikatoren, die sich aus der direkten Analyse von Daten und Informationen einer repräsentativen Gruppe von ähnlichen oder konkur-rierenden Betrieben ergeben.

Benchmarking ist eine methodische Vorgehensweise zur Verbesserung der Wettbewerbssituation im Hinblick auf die Faktoren Kosten, Leistung, Kundenzufriedenheit und Zeit.

Durch einen Größenvergleich liefert es Anhaltspunkte für die Optimierung von Produkten, Dienstleistungen oder Prozessen. Die übergreifende Zwecksetzung liegt in dem Ziel, „der Beste der Besten" zu werden."[297]

Es geht demnach bei Benchmarking darum, durch einen Vergleich der Produkte, Dienstleistungen, Prozesse oder Finanzkennzahlen eines Unternehmens mit denen der jeweiligen Branchenbesten, das eigene Unternehmen zu optimieren.

Benchmarking ist durch folgende Merkmale charakterisiert:

---

[295]   Vgl. Ermtraud, Benchmarking, 2000, S. 1
[296]   Siebert; Kempf, Stefan: Benchmarking, 2002, S. 9
[297]   Berens, Benchmarking, 1997, S. 61

Was?	Prozessorientierung: Vergleich der eigenen Leistung mit der der weltbesten Unternehmen
Warum?	Erreichen von Spitzenleistungen
Wodurch?	Beurteilung von Produkten und Dienstleistungen sowie von präzise definierten Geschäftsprozessen und Praktiken der stärksten Mitbewerber oder der Besten möglichst branchenunabhängige Identifizierung der Leistungsmerkmale von Spitzenbetrieben
Wie?	• Zielgerichtet • ganzheitlich, • systematisch, • kontinuierlich, • analytisch, • komparativ und • partnerschaftlich, um aus Erfahrungen anderer zu lernen. Erforderlich sind hierfür geeignete Maßstäbe für die Leistungsbeurteilung für sämtliche Schlüsselaktivitäten.

Fig. 60: Wesensmerkmale von Benchmarking[298]

6.2 Entstehung des Benchmarking

Benchmarking wurde erstmals zu Beginn des 20. Jahrhundert praktisch eingesetzt. Henry Ford studierte den arbeitsteiligen aufeinander abgestimmten Prozess des Schlachtverfahrens von Schweinen anlässlich seines Besuches in einer Groß-schlachterei in Chicago. Er übertrug dieses Verfahren auf die Fertigung von Auto-mobilen und führte 1916 das Fließbandprinzip bei FORD ein. Dies entspricht der klassischen Vorgehensweise beim Benchmarking.

Der Begriff „Benchmarking" im engeren Sinne wurde 1979 durch das US-amerikanische Unternehmen XEROX geprägt und dann durch andere fortentwi-ckelt.

XEROX stellte 1979 fest, dass Konkurrenzunternehmen aus Japan Kopiergeräte zu einem Preis verkauften, der niedriger war als die Produktionskosten bei XEROX. Daraufhin startete XEROX ein Benchmarking hinsichtlich aller am Markt angebote-nen Kopierer, insbesondere hinsichtlich der Herstellungskosten und des Design. Das Benchmarking war erfolgreich. Deshalb beschloss das Management im Jahr 1981, Benchmarking-Prozesse in allen Geschäftsbereichen durchzuführen.

---

[298] Vgl. Berens, Benchmarking, 1997, S. 61

Im gleichen Jahr führte der Kopiererhersteller XEROX ein erfolgreiches branchen-
unabhängiges Benchmarking-Projekt mit dem Sportartikelhersteller L. L. BEAN in
den Bereichen Ausgangslogistik und Distribution durch. Die maßgebliche Kennzahl
bei der Materialentnahme ist die Anzahl der erledigten Aufträge. Diese stellt den
kritischen Erfolgsfaktor dar. Der Versandbereich des Sportartikelherstellers BEAN
übertraf dabei XEROX um das Dreifache. Das Ergebnis dieses Vergleichs schuf die
Grundlage für erhebliche Verbesserungen bei der Lagerwirtschaft von XEROX.[299]

Das Projekt erbrachte darüber hinaus den Beweis, dass Benchmarking nicht nur auf
den Bereich der Fertigung beschränkt ist und dass die Benchmarking-Partner auch
nicht aus der gleichen Branche stammen müssen. Damit wurde Benchmarking zu
einem eigenständigen Managementkonzept. Benchmarking ist somit ein kontinu-
ierlicher Prozess, die Produkte, Dienstleistungen und Praktiken eines Unternehmens an den härtesten Mitbewerbern oder den als Branchenführern anerkannten
Unternehmen zu messen.

1983 propagierte das Management von XEROX eine neue Unternehmensmaxime:
„Marktführerschaft durch Qualität" (Leadership through Quality). Eine wesentliche
Komponente zum Erreichen dieses Zieles war Benchmarking. Auf diese Weise gelang es der XEROX-Gruppe, die bedeutendsten Qualitätspreise Japans, der USA
und Europas zu gewinnen.[300]

Ende der achtziger Jahre erfolgte in den USA eine weite Verbreitung der Methodik
des Benchmarking.

Insbesondere zwei Gründe waren hierfür maßgebend:

- 1987 wurde der Malcolm Baldridge National Quality Award geschaffen, der
  bedeutendste US-amerikanische Qualitätspreis, dessen Kriterien seit 1991
  ausdrücklich die Anwendung von Benchmarking vorschreiben.

- Die Veröffentlichung von Camp aus dem Jahr 1989 „Benchmarking: The
  Search for Industry Best Practices that lead to superior Performance"[301] bot
  erstmals einem breiten Publikum detaillierte Richtlinien und Vorgehensweisen zur Durchführung von Benchmarking. Das steigende Interesse an der
  Thematik führte zur Gründung von Benchmarking-Zentren wie im Jahr 1992
  das International Benchmarking Clearinghouse (IBC) in den USA. Ähnliche
  Institutionen folgten in Europa: 1993 das Benchmarking Centre in Großbritannien, 1994 das Benchmarking-Zentrum am Fraunhofer-Institut und 1998
  das Deutsche Benchmarking Zentrum, beide mit Sitz in Berlin. Seit 1993
  kann man von einer weltweiten Verbreitung des Managementkonzepts des

---

[299] Vgl. Berens, Benchmarking, 1997, S. 62
[300] Vgl. unten Kapitel D7: Ganzheitliches Qualitätsmanagement
[301] deutsche Übersetzung: „Benchmarking: Die Suche nach Bestlösungen für die Wirtschaftspraxis, die zu Spitzenleistungen führen."

Benchmarking sprechen. Das 1995 gegründete Global Benchmarking Network stellt ein Netzwerk von Benchmarking-Zentren dar und dient der Globalisierung der Industrie.[302]

- Maßgeblichen Einfluss hatte auch die Veröffentlichung von Peters und Waterman „In Search of Excellence"[303], die 1982 erschien, und die zu einem Meilenstein in der Wirtschaftsliteratur wurde. Rudolf spricht sogar von einem „Weltbestseller", der „das Denken von Managern, Unternehmensberatern und wahrscheinlich auch von Wirtschaftswissenschaftlern beeinflusst."[304] Die Autoren befassten sich in ihren Forschungen im Rahmen ihrer Tätigkeit bei der Unternehmensberatung McKinsey & Co. mit zentralen Einflussfaktoren des Unternehmenserfolges. Ausgangspunkt war das McKinsey-Projekt „Leistungsfähigkeit von Organisationen", bei dem eine Arbeitsgruppe unter Leitung von Peters und Waterman amerikanische Großunternehmen auf sechs Kriterien hin untersuchte, die langfristig den Geschäftserfolg bestimmten.[305] Das Spektrum der Forschungen wurde nachfolgend auf 22 Merkmale erweitert, die dann im Rahmen des „McKinsey – 7S-Modells" zu acht Erfolgsfaktoren verdichtet wurden, die das Besondere an erfolgreichen Unternehmen ausmachten. Dabei plädierten sie im Kern für nichts anderes als für die Rückkehr zu den grundlegenden Prinzipien der Unternehmensführung: [306]

---

[302] Vgl. Siebert; Kempf, Benchmarking, 2002, S. 10ff
[303] Der deutsche Titel lautet: „Auf der Suche nach Spitzenleistungen, Was man von den bestgeführten US-Unternehmen lernen kann.", 1994
[304] Rudolph, Erfolg von Unternehmen, 1996, S. 34
[305] Es handelte sich dabei um den kumulierten Vermögenszuwachs, das kumulierte Eigenkapitalwachstum, das durchschnittliche Verhältnis zwischen Marktwert und Buchwert, die durchschnittliche Rendite des Gesamtkapitals, des Eigenkapitals und des Umsatzes.
     Vgl. Pausch, Der strategische Erfolg von Unternehmen, 1999, S. 3
[306] Vgl. ebenda, S.5f
     Ähnliche Forschungsergebnisse hinsichtlich der für den Erfolg entscheidenden Faktoren präsentierte Jim Collins, der zwischen 1965 und 1995 insgesamt 1.435 Unternehmen untersucht hat, die auf der "Fortune-500-Liste" der größten Unternehmen der USA standen.
     Vgl. hierzu: Collins, Der Weg zu den Besten, 2005, S. 218ff

Faktor 1: Primat des Handelns durch
Eigeninitiative

Faktor 2: Nähe zum Kunden

Faktor 3: Freiraum für Unternehmertum

Faktor 4: Produktivität durch den Mitarbeiter

Faktor 5: sichtbar gelebtes Wertesystem

Faktor 6: Bindung an das angestammte Geschäft

Faktor 7: einfache Stukturen und schlanke Belegschaft

Faktor 8: Unternehmensführung.

Unter den 42 von Peters und Waterman für diese Publikation ausgewählten herausragenden Unternehmen sind Konzerne wie IBM, GENE-
RAL ELECTRIC, PROCTER & GAMBLE, JOHNSON & JOHNSON,
EXXON, APPLE und die 3M-Company. Somit ist Benchmarking mehr
als nur die pauschale Orientierung an Bestleistungen, sondern die Erfolgsfaktoren dieser Unternehmen wurden durch die beiden Berater auf
Grund empirischer Untersuchungen im Vorfeld analysiert. Die Autoren
waren auch so offen, einzugestehen, dass es sich bei den von ihnen
propagierten Ideen nicht um absolute Neuheiten handelte, sondern
dass zahlreiche der von ihnen angeführten Aspekte von den Manage-
menttheoretikern lediglich vergessen, ignoriert oder übersehen worden
waren.

Methodisch knüpft Benchmarking an die Analyse der Konkurrenten an, bezieht
darüber hinaus jedoch auch noch Erkenntnisse aus der Anwendung des Vergleichs
von Kennzahlen heran. Im Gegensatz zur traditionellen Konkurrentenanalyse beabsichtigt Benchmarking eine Optimierung der grundlegenden Tätigkeiten des
Betriebs, in dessen Zentrum die Funktions- und Prozessbereiche stehen, die bran-
chenübergreichend verglichen werden, um Erfolgsmuster anderer Unternehmen zu
identifizieren und zu übernehmen.[307]

Die japanische Managementlehre, die seit dem Zweiten Weltkrieg verstärkt auf die
„Kunst des Krieges" des 500 Jahre vor Christus gelebten chinesischen Feldherrn
Sun Tzu zurückgreift, erkennt in dessen Lehren einen klaren Bezug zum modernen
Geschäftsleben:

---

[307] Vgl. Berens, Benchmarking, 1997, S. 61

> „Wenn Du den Feind kennst und Dich selbst, musst Du auch hundert Schlachten nicht fürchten.
>
> Wenn Du Dich selbst kennst, aber den Feind nicht, wirst du für jeden Sieg auch eine Niederlage einstecken.
>
> Wenn Du weder den Feind kennst noch Dich selbst, wirst Du in jeder Schlacht unterliegen."[308]

Wenn man demnach an die Spitze will, war es bereits immer sinnvoll, die Gegenseite zu kennen und sich an deren Erfolg zu orientieren. Der oberste Grundsatz von Benchmarking lautet daher:

„Lernen von den Besten"!

---

[308] Vgl. Tzu, Die Kunst des Krieges, 2005, S. 267

6.3 Arten des Benchmarking

Neben zahlreichen unterschiedlichen Ausprägungen lassen sich folgende Grundtypen unterscheiden:[309]

Umweltaspekt	internes Benchmarking	Prozesse und Ergebnisse innerhalb eines Unternehmens werden verglichen.
	externes Benchmarking	Prozesse und Ergebnisse des eigenen Unternehmens werden mit Spitzenleistungen Dritter verglichen.
Funktionales Benchmarking:	strategisches Benchmarking	Strategieteams nutzen Benchmarking, um die Geschäftsstrategie ständig weiter zu verbessern.
Dieses beinhaltet das größte Potential für Leistungssteigerungen.	wettbewerbsorientiertes Benchmarking	Vergleich ausgewählter Parameter zwischen direkten Wettbewerbern im eigenen Markt oder Anbietern verwandter Produkte in anderen Märkten.
	Kunden-Benchmarking	Klärung der Frage, wie ein Unternehmen aus der Kundensicht, verglichen mit Konkurrenten, abschneidet.
Die Gleichartigkeit von Prozessen in Spitzenunternehmen ermöglicht Lernprozesse über die Branchengrenzen hinweg.	finanzielles Benchmarking	Ermittlung zentraler Leistungskennzahlen und ihre jeweilige Position im Vergleich zu Mitbewerbern
	Benchmarking weiterer Funktionen	Vergleich einer bestimmten Unternehmensfunktion mit derselben Funktion in anderen Unternehmen.
	Best-Practice-Benchmarking	Welcher Prozess eignet sich am besten dazu, die Anforderungen der Geschäftstreiber zu erfüllen, die „Leistungslücke" zu schließen, und die angestrebten Ergebnisse zu erzielen?

Fig. 61: Arten des Benchmarking[310]

6.4 Kennziffern für Benchmarking

In der Praxis wurde eine Anzahl, meist branchenbezogener, Kennziffern für Benchmarking in unterschiedlichen Bereichen geschaffen, deren prozentuale Erfüllung im Vergleich zu Mitbewerbern jeweils geprüft werden kann. Die wichtigsten aus den o. g. Bereichen werden nachfolgend vorgestellt:

---

[309] Die betriebswirtschaftliche Literatur nennt darüber hinaus noch weitere Benchmarking-Begriffe, z. B. Produkt-, Prozess-, Organisations-, Gemeinschafts- und generisches Benchmarking. Im politischen Bereich gibt es volkswirtschaftliches Benchmarking für Nationen, für das der Begriff „International Benchmarking" gebraucht wird. Vgl. hierzu Ermtraud, Benchmarking, 2000, S. 1

[310] Vgl. Berens; Benchmarking, 1997, S. 61

Wettbewerbsorientiertes Benchmarking	• fehlerfreie Produktion
	• Verfügbarkeit von Bauteilen
	• Verfügbarkeit von Produkten
	• Verfügbarkeit von Mitarbeitern
	• fehlerfreie Verkaufsaufträge
	• reibungslose Auslieferung
Kunden-Benchmarking	• Produktqualität
	• Zuverlässigkeit der Lieferung
	• Zeitdauer der Markteinführung
	• Bearbeitungszeit von Anfragen
	• Bearbeitungszeit von Aufträgen
	• Geschwindigkeit und Präzision der an Kunden erteilten Auskünfte
Finanzielles Benchmarking	• Return on Investment
	• RONA (Return on Net Assets), die zeigt, welche Geschäftstreiber die höchste Kapitalrendite bringen, z.B. Höhe des Lagerumschlags und Bestände an Fertigerzeugnissen
Best-Practice-Benchmarking	• Kosten der Verschwendung (Ausschuss, Fehler)
	• Kosten der Abnahme
	• Mindestprozess (Mehrwert)

Fig. 62: Kennziffern für Benchmarking[311]

6.5 Der Phasenprozess des Benchmarking

Es handelt sich dabei um einen strukturierten, aus mehreren Schritten bestehenden Prozess, der sich in folgende drei Phasen gliedern lässt:

---

[311]   Vgl. Spenley, Benchmarking, 2005, S. 15ff
      Vgl. Doppler; Lauterburg, Change Management, 2005, S. 134f, S. 380

Phasen des Benchmarking-Prozesses	
Planungsphase	• Auswahl des Benchmarking-Objektes • Bestimmung der Benchmarking-Partner • Festlegung der Methoden für die Datenerhebung
Analysephase	• qualitative und quantitative Beurteilung der eigenen strategischen Position im Hinblick auf das Benchmarking-Unternehmen • Bestimmung der erforderlichen Leistungsverbesserungen
Aktionsphase	• Festlegung strategischer Veränderungsziele und damit künftiger Leistungsziele • Kommunikation der Ergebnisse des Benchmarking mit den betroffenen Mitarbeitern • Erstellung eines Umsetzungsplans (Aktionsschritte, Kosten, Zeit)

Fig. 63: Phasen des Benchmarking-Prozesses[312]

6.6 Beurteilung des Benchmarking

Wie jede neue Managementtheorie fand auch das Benchmarking Befürworter und Kritiker.

6.6.1 Vorteile des Benchmarking

Zweifellos weist Benchmarking eine ganze Anzahl von Vorzügen auf:

- Camp nennt fünf wesentliche Vorteile des Benchmarking: Die Wünsche der Kunden lassen sich besser erfüllen, Ziele können auf der Grundlage einer gleichen Sicht der externen Bedingungen im Unternehmen besser bestimmt werden, echte Maßstäbe für Produktivität lassen sich im Vergleich zu Mitbewerbern festlegen und die Wettbewerbsfähigkeit des eigenen Unternehmen steigt.[313]

- Man muss das „Rad nicht neu erfinden". Durch Benchmarking greift man auf bewährte Praxislösungen zurück und kann sich langwierige und kostspielige Beratungsleistungen, eigene Versuche und schmerzhafte Erfahrungen ersparen.

- Die gebotenen Vorbilder stellen jeweilige Spitzenleistungen eines Unternehmens innerhalb einer Branche oder Funktion dar, deren Erfolg bereits klar nachgewiesen wurde.

- Durch Benchmarking kommt man ohne Umwege rasch zum Ziel, nämlich der Verbesserung der Unternehmensstrategie.

---

[312] Vgl. Berens, Wolfgang: Benchmarking, a.a.O., S. 62
[313] Vgl. Camp, Robert: Benchmarking, 1996, S. 34

- Häufig bleibt es nicht beim Streben nach reiner Imitation der Benchmarking-Unternehmen, sondern es werden auch Möglichkeiten der Kooperation gesucht und wahrgenommen, z.B. in Form von Lizenz-, Know-how- oder Franchiseverträgen.

6.6.2 Probleme im Zusammenhang mit Benchmarking

- Zahlreiche Produkte, Verfahren oder Namen des Benchmarking-Unternehmens sind geschützt. Der gewerbliche Rechtsschutz hinsichtlich der Urheberrechte, Patente, Gebrauchsmuster und Warenzeichen sowie Symbolen und sogar Farben der Firmen ist zu beachten, da sonst erhebliche negative juristische Konsequenzen bei bloßer Nachahmung oder unwesentlicher Veränderung drohen. Dies setzt natürliche Grenzen des Benchmarking.

- Benchmarking bedeutet nicht, dass Spitzenleistungen von Unternehmen einfach imitiert werden können. Erfolgsrelevant ist nicht nur das jeweilige Firmen- oder Managementkonzept, sondern auch dessen Grundlagen und sozio-kulturelle Gegebenheiten der Firma, der Branche und des jeweiligen Landes. Vor einer Übernahme möglicher Benchmarking-Ergebnisse ist deshalb eine sorgfältige Abwägung hinsichtlich der Abhängigkeiten des Erfolgs von internen und externen Faktoren aus der Kultur und dem Umfeld eines Unternehmens vorzunehmen. Eine Übertragung auf die eigene Situation ist nur dann erfolgreich möglich, wenn das eigene Umfeld angepasst wird.

- Benchmarking setzt neue Leistungsmaßstäbe für Mitarbeiter und Management. Das Personal muss sich auf jeder Hierarchiestufe die Frage vorlegen, weshalb es nicht selbst auf die durch Benchmarking ermittelte Spitzenleistung gekommen ist. Engagement, Kreativität und Durchsetzungsvermögen der Führungskräfte des Unternehmens erfahren durch diesen Vergleich eine negative Beurteilung. Die Realisierung dieser neuen Leistungsmaßstäbe, die in einem Benchmark-Unternehmen ermittelt wurden, erfordert teilweise eine Veränderung der Firmenkultur, wenn z.B. mehr Freiheiten des Mitarbeiters bei der Auftragserledigung erforderlich sind oder das Gehalt der Manager zur Hälfte oder mehr aus variablen Bestandteilen besteht.

- Den Autoren Peters und Waterman wurde von Kritikern die relativ oberflächliche Art vorgeworfen, mit denen ihre Thesen vertreten wurden. Bemängelt wurde das Fehlen von Details für die Durchführung des Benchmarking. Außerdem wurde die mangelnde Konsistenz der Lehre beklagt, da insbesondere Peters in der Folgezeit seine Anschauungen mehrfach änderte und von einer grundsätzlich unternehmensorientierten zu einer eindeutig individuenzentrierten Perspektive gewechselt hat.

6.7 Praxisbeispiel für Benchmarking:
Eindrücke von einer Japanreise der DAIMLER-CHRYSLER Nutzfahrzeugsparte[314]

Experten der Nutzfahrzeugsparte von Daimler-Chrysler fahren regelmäßig nach Japan und betreiben bei den dortigen Unternehmen Benchmarking-Studien. Der Schwerpunkt des Besuchs lag bei der TOYOTA MOTOR KYUSHU Inc. und dem Getriebehersteller AISIN SEIKI. Im Einzelnen fanden die deutschen Besucher dort eine Vielzahl von Bestlösungen für ihre Probleme. Nachfolgend ein kurzer Auszug:

Problemstellung	Lösung
Kampf gegen die „sieben Arten der Verschwendung"	Die Toyota Motor Kyushu Inc. hat eine weitgehend verschwendungsfreie Produktion realisiert. Die Folgen sind: • Kein Umlaufbestand in der Produktion • kurze Wege der Werker • optimale Abstimmung von in Sequenz produzierten Teilen (Fixkostenreduzierung)
Die Umrüstkosten bei kleinen Losgrößen	Bei Toyota erfolgte eine Demonstration hinsichtlich der Rüstzeiten. Für die Arbeiter ist eine Art von Sport, diese möglichst kurz zu halten. Die Umrüstung einer Maschine dauerte exakt 199 Sekunden.
Optimierung der „Just-in-time"-Fertigung	Die Lastkraftwägen werden auf sog. „Bahnhöfen" und nicht an der Rampe entladen. Zeitdauer: 20-30 Sekunden. Dies ist möglich, weil die Lkws ihre Planen rechts und links nach oben kippen können.
Freiheitsgrad der Mitarbeiter bei der Gruppenfertigung	Japanische Arbeiter rufen bei Bedarf sowohl um Hilfe als auch um Unterstützung. Sie dürfen nie in Eigenregie, d. h. ohne Zustimmung des Teamführers, Verbesserungen durchführen. Die Erforschung der Fehlerursache ist eine der Hauptaufgaben des Leiters der Fertigung.
Fehlersuche und -beseitigung	Beim Auftreten von Fehlern wird sofort eine gelbe Reißleine gezogen und das Band kurz angehalten. Im Beisein des Teamführers werden der Fehler und seine Ursache behoben und zurück gemeldet, damit er sich nicht wiederholt.
Termintreue Lieferung bei hoher Produktvielfalt	Aisin Seiki legt den Kommissionierungsvorgang für die Fertigung von Getrieben entsprechend den unterschiedlichen Fertigungszeiten vorher fest. Durch eine zur Fertigung zeitnahe Kommissionierung der einzelnen Teile erreicht das Unternehmen eine Glättung der Produktion.

Fig. 64: Problemlösung durch Benchmarking

---

[314]   Vgl. Maisch, Wenn einer eine Reise tut, 2003, S. 16ff

7. Ganzheitliches Qualitätsmanagement

Qualität ist heute ein wichtiges Unternehmensziel, das durch ein umfassendes Qualitätsmanagement erreicht werden soll. Ausgehend von einer Begriffsdefinition wird nach Gründen dafür gesucht, weshalb die Wirtschaft, aber auch Non-Profit-Organisationen, dem Qualitätsziel heute eine so hohe Bedeutung beimessen. Das Ergebnis findet sich in der Konzeption des „Total Quality Management" wieder. Wirtschaft und Wissenschaft unternahmen weltweit in den letzten Jahrzehnten zahlreiche Versuche, dieses Streben nach Qualität und nach Spitzenleistungen in allen relevanten Bereichen einer Organisation, im Sinne von „Business Excellence", zu unterstützen.

7.1 „Qualität" als Unternehmensziel

Unter „Qualität" versteht man „Beschaffenheit, Güte, Wert" und die „Eigenschaft" einer Sache oder Dienstleistung. "Qualitätsarbeit" wird mit „Wertarbeit" gleichgesetzt. Ein „Qualitätserzeugnis" überschreitet hinsichtlich seiner Eigenschaften übliche Mindesterwartungen deutlich, insbesondere im Hinblick auf Veränderungen im Laufe der Zeit.[315]

Qualität ist die Beschaffenheit eines Produkts oder einer Dienstleistung bezüglich ihrer Eignung, objektive und subjektive Qualitätsforderungen zu erfüllen.[316] Nach DIN EN ISO 8402[317] ist Qualität „die Gesamtheit von Merkmalen einer Einheit bezüglich ihrer Eignung, festgelegte und vorausgesetzte Erfordernisse zu erfüllen."

Zu klären sind deshalb als Voraussetzung für die Operationalisierbarkeit des Begriffs

- um welche Einheit es sich handelt,
- welches die Gesamtheit ihrer Merkmale oder Merkmalswerte sind und
- wie die Soll-Vorgaben dieser Merkmale sind bzw. wer diese definiert.

Die Qualität einer Leistung resultiert somit aus einer Vielzahl von „Qualitätsanteile" genannten Eigenschaften. Diese werden mit den Erwartungen und Erfordernissen des Beurteilers verglichen. Somit entsteht Qualität durch einen Vergleich von Qualitätsforderungen und der realisierten Beschaffenheit eines Gutes oder einer Dienstleistung. Den Grad der Zweckerfüllung mit den gewünschten Anforderungen beurteilt dabei subjektiv der Kunde. Man kann trotzdem von einer "objektiven Qualität" sprechen, da die Werturteile der Individuen dazu tendieren, Übereinstim-

---

[315] Vgl. Masing, Qualitätspolitik des Unternehmens, 1988, S. 3
[316] Vgl. Deutsche Gesellschaft für Qualität e.V., Qualitätsmanagement bei Dienstleistungen, 1996, S. 9
       Vgl. Busse, Redemanuskript beim Praxis-Seminar „Produzentenhaftung und Qualitätssicherung", 1994, o. S.
[317] Zitiert nach: Stawicki, Ansätze zu einem Qualitätsmanagement in der Lehre,1998, S. 72

mung bei gleichen Sachverhalten zu zeigen. Damit werden die auf subjektiven Zwecksetzungen beruhenden Urteile anderer intersubjektiv nachprüfbar.[318]

Qualität ist somit heute in erster Linie durch Kundenzufriedenheit definiert, d. h. ein Gut oder eine Dienstleistung findet dann einen Markt, wenn die Forderungen der Kunden erfüllt werden.

Qualität verpflichtet zur Wahrung gesicherter Werte und Erfahrungen, öffnet aber zugleich auch den Blick in die Zukunft.[319] Der sichtbarste Ausdruck von „Qualität" ist deshalb Kundenzufriedenheit, Qualitätsfehler bedeuten die Nichterfüllung einer Forderung und äußern sich in der Unzufriedenheit der Kunden.

7.1.1 Die Idee des Qualitätsmanagements

Qualität ist überall und nur schwer objektiv definierbar. Fest steht jedoch, dass Qualität zu einem beherrschenden Kriterium für den Kauf eines Produkts oder die Inanspruchnahme einer Dienstleistung geworden ist.[320] Sie wird als *grundlegender Faktor* für die Leistungsfähigkeit einer Organisation angesehen. Höhere Kundenerwartungen bezüglich Qualität sind heute weltweit spürbar und messbar. Dieser Trend wird begleitet von der wachsenden Erkenntnis, dass kontinuierliche Qualitätsverbesserungen Bestandteil der Unternehmenspolitik sein müssen, um eine gute wirtschaftliche Leistungsfähigkeit zu erreichen und aufrecht zu erhalten.

Worauf ist diese Entwicklung zurückzuführen? Warum genießt der Faktor „Qualität" und das zu dessen Gewährleistung erforderliche Qualitätsmanagement aktuell einen so hohen Stellenwert?

Ungeschriebene, dafür aber marktentscheidende Vorstellungen des Konsumenten über Qualitätsmerkmale wie Haltbarkeit und leichte Bedienbarkeit eines Erzeugnisses oder Zuverlässigkeit und Kundendienst im Zusammenhang mit einer Dienstleistung, haben schon immer einen wesentlichen Einfluss auf die Anstrengungen des Produzenten gehabt, eine Marktstellung zu behaupten und Wettbewerbsvorteile zu erzielen.[321] Dieses Streben nach Qualität gewann jedoch durch die Verwirklichung des Europäischen Binnenmarktes am 1. Januar 1993 entscheidend an Bedeutung. Der freie Waren- und Dienstleistungsverkehr zwischen den Ländern der Europäischen Union führte zu einer erheblichen Steigerung des Wettbewerbs. Der wirtschaftliche Erfolg eines Unternehmens hängt heute ausschließlich vom Käuferverhalten ab, d. h. wie attraktiv der Kunde ein Produkt bzw. eine Dienstleistung im jeweiligen Preissegment im Vergleich mit anderen, meist zahlreich vorhandenen, Angeboten im heutigen Verdrängungswettbewerb, einstuft. Konkurrenzfähigkeit ist vor allem über Qualität zu erreichen, die immer höheren Ansprüchen der

---

[318] Vgl. Haller, Beurteilung von Dienstleistungsqualität, 1995, S. 5ff
[319] Vgl. Deutsche Gesellschaft für Qualität e.V., Die Kraft der Qualität, o. J., o. S.
[320] „In the long run, the most important single factor affecting a business unit's performance is the quality of its products and service related to those of competitors."
Aune, Quality and Quality Management, 1989, S. 85
[321] Vgl. Masing, Einführung in die Qualitätslehre, 1994, S. 9f

Verbraucher gerecht werden muss.[322] Dabei darf jedoch das kulturelle und nationale Umfeld nicht außer Acht gelassen werden, innerhalb dessen das Streben nach Qualität erfolgt.

Jürgen von Kuczkowski, der ehemalige Vorsitzende der Geschäftsführung von VODAFNE in Deutschland, macht den Zusammenhang von Qualität und Verkaufszahlen deutlich, indem er ausführt, wovon der Erfolg von Werbemaßnahmen tatsächlich abhängt:

> „…diese Inhalte werden nur überzeugend transportiert, treffen nur dann auf einen echten Resonanzboden, wenn die Menschen auch konkrete, positive Erfahrungen mit den Produkten machen. Ein starker Service, höchste Qualität und Verlässlichkeit sowie die Offenheit für Innovationen, die der Marktentwicklung immer einen Schritt voraus sind, haben dafür gesorgt, dass VODAFONE heute von den Konsumenten als dynamischer, fortschrittlicher und flexibler wahrgenommen wird als andere Marktteilnehmer.[323]

Ähnlich argumentiert der Hochpreishersteller MIELE, der seit 1899 in Deutschland produziert und dies auch weiterhin zu tun gedenkt. Das Unternehmen beschäftigt heute 15.000 Mitarbeiter und hatte 2007/2008 einen Umsatz von 2,81 Mrd. €. Stammsitz ist Bielefeld. Die MIELE-Waschmaschinen werden im oberen Preissegment verkauft. Der Grund, dass diese Konsumgüter trotzdem regen Absatz finden, liegt darin, dass das Unternehmen erstklassige Qualität produziert. Der hohe Preis einer MIELE-Waschmaschine wird in der Regel durch die extrem lange Lebensdauer wieder wettgemacht.[324]

Qualität sollte durch entsprechende Normung und Standardisierung messbar werden. Sowohl bei öffentlichen Ausschreibungen als auch bei joint-ventures, bei dem sich mehrere Unternehmen in eine gemeinsame arbeitsteilige Ordnung einfügen müssen, werden deshalb in zunehmendem Maße Systeme zur Sicherung der Qualität gefordert und auch eingerichtet. Hinzu kommt, dass bei der ständig steigenden Komplexität von Produkten deren Endzustand oft die Prüfung aller funktionswichtigen Qualitätskriterien verwehrt. Deshalb muss die Qualität einer jeden einzelnen Komponente durch die Zulieferer gesichert werden.[325] Dies berührt nicht nur die Großindustrie, sondern auch kleine und mittelständische Unternehmen. Sie alle benötigen ein Qualitätssicherungssystem.

---

[322]   Vgl. ebenda, S. 2, 4
         Diese Sichtweise vertreten auch Kanji und Yui: „Total Quality Management is the culture of an
         organisation committed to customer satisfaction through continuous improvement."
         Kanji; Yui, Total Quality Culture, 1997, S. 417
[323]   von Kuczkowski, Ein guter Name ist harte Arbeit, 2005
[324]   Vgl. Kastenhuber, Die Miele-Strategie, 2005
[325]   Vgl. Ishikawa, Guide to Quality Control, 1983, S. 42ff

7.1.2 Total Quality Management

Die Veränderungsgeschwindigkeit von Wissenschaft und Technik sowie die Globalisierung der Märkte und die Internationalisierung im Informationszeitalter führten zu einer Verschärfung des Wettbewerbs. Unternehmen, aber auch Non-Profit-Organisationen wie Bildungsinstitutionen und soziale Einrichtungen, müssen ihre eigene Position im Wettbewerb bestimmen und durch Eigeninitiative zu verbessern suchen. Wer sich dieser Herausforderung stellen möchte, muss die Bereitschaft zum Wandel akzeptieren und auf allen Ebenen seiner Organisation Qualität im Sinne von „Total Quality Management" (TQM) fördern und praktizieren.[326]

Technologie-Führerschaft ist nur noch für ständig sich verkürzende Zeitintervalle ein wichtiger Wettbewerbsfaktor. Die Mitbewerber suchen nach Parametern, die regional oder national beherrschbar sind. Dienstleistungen und speziell deren Qualität zählen vorrangig hierzu. In der globalisierten Konkurrenz ist deshalb das Qualitätsmanagement zu einer der wichtigsten Voraussetzungen für den Fortbestand der Existenz geworden. Unternehmen mit ausgezeichneten Dienstleistungen haben gute Chancen, die anderen nicht.[327]

Seit Mitte der achtziger Jahre dient als Problemlösung das Konzept des „Total Quality Management", das nach dem Vorbild von Ishikawas „Company Wide Quality Control" entstand.

Demzufolge stellt Total Quality Management die wichtigste Antwort auf den raschen Wandel in Wirtschaft und Gesellschaft dar:

- den Übergang vom Verkäufer- zum Käufermarkt und dem daraus gestiegenen Anspruchsdenken der Kunden hinsichtlich Produkt- und Dienstleistungsqualität,

- die Tatsache, dass Qualität zu einem beherrschenden Kriterium für den Kauf eines Produkts oder einer Dienstleistung geworden ist. Empirische Untersuchungen zeigen, dass die meisten deutschen und amerikanischen Unternehmen die Produktqualität als den wichtigsten Schlüsselfaktor des Unternehmenserfolges betrachten.[328]

- dass das Marktimage eines Unternehmens und damit die Wettbewerbsposition eine wesentliche Folge von Qualitätsarbeit und der Produktion qualita-

---

[326] Vgl. Williams; Bertsch, The Development of TQM, 1998, S. 127f, 137

[327] In einer Studie der Unternehmensberatung McKinsey von 1993 wurde eindrucksvoll der Zusammenhang zwischen der Güte eines Qualitätssicherungssystems, der Umsatzrentabilität und dem Umsatzwachstum von 141 untersuchten europäischen und japanischen Automobilzulieferern nachgewiesen.
Vgl. hierzu: Bühner, Ganzheitliche Qualitätsbewertung durch Selbstassessment, 1995, S.1f

[328] Vgl. Fritz, Die Produktqualität – ein Schlüsselfaktor des Unternehmenserfolgs?, 1994, S.1045

tiv hochwertiger Leistungen sind. Qualität ist deshalb heute der wesentlichste Wettbewerbsfaktor. Wer Mängel in der Produkt- oder Dienstleistungsqualität aufweist, steht in Kürze vor einem Imageproblem und rückläufigen Umsatzzahlen.[329]

- die zunehmende Sensibilisierung der Gesellschaft gegenüber der Technik und der Umwelt,

- Kostenvorteile durch Senkung der teilweise erheblichen Ausschuss- und Nacharbeitskosten durch eine entsprechende Qualitätspolitik und

- die Abwehr von Haftungsansprüchen, die das am 1.1.1990 in Kraft getretene Produkthaftungsgesetz den Unternehmen aufbürdet. Die Haftung des Herstellers ist nur dann ausgeschlossen, wenn dieser nachweisen kann (= Umkehr der Beweislast), dass der Fehler nicht vorhanden war – wobei ihm ein Qualitätssicherungssystem hilft – oder dass der Mangel nach dem aktuellen Stand von Wissenschaft und Technik nicht gefunden werden konnte.[330]

Total Quality Management beruht auf dem grundlegenden Prinzip, dass die Energien des gesamten Unternehmens darauf auszurichten sind, Kundenerwartungen beständig zu erfüllen. „Total Quality" als Ziel gilt branchenunabhängig und wird vom Industriebetrieb über die Weiterbildungseinrichtung bis hin zum Kindergarten heute verfolgt.[331]

Alle Mitarbeiter stehen zur Erfüllung dieses Ziels mit ihren Kenntnissen und Fähigkeiten zur Verfügung, um gemeinsam ständig Verbesserungen im Sinne eines umfassenden Qualitätsmanagements durchzuführen.

„Total Quality Management" (TQM) ist nach Tobin eine vollständig aufeinander abgestimmte Bemühung, durch die ständige Verbesserung jeden Aspekts der Organisationskultur Konkurrenzvorteile zu erreichen.[332]

Bläsing definiert den Begriff „Total Quality Management":

- „Total" bedeutet einen gesamtheitlichen, alle einbeziehenden Ansatz zu finden,
- „Quality" steht für die Gesamtheit von Eigenschaften des Unternehmens, die es unverwechselbar, einmalig und typisch machen und

---

[329] Vgl. Dudenhöffer, Beim Qualitätsmanagement kommt es aufs Gesamtbild an, 2005
[330] Vgl. Kölsch, Qualität und Recht, 1996, S. 57ff
[331] Vgl. Jacobi, Instrumentarium zur monetären und nicht monetären Bewertung von Geschäftsprozessen, 1994, S. 217ff
       Vgl. Thombansen; Laske; Possler; Rasmussen, Vertrauen durch Qualität, 1994, S. 23ff
       Vgl. Rewerts, Qualitätsmanagement in Kindergärten, 1998, S. 12ff
[332] zitiert nach Ho, Is the ISO 9000 series for total quality management?, 1994, S. 74

- „Management" steht für das Umsetzen von Zielen und die Führungskultur.[333]

Bauer spricht im Zusammenhang mit „Total Quality Management" von einer ganzheitlichen Führungsstrategie, die das Ziel verfolgt, eine maximale Kundenzufriedenheit und damit einen dauerhaften Geschäftserfolg zu erzielen. Hierzu ist der Aufbau einer Qualitätskultur erforderlich, die das gesamte Unternehmen umfasst, vom Management vorgelebt wird und alle Aktivitäten und die Mitarbeiter mit einbezieht.[334]

Nach DIN EN ISO 8402:1995 versteht man unter „Total Quality Management": eine auf „die Mitwirkung aller ihrer Mitglieder gestützte Managementmethode einer Organisation, die die Qualität in den Mittelpunkt stellt und durch Zufriedenheit der Kunden auf langfristigen Geschäftserfolg sowie auf Nutzen für die Mitglieder der Organisation und für die Gesellschaft abzielt."[335]

„Total Quality Management" könnte als „qualitätsbewusstes ganzheitliches Führen" übersetzt werden. TQM ist damit Zielsetzung, Glauben, Vertrauen, Führen, Verhalten, Konsequenz und Technik in einem gemeinsamen Ansatz. Ein TQM-Unternehmen ist demnach der „Gewinner" schlechthin. Es gibt auf dem Anbietermarkt keine wirkliche Alternative. Die Führungsmethode beruht auf der Unterstützung sämtlicher Mitarbeiter einer Organisation. Qualität steht dabei im Zentrum aller Bemühungen. Langfristiger Geschäftserfolg wird durch Zufriedenheit der Kunden und gesellschaftliche Nutzenstiftung erreicht.[336]

Intern erkennt man TQM-Unternehmen am Qualitätsbewusstsein auf allen Ebenen[337], am Setzen und Verfolgen von Qualitätszielen, am kundenorientierten Denken und Handeln, an der hohen Motivation, dem Selbstvertrauen der Belegschaft und der positiven Art, wie Vorgesetzte und Mitarbeiter miteinander umgehen.

Die Standardisierung von Qualitätssicherungssystemen ist nicht möglich. Deshalb bildet die individuell festgelegte Qualitätspolitik ein zentrales Element der Unternehmenspolitik und wird durch die Geschäftsleitung bestimmt. Qualitätssicherungssysteme erlauben den Nachweis einer optimalen Organisation. Sie sind die festgelegte Aufbau- und Ablauforganisation eines Unternehmens zur Erzeugung der unternehmensspezifischen Qualität. Das Erreichen der gewünschten Qualität verlangt die Verpflichtung und die Mitwirkung aller Mitarbeiter der Organisation. Um die festgelegten Forderungen zu erfüllen, sind Qualitätssicherungspläne sowie

---

[333]   Vgl. Bläsing, Jürgen: Das qualitätsbewusste Unternehmen, 1992, S. 7
[334]   Vgl. Bauer, Total Quality Management (TQM), 1997, S. 1071
[335]   DIN EN ISO 8402:1995, zitiert bei Zink, Klaus, Qualitätsmanagement, 1998, S. 29
[336]   Vgl. Greßler; Göppel, Qualitätsmanagement, 1996, S. 33ff
[337]   Der Nutzen der Qualität übersteigt in der Regel bei weitem die hierdurch aufzuwendenden Qualitätskosten.
        Vgl. Pfeifer, Qualitätsmanagement, 1993, S. 293ff

ein Qualitätssicherungs-Handbuch entsprechend den festgelegten Vorgaben aus-
zuarbeiten.

Zusammenfassend kann folgendes festgestellt werden:

Qualität als Unternehmensziel auf allen Ebenen im Sinne von „Qualitätsfähigkeit"
umfasst die folgenden Merkmale:

- Streben nach einer bestimmten Eigenschaft, Beschaffenheit und Güte eines
  Produkts, einer Dienstleistung oder einer Organisation durch Verfolgen von
  Leistungszielen.

- Qualität muss durch entsprechende Parameter objektiv messbar und subjektiv erkennbar und einschätzbar sein.

- Das Streben nach Qualität muss, ausgehend von den internen Stärken einer
  Organisation, Kundenwünsche erfüllen und zugleich die Belange der Mitarbeiter durch eine entsprechende Zusammenarbeit aller berücksichtigen.
- Qualität ist situations- und umweltbezogen für jede Einrichtung spezifisch
  zu definieren.

7.2 Konkurrierende Modelle zur Ermittlung der Organisationsqualität

Vor rund einem halben Jahrhundert haben Wirtschaftsorganisationen weltweit
damit begonnen, ihre Entwicklung anhand von „Qualitätsmodellen" einzuschätzen.
Die Entwicklung begann mit dem „Deming Prize" in Japan, es folgte der „Baldrige
Award" der USA und seit 1992 gibt es den „European Quality Award." Die Vergabe
eines Preises bedeutet, dass der Fortschritt bei der Organisationsentwicklung über
die Bewerbung um die entsprechende Auszeichnung durch eine externe Jury bewertet wird. Die meisten Unternehmen erreichten jedoch ihre Qualitätsziele durch
die Anwendung einer der Methoden der Selbstbewertung in bezug auf ein Modell
des entsprechenden Award. Jede Organisation ist einzigartig in ihren Geschäftsab-
läufen und hinsichtlich ihres Schwerpunktes, den sie auf die verschiedenen Zielgruppen und Abläufe legt. Deshalb besteht der Vorzug der Eigenanalyse darin,
dass jede Organisation auf Grund fundierter Kenntnis ihre eigene Situation im Au-
ge hat, wenn sie das jeweilige Modell anwendet.

Die Gründung und Geschäftsidee der European Foundation for Quality Management geht auf eine Reihe von internationalen Vorläufern zurück, die fast 50 Jahre
alt ist. Deshalb ist es erforderlich, die wichtigsten Versuche zu skizzieren, dieses
Ziel durch Preise, Normen und Auditierungen zu erreichen.

7.2.1 Deming Award for Quality

Zwei Amerikaner führten nach dem Zweiten Weltkrieg in Japan amerikanische Verfahrensweisen hinsichtlich der Qualität ein, die auf große Zustimmung stießen, nämlich Juran[338] und Deming[339].

Letzterer wurde 1950 von der Union of Japanese Scientists and Engineers (JUSE) eingeladen, um ein Seminar über statistische Qualitätssicherung zu halten. Seine Vorträge führten in Japan zu einer fast missionarischen Wirkung hinsichtlich des Qualitätsgedankens, das in dieser Hinsicht einen erheblichen Nachholbedarf hatte. Die Japaner bezeichnen Deming deshalb als „Vater der Qualitätsbewegung" in ihrem Land.[340] Juran bereicherte und ergänzte diese Vorträge durch eigene Seminare über das Management der Qualitätskontrolle im Jahr 1954.

Qualität ist von Anfang an in den Entwurf eines Produkts zu integrieren. Dies ist die Hauptursache des Erfolges guter Qualität im Bereich der Produktion. Deming hat nachgewiesen, dass 94 % aller Fehler bereits im Entwurf des betrieblichen Systems enthalten waren und nur 6 % der Fehler auf mangelhafte Erledigung der Tätigkeit durch einzelne Mitarbeiter zurückzuführen sind. Es geht deshalb darum, durch einen Ansatz von „Total Quality Management" systemimmanente Defekte von Anfang an zu vermeiden. Deshalb definiert Deming Abweichungen von der Idealvorstellung als die Hauptursache von Qualitätsverlusten. Die Beteiligung der Mitarbeiter ist Grundvoraussetzung eines "Total Service Quality-Prozesses", da diese durch ihre Spezialkenntnisse über das Unternehmen die besten Verbesserungsvorschläge liefern können.

Diese Ideen nahm die japanische Industrie rasch an. Der große Erfolg der japanischen Wirtschaft in den sechziger und siebziger Jahren wurde zu einem erheblichen Teil den Erkenntnissen von Juran und Deming zugeschrieben. Von beiden stammt eine Qualitätsstrategie, die das Management mit der Aufgabe der Qualitätssicherung betraut und von diesem das Verfolgen einer „Total Quality Strategy" fordert.

Insbesondere die Bedeutung von Deming ist so groß, dass man nach ihm den im Jahre 1951 eingeführten Qualitätspreis benannte: Der „Deming Award for Quality" wurde gestiftet, um die Beiträge von Dr. W. Edwards Deming für eine Entwicklung zugunsten der Qualitätskontrolle in Japan zu ehren.

Deming beschreibt Qualität als „vorhersagbares Maß an Einheitlichkeit und Zuverlässigkeit zu geringen Kosten und dem Markt angemessen".[341] Es geht in seinem umfassenden Ansatz darum, durch den Soll-Ist-Vergleich der Qualität die Lücke zwischen Kundenerwartung und tatsächlich erbrachter Leistung zu ermitteln.

---

[338] Vgl. Juran, Handbuch der Qualitätsplanung, 2005, S. 203ff
[339] Vgl. Deming, Out of the Crisis, 2005, S. 100ff
[340] Vgl. Ishikawa, QC Circle Activities, Tokyo, 1968, S. 4ff
Vgl. Bosch, Vergleich verschiedener Qualitätspreise, 1995, S. 11ff
[341] Murphy; Farmar, Dienstleistungsqualität, 1994, S.273

Zur Unterstützung des Managements, das für 85 % des Qualitätsproblems bei der Prozesssteuerung verantwortlich ist, hat Deming seine berühmten 14 Punkte für qualitätsbewusste Unternehmen aufgestellt die die Juroren des „Deming Award" zu zehn Qualitätskriterien zusammengefasst haben:[342]

1. Unternehmenspolitik/Unternehmensleitung
2. Organisation der Administration
3. Mitarbeiterorientierung
4. Sammeln von und Umgang mit Informationen
5. Analyse
6. Standardisierung
7. Steuerung der Prozesse
8. Qualitätssicherung
9. Auswirkungen
10. Zukunftsplanung.

Was ist das Besondere an den Erkenntnissen von Deming, des in historischer Sicht ältesten Qualitätsforschers der Zeit nach dem Zweiten Weltkrieg?

- Er nimmt das Management als Hauptverantwortlichen für Qualität in die Pflicht.

- Qualität muss in einem, das gesamte Unternehmen einbeziehenden, System realisiert werden.

- Qualität wird durch kontinuierliche Verbesserungsprozesse durch das Unternehmen selbst gestaltet und im Rahmen des Preiswettbewerbs extern evaluiert.

- Die Mitarbeiter sind in die Gestaltung aller qualitätsrelevanten Prozesse einzubeziehen. Dies gilt auch für die Eigenevaluation im Rahmen des Bewerbungsverfahrens um den Deming Award.

- Die Qualitätskriterien stellen eine detaillierte Checkliste für die Bewertung der Qualität einer Organisation dar.

---

[342] Vgl. ebenda, S. 14ff

7.2.2 Malcolm Baldrige Award

Der „Malcolm Baldrige Award" wurde 1987 in Gedenken an den ehemaligen Minister für Handel der USA, Malcolm Baldrige (1922-1987) gestiftet, und nach einer Ankündigung von Präsident Ford 1988 erstmals vergeben.

Baldrige war ein führender Verfechter der Erneuerung des „spirit of excellence", dem Streben nach Spitzenleistungen. Dies äußerte sich darin, dass er Qualität zu einem integrierenden Teil der Strategie eines Unternehmens machte. Innerhalb der Regierung der Vereinigten Staaten von Amerika (1981-1987) führte seine hervorragende Leistung als Führungskraft zu langfristigen Verbesserungen der Effizienz und Effektivität der Bundesregierung, wozu beispielsweise ein Abbau des Haushaltsdefizits um mehr als 30 % und eine Reduzierung des Regierungspersonals um 25 % zählen.

Der Malcolm Baldrige National Quality Award wurde als amerikanische Version des seit langem existierenden japanischen Deming-Preises ins Leben gerufen. Er stellt eine Auszeichnung dar und nicht etwa ein für eine externe Auditierung vorgesehenes Registrierungsschema wie die anschließend dargestellte ISO-Norm 9000. Jährlich werden insgesamt sechs Unternehmen ausgezeichnet.

Durch das Gesetz Nr. 100-107 wurde 1987 der jährliche U.S. National Quality Award verankert. Er verfolgt das Ziel, das Bewusstsein für Spitzenleistungen zu wecken, Qualitätsleistungen U.S. amerikanischer Firmen zu erkennen und erfolgreiche Qualitätsstrategien zu veröffentlichen. Der Preis wird durch den Handelsminister und das National Institute of Standards and Technology vergeben. Durch den Malcolm Baldrige Award wurde eine neue Form von Public-Private-Partnership erreicht Ein entscheidender Unterstützungsbeitrag für das Programm kommt von der Foundation for the Malcolm Baldrige National Quality Award, einer Stiftung, die 1988 gegründet wurde.

Das Ziel der Preisvergabe lautet:

> „To assist U.S. businesses and non-profit organizations in delivering ever-improving value to customers, resulting in marketplace success, and in improving overall company performance and capabilities – utilizing the Malcolm Baldrige National Quality Award framework, core-values and methods."[343]

---

[343] deutsche Übersetzung: Um U.S. amerikanische Unternehmen und Non-Profit-Organisationen bei der Erstellung kontinuierlich zu verbessernder Leistungen gegenüber den Kunden zu unterstützen, die zu Markterfolg und zur Verbesserung der umfassenden Gesamtleistung des Unternehmens und dessen Fähigkeiten führen, dient die Nutzung des Beurteilungsschemas des Malcolm Baldrige National Quality Award und dessen grundlegender Werte und Methoden. Quelle: NIST Quality Program, 1999, S. 1

Jährlich bewerben sich zwischen 50 und 150 Unternehmen um den Preis, weit über 100.000 haben jedoch das diesem zugrunde liegende Modell studiert und angewandt. Es hat eine weit größere Bedeutung als die Preisbewertung, wie dessen nachfolgender Aufbau zeigt.

Das Bewertungsschema des Malcolm Baldrige Award stellt eine detaillierte Checkliste für die Beurteilung der Qualität einer jeden beliebigen Organisation durch Eigen- und Fremdevaluation dar.

Die der Preisvergabe zugrunde liegenden Vorstellungen stellen eine Begründung modernen Qualitätsdenkens dar:

- Qualität definiert der Kunde, nicht das Unternehmen.

- Das Management muss klare Qualitätsvorstellungen entwickeln und durchsetzen.

- Ausgezeichnete Qualität ist das Ergebnis gut konzipierter Systeme und Prozesse.

- Stetige Verbesserung ist in allen Systemen und Prozessen durch das Management zu initiieren.

- Voraussetzung für eine führende Qualitätsposition sind Zielsetzung, Strategie und Ablaufpläne für die einzelnen Operationen.

- Die Verkürzung der Reaktionszeit in allen Aktivitätsbereichen des Unternehmens muss Bestandteil der Qualitätsverbesserung werden.

- Unternehmensentscheidungen müssen auf Fakten und gesicherten Informationen beruhen.

- Alle Mitarbeiter müssen nach entsprechender Ausbildung und eingeräumten Entwicklungsmöglichkeiten in die Qualitätsaktivitäten eingebunden werden.

- Die Qualität des Dienstleistungsdesigns und Vorbeugungsmaßnahmen gegen Fehler und Ausfälle müssen zentrale Elemente des Qualitätssicherungssystems sein.

- Die Lieferanten müssen die gewünschten Qualitätserfordernisse der Auftraggeber erfüllen.

Bei der Vergabe des Baldrige-Preises wird von 1000 Punkten ausgegangen, die in den folgenden sieben Bereichen vergeben werden:

Nr.	Qualitätsbereich	maximale Punktzahl
1	Unternehmensführung	100
2	strategische Qualitätsplanung	60
3	Konzentration auf Kunde und Markt	300
4	Information und Analysen	70
5	Nutzung der Humanressourcen	150
6	Prozessmanagement	140
7	Geschäftsergebnisse	180
	Summe:	1.000

Fig. 65: Das Modell des Malcolm Baldrige Award

Das Urteil der Prüfer im Rahmen der Preisvergabe beruht auf den drei Dimensionen „Ansatz" (Methoden), „Entwicklung" (Umsetzungsgrad) und „Ergebnis", die die Jury gesondert bewertet. In jeder Stufe können 100 % erreicht werden. Die Unterteilung beruht darauf, dass gelungene Planungen noch keine Garantie für eine erfolgreiche Realisierung sind und erfolgreiche Durchführungen nicht in jedem Fall das gewünschte Ergebnis zeitigen.

Da der Malcolm Baldrige Award weitgehend auf den Vorgaben des Deming-Award aufbaut, gelten die gleichen Vorzüge für den Malcolm Baldrige Award, die bereits genannt wurden. Bedeutsam ist noch die Tatsache der gesetzlichen Verankerung der Preisvergabe als öffentliches Ziel der Wirtschaftsförderung durch Unterstützung des Qualitätsstrebens. Unabhängig von der Preisbewerbung benutzen nach einer repräsentativen Umfrage der amerikanischen Zeitschrift „Quality Progress" 41 % aller Unternehmen die Kriterien des Malcolm Baldrige Award zur Evaluierung ihres Qualitätskonzepts.[344]

Wichtig für die folgenden Ausführungen ist auch die Unterteilung der Qualität in sieben Kriterien und deren Bewertung mit Punkten. Eine Gliederung der Kriterien in „Voraussetzungen" und „Ergebnisse" des Qualitätsstrebens ergibt sich aus der Reihenfolge der Qualitätsbereiche.

Der Malcolm Baldrige Award unterscheidet sich vom Deming Award insbesondere hinsichtlich der folgenden Aspekte:

---

[344] Vgl. Bosch, Vergleich verschiedener Qualitätspreise, 1995, S. 28f

- Es erfolgt eine stärkere Konzentration auf die Ergebnisse und die Dienstleistungen.
- Eine Vielzahl unterschiedlicher Freiberuflicher und Wirtschaftsgruppen ist bei der Preisermittlung mit einbezogen.
- Sonderpunkte werden für innovative Vorgehensweisen und Verfahren im Hinblick auf Qualitätsmanagement vergeben.
- Ein Schwerpunkt wird auf die Kunden und die Mitarbeiter gelegt und
- die Weitergabe von Informationen innerhalb des Unternehmens wird als bedeutsam erachtet.

Der Einbezug der Mitarbeiter bei der Formulierung und Messung der Unternehmensqualität im Rahmen der Selbstbewertung erfordert eine firmenspezifische Konkretisierung der Qualitätsnormen. Sie erleichtern die Umsetzung der Vorgaben des Malcolm Baldrige Award in die Praxis.

7.2.3. ISO-Zertifizierung

Der Wunsch nach der Darlegung der Qualitätssicherung gewinnt weltweit immer größere Bedeutung. Zu diesem Zweck entstanden eine Vielzahl von nationalen und internationalen, branchenspezifischen und -unabhängigen Normen und behördlichen Regelungen. Dies führte zum dringenden Wunsch nach einer Vereinheitlichung, die sowohl den nationalen als auch den internationalen Rahmen umfasst.

7.2.3.1 Inhalte der DIN ISO 9000-9004

Die Europäische Norm EN 29 000:1987 wurde am 10.12.1987 vom Europäischen Komitee für Normung (CEN) in Brüssel angenommen. Sie hat den Status einer deutschen Norm und enthält unverändert die Internationale Norm ISO 9000, bis hin zur DIN EN ISO 9001-2000 (Qualitätsmanagement- und Qualitätssicherungsnormen). Die Reihe 9000 der ISO-Normen zielt auf ein branchen- und produktunabhängiges System zur Qualitätssicherung von Waren und Dienstleistungen. ISO steht für die Internationale Normenorganisation (International Organization for Standardization), EN für Europäische Norm und DIN für Deutsches Institut für Normung. 9000 ist lediglich eine Ordnungsnummer.[345]

Die Ziele dieser internationalen Norm sind

- die Unterschiede und Wechselbeziehungen zwischen den grundsätzlichen Qualitätskonzepten zu klären und

- die Anleitungen zur Auswahl und Anwendung einer Reihe von Internationalen Normen zu Qualitätssicherungssystemen bereitzustellen.

---

[345] Vgl. Fuhr, Qualitätsmanagement im Bildungssektor, 1998, S. 50

Die DIN ISO 9000 beschreibt die Anwendungsbereiche und verweist auf die folgenden *anderen Normen,* mit denen sie eine Einheit bildet:

- ISO 8402 Qualität – Begriffe

- ISO 9001 Ein Leitfaden zur Auswahl und Anwendung der Normenreihe für Qualitätssicherungssysteme zur Erfüllung festgelegter Forderungen

- ISO 9002 Qualitätssicherungssysteme in den Bereichen Produktion und Montage

- ISO 9003 Qualitätssicherungssysteme im Bereich der Endprüfung

- ISO 9004 Qualitätsmanagement und Elemente eines Qualitätssicherungssystems.

Nach der ISO 9000 sollte eine Organisation danach streben, die folgenden Qualitätsziele zu erreichen:[346]

- Die Qualität der Produkte oder der erbrachten Dienstleistung soll die festgelegten oder vorausgesetzten Erfordernisse des Auftraggebers stets erfüllen.

- Die Organisation sollte gegenüber dem Auftraggeber für Vertrauen sorgen, dass die beabsichtigte Qualität beim zu liefernden Produkt oder der zu erbringenden Dienstleistung erreicht ist oder erreicht werden kann.

Die DIN ISO-Normen definieren Qualität als Gesamtheit zahlreicher Merkmale und Eigenschaften, die teils quantitativ erfassbar, teils jedoch auch nur subjektiv einschätzbar sind.[347]

In Europa wurden rund 50.000 Unternehmen nach den ISO-Normen zertifiziert, schätzungsweise 70.000 weltweit. Eine noch höhere Zahl an Organisationen arbeitet nach diesem System.[348]

7.2.3.2 Qualitätssicherungssystem auf der Grundlage der ISO-Normen

Die DIN ISO 9000-9004 bieten eine gute Basis für die Etablierung eines Qualitätssicherungssystems, da sie einen wichtigen Beitrag zur Strukturierung der Aufbauorganisation sowie der dazugehörigen Verfahren, Prozesse und Mittel für die Verwirklichung des Qualitätsmanagement leisten.

---

[346] Vgl. Kölbl, Qualitätsmanagement nach DIN EN ISO 9000ff, a.a.O., S. 7
[347] Vgl. Petrick; Reihlen, Qualitätssicherung und Normung, 1980, S. 31
[348] Vgl. Zink, Qualitätsmanagement, 1999, S. 30

Die DIN EN ISO 9001 beinhaltet acht Grundsätze des Qualitätsmanagements:

1. Kundenorientierung
2. Verantwortlichkeit der Führung
3. Einbeziehung der beteiligten Personen
4. Prozessorientierter Ansatz
5. Systemorientierter Managementansatz
6. Kontinuierliche Verbesserung
7. Sachbezogener Entscheidungsfindungsansatz
8. Lieferantenbeziehungen zum gegenseitigen Nutzen.

Dabei muss im Einzelfall geprüft werden, ob und ggfs. welche Prüfbereiche für das betreffende Unternehmen nicht zutreffen bzw. irrelevant sind. In jedem Fall muss vermieden werden, dass durch die Beachtung und Erfüllung der Qualitätsnormen eine neue Form von Bürokratie durch Überreglementierung entsteht, die die alte kaufmännisch-technisch bedingte Organisation ablöst, da hierdurch eine Innovationsbremse entstünde.

7.2.3.3 Beurteilung der ISO-Normen

In der Fachliteratur wird vielfältige Kritik an den ISO-Normen zur Qualitätssicherung geübt, die der Verfasser auf der Grundlage einer Analyse von Hopfenbeck zusammenfasst:

Vorteile der ISO-Normen:	Nachteile der ISO-Normen:
Verantwortung der obersten Geschäftsleitung zur Festlegung einer Qualitätspolitik.	Gewünscht wird häufig lediglich das „Zertifikat", ohne den tatsächlichen Wert der Norm kritisch zu hinterfragen. Der Einbezug der Mitarbeiter ist in zu geringem Maße verankert.
Die Anwendung der Norm führt zu einer Verbesserung der Qualität und zum Erkennen von Schwachstellen.	Die Normen sind in hohem Maße auf Hersteller von Sachgütern ausgerichtet. Der Dienstleistungssektor wird weitgehend außer Acht gelassen.
Unternehmen gewinnen systematische Methoden zur Vermeidung von Fehlern.	Es handelt sich um reine Verfahrensnormen, die sich auf Prozesse und nicht auf Produkte beziehen.
Regelmäßige Prüfung der Wirksamkeit des Qualitätsmanagements durch interne Audits.	zu schwach ausgeprägte Kundenorientierung
Die Normen bieten ein ganzheitliches Konzept für eine unternehmensweite Qualitätskultur.	statisches Verfahren zur Qualitätsverbesserung, das zu geringe Möglichkeiten einer flexiblen, prozessorientierten Anwendung beinhaltet; ständige Verbesserungen der Qualität werden nicht eingefordert
Einbezug der Zulieferer bei der Sicherung der Qualität.	erheblicher Kosten- und Zeitaufwand für die Zertifizierung.
Bestimmung allgemeiner Standards für Qualitätssicherung	Entstehung einer neuen Form von Bürokratie durch umfangreiche Dokumentationspflichten; dies schränkt den Handlungsspielraum der Mitarbeiter ein
taugliches „Werkzeug" für die Analyse eigener Stärken und Schwächen	Es werden zwar die Fähigkeiten der Firma ermittelt, nicht jedoch deren Ergebnisse.
weltweite Verbreitung der ISO-Normen	TQM ist nicht identisch mit der Anwendung der ISO-Normen, sondern geht weit darüber hinaus.

Fig. 66: Kritische Beurteilung der ISO-Normen

7.3 Zusammenhang zwischen den konkurrierenden Modellen zur Ermittlung der Organisationsqualität

Welcher Zusammenhang besteht zwischen dem Deming Award for Quality, dem Malcolm Baldrige Award und den ISO-Normen? Inwiefern sind diese Ansätze für das nachfolgend geschilderte „EFQM Excellence Model" von Bedeutung?

Der Deming Award for Quality ist ein nationaler Preis in Japan, der durch den nationalen Malcolm Baldrige Award 1988 in den USA ergänzt wurde. Was liegt näher, als auch einen derartigen Preis für Deutschland oder für Europa zu schaffen? Die beiden Vorläufer haben dabei hinsichtlich Inhalt und Bewertung im Rahmen der Eigenevaluation Vorbildcharakter für den europäischen Kontinent. Wie noch gezeigt werden wird, erfolgte die Kreation des European Quality Award fast zeitgleich mit der des Baldrige Award und weist zahlreiche Ähnlichkeiten auf.[349] Auf diese Weise werden inhaltliche, geographische und zeitliche Bezüge zwischen den Qualitätsmodellen und -wettbewerben deutlich.

Die ISO 9000-9004 stellen ein umfassendes System im Sinne von Total Quality Management dar, das den international am meisten gemeinsam akzeptierten Qualitätsstandard mit über 140.000 zertifizierten Firmen darstellt. Führung, Strategie, die umfassende Analyse aller Geschäftsprozesse und auch Mitarbeiter und Kunden werden in das Qualitätssicherungssystem einbezogen. Obwohl die ISO-Normen nicht nur unter dem Qualitätsaspekt, sondern auch im Hinblick auf die Beschränkung bzw. den Ausschluss der Haftung nach dem Produkthaftungsgesetz konzipiert wurden, stellen sie doch die erste europäische Qualitätsnormierung dar. Als solches sind sie auch Bestandteil des EFQM Excellence Model" unter Kriterium 5 „Prozesse", von denen sie in etwa die Hälfte der geforderten Unterpunkte abdecken. Das ISO-Normensystem schließt jedoch in den anderen Bereichen lediglich etwa 20 % der durch das EFQM-Modell geforderten Punkte mit ein.[350]

Damit wird deutlich, dass die scheinbar miteinander konkurrierenden Modelle zur Ermittlung der Organisationsqualität alle in das aktuelle Qualitätsmanagementsystem der Europäischen Vereinigung für Qualitätsmanagement einschließlich des dazugehörigen Qualitätspreises aufgenommen wurden.

7.4 Das EFQM-Excellence Modell (EFQM)

Eine neue Vereinigung, die European Foundation for Quality Management, ist von erheblicher Bedeutung für die Etablierung des „Total Quality Managementin Europa. Ziele und Aufgaben dieser Gesellschaft werden nachfolgend dargestellt. Ein Schwerpunkt liegt dabei auf deren Modell von „Business Excellence" und dem „European Quality Award".

7.4.1 Die European Foundation for Quality Management

1988 unterzeichneten die Vertreter von vierzehn führenden europäischen Unternehmen mit Unterstützung der Europäischen Kommission eine Absichtserklärung zur Gründung der European Foundation for Quality Management. Am 19. Oktober 1989 wurde die EFQM offiziell als gemeinnützige Stiftung ins Leben gerufen. Ihr Sitz ist in Brüssel. Die Initiatoren hatten erkannt, dass durch ein umfassendes System von Qualitätsmanagement (Total Quality Management) Wettbewerbsvorteile am Markt zu erzielen sind. Die Initiative wurde von der Unternehmerschaft be-

---

[349] Vgl. Mendis, Using a Quality Standard as Opposed to the Quality Awards for Self Assessment and the Development of Quality Management, 1997, S. 227

[350] Zink hat sich die Mühe gemacht, das EFQM-Modell und die ISO-Normen zu vergleichen und den Grad der Deckungsgleichheit der Kriterien beider Normen zu ermitteln. Vgl. Zink, Qualitätsmanagement, 1999, S. 35
Zu einem ähnlichen Ergebnis führt der Vergleich der ISO 9000 mit den Anforderungen des Malcolm Baldrige Award. Vgl. hierzu: Adelhofer, DIN ISO 9000, 1994, S. 253

grüßt, so dass die Zahl der Mitglieder, die inzwischen aus 40 Mitgliedsländern stammt, im Jahr 2008 auf 800 anstieg.

Ziel der Vereinigung EFQM[351] ist somit die Verbesserung der Unternehmensleistung im Bereich des Qualitätsmanagements: Kundenzufriedenheit, Mitarbeiterzufriedenheit, gesellschaftliche Verantwortung und Geschäftsergebnisse sind dabei gleichrangige Ziele. Aus der Sicht der EFQM ist Qualitätsmanagement der entscheidende Faktor in einer globalisierten Welt, um einen Wettbewerbsvorteil zu erringen. Diese Ansicht vertreten auch in zunehmendem Maße die Unternehmen in Europa. Sie gehen davon aus, dass Total Quality Management ein geeigneter Weg ist, auf längere Sicht wirtschaftliche Effizienz, eine Reduzierung der Kosten, Effektivität bei den Geschäftsprozessen und Vorteile am Markt zu gewinnen. Der EFQM kommt dabei, nach eigenen Aussagen, eine Schlüsselrolle zu, das Streben nach umfassender Qualität in europäischen Unternehmen zu fördern und bei der Entwicklung von Qualitätsverbesserungen mitzuwirken. Deshalb wurden – als Hauptaufgabe der EFQM – seit 1992 Qualitätsrichtlinien veröffentlicht, um die Mitglieder auf diesem Gebiet zu unterstützen. Im Zentrum steht dabei die Selbstbewertung der Unternehmensqualität mit dem Ziel, die Gesamtleistung der jeweiligen Organisation zu verbessern. Die Eigenanalyse bedarf jedoch eines grundlegenden und einheitlichen Rahmens. Diesen bietet das „Europäische Modell für umfassendes Qualitätsmanagement".

7.4.2 Überblick über das Modell der EFQM für „Business Excellence"

Unabhängig von der Branche, der Größe, der Struktur oder des Entwicklungsstandes, müssen Organisationen geeignete Managementsysteme zur Qualitätssicherung einführen. Das „EFQM Excellence Model" ist ein praktisches Werkzeug, um Organisationen bei ihrer Standortbestimmung zu helfen. Es dient dazu, zu ermitteln, an welchem Punkt diese auf dem Weg zu hervorragenden Leistungen angelangt sind. Das Modell leistet einen Beitrag, um Lücken zu entdecken und den Bearbeiter zu Lösungen anzuregen.

Das EFQM-Modell bietet kein allgemeingültiges „Rezept", sondern anerkennt und toleriert, dass es unterschiedliche Ansätze für nachhaltige Spitzenleistungen gibt. Unter Berücksichtigung dieser Tatsache existieren jedoch die nachfolgenden Basiselemente, auf denen das Modell beruht:

- Ergebnisorientierung: Spitzenleistungen hängen davon ab, dass man die Bedürfnisse von Mitarbeitern, Kunden, Lieferanten, der Gesellschaft insgesamt und der Aktionäre in ausgewogener Weise berücksichtigt, was einen deutlichen Unterschied zum „Shareholder Value Konzept" darstellt.

- Der Kunde steht im Mittelpunkt: Der endgültige „Schiedsrichter" über ein Produkt oder eine Dienstleistung, und damit auch über langfristige Loyalität

---

[351]   Vgl. Verbeck, TQM versus QM, 1998, S. 73ff

gegenüber dem Unternehmen, ist der Kunde. Der Marktanteil wird am besten durch einen eindeutigen Fokus auf die Bedürfnisse der gegenwärtigen und potentiellen Kunden gesichert.

- Führung und klar umrissene Unternehmensziele: Das Verhalten des Managements schafft Klarheit und Einigkeit über den Unternehmenszweck, und zwar sowohl innerhalb der Organisation als auch gegenüber der Umwelt. In diesem Rahmen können die Organisation und ihre Mitarbeiter agieren.

- Management durch Prozesse und Fakten: Organisationen erbringen dann die größte Leistung, wenn alle damit im Zusammenhang stehenden Aktivitäten nachvollziehbar und systematisch durchgeführt werden. Entscheidungen hinsichtlich der gegenwärtigen Maßnahmen und der in der Zukunft geplanten Verbesserungen müssen auf der Grundlage gesicherter Informationen getroffen werden. Hierzu zählen auch die Kenntnis der Einstellungen und Interessen der Aktionäre.

- Entwicklung und Einbezug der Mitarbeiter: Das volle Potential der Mitarbeiter einer Organisation wird am ehesten durch gemeinsame Wertüberzeugungen, eine Kultur des Vertrauens und der Aufgabenwahrnehmung durch die Ermächtigung der Mitarbeiter zu eigenverantwortlichem Handeln („Empowerment") entfaltet.

- Ständiges Lernen, permanente Innovation und Verbesserung: Die Leistung einer Organisation wird dann maximiert, wenn sie auf einem allen zugänglichen Wissensmanagement beruht und auf einer Unternehmenskultur, die durch ständiges Lernen, permanente Innovation und kontinuierliche Verbesserungsprozesse charakterisiert ist.

- Partnerschaftliche Entwicklung: Eine Organisation arbeitet effektiver, wenn gegenseitig nutzbringende Beziehungen zwischen ihren Partnern bestehen, die auf Vertrauen, gemeinsamem Wissen und Integration bestehen.

- Verantwortung gegenüber der Öffentlichkeit: Den langfristigen Interessen der Organisation und ihrer Mitarbeiter wird am besten dadurch gedient, dass man ethische Grundsätze unternehmerischen Handelns bestimmt und beachtet. Hierzu zählt auch das Ziel, dass sowohl die Erwartungen der Gesellschaft als auch die zu beachtenden gesetzlichen Vorschriften insgesamt übertroffen werden.

7.4.2.1 Grundstruktur des „EFQM Excellence Model"

Managementmodelle erfüllen als abstrakte Konstruktionen der Wirklichkeit zwei Funktionen: In *wissenschaftlicher Hinsicht* sollen integrative und alternative Konzepte für die Beschreibung, Erklärung und Gestaltung von Prozessen und Strukturen der Unternehmensführung geliefert werden. Die *pragmatische Funk*tion, die in den meisten Modellen dominiert, liefert Konzepte und Regeln für die Lösung von Managementproblemen im Alltagsgeschäft der Unternehmen. Managementmodelle bieten auch eine Gestaltungsgrundlage für ein hierauf beruhendes Controlling. Sie ermöglichen dadurch eine Evaluation und Optimierung von Business Excellence.[352]

Das Modellkonzept beruht auf insgesamt neun Kriterien, fünf davon sind „Befähiger" und vier „Ergebnisse". Sie stellen die Merkmale dar, an Hand derer der Fortschritt einer Organisation im Hinblick auf das Streben nach Spitzenleistungen beurteilt wird. Jedes der neun Elemente wird so definiert, dass die große Bedeutung des Kriteriums im Hinblick auf das gemeinsame Ziel zum Ausdruck kommt. Die „Befähiger" geben Auskunft darüber, *was* eine Organisation tut. Die „Ergebnisse" zeigen, *welche* Leistungen sie erbringt. Die Ergebnisse werden durch die Befähigerkriterien bewirkt. Jeder der beiden Bereiche, Befähiger und Ergebnisse, wird mit 500 Punkten bewertet, so dass die maximale Punktzahl 1000 beträgt.

Die Grundprämisse des Modells lautet:

„Excellent results with respect to Performance, Customers, People and Society are achieved through Partnerships and Resources, and Processes."[353] Positive Geschäftsergebnisse, Kundenzufriedenheit, Mitarbeiterzufriedenheit und gesellschaftliche Verantwortung sowie Image werden durch eine Führung erzielt, die Politik und Strategie, eine geeignete Mitarbeiterorientierung sowie das Management der Ressourcen, Partnerschaften und Prozesse vorantreibt.

Die nachfolgende Darstellung zeigt die Struktur und den Zusammenhang zwischen den Elementen des Qualitätssystems.

---

[352] Vgl. Wunderer, Beurteilung des Modells der Europäischen Gesellschaft für Qualitätsmanagement (EFQM), 1998, S. 5ff. Die Hervorhebungen erfolgten durch den Verfasser.
[353] Vgl. EFQM, The EFQM Excellence Model, 2005

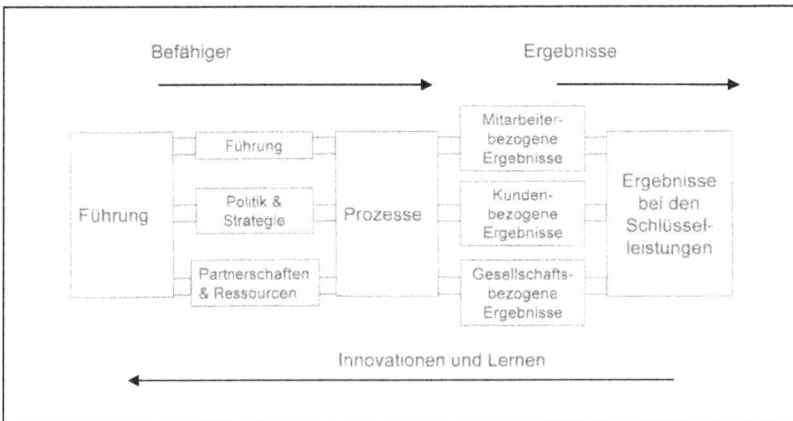

Fig. 67: Das EFQM-Modell für Business Excellence

Das Modell und die Gewichtung der Kriterien waren das Ergebnis einer europaweiten Diskussion, an deren Ende ein Abstimmungsprozess stand, der das o.g. Ergebnis erbracht hat. Im Rahmen eines kontinuierlichen Verbesserungsprozesses werden die Elemente und die Gewichtung jährlich durch die EFQM überprüft.

Das Qualitätsmodell kann auf vielfältige Weise eingesetzt werden, für Selbstevaluation, Fremdbeurteilung, als Richtgröße für Benchmarking und als Grundlage für die Bewerbung um den European Quality Award. Darüber hinaus hilft es, Bereiche der Verbesserung zu entdecken und bietet ein Grundgerüst für das Managementsystem der Unternehmung. Das „EFQM Excellence Model" stellt darüber hinaus die Grundlage für eine gemeinsame Sprachregelung und eine gemeinsame Denkrichtung für alle am Qualitätsgedanken orientierten Institutionen dar.

Durch Benchmarking werden Messkriterien für Spitzenleistungen ermittelt, indem man klassenbeste Organisationen, Branchen und Einzelunternehmen betrachtet, um für die eigene Situation möglichst Ideallösungen zu erzielen. Benchmarking ist zielgerichtet, extern orientiert, informationsintensiv und objektiv. Die EFQM unterstützt Benchmarking durch die Einrichtung entsprechender Foren und Arbeitskreise. Auf diese Weise werden Plattformen geschaffen, um die jeweils beste Praxis zu identifizieren, sei es für einzelne Prozesse oder die gesamte Unternehmensführung.[354]

---

[354]   Vgl. Leibfried; McNair, Benchmarking, 1993, S. 30ff

236

7.4.2.2 Methodischer Ansatz

Das „EFQM Excellence Model" weist folgende Grundstruktur auf:

Die einzelnen „Befähiger"- und „Ergebniskriterien" werden durch eine Anzahl von Fragen strukturiert. Diese Unterpunkte stellen Teilaspekte des Qualitätsmerkmals dar und führen zu einer Untergliederung der Antwort. Auf jede dieser Fragen muss eingegangen werden und sei es durch die Antwort „für unsere Organisation nicht relevant".

Um dem Bearbeiter die Selbstbewertung zu erleichtern, hat die EFQM zwei Evalua- tionswerkzeuge geschaffen, die „Pathfinder Card" und „The Radar Logic".

So, wie ein Pfadfinder nach dem rechten Weg sucht, sollen weiterführende Fragen das Teilkriterium hinsichtlich seiner verschiedenen „Aspekte" und „Ansatzpunkte" beispielhaft erschließen. Ziel ist die Identifizierung von Ansatzpunkten für Verbesserungsmöglichkeiten durch Selbstbeurteilung.

Die „Pfadfindermethode" ist Ausdruck der RADAR-Logik, die einen integrierenden Bestandteil des EFQM-Qualitätsmodells darstellt.

Bei der RADAR-Logik handelt es sich um eine Buchstabenkombination von vier Begriffen. Das Verfahren kommt vor allem bei der jeweiligen Selbstevaluation der Unternehmen zum Einsatz:

Results	(Ergebnisse)
Approach	(Vorgehensweise)
Deployment	(Umsetzung)
Assessment	(Bewertung) und
Review	(Überprüfung)

„Ergebnisse" (Results) sind Ausdruck der Leistung einer Organisation. Sie zeigen in einer Spitzenorganisation die folgenden Merkmale: positive Trends und langfristig gute Leistungen, angemessene und erreichte Ziele, Beurteilung des eigenen Vor- gehens und Leistungsvergleiche mit anderen. Hinzu kommt, dass in allen relevan- ten Gebieten messbare und bedeutsame Ergebnisse erwirtschaftet werden.

Der Problemlösungsansatz (Approach) enthält Ziele und Begründungen für die Vorgehensweise. In einer Spitzenorganisation wird dieser im Hinblick auf die erfor- derlichen Prozesse und die Bedürfnisse der Kapitaleigner eindeutig, rational und umfassend definiert sein. Der „Approach" ist ein integrativer Teil der Politik und Strategie der Organisation.

Das Kriterium „Umsetzung" bzw. „Mitteleinsatz" (Deployment) gibt Auskunft darüber, ob und in welcher Weise die Vorgehensweise der Organisation in wichtigen Gebieten und auf systematische Weise implementiert ist.

„Bewertung" und „Überprüfung" (Assessment and Review) beinhalten alle Maßnahmen, die ergriffen werden, um die eigene Vorgehensweise einer permanenten Überprüfung zu unterziehen. In einer Spitzenorganisation werden die Ist-Daten sämtlicher Prozesse regelmäßig gemessen und beurteilt. Permanentes Lernen ist Ausdruck der Suche nach bestmöglichen innovativen Lösungen, indem Ergebnisse identifiziert, kategorisiert, geplant und im Hinblick auf Verbesserungen neu gestaltet werden.

Die Grundüberlegung der RADAR-Logik ist demzufolge, dass eine Organisation eine Ergebnisplanung als Teil ihrer Politik und Strategie vornehmen muss. Diese Resultate zeigen die Gesamtleistung der Organisation, und zwar sowohl in finanzieller als auch in operativer Hinsicht sowie die Vorstellungen der Kapitaleigner. Von dieser Vision ausgehend, muss ein integrierter Ansatz entwickelt und realisiert werden, um die gewünschten Ergebnisse in Gegenwart und Zukunft zu erreichen. Anschließend wird ein wirtschaftlicher Mitteleinsatz gewählt, der eine möglichst umfassende Zielerreichung gewährleistet. Bewertung und Überprüfung des Problemlösungsansatzes beruhen auf Überwachung und Analyse der erreichten Ergebnisse und fortgesetzten Lernaktivitäten. Auf dieser Grundlage werden – sofern dies erforderlich ist – Verbesserungen für bestimmte Bereiche identifiziert, kategorisiert, geplant und durchgeführt.

Für Zwecke der Selbstbewertung sollte der RADAR-Ansatz für jedes einzelne der Befähiger- und Ergebniskriterien zu Grunde gelegt werden.

7.4.2.2.1 Befähiger

Insgesamt fünf Elemente schaffen die Voraussetzung für die Ergebnisse der Organisation. Es handelt sich dabei um „Führung", „Politik und Strategie", „Mitarbeiterorientierung" „Partnerschaften und Ressourcen" und „Prozesse". Diese Parameter sind Ausdruck der Vorgehensweise eines Unternehmens. Sie haben den Charakter von „Frühindikatoren" im Hinblick auf den beabsichtigten Erfolg.

Die einzelnen Kriterien werden dabei folgendermaßen definiert:

Führung (Leadership):[355]

Folgende Fragen werden gestellt: Wie entwickeln die Führungskräfte eine Vision und setzen diese als Unternehmensaufgabe um? Wie formuliert das Management Werte für den langfristigen Erfolg? Wie implementieren diese die Führung durch geeignete Aktionen und Verhaltensweisen? Wie stellt die Leitung sicher, dass sie dabei persönlich eingebunden ist, um zu gewährleisten, dass das Managementsystem der Organisation entwickelt und angewandt wird?

Politik und Strategie (Policy and Strategy):

Es ist darzulegen wie die Organisation ihre Aufgabe und Vision in eine klare Strategie umsetzt, die auf die Interessengruppen gerichtet ist. Diese soll durch relevante Verfahrensweisen, Pläne, Ziele, Sollvorgaben und Prozesse unterstützt werden.

Mitarbeiterorientierung (People):

Unter „Mitarbeiterorientierung" versteht man definitorisch alle Maßnahmen, die dazu dienen, dass die Organisation das Wissen und das gesamte Potential ihrer Mitarbeiter entwickelt und freisetzt. Dies gilt für jeden Einzelnen, eine Arbeitsgruppe und auf der Ebene der Gesamtorganisation. Die Personalentwicklung erfolgt, um Politik und Strategie und die wirkungsvolle Durchführung ihrer Geschäftsprozesse zu unterstützen.

Partnerschaften und Ressourcen (Partnerships and Resources):

Das Kriterium befasst sich mit der Frage, wie die Organisation die externen Partnerschaften und internen Ressourcen effektiv und effizient einsetzt. Der Mitteleinsatz dient der Unterstützung von Politik und Strategie der Organisation sowie der wirkungsvollen Durchführung ihrer Prozesse.

Prozesse (Processes):

Es geht um die Frage, wie die Organisation Prozesse entwirft, handhabt und verbessert, um ihre Politik und Strategie zu unterstützen. Sie möchte damit für ihre Kunden und andere Zielgruppen eine vollständige Erfüllung ihrer Wünsche gewährleisten und die Wertschöpfung für diese steigern.

Ein „Prozess" ist eine sinnvoll organisierte Folge von Schritten, die aus einer Anzahl von Inputs einen Output erzeugt, der einen Mehrwert darstellt. In jeder Organisation gibt es ein größeres Netz an Prozessen, die gemanagt und optimiert werden müssen.

---

[355]   Vgl. EFQM: The EFQM Excellence Model, 2005, S. 12ff

Die einzelnen „Befähiger" besitzen einen unterschiedlichen Stellenwert im Rahmen des Gesamtmodells:

Befähigerkriterien:	maximale Punktzahl:	prozentualer Anteil:
Führung	100	10 %
Mitarbeiterorientierung	90	9 %
Politik & Strategie	80	8 %
Partnerschaften u. Ressourcen	90	9 %
Prozesse	140	14 %
Summe:	500	50 %

Fig. 68: Die „Befähiger" des „EFQM Excellence Model"

Die angegebenen Prozentsätze stellen auch den Maßstab bei der Bewertung von Bewerbungen um den Europäischen Qualitätspreis dar. Die Verwendung der vorgesehenen Gewichtungen der Kriterien gestattet auch einen Vergleich des Bewertungsprofils der eigenen Organisation mit den Spitzenunternehmen in Europa.

7.4.2.2.2 Ergebnisse

Die Ergebniskriterien geben Auskunft darüber, welche Ziele die Organisation erreicht hat. Diese Leistung wird an der Mitarbeiterzufriedenheit, der Kundenzufriedenheit, an deren gesellschaftlichen Ergebnissen (Verantwortung/Image) und den Geschäftsergebnissen gemessen. Als „Spätindikatoren" zeigen diese Merkmale, wie sich die „Befähiger" auf den Erfolg ausgewirkt haben. Informationen hinsichtlich der tatsächlich erzielten Ergebnisse und den selbst gesteckten Zielen der Organisation spielen dabei eine wichtige Rolle. Nach Möglichkeit wird auch Bezug auf die Leistungen der Konkurrenten und – im Sinne von Benchmarking – auf die Erfolge der Spitzenunternehmen der Branche genommen. Auch der Maßstab für die Ermittlung der Erfolge sowie die Relevanz der Messungen für die unterschiedlichen Interessengruppen sind darzulegen. Die Bewertung der Leistungen erfolgt doppelt: sowohl aus der Sicht des Beurteilers als auch der Betroffenen im Sinne eines direkten Feedback. Die Beschreibung der „Ergebnisse" enthält beide Betrachtungsaspekte. Prognosen für die zukünftige Entwicklung sollen Ist- und Vergangenheitswerte ergänzen. Mehrjahrestrends in Form graphischer Darstellungen sind erwünscht.

Die einzelnen Kriterien werden im EFQM-Modell folgendermaßen definiert:

Kundenzufriedenheit (Customer Results):

Die Richtlinie definiert „Kundenzufriedenheit" dahingehend, dass die Frage erhoben wird, was die Organisation im Hinblick auf die Zufriedenheit ihrer externen Kunden leistet. Hierzu zählt neben der Eigeneinschätzung im Hinblick auf die Kundenbemühungen insbesondere die durch Befragungen ermittelte tatsächliche Kundenzufriedenheit.

Mitarbeiterzufriedenheit (People Results):

Das Pendant zum Befähiger „Mitarbeiterorientierung" ist das Ergebniskriterium „Mitarbeiterzufriedenheit". Im Zusammenhang mit der „Mitarbeiterzufriedenheit" ist zu klären, was die Organisation im Hinblick auf die Zufriedenheit ihrer Mitarbeiter leistet. Der Begriff „Mitarbeiter" schließt, wie oben definiert, alle Mitarbeiter ein, unabhängig davon, ob diese Kundenkontakt haben oder nicht und ohne Rücksicht auf deren hierarchische Stellung im Rahmen der jeweiligen Organisation. Die Mitarbeiterzufriedenheit wird einerseits aus der Sicht der Organisation beurteilt, andererseits aber auch durch direkte Befragung der Mitarbeiter.

Gesellschaftsbezogene Ergebnisse (Society Results):

Das Kriterium soll prüfen, was die Organisation bei der Erfüllung der Wünsche und Erwartungen der lokalen, nationalen und internationalen Gemeinschaft insgesamt leistet, sofern dieser Umstand von Bedeutung ist.

In diesem Rahmen bewertet und beurteilt die Gesellschaft ein Unternehmen bezüglich seiner Einstellung zu Fragen der Lebensqualität, zum Umweltschutz und zur Erhaltung der globalen Ressourcen und ist daran interessiert, zu erfahren, ob knappe Rohstoffe sparsam und verantwortungsbewusst eingesetzt werden. Dazu zählen auch Beziehungen zu Verwaltungen und Körperschaften, die Einfluss auf die Geschäftstätigkeit haben, z. B. als Kontroll- oder Regulierungsbehörden.

Geschäftsergebnisse (Key Performance Results)

Das Qualitätskriterium fordert die Durchführung eines Soll-Ist-Vergleichs zwischen den geplanten und den tatsächlich erbrachten Leistungen der Organisation. Die intendierten Ziele sind hinsichtlich der Erfüllung der Bedürfnisse und Erwartungen aller an einem Unternehmen interessierten Gruppen mit der Realität abzugleichen.

Geschäftsergebnisse sind der Sammelbegriff für alle messbaren Leistungen im Hinblick auf den kurz- und langfristigen Erfolg. Sie stellen Parameter für die Effektivität und Effizienz bei der Produktion von Dienstleistungen und Erzeugnissen dar. Diese Indikatoren sind nicht nur finanzieller Art, sondern schließen auch weitere Messgrößen ein, die Auskunft über die erbrachte Leistung einer Institution geben.

Die einzelnen Ergebnisse werden mit dem folgenden Stellenwert im Rahmen des Gesamtmodells berücksichtigt:

Ergebniskriterien:	maximale Punktzahl:	prozentualer Anteil:
Mitarbeiterzufriedenheit	90	9 %
Kundenzufriedenheit	200	20 %
Gesellschaftliche Verantwortung und Image	60	6 %
Geschäftsergebnisse	150	15 %
Summe:	**500**	**50 %**

Fig. 69: Die „Ergebnisse" des „EFQM Excellence Model"

7.4.2.2.3 Zusammenhang zwischen „Befähigern" und „Ergebnissen"

Zwischen beiden Hälften des Modells bestehen intensive Zusammenhänge: Wenn ein Prozess als Schlüsselfaktor in einem Befähigerkriterium dargestellt wird, dann sollen auch die Ergebnisse als Folge der Leistung dieses Prozesses in einem der Ergebniskriterien diskutiert werden. Die neun Kriterien sind inhaltlich miteinander verbunden wie Mitarbeiterorientierung und Mitarbeiterzufriedenheit. Dasselbe gilt für den Zusammenhang zwischen Ressourcen, Partnerschaften und Prozessen und den Geschäftsergebnissen. Auch Politik und Strategie sollen ihren Niederschlag in den entsprechenden Ergebniskriterien finden.

Die Zusammenhänge zwischen den „Befähigern" und „Ergebnissen" gehen jedoch weit über Ursachen-Folgen-Beziehungen hinaus: Befähiger als „Frühindikatoren" führen zu Ergebnissen als „Spätindikatoren". Ergebnisse sind heute bereits Vergangenheit, Befähiger gestalten die Zukunft.

Insgesamt stellt sich das „EFQM Excellence Model" als geschlossener Regelkreis dar. Strategie und Politik bestimmen nach entsprechenden Grundsatzentscheidungen der Führung die Zielsetzung, z.B. Mitarbeiterorientierung. Die Nutzung der Ressourcen und die Gestaltung von Prozessen führen zu Ergebnissen. Zielgruppen sind dabei Kunden, Mitarbeiter und die Gesellschaft. Das Ergebnis wird monetär und nicht monetär gemessen. Die Ermittlung des Ist-Zustands der Ergebniskriterien ist Ansatzpunkt für einen Soll-Ist-Vergleich von Zielen und Realität. Eine daran anschließende Abweichungsanalyse stellt den Ausgangspunkt für Innovations- und Lernprozesse für die Befähiger dar, die ihrerseits wieder neue, verbesserte Resultate erzielen sollen.

Hochgesteckte Ziele erfordern entsprechende Vorbilder. Die Organisationen werden dazu angeregt, das Umfeld der Konkurrenz als Vergleich heranzuziehen und nach weltweiten Spitzenleistungen und „best practice" ihrer Branche zu suchen. Auf diese Weise wird die dynamische Natur des Modells ersichtlich, das auf einer lernenden Organisation beruht, um durch innovative Verbesserungen den Grad der Zielerreichung zu maximieren.

7.4.2.2.4 Fortentwicklung und nationale Übertragbarkeit des Modells

Das Modell der EFQM ist kein statisches Produkt, es unterliegt ständigen Veränderungen. Die Vereinigung ist bestrebt, in Erfüllung ihrer Aufgabenstellung das Modell der „Business Excellence" permanent fortzuentwickeln. Dies gilt sowohl hinsichtlich der Aktualität als auch des Branchenbezugs.

Eines der erklärten Ziele der EFQM besteht darin, dass das Modell einen anerkannten wichtigen strategischen Rahmen liefert, um eine Organisation zu Spitzenleistungen zu führen. Um diese Aufgabe zu erfüllen, muss das „Business Excellence"-Modell Vorreiter organisatorischer Denkprozesse sein und das Feedback seiner zahlreichen Benutzer aktuell durch entsprechende Änderungen einbeziehen. Hierzu dient an erster Stelle der European Quality Award, der seit 2005 die Bezeichnung „EFQM-Ecellence Award" trägt. Innerhalb der letzten 15 Jahre haben sich über 500 Organisationen dafür beworben. Der Preis wird in unterschiedlichen Kategorien vergeben, z. B. für große Organisationen und Geschäftseinheiten, ausführende Bereiche und für den öffentlichen Sektor.

Im Zusammenhang mit der Fortentwicklung des Europäischen Modells für „Business Excellence" ist auch die Übertragung des Konzepts und des Preiswettbewerbs auf den nationalen Rahmen zu erwähnen. In Deutschland wird durch die Deutsche Gesellschaft für Qualität (DGQ) der „Ludwig-Erhard-Preis" verliehen, der inhaltlich die gleichen Anforderungen voraussetzt, wie der European Quality Award.

Der „Ludwig-Erhard-Preis", benannt nach dem ersten Wirtschaftsminister und späterem Kanzler der Bundesrepublik Deutschland, dem „Vater der sozialen Marktwirtschaft" und des deutschen „Wirtschaftswunders" nach dem Zweiten Weltkrieg, wird von den Spitzenverbänden der deutschen Wirtschaft getragen. Schirmherr ist der Präsident der Bundesrepublik Deutschland. Der Preis will eine Lücke zwischen den einzelnen Landespreisen in Deutschland und dem European Quality Award schließen und stellt sich dem Vergleich mit anderen Auszeichnungen ähnlicher Art wie dem „Malcolm Baldrige National Quality Award" der USA und dem „Deming Prize" aus Japan.

Die „Initiative Ludwig-Erhard-Preis" sorgt für die Verbreitung der Idee eines deutschen Qualitätspreises und führt den Wettbewerb durch. Prämiert werden erfolgreiche Unternehmen und deren Konzepte zur Erreichung von Spitzenleistungen. Zielgruppen sind neben Unternehmen auch Organisationen wie Behörden, Gesundheits- und Bildungseinrichtungen. Die Bewerber sollen einen Beitrag zur Standortverbesserung leisten und „Total Quality Management" (TQM) als ganzheitliche Managementmethode anwenden. Dabei müssen die Bewerber die Umsetzung an Hand des „EFQM Excellence Model" über einen Zeitraum von mindestens drei Jahren überzeugend nachweisen. Nicht der Preis, der Weg ist das Ziel, rät die Ludwig-Erhard-Stiftung.

7.4.3 Das Verhältnis von Total-Quality-Management und Business Reengineering

Nach Hammer begannen die Unternehmen nur zögerlich und bisweilen sogar unwillig, sich auf neue Methoden der Leistungsverbesserung einzustellen, bei denen Prozesse im Zentrum der Bemühungen standen. Die bekanntesten davon waren Total Quality Management (TQM) und Business Reengineering, [356] die nachfolgend verglichen werden.

Vergleichskriterien	Total Quality Management	Business Reengineering
Gemeinsamkeiten	Prozessorientierung	
	Engagement für Verbesserungen	
	Kundenorientierung	
Veränderung der Prozesse	evolutionäre Verbesserung der Prozesse	radikale Neugestaltung der Prozesse
Einsatzgebiet der jeweiligen Methode	kleinere Leistungslücken zwischen Soll- und Istzustand erfordern kontinuierliche Verbesserungen	größere Leistungslücken zwischen Soll- und Istzustand erfordern ein radikales Redesign

Fig. 70: Der Vergleich von TQM und Business Reengineering

Von Hammer stammt der nachfolgende Vergleich von Total Quality Management und Business Reengineering. Demzufolge sind Reengineeringprozesse vorzuziehen, da sie radikal die Prozessleistung verbessern. Man muss jedoch bei dieser Beurteilung bedenken, dass Hammer einer der Schöpfer und Vermarkter des Business Reengineering ist und dass in der Praxis TQM-Modelle erfolgreicher als Reengineering-Maßnahmen waren.

---

[356] Vgl. Hammer, Michael: Das prozesszentrierte Unternehmen, 1996, S. 22f

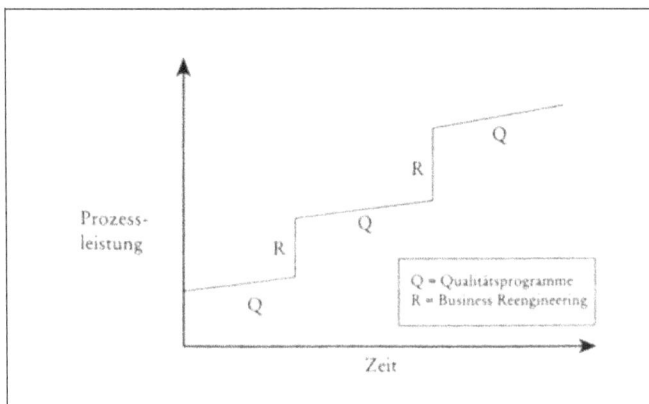

Fig. 71: Das Verhältnis von Qualitätsprogrammen zu Business Reengineering[357]

7.4.4 Kritische Würdigung der Kriterien des Modells für „Business Excellence"

Die Darstellung der Charakteristika des Systems für „Total Quality Management" ergab eine Anzahl diskussionswürdiger Tatbestände, die nunmehr aufgelistet und bewertet und beurteilt werden.

Kritikpunkte	Begründung der Kritik
Trennung in „Befähiger" und „Ergebnisse"	Teilweise empfehlen sich Zusammenfassungen einzelner Punkte, z. B. von „Mitarbeiterorientierung" und „Mitarbeiterzufriedenheit" zum Gesamtkriterium „Mitarbeiter".
	Außerdem sind nicht alle „Befähiger" bestimmten „Ergebnissen" zuordenbar. Klarere Zusammenhänge wären im Hinblick auf eine Analyse der Ergebnisse hilfreich.
Inhaltliche Überschneidungen	Das Modell enthält teilweise Wiederholungen und inhaltliche Überschneidungen. Diese Redundanzen sind bei einer Neubearbeitung zu vermeiden.
Logik der Darstellung	Die innere Struktur des Modells ist nicht frei von logischen Schwächen innerhalb der Fragestellungen zu einzelnen Kriterien.

Fig. 72: Kritik am Excellence Modell der EFQM

---

[357]   Vgl. Hammer, Michael: Das prozesszentrierte Unternehmen, 1996, S. 103

Wunderer fasst die in der Fachwelt vertretenen Ansichten über mögliche Schwächen des EFQM-Modells zusammen:[358]

- Die Unternehmenskultur wird nur in den Kriterien „Führung" sowie „Politik und Strategie" erwähnt. Dabei wird die „strukturelle Führung" noch zu wenig erfasst und die Organisation nur mittelbar über die Prozesse eingeschlossen.

- Eine langfristige Betrachtung der Ergebnisse in allen Bereichen des Modells wird vernachlässigt. Dies wäre jedoch insbesondere für die Beurteilung qualitativer Veränderungsprozesse bedeutsam.

- Es fehlen Begründungen für die Gewichtung der einzelnen Komponenten. Kritisch wird die Gleichgewichtigkeit der „Befähiger" und der „Ergebnisse" betrachtet, da den Potentialfaktoren eine höhere Bedeutung beigemessen wird.

- Es fehlt an Systematik: Die „Prozesse" sind noch nicht systematisch genug ausgearbeitet. Auch fehlt eine eindeutige Trennung gegenüber den Befähigern.

- Für Klein- und Mittelunternehmen ist die gekürzte Fassung des EFQM-Modells noch immer zu komplex. Das bisherige Konzept wurde zusammengefasst, jedoch nicht vereinfacht. Auch die Version für die öffentliche Verwaltung wurde lediglich semantisch modifiziert und nicht konkretisiert.

- Die Vorschläge für die Selbstbewertung sind sehr differenziert. Leider fehlen Empfehlungen ähnlicher Qualität für die Implementierung.

Wunderer schlägt die Erweiterung des „EFQM-Excellence Model" zu einem allgemeinen Modell der Unternehmensführung vor und unterbreitet hierzu konkrete Vorschläge, die jedoch nicht realisiert wurden, wie die Neufassungen der folgenden Jahre zeigen.

7.4.5 Zusammenfassung der Kritik und der Zukunft des EFQM-Modells

Die o. g. Kritik am „EFQM Excellence Model" führte nicht zu einer grundlegenden Ablehnung, sondern bot und bietet Ansatzpunkte für Verbesserungen des Total-Quality-Ansatzes.

Gegen einen bedeutsamen Einwand, der gegen die ISO-Normen erhoben wurde, musste das Excellence Modell in Schutz genommen werden: Eine Kritik der Art,

---

[358] Vgl. Wunderer, Beurteilung des Modells der Europäischen Gesellschaft für Qualitätsmanagement, 1998, 58f

dass durch das EFQM-Modell eine neue Form der Bürokratie entstünde, dass statt „Normen" nunmehr „Qualitätsanforderungen" den Aufbau einer neuen Verwaltung und Organisation erforderten, ist klar zurückzuweisen.[359]

Qualitätssicherung als Daueraufgabe erfordert entsprechende grundlegende Strategien und Organisationsformen, ist jedoch eine der zentralen Ursachen für den späteren geschäftlichen Erfolg.

Frazer-Robinson kritisiert die „Modeerscheinungen des Management", die bei ihrem Verschwinden gemischte Gefühle und unterschiedliche Erfahrungen hinterlassen würden. Ausdrücklich erwähnt er dabei das Konzept des „Total-Quality-Management".[360] Es trifft dazu, dass die Zahl der Mitglieder der EFQM von ca. 750 im Jahr 1999 auf ca. 700 im Jahr 2005 abgenommen hat. Die damlige Krise der EFQM wurde durch einen Austausch des Managements und eine grundlegende strategische Neuausrichtung der Organisation überwunden. 2008 ist ein Anstieg auf 800 Mitglieder festzustellen. Richtig ist auch, dass neue qualitatsbasierte Managementkonzepte wie die nachfolgend behandelte „Balanced Scorecard" das Interesse an Qualitätsmanagementsystemen in den Hintergrund treten ließen.

Geht damit die „Managementmode" Total Quality Management und ihre Qualitäts-Institutionen dem Ende entgegen?

Eine Vielzahl von aktuellen Erfahrungen der Verbraucher, insbesondere im Dienstleistungsbereich, lassen dies vermuten: In der Presse wird seit Jahren die schlechte Servicequalität von Telekommunikationsanbietern, von Energieversorgern und anderen Dienstleistungsunternehmen beklagt, über die geschädigte Kunden ausführlich berichten. Man kann den Eindruck gewinnen, dass durch den Abbau von Servicemitarbeitern und deren Ersatz durch Callcenters das Qualitätsziel der Kundenzufriedenheit zu Gunsten kurzfristigen Strebens nach Rendite in den Hintergrund tritt. Man muss sich jedoch in diesem Zusammenhang bei etwaigen Auswüchsen vor Verallgemeinerungen hüten. Tatsache ist, dass heute weltweit das Streben der Unternehmen nach Qualität ein Dauerthema ist. Es hat vielleicht durch andere Entwicklungen im Bereich der Managementlehren an Aktualität verloren, sich jedoch andererseits an zentraler Stelle bei allen Konzepten der Unternehmensführung weltweit etabliert.

8. Balanced Scorecard (1997)[361]

Das Managementinstrument der „Balanced Scorecard" wurde erstmals von Robert S. Kaplan und David P. Norton in Form eines Buches unter dem gleichnamigen Titel im Jahr 1997 von der Harvard Business School Press veröffentlicht. Norton ist Geschäftsführer einer Unternehmensberatung, Kaplan ist beratend an der Harvard

---

359 Vgl. Stehr, Mit der DIN ISO 9000 zieht of nur Bürokratie in Unternehmen ein, 1996
360 Vgl. Frazer-Robinson, Kundenloyalität, 2005, S. 81
361 Vgl. Kaplan; Norton, The Balanced Scorecard - Measures That Drive Performance, 1991, S. 72ff
   Vgl. Dies.: The Balanced Scorecard Translating Strategy into Action, 1996, S. 5ff
   Vgl. Dies.: Balanced Scorecard, Strategien erfolgreich umsetzen, 1997

Business School tätig. Somit tritt erneut das Phänomen auf, dass eine Manage-mentlehre aus der Praxis einer Consulting Firm und nicht aus der Hochschule ent-wickelt wurde. Schmid kritisiert an den Autoren grundlegend, dass es den Schöp-fern der Balanced Scorecard weniger um neue wissenschaftliche Erkenntnisse ging als vielmehr um die Vermarktung eines praxisrelevanten Instruments zur Unter-nehmensführung.[362]

8.1 Die Idee der Balanced Scorecard[363]

Die Idee des Managementinstruments geht auf das Jahr 1990 zurück, als das Nolan Norton Institut, der Forschungszweig der KPMG, eine einjährige Studie zum The-ma „Performance Measurement in Unternehmen der Zukunft" unterstützte. Ge-schäftsführer von Nolan Norton war David Norton. Die akademische Beratung leis-tete Robert Kaplan.

Vertreter von 12 bedeutenden US-amerikanischen Unternehmen trafen sich seit 1990 in regelmäßigen Abständen, um ein neues Modell zur Messung der Perfor-mance der Unternehmen zu entwickeln. Zu Beginn der Forschungen wurden die vorhandenen neueren Systeme der Leistungsmessung untersucht, die die Teil-nehmer an der Untersuchung vorstellten. Am fortschrittlichsten war dabei das Konzept von ANALOG DEVICES, das kontinuierliche Verbesserungsprozesse för-derte und hierzu eine neuartige „Unternehmens-Scorecard" verwendete, die neben monetären Kennzahlen auch andere Leistungsindikatoren wie Lieferzeit, Qualität und Effektivität der Produktentwicklung enthielt. Es stellte sich heraus, dass diese multidimensionale Scorecard den Bedürfnissen den anderen an der Studie teil-nehmenden Firmen am besten entsprach. Diskussionen mit den Unternehmensver-tretern und eine Ausweitung der Kriterien führten zur Konzeption einer „Balanced Scorecard", die vier verschiedene Dimensionen umfasst: die Finanzen, Kunden, interne Prozesse und Innovationen.

8.2 Das Wesen der Balanced Scorecard[364]

Unter einer „scorecard" versteht man eine Tafel, die den Punktestand bei einem Spiel anzeigt, im Sport eine Ergebnis-/Zählkarte. Eine „scorecard" ist im betriebs-wirtschaftlichen Sinn ein Kennzahlensystem. „Balanced" bezieht sich auf die Aus-gewogenheit des Instrumentariums. Man könnte somit „Balanced Scorecard" tref-fend mit „ausgewogener Kennzahlentafel" in die deutsche Sprache übertragen. In der Praxis hat sich jedoch die amerikanische Bezeichnung „Balanced Scorecard" durchgesetzt.

„Was sich nicht messen lässt, lässt sich nicht managen", lautet eine alte Manage-ment-Regel. Deshalb werden Messlatten und Beurteilungsmaßstäbe für alle Berei-che der Leistung des Unternehmens ermittelt. Dabei gelten Kennzahlen als zentra-

---

[362] Vgl. Schmid, Blueprints from the U.S.?, 2003, S. 13
[363] Vgl. Kaplan; Norton, Balanced Scorecard, 2005, S. 7ff
[364] Vgl. ebenda, S. 20ff

les Management-Instrument, denn sie dienen dazu, die Unternehmensrealität in entscheidungsrelevante Informationen umzusetzen.

Die Balanced Scorecard ist eine ganzheitlich orientierte Managementmethode, die auf ca. 20 bis 25 Kennzahlen beruht, die aus vier unterschiedlichen Perspektiven gewonnen werden und ein zutreffendes Abbild der Unternehmensperformance darstellen sollen. Sie bezieht sowohl die Vision und Strategie eines Unternehmens oder eines Profit Centers ein als auch wichtige interne und externe Aspekte sowie deren Wechselwirkung.

Das Managementinstrument ist nicht als eine Weiterentwicklung der Prozess-kostenrechnung oder klassischer monetärer Kennzahlensysteme wie das im Jahr 1919 eingeführte Du-Pont-Schema zu verstehen.[365] Die Balanced Scorecard legt den Fokus nicht nur auf Kosten und monetäre Indikatoren, sondern auch auf die sog. „weichen" Faktoren, die die Leistungsfähigkeit eines Unternehmens bestim-men. Beispiele hierfür sind Mitarbeiterzufriedenheit, Fluktuation, Durchlaufzeit von Betriebsprozessen, Fehlerquoten, Kundentreue und die Zusammensetzung des Produktportfolios.

Ausgehend von einer Strategie, die neben den Anteilseignern (shareholders) auch andere Interessentengruppen (stakeholders) und Umweltfaktoren berücksichtigt, werden kritische Erfolgsfaktoren bestimmt und daraus ein Kennzahlensystem (scorecard) abgeleitet. Dieses stellt die Messgrößen für das Erreichen der strategi-schen Ziele dar. Damit schafft die Balanced Scorecard einen Rahmen, eine Aus-drucksform, um Mission und Strategie den Mitarbeitern zu vermitteln. Die Strate-gie eines Unternehmens wird somit in ein Netzwerk konkret messbarer Ergebnis-performance übersetzt. Die über Kennzahlen gemessenen Erfolgsfaktoren sind die Leistungstreiber der Organisation, die über deren Erfolg entscheiden. In einem kontinuierlichen Prozess werden die gesetzten Ziele und deren Erreichung über-prüft und entsprechend durch das Management gesteuert.

Die Bezeichnung „Balanced Scorecard" weist darauf hin, dass eine gewisse Ausge-wogenheit zwischen diesen Perspektiven bestehen sollte:

- zwischen kurz- und langfristigen Zielen
- zwischen Vergangenheit, Gegenwart und Zukunft der Leistung des Unter-nehmens
- zwischen monetären und nicht monetären Faktoren
- zwischen Spät- und Frühindikatoren sowie
- zwischen der internen und der externen Betrachtungsweise des Unterneh-mensgeschehens.

---

[365] Vgl. Kaplan; Norton, Balanced Scorecard, 2005, S. 1

Eine sinnvolle Auswahl und Verknüpfung der gewählten Indikatoren in einer zutreffenden Ursache-Wirkungs-Kette bestimmt die Qualität der Balanced Scorecard. Dabei kann eine Kombination von branchenüblichen und unternehmensindividuell ausgeprägten Kennzahlen gewählt werden.

Durch seine langfristig angelegte Multidimensionalität wurde der Unterschied zu kurzfristig erzielbaren Kostensenkungen zur Unterstützung beim Preiswettbewerb deutlich: Die Balanced Scorecard ist erheblich umfassender und konzentriert sich letztendlich auf die Schaffung von Wachstumsmöglichkeiten durch das Angebot kundenorientierter Produkte und Dienstleistungen.[366] Sie ist eine Managementmethode, die Vision und strategische Unternehmensziele mit operativen Maßnahmen der normalen Geschäftstätigkeit verbindet.

Das „Balancing", die Ausgewogenheit, der Scorecard entsteht dadurch, „dass die übergeordneten Perspektiven unter Berücksichtigung der Zeitschiene und der vorhandenen Ressourcen gewichtet und konzentriert in einem übersichtlichen Tableau auf ein bis zwei Seiten knapp aufgeführt werden."[367] Die vielfältigen Interdependenzen und Einflussfaktoren der unterschiedlichen unternehmensstrategischen Perspektiven müssen dabei erkannt und abgewogen werden, um aussagefähige Messkriterien zu erhalten, die die Mitarbeiter akzeptieren. Die Qualität der Balanced Scorecard und die Fähigkeit, diese zu realisieren, liegt weniger in der Anzahl der definierten Kennzahlen, als vielmehr in der ausgewogenen („balanced") Identifikation des Netzwerkes der leistungstreibenden Erfolgsfaktoren.

1992 erfolgte eine erste Publikation von Kaplan/Norton unter dem Titel „The Balanced Scorecard – Measures that drive Performance". Bei der nachfolgenden Anwendungsentwicklung im Verbund mit Unternehmen kristallisierte sich jedoch immer stärker heraus, dass es sich dabei weniger um ein neuartiges Kennzahlensystem als ein Managementinstrument handelte, das dazu verwendet werden konnte, die Strategien der Organisation zu kommunizieren und sich daran auszurichten. Die Managementmethode – so wie sie im Hauptwerk von Kaplan und Norton abschließend beschrieben wurde – ist heute eindeutig ein strategisches Führungssystem, das für seine Entscheidungen auf Kennzahlen zurückgreift.

Kaplan und Norton grenzen die Balanced Scorecard folgendermaßen von einem reinen Kennzahlensystem ab:

> „Eine Balanced Scorecard muss mehr sein als eine Zusammenstellung von 15 bis 25 finanziellen und nicht finanziellen Kennzahlen, die in vier Perspektiven unterteilt sind. Die Scorecard sollte die Strategie der Geschäftseinheit zum Ausdruck bringen. Das geschieht, wenn Ergebnis- und Leistungstreiberkennzahlen durch eine Reihe von Ursache-

---

[366] Vgl. Kaplan; Norton, Balanced Scorecard, 2005, S. 50
[367] Kunz, Weiche Ziele operationalisieren, 1999

Wirkungsbeziehungen miteinander verknüpft werden. Die Ergebniszah-
len sind häufig Spätindikatoren. Sie signalisieren die Endziele der Strategie und, ob kurzfristige Anstrengungen die gewünschten Ergebnisse
gebracht haben. Die Kennzahlen für Leistungstreiber sind Frühindikatoren, die allen Mitgliedern der Organisation signalisieren, was sie jeden
Tag tun sollten, um in der Zukunft Wertschöpfung zu erzielen."[368]

Auf diese Weise erhält man ein anspruchsvolles Controllinginstrument, das einen
maßgeblichen Beitrag zur aktiven Steuerung und Optimierung der Abläufe leisten
kann.

8.3 Die Durchführung der Balanced Scorecard

Ausgangspunkt ist die Vision und Mission des Unternehmens. Daraus werden die
Balanced Scorecard und die damit verbundenen operationalisierbaren Ziele abgeleitet.

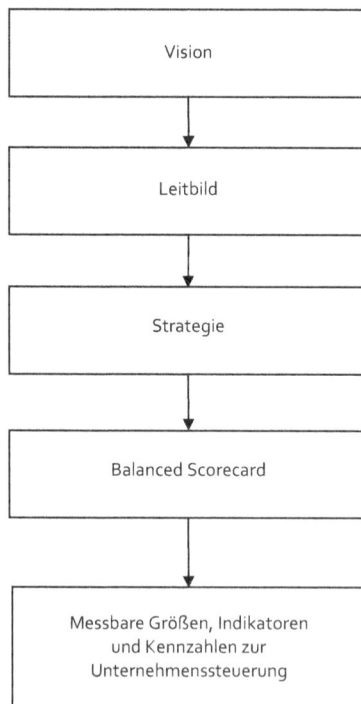

Fig. 73: Von der Vision zur messbaren Unternehmensleistung

---

[368]   Vgl. Kaplan; Norton, Balanced Scorecard, 1991, S.159f

In der Regel werden vier Dimensionen mit je rund vier oder fünf Kennzahlen bestimmt und analysiert. Bedeutsam ist dabei, dass man frei über die Art und Anzahl
der Untersuchungsfelder und der zu prüfenden Kennzahlen entscheiden kann. Beispielsweise kann man neben den nachfolgend angeführten auch andere Dimensionen in die Strategie einbeziehen, z. B. Umweltfaktoren, eine Ökobilanz oder eine
Umweltkostenrechnung. Es ist außerdem möglich, die Interessen der Stakeholder
oder branchespezifische Faktoren mit zu berücksichtigen. Die nach Norton und
Kaplan in jedem Fall erforderlichen Untersuchungsfelder lauten:

Finanzperspektive	Financial focus
Kundenperspektive	Customer focus
Interne bzw. Prozessper-spektive	Process focus
Potenzial- bzw. Erneue-rungs- und Wachstumsper-spektive	Learning focus

Kaplan und Norton stellen ihr System folgendermaßen graphisch dar:

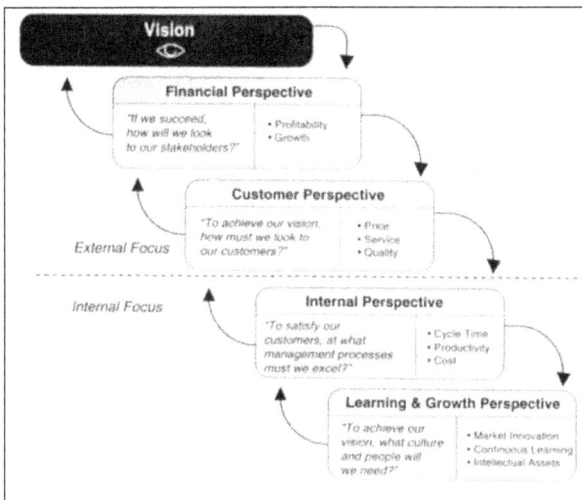

Fig. 74: Modell der Balanced Scorecard[369]

---

[369] Kaplan; Norton, Using the Balanced Scorecard as a Strategic Management System, 1991, S. 76

8.3.1 Finanzperspektive

Die finanzwirtschaftliche Perspektive ist am bedeutsamsten, da Unternehmen nur bei einer angemessenen Gewinnsituation überlebensfähig sind. Dieser Bereich ist insbesondere für die Kapitaleigner (shareholders) von Bedeutung, da sie die klassischen Rentabilitätskennziffern beinhaltet.

Die Beurteilung der relevanten Kennzahlen ist davon abhängig, ob sich ein Unternehmen, ein Profit Center oder ein Produkt in einer Wachstums-, Reife- oder Erntephase befindet, denn in jeder Phase des Lebenszyklus sind unterschiedliche Strategien erforderlich. Deshalb müssen in jeder dieser drei Phasen „strategische Themen" im Hinblick auf den jeweiligen Untersuchungsgegenstand behandelt werden:

- Ertragswachstum und –mix
- Kostensenkung
- Produktivitätsverbesserung
- Vermögensverwendung und
- Investitionsstrategie.

Dies kann – vereinfacht dargestellt - zu folgenden Entscheidungen führen:

Lebenszyklus	Ziele der „strategischen Themen":	Mögliche Kennziffern:
Wachstumsphase	Umsatzwachstum Erhöhung des Marktanteils Kostensenkung Investition Aufwendungen für Forschung und Entwicklung	Prozentualer Anteil der Erträge pro Produkt Ertrag pro Mitarbeiter Bezug der jeweiligen Aufwendungen zum Umsatz Konstitution, Investierung Bezug der jeweiligen Aufwendungen zum Umsatz
Reifephase	Steigerung des Marktanteile Verbesserung der Rentabilität Kundenkreditdauer	Analyse der Kunden- und Produktstruktur, z. B. Neukunden und Zielkunden neue Anwendungen für Produkte Ertrag: Deckungsbeitrag pro Kunde und Profit Center Aufwand: Benchmarking im Kostenbereich Umschlagsgeschwindigkeit der Forderungen
Erntephase	Steigerung der Rentabilität (Maximierung des Cash Flow und Minimierung des Umlaufvermögens) Senkung der Gemeinkosten	Cash Flow Kennzahlen Konstitution, Liquidität Rentabilitätskennziffern Lagerkennzahlen Gemeinkostensätze Make or buy, Outsourcing

Fig. 75: Messung strategischer Ergebnisse in Abhängigkeit vom Lebenszyklus

Im Vordergrund steht die Entwicklung von Kennzahlen zum Erreichen finanzieller Ziele. Jeweils individuell werden Wachstum und Zusammensetzung des Ertrags untersucht, Potenziale zur Kostensenkung und Produktivitätsverbesserung sowie die Nutzung von Vermögenswerten.

Beispiele für mögliche Kennzahlen sind:

Absatzbereich:

- Umsatzentwicklung und Umsatzrentabilität pro Segment, Produktgruppe oder Profit Center
- Anteil der Erträge aus neuen Produkten und Dienstleistungen am Gesamtumsatz
- Anteil der Neukunden, Zielkunden und unrentablen Kunden
- Deckungsbeitrag pro Kunde und Produktgruppe
- Kosten einer Verkaufstransaktion
- Leistungsbeitrag der Vertriebsbeauftragten für Umsatzwachstum und Rentabilität

Prozessbereich:

- Kosten und Ertrag pro Mitarbeiter
- Gesamtkosten pro Stück
- Kosten pro Stufe der Herstellung eines Produkts (Prozesskosten)
- Einzel- und Gemeinkosten pro Produkt und Kostenstelle
- Fixe und variable Kosten pro Produkt und Kostenstelle
- Kapazitätsauslastung von Unternehmenseinheiten
- Kosten des Unternehmens im Hinblick auf externes branchenbezogenes Benchmarking

Investitionsstrategie:

- Rentabilitätsermittlung auf der Grundlage dynamischer Investitionsrechnungen
- Anteile der Kosten der Vermögensverwendung an den Gesamtkosten, z. B. Zinsen, Abschreibungen und anteilige Gemeinkosten
- Kapazitätsnutzung
- Kapitalumschlag, Amortisationsdauer

Bedeutsam und zugleich in der Praxis relativ schwierig ist dabei die Beschränkung auf 5-6 Kennzahlen. Es gilt, die wichtigsten Leistungsparameter herauszufinden. Eine größere Anzahl von Kennzahlen pro Perspektive ist meist wenig zielführend und deren permanente Ermittlung nicht mit vertretbarem Aufwand im Hinblick auf den zu erwartenden Nutzen verbunden. In dieser „Beschränkung auf das Wesentliche" liegt in der Praxis das Hauptproblem der Managementlehre. Es ist jedoch durchaus möglich die Anzahl der Kennzahlen zu erweitern, wenn einzelne Abteilungen ihre eigene Balanced Scorecard aufstellen und auf diese Weise eine Hierarchie und Verdichtung der Kennzahlen je Bereich, Business Unit oder des gesamten Unternehmens entsteht.

Die nachfolgende Graphik von Kaplan/Norton systematisiert die finanzwirtschaftliche Perspektive folgendermaßen:

Strategische Themen			
Strategie	Ertragswachstum und Ertragsmix	Kostensenkung und Produktivitätsverbesserung	Nutzung von Vermögenswerten
Wachstum	Umsatzwachstum pro Segment anteilige Erträge aus neuen Produkten, Dienstleistungen und Kunden	Ertrag pro Mitarbeiter	Investitionen im Verhältnis zum Umsatz Forschung u. Entwicklung in Prozent des Umsatzes
Reife	Anteil an Zielkunden Cross Selling prozentuale Erträge aus neuen Anwendungen	Kosten des Unternehmens im Vergleich zu den Kosten der Konkurrenz Kostensenkungssätze indirekte Kosten	Kennzahlen für das Working Capital ROCE pro Hauptvermögenskategorie Anlagenutzungsgrad
Ernte	Rentabilität von Kunden und Produktlinien Prozentzahl der unrentablen Kunden	Kosten pro Einheit (Output, Transaktion)	Amortisation Durchsatz

Fig.76: Messung und Bewertung strategischer finanzwirtschaftlicher Themen[370]

8.3.2 Kundenperspektive

Die Zufriedenheit der Kunden ist die wichtigste Voraussetzung für den langfristigen wirtschaftlichen Erfolg. Ausgehend von den eigenen Stärken des Unternehmens wird eine Zielgruppe in einem Zielmarkt ausgewählt, die möglichst stark segmentiert wird. Anschließend versucht man, die wichtigsten Probleme der jeweiligen Zielgruppe zu ermitteln und diese durch das Angebot von Produkten oder Diensten des eigenen Unternehmens zu lösen. Art, Umfang und Qualität der Erfüllung der Kundenwünsche schafft Zufriedenheit und Treue der Abnehmer und sichert langfristig die Rentabilität und das Überleben des Unternehmens.

Die Untersuchung der Kundenperspektive bietet eine Vielzahl von Ansatzpunkten zur Verbesserung der Leistung des Unternehmens, wovon nachfolgend die wichtigsten als Beispiele aufgeführt werden:

---

[370]   Kaplan; Norton, Balanced Scorecard, 1991, S. 50

Marktanteil:

- Umsatz pro Produktgruppe
- Umsatzanteil am nationalen, europäischen und am Weltmarkt
- Anzahl der Kunden
- Gliederung nach Kundengruppen

Kundenakquisition:

- Anzahl der Neukunden absolut und prozentual
- Kosten der Anwerbung eines Neukunden
- Prozentualer Anteil der jeweils beteiligten Medien bei der Anwerbung eines Neukunden

Kundentreue

- Segmentierung der Kunden nach der Anzahl und Intensität der Folgegeschäfte
- Aufteilung der Kunden nach der Dauer der Geschäftsbeziehung
- Kosten der Erhaltung der Kundentreue pro Abnehmer
- Entwicklung der Dauer der Kundentreue („Lebenszyklus" der Kundenbeziehung)
- Erfolg der Maßnahmen zur Erhöhung der Kundentreue
- Ermittlung der Reklamationsquote

Kundenzufriedenheit

- Kundenzufriedenheit, z. B. Messung durch strukturierte Befragungen oder Auswertung der Reklamationsquote, Ermittlung der Kundenbindung, Verbesserungsprozesse durch Vorschläge der Kunden
- Bearbeitungszeit zwischen der Anfrage eines Kunden und deren Beantwortung.
- Festlegung von Verantwortlichkeiten für die Erledigung von Kundenaufträgen
- Durchführungszeit eines Auftrages
- Liefertreue
- Maßnahmen zur Erhöhung der Kundenzufriedenheit und deren Kosten-Nutzen-Analyse

Kundenrentabilität

- Ranking der Kunden nach Verkaufszahlen pro Produkt bzw. Produktgruppe
- Gliederung der Kunden nach Gewinn bzw. Deckungsbeitrag pro Produkt bzw. Produktgruppe
- Anteil eines jeden Kunden am Betriebsgewinn des Unternehmens

Kaplan und Norton stellen die Kundenperspektive in Form des folgenden Regel-
kreises dar:

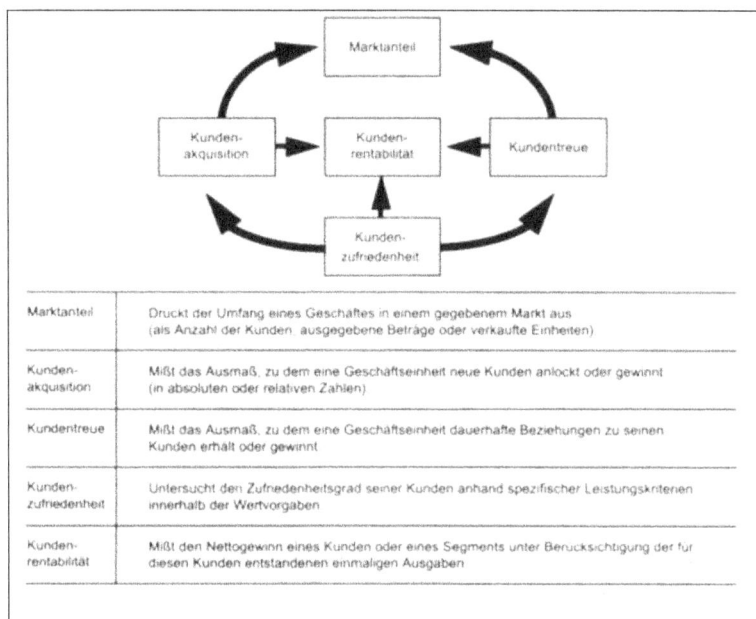

Fig. 77: Kundenperspektive[371]

8.3.3 Interne bzw. Prozessperspektive

Voraussetzung für Kundenzufriedenheit, Umsatzwachstum und Rentabilitätssteigerung ist die optimale Gestaltung der internen Prozesse des Unternehmens. Hierzu zählen insbesondere drei Prozessbereiche: Innovation, der Betriebsprozess und
der Kundendienst.

Der Innovationsprozess konzentriert sich auf Aufgaben der Marktforschung: Art,
Größe und Identität des Marktes müssen bestimmt und die Probleme und Anforderungen der Kundenwünsche ermittelt und analysiert werden. Schließlich ist zu klären, in welchem Preissegment des Marktes die Erfüllung der Kundenbedürfnisse
angesiedelt ist. Auf dieser Grundlage wird – ausgehend von den Kundenwünschen
eines Käufermarktes – ein attraktives Produkt- und Dienstleistungsangebot entwickelt. Von erheblicher Bedeutung ist dabei die Geschwindigkeit, mit der das Unternehmen sein Angebot am Markt präsentieren kann. Die erforderliche Forschungs-

---

[371] Kaplan; Norton, Balanced Scorecard, 1991, S. 66

und Entwicklungsarbeit muss deshalb in zeitlicher Hinsicht optimiert und die damit verbundenen Kosten im Rahmen des Produktlebenszyklus amortisiert werden.

Der Betriebsprozess hat die Aufgabe, alle kundenbezogenen Tätigkeiten durchzuführen, von der Bestellung bis zur Ablieferung des Erzeugnisses an den Abnehmer bzw. der Erbringung der Dienstleistung gegenüber dem Besteller.

Folgende Faktoren spielen dabei aus Kundensicht eine wichtige Rolle:

- Dauer der Bearbeitung einer Anfrage
- Wissen und Kompetenz des jeweiligen Sachbearbeiters
- Geschwindigkeit der Auftragsabwicklung
- Reklamationsquote
- Liefertreue und Einhaltung von Lieferterminen (OTD = On Time Delivery)
- Qualität des Produkts oder der Dienstleistung u. a. (vgl. oben)

Intern muss der gesamte Betriebsprozess so wirtschaftlich wie nur möglich abgewickelt werden.

Mögliche Kennzahlen hierfür sind:

- Ausschuss- und Fehlerkosten pro Produktgruppe oder Losgröße
- Wert und Volumen des Materialabfalls
- Kosten der Nachbesserung fehlerhafter Produkte
- Entwicklung der Durchlaufzeiten (z. B. Zeit zwischen Produktionsstart und Auslieferung an den Kunden, Total Cycle Time = TCT))
- Qualitätslage pro Produktlinie
- Regelmäßige „make or buy"-Vergleiche

Als letzter Bereich, muss der Kundendienstprozess möglichst optimal gestaltet werden.

Mögliche Leistungsindikatoren sind:

- Fehlerhäufigkeit pro Produkt
- Garantie- und Gewährleistungskosten pro Produkt und Kunde
- Beitreiben von Forderungen aus Verkäufen oder Reparaturen

Unternehmen sind zwischen Märkten angesiedelt. In Anbetracht der Dominanz des Absatzmarktes sind die Kundenwünsche zu ermitteln und mit Hilfe des Potenzials des Unternehmens und optimierter Geschäftsprozesse zu realisieren. Hierzu bedient man sich eigener Mittel oder des Fremdbezugs von Diensten und Gütern.

Graphisch lässt sich diese Situation folgendermaßen darstellen:

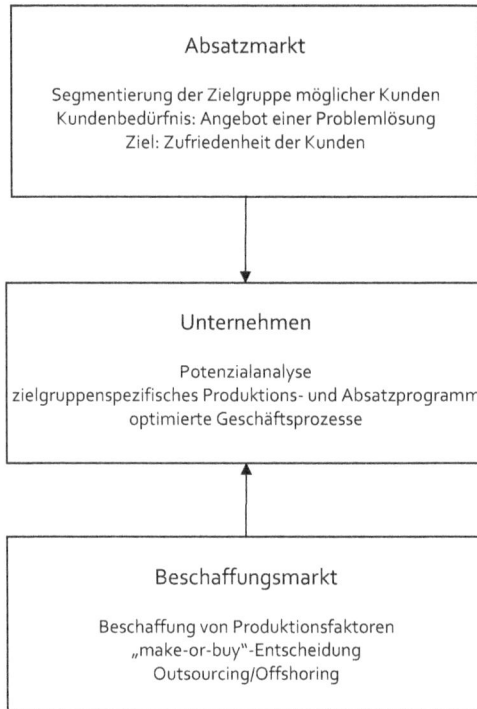

```
┌─────────────────────────────────────────────┐
│                 Absatzmarkt                   │
│                                               │
│   Segmentierung der Zielgruppe möglicher Kunden │
│   Kundenbedürfnis: Angebot einer Problemlösung │
│        Ziel: Zufriedenheit der Kunden         │
└─────────────────────────────────────────────┘
                       │
                       ▼
┌─────────────────────────────────────────────┐
│                 Unternehmen                    │
│                                               │
│            Potenzialanalyse                   │
│ zielgruppenspezifisches Produktions- und Absatzprogramm │
│         optimierte Geschäftsprozesse          │
└─────────────────────────────────────────────┘
                       ▲
                       │
┌─────────────────────────────────────────────┐
│               Beschaffungsmarkt               │
│                                               │
│      Beschaffung von Produktionsfaktoren      │
│          „make-or-buy"-Entscheidung           │
│            Outsourcing/Offshoring             │
└─────────────────────────────────────────────┘
```

Fig. 78: Positionierung des Unternehmens zwischen Beschaffungs- und Absatzmarkt

Kaplan/Norton stellen den Prozess von der Äußerung des Kundenwunsches bis hin zu dessen Erfüllung folgendermaßen dar:

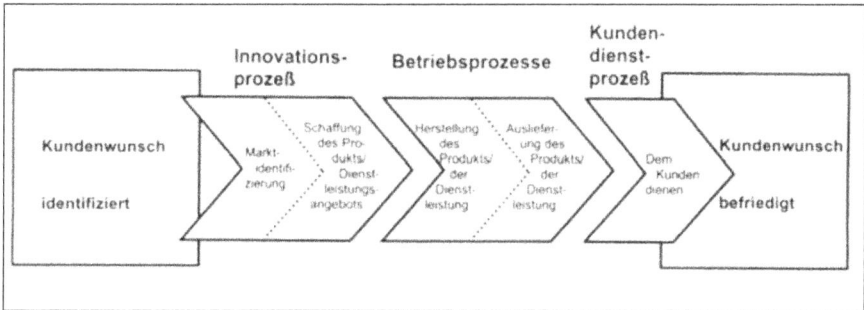

Fig. 79: Interne Prozessperspektive[372]

8.3.4 Potenzial- bzw. Erneuerungs- und Wachstumsperspektive

Der Grundgedanke dieser Dimension der Unternehmensstrategie ist die Schaffung einer lernenden und wachsenden Organisation. Ihre Ziele bestehen in der Entwicklung der Potenziale der Mitarbeiter, der Optimierung der Informationssysteme und der organisatorischen Prozesse.

Die wesentlichen personalbezogenen Kennzahlen sind

- Mitarbeiterzufriedenheit
- Mitarbeitertreue und
- Mitarbeiterproduktivität.

Sie bestimmen maßgeblich die Effizienz der Produktion, die Reaktionsgeschwindigkeit auf die Wünsche der Kunden und die Qualität der erbrachten Leistungen.

Mitarbeiterzufriedenheit lässt sich primär durch folgende Merkmale analysieren:
- Ermittlung der tatsächlichen Zufriedenheit der Mitarbeiter durch Umfragen
- Art und Häufigkeit der Mitwirkung bei Entscheidungen
- Führungsstil und
- Anerkennung von Leistungen durch Vorgesetzte
- Betriebsklima und soziale Kontakte der Mitarbeiter im Unternehmen.

Mitarbeitertreue kann vor allem mit Hilfe folgender Parameter bestimmt werden:
- Krankheitsquote, insbesondere im Kurzzeitbereich
- Fluktuationsrate
- Eigeninitiative als Ausdruck der Arbeitsmotivation
- Zufriedenheit mit der Informationspolitik des Unternehmens

---

[372] Kaplan; Norton, Balanced Scorecard, 1991, S. 93

- Art und Umfang betrieblicher Fortbildung zur Erhöhung der Qualifikation

Mitarbeiterproduktivität äußert sich u. a. in folgenden Verhaltensweisen:
- Verkürzung der Prozesszeiten
- Erhöhung von Qualität und Produktivität und
- Zahl der pro Periode von Mitarbeitern eingereichten Verbesserungsvorschläge

Eine positive Lern- und Entwicklungsperspektive der Mitarbeiter ist ein wesentlicher Faktor zur langfristigen Sicherung der Überlebensfähigkeit der Organisation. Diese „weichen" Faktoren finden ihren Niederschlag insbesondere in der Leistungsmotivation, die neue Produktentwicklungen fördert und Durchlaufzeiten auf allen Ebenen reduziert und damit Geschäftsprozesse beschleunigt.

Kaplan/Norton stellen die Lern- und Entwicklungsperspektive in folgendem Zusammenhang dar:

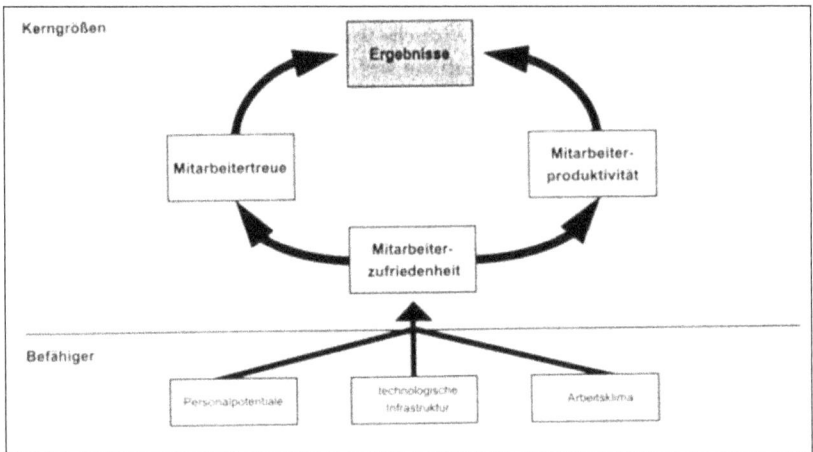

Fig. 80: Lern- und Entwicklungsperspektive[373]

8.3.5 Verknüpfung der Kennzahlen der Balanced Scorecard mit der Unternehmensstrategie[374]

Wenn eine ausreichende Anzahl von Kennzahlen zu den vier Dimensionen strategischer Unternehmensführung vorliegen, kann eine „Balanced Scorecard" erstellt werden. Die Strategie der einzelnen Geschäftseinheit findet dann ihren Niederschlag in diesen Kennzahlen.

---

[373] Kaplan; Norton, Balanced Scorecard, 1991, S.124
[374] Vgl. Kaplan; Norton, Balanced Scorecard, in: Die besten Managementbücher, 2005, S. 52

Dabei sind drei Prinzipien zu beachten:

- Erkennen von Ursache-Wirkungs-Beziehungen
- Identifizieren der Leistungstreiber und
- Verbindung der Kausalkette aller Kennzahlen der Balanced Scorecard mit finanziellen Zielen.

Da es sich um ein ausgewogenes System handeln soll, müssen Prioritäten gesetzt und Zielkonflikte erkannt und – sofern möglich – ausgeräumt werden.

8.3.6 Umsetzung der Balanced Scorecard[375]

Kaplan und Norton nennen die Voraussetzungen für die erfolgreiche Einführung ihres Managementinstruments in ein Unternehmen:

> „Ein erfolgreiches Balanced-Scorecard-Projekt beruht auf fünf Grund-sätzen: Es bedarf der tatkräftigen Unterstützung durch die Geschäfts-leitung, die strategische muss in operative Planung übersetzt werden, die gesamte Organisation wird auf die Strategie ausgerichtet, die Stra-tegie wird zum Bestandteil der täglichen Arbeit eines jeden Mitarbei-ters und die Strategie wird als kontinuierlicher Prozess verstanden."[376]

Die Balanced Scorecard ist in den langfristigen strategischen Planungsprozess zu integrieren. Auf Grund der Erfahrung der Autoren mit der praktischen Einführung einer Balanced Scorecard wurden fünf Grundsätze festgelegt, bei deren Beachtung die Unternehmen ihre Strategien schnell und effektiv umsetzen können:

- Einleitung eines Zielfindungsprozesses nach den Vorgaben der obersten Ge-schäftsleitung, in den nach Möglichkeit alle Mitarbeiter einzubeziehen sind, um eine hohe Akzeptanz des neuen Systems zu erreichen. Das Management hat somit das Veränderungsprojekt aktiv und engagiert zu unterstützen und die Unternehmensstrukturen an das neue System anzupassen. Nur auf diese Weise entwickelt sich daraus ein strategisches Managementsystem, in dem die neuen Werte der Unternehmenskultur und Prozesse institutionalisiert werden.

- Identifikation und wirtschaftliche Durchführung der erforderlichen strategi-schen Initiativen. Dabei wird die Strategie in Dimensionen aufgeteilt und in operative Begriffe übersetzt (Finanzen, Kunden, Prozesse, Mitarbeiter).

---

[375] Vgl. Kaplan; Norton, Balanced Scorecard, in: Die besten Managementbücher, 2005, S. 52f
Vgl. Dies., Balanced Scorecard, in: Die besten Management-Tools 1, 2005, S. 7,13, S. 8ff
Vgl. Weber, Balanced Scorecard, 2005, S. 295-297
[376] Kaplan; Norton, Balanced Scorecard, in: Die besten Management-Tools, 2005, S. 7

- Erkennen kritischer, das gesamte Unternehmen betreffende, Initiativen mit dem Ziel einer die einzelnen Geschäftseinheiten überschreitenden Synergiebildung. Die Organisation muss deshalb auf die Strategie abgestimmt werden.

- Verbindung der Strategie mit der jährlichen Verteilung der Ressourcen auf der Grundlage festgelegter Budgets. Die damit verbundenen Ziele sollen in einem Planungszeitraum von drei bis fünf Jahren realisiert werden.

- Permanente Feedback-Prozesse zur Analyse und Reflexion hinsichtlich des Mitteleinsatzes, der Zielerreichung und der hierbei eingeschlagenen Wege. Diese Kenntnis der Ursache-Wirkungszusammenhänge, die die Balanced Scorecard ermöglicht, führt dann idealerweise zu einem dynamischen Systemdenken. Strategie wird mit Hilfe der Balanced Scorecard zu einem kontinuierlichen Prozess.

Hopfenbeck zeigt ein Beispiel für eine vollständige Balanced Scorecard, die auf der nächsten Seite abgebildet wird.[377]

---

[377] Vgl. Hopfenbeck, Allgemeine Betriebswirtschafts- und Managementlehre, 2002, S. 749

Finanzen			
Strategische Ziele	**Messgrößen**	**Zielwerte**	**Maßnahmen**
Renditeansprüche der Eigentümer erfüllen oder übertreffen schnelles Wachstum Cash Flow pro Investment	ROCE Umsatzrentabilität DB pro Produkt Umsatzwachstum Cash flow	über 10 %	Kauf eines Unternehmens in Asien Joint Venture in Europa

Kunden			
Strategische Ziele	**Messgrößen**	**Zielwerte**	**Maßnahmen**
Kundenerwartungen kennen und erfüllen

Aufbau und Ausnutzung von Dauerkundenbindungen

wettbewerbsfähige Preise (Leadership) | Umsatz pro Kunde Kundenzufriedenheit Kundenbindungsindex Umsatzanteil von A- und B-Kunden Kundenprofitabilität Preisindex | 1 Mio €

20 %

90 %

0,9 | Projekt: Kundenzufriedenheit Marktpenetrationsprogramm Aquisitionsprogramm Focus-Programm Preismonitor einführen |

Prozesse			
Strategische Ziele	**Messgrößen**	**Zielwerte**	**Maßnahmen**
Cross Selling kurze Entwicklungszeiten wettbewerbsfähige Produk-tions- und Logistik-prozesse	Cross Selling Ratio First-to-market-Produkt Kosten insgesamt Distributionskosten	25 % 5 Monate 20 Mio. € 5 Mio. €	Prozessoptimierung Marketing und Vertriebsprozesse Reduzierung der Komplexität

Lernen und Wachstum			
Strategische Ziele	**Messgrößen**	**Zielwerte**	**Maßnahmen**
Innovative Produkte entwickeln Zugang zu strategischen Informationen schaffen Kontinuierliche Verbesserung	Umsatzanteil neuer Produkte verfügbare strategische Informationen Mitarbeiterzufriedenheit Fluktuation	20 %

100 %

80 % unter 1 % | Aufbau einer Datenbank

Schulungsprogramm Job Rotation Programm für KVP einführen |

Fig. 81: Die Balanced Scorecard (Beispiel)

8.4 Vergleich der Balanced Scorecard mit anderen neueren Managementlehren

Vergleicht man die Balanced Scorecard mit den bisher dargestellten neuen Managementlehren, so zeigt der nachfolgende erste Überblick folgende wichtige Gemeinsamkeiten:

Managementlehre:	Balanced Scorecard
Change Management	Wie beim Change Management wird dem Mitarbeiter und dessen Leistung in der Lern- und Entwicklungsperspektive gebührend Beachtung geschenkt.
Shareholder Value	Messung und Bewertung strategischer finanzwirtschaftlicher Themen nehmen ebenfalls breiten Raum ein. Sie stellen eine der vier Perspektiven dar. Hauptunterschiede sind jedoch die langfristige Betrachtung der Ertragssituation und der Einbezug sämtlicher Stakeholder nicht nur der Shareholder.
Kerngeschäft, Lean Management, Outsourcing, Offshoring	Sowohl in der Kundenperspektive als auch im Rahmen der internen Prozessperspektive werden diese Aspekte behandelt.
Business Reengineering	Die strategische Ausrichtung an der Balanced Scorecard führt zu einer Verbesserung der Geschäftsprozesse, die in der internen Prozessperspektive untersucht werden. Hauptunterschied zum Business Reengineering: evolutionäre Verbesserungen und kein radikales Redesign.
Benchmarking	Durch die Balanced Scorecard werden Indikatoren für externes Benchmarking bereitgestellt.
Ganzheitliches Qualitätsmanagement	Die Perspektiven der Balanced Scorecard ähneln sehr dem „EFQM Excellence Model" (Politik und Strategie, Kunden, Mitarbeiter, Prozesse, Ergebnisse). Außerdem werden sowohl monetäre als auch nicht monetäre Faktoren einbezogen, Befähiger und Ergebnisse, Früh- und Spätindikatoren.

Fig. 82: Vergleich der Balanced Scorecard mit anderen bedeutenden Managementlehren der neunziger Jahre

Auf Grund der bisherigen Ausführungen drängt sich ein intensiverer Vergleich der Balanced Scorecard mit dem ganzheitlichen Qualitätsmanagement, insbesondere zum Excellence Modell der EFQM, auf:

Beide Managementinstrumente unterscheiden sich in den folgenden Punkten:[378]

---

[378] Vgl. Schmutte, EFQM-Modell und Balanced Scorecard im Business-Excellence-Prozess, 1999, S. 1502ff

EFQM Excellence Modell	Balanced Scorecard
qualitative Bewertung	weitgehend quantitative Messungen
Bewertung der Leistungen eines Unternehmens, die periodisch durchgeführt wird meist in Abständen von ein bis zwei Jahren	kontinuierliche und ganzheitliche Ermittlung der Leistungstreiber eines Unternehmens sowie deren Überprüfung und Steuerung
europäischer Standard	unternehmensspezifische Gestaltung
Das EFQM-Modell bildet häufig die Orientierung für die Gestaltung der Balanced Scorecard.	Die gewonnenen Kennzahlen können für EFQM-Assessments eingesetzt werden.

Fig. 83: Unterschiede zwischen dem EFQM-Excellence-Modell und der Balanced Scorecard[379]

Es besteht jedoch eine unübersehbare Verbindung zwischen der Balanced Scorecard und dem EFQM-Modell:

- Die Balanced Scorecard stellt Vision und Strategie in den Mittelpunkt der Betrachtung und nicht Kontrolle und Steuerung wie ein übliches Controllinginstrument.

- Die Rolle der Mitarbeiter für das Erreichen der Ziele wird klar erkannt. Deshalb ist eine entsprechend ausgerichtete Mitarbeiterpolitik in beiden Systemen zwingend erforderlich.

- Beide Managementlehren befassen sich ausführlich mit der Gestaltung von Prozessen.

- Die Leistungsmessungen umfassen in beiden Konzeptionen Mitarbeiter, Kunden und Finanzergebnisse. Beim EFQM-Excellence-Modell tritt jedoch noch der Bereich der „gesellschaftlichen Ergebnisse" hinzu (z. B. Umwelt, Image u.a.). Die Messgrößen der Balanced Scorecard begründen die nachfolgenden strategischen Entscheidungen.

- Beiden Managementlehren gemeinsam ist die strategische Ausrichtung. Die Balanced Scorecard verengt bewusst den Fokus ihrer Strategie auf die ausgewählten „Perspektiven", wohingegen das EFQM Excellence Modell alle relevanten Dimensionen des Unternehmens in die Politik und Strategie ihres Qualitätsmanagementsystems mit einbezieht.

- Die Balanced Scorecard liefert Messgrößen für alle strategisch wichtigen Prozesse und das EFQM-Modell ermöglicht eine Gesamtbewertung des Unternehmens nach EFQM-Kriterien. Die Balanced Scorecard gerät auf diese

---

[379] Vgl. Schmutte, Das Managementkonzept der Balanced Scorecard, 2000, S. 5

Weise in die Rolle einer „vorbereitenden" Maßnahme für das Total Quality Management nach den Vorgaben der EFQM.

Deshalb plädiert die EFQM für eine Kombination des Excellence Modells und der Balanced Scorecard.

Dadurch würden sich folgende Vorteile ergeben:

Vorteile einer Integration des EFQM-Excellence-Modells und der Balanced Scorecard	
klare Zuständigkeit:	Zielsetzung, Ressourcen, Verantwortung
integrierte Leistungsmessung:	Kennzahlen als Messinstrumentarium, kontinuierliche Ermittlung, klare Operationsziele
zukunftsorientiertes Management:	Aktuell gewonnene Kennzahlen dienen als Mittel der künftigen Unternehmenssteuerung.
Berichtswesen für den Entscheidungs- prozess:	Die Bewertungsergebnisse des EFQM Excellence Mo- dells beeinflussen Struktur und Inhalt der Kennzahlen der Balanced Scorecard.
Relevante Daten der Geschäftssysteme:	Das aktuelle Geschäft bestimmt die Systemanforderun- gen. Schlüsseldaten werden automatisch generiert.

Fig. 84: Die Integration der Balanced Scorecard in das EFQM-Excellence-Modell

Schmutte weist darauf hin, dass die Erfahrung zeigt, dass die Modelle der EFQM und der Balanced Scorecard nicht alternativ zu beurteilen sind. Beide Manage- mentkonzepte entfalten ihre ganze Stärke erst im geeigneten Wechselspiel, da sie aufeinander aufbauen, sich gegenseitig beeinflussen und auf den Veränderungs- prozess im Unternehmen in unterschiedlichem Umfang und zu verschiedenen Zeitpunkten einwirken.[380]

8.5 Die Vorzüge der Balanced Scorecard[381]

Die zahlreichen Vorteile sprechen für den Einsatz des Managementinstruments in der Praxis:

- Die Balanced Scorecard ist ein wirkungsvolles Instrument, um die strategi- schen Ziele des Managements und die Leistung des Unternehmens aufein-

---

[380] Vgl. Schmutte, Das Managementkonzept der Balanced Scorecard, 2000, S. 6
[381] Vgl. Eder, Thema: Balanced Scorecard, 1999, S. 1ff
Vgl. Göhre, Welchen Fortschritt bietet die Balanced Scorecard?, 1998, S. 19ff

ander abzustimmen. Auf diese Weise kann ein kontinuierliches Wachstum und eine langfristige Wertschöpfung erreicht werden. Das Managementinstrument der Balanced Scorecard bietet die Möglichkeit, aus einer Vision eine Strategie abzuleiten und konkrete Handlungsanweisungen daraus zu gewinnen.[382]

- Eine Balanced Scorecard schafft die Möglichkeit, eine Unternehmensstrategie zu operationalisieren, darzustellen und zu kommunizieren. Die Gesamtaufgabe wird in Einzelaufgaben zerlegt und deren Erledigung den Mitarbeitern verantwortlich zugewiesen.

- Der Einsatz des Managementinstruments offenbart bedeutsame Defizite und die erforderlichen Maßnahmen, um diese zu beseitigen.

- Eine Balanced Scorecard umfasst sowohl Werte aus der Vergangenheit, zeigt den aktuellen Zustand und plant Zukunftsperspektiven. Sie vermeidet somit den Fehler, rein vergangenheitsorientierte Ergebnisse zu nutzen, die für die Beurteilung künftiger Wachstums- und Erfolgspotenziale alleine untauglich sind.

- Das Managementinstrument umfasst sowohl eindeutig messbare Faktoren wie Kosten und Gewinn als auch nicht monetäre Leistungskriterien wie Mitarbeiter- und Kundenzufriedenheit.

- Die Balanced Scorecard ist mehrdimensional und umfasst sowohl die Kundenperspektive, die Messung und Bewertung strategischer finanzwirtschaftlicher Themen, die interne Prozessperspektive und die Lern- und Entwicklungsperspektive der Mitarbeiter. Reine Kennzahlensysteme hingegen haben meist eine zu geringe Verbindung zur Gesamtstrategie des Unternehmens, weil es problematisch ist, Vision und Strategie des Unternehmens auf Grund isolierter Leistungsgrößen gegenüber allen Beteiligten zu kommunizieren.

- Die einfache Struktur des Systems ermöglicht eine Reduktion der Komplexität unterschiedlicher unternehmerischer Aufgaben.

- Art und Anzahl der Kennzahlen pro Untersuchungsperspektive kann jeweils frei gewählt werden.

- Eine Balanced Scorecard bietet die Möglichkeit der Legitimation von Maßnahmen und die Begründung von Verantwortlichkeiten für Management und Mitarbeiter.

---

[382] Vgl. Kaplan; Norton, Balanced Scorecard, in: Die besten Management-Tools, 2005, S. 7

- Durch dieses Messinstrument wird die Position der Mitarbeiter gestärkt, die dadurch eine eigene Perspektive erhalten. Es wird weitgehend möglich, den individuellen Leistungsbeitrag des Personals zur Umsetzung der Gesamtstrategie der Unternehmung zu ermitteln. Deshalb ist es möglich, variable Parameter wie die Vergütung der Mitarbeiter von der Zielerreichung abhängig zu machen.

- Die Balanced Scorecard hat als Leitlinie für das operative und das strategische Management allgemeine Anerkennung und Umsetzung in die Praxis gefunden. In Deutschland wird das Instrument u. a. bei Firmen wie BASF, DAIMLER-CHRYSLER, MANNESMANN und SIEMENS eingesetzt.[383]

Kaplan und Norton fassen die Vorzüge der Balanced Scorecard folgendermaßen zusammen:

> „Dieses Führungsinstrument entspricht den Bedürfnissen der heutigen Unternehmen. Sein wichtigstes Element ist ein einfaches Rahmeninstrument. Die Balanced Scorecard und ihre Darstellung auf einer Strategiekarte ermöglichen es, die Strategie eindeutig zu definieren und zu kommunizieren. Sie sind das Herz eines Führungssystems, auf das strategieorientierte Unternehmen ihre Zukunft bauen."[384]

8.6 Probleme im Zusammenhang mit der Balanced Scorecard

Wie jedes Managementinstrument, so ist auch die Balanced Scorecard, nicht frei von möglichen Risiken und Problemen:

- Es besteht die Gefahr der Umsetzung falscher oder unrealistischer selbst definierter Ziele und Kennzahlen, die nicht selten unter Zeitdruck eingeführt werden.

- Die Balanced Scorecard kann mit zu vielen und zu komplexen Zielen und Kennzahlen überlastet werden.

- Die Verbindung der Kennzahlen zur Strategie ist nicht immer gegeben. Insbesondere fehlen in diesen Fällen klar messbare Indikatoren.

- Die Nutzung des Instruments kann einseitig auf eine Konzentration der damit verbundenen Kennzahlen führen, insbesondere denen aus der Vergangenheit. Dies geht jedoch an der Intention der Balanced Scorecard vorbei,

---

[383] Vgl. Kaplan; Norton, Balanced Scorecard, in: Die besten Managementbücher, 2005, S. 53
[384] Dies., Balanced Scorecard, in: Die besten Management-Tools, 2005, S. 13

nämlich der Ausrichtung der Unternehmenspolitik an strategischen Zielen, um nachhaltig, zukunftsorientiert Leistungspotenziale aufzubauen.

- Bei einer Fixierung auf die durch die Balanced Scorecard gewonnenen Kennzahlen kann es zu einer bewussten Manipulation oder zu einer einseitigen Optimierung der Werte kommen. Beispielsweise kann das Streben nach Rentabilität durch eine restriktive Lohnpolitik erreicht werden und damit die Entwicklungsperspektive der Mitarbeiter zu kurz kommen. Eine Verknüpfung der gewünschten Leistungssteigerung der Mitarbeiter mit entsprechenden Anreizsystemen ist deshalb zu empfehlen. Das Prinzip der Ausgewogenheit muss unbedingt beachtet werden, um Fehlsteuerungen zu vermeiden.

- Die Balanced Scorecard räumt dem Personalbereich – insbesondere im Vergleich zum EFQM-Excellence-Modell – einen zu geringen Raum ein. Die Mitarbeiter treten lediglich im Punkt „Potenzial" im Zusammenhang mit den gewünschten Innovationen in Erscheinung, wenn es darum geht, die geplanten Ziele zu erreichen, z. B. durch entsprechende Schulungen. Persönliche Werte und Ziele der Mitarbeiter werden nicht bedacht. [385]Diese Kritik erscheint jedoch teilweise unberechtigt, da nicht nur Mitarbeiterproduktivität, sondern auch Mitarbeiterzufriedenheit und Mitarbeitertreue mit untersucht werden, wobei auch der Mitarbeiter als Persönlichkeit Beachtung findet.

- Eine unreflektierte Anwendung der Ergebnisse der Prozesskostenrechnung ohne entsprechende Begleitung durch ein Balanced Scorecard Management kann zu krassen Fehlentscheidungen führen.

- Die Auswirkungen strategischer Entscheidungen auf die Umwelt bzw. auf Dritte, werden vom Grundkonzept der Balanced Scorecard nicht erfasst, da als Externe lediglich Kunden im Fokus stehen. Andererseits ist jedoch jedes Unternehmen frei in der Wahl seiner „Perspektiven", so dass grundsätzlich kein Hinderungsgrund besteht, weitere strategische Dimensionen in das Managementinstrument der Balanced Scorecard mit einzubeziehen.

8.7 Beispiele für die Anwendung der Balanced Scorecard

Vier Anwendungsmöglichkeiten sollen in Kurzform Vorgehensweise und Ergebnis einer Balanced Scorecard zeigen: die Optimierung der Kundenorientierung im Vertriebsbereich, Verbesserungen bei der Kreditvergabe einer Bank, die Neuausrichtung eines deutschen Fußballclubs aus der Bundesliga, des VfB Stuttgart, und der Einsatz in einer Bildungseinrichtung.

---

[385] Vgl. Wachter, Wille und Weitblick, 2005, S. 64

8.7.1 Vorgehensweise zur Erstellung einer Balanced Scorecard am Beispiel der Kundenorientierung des Vertriebs

Angenommen, der Vertrieb eines Unternehmens setzt sich das Ziel, die Kundenorientierung zu verbessern. Mögliche kritische Faktoren könnten Termintreue, die Reklamationsquote, die Durchführungsgeschwindigkeit für die Abwicklung der Aufträge u. a. sein. Dabei ist auch zu beachten, dass etwaige Maßnahmen nicht zu Kostensteigerungen führen sollen.

Aus diesen Zielen könnten beispielsweise die folgenden Kennzahlen abgeleitet werden, die möglichst alle Mitarbeiter des Bereichs akzeptieren sollten:

- Quote nicht eingehaltener Terminzusagen
- Prozentsatz der Reklamationen von Produkten nach der Auslieferung an den Kunden
- Durchschnittliche Zeitdauer einer Reparatur- oder Serviceleistung
- Kosten je Produkt.

Zunächst werden die aktuellen Istwerte dieser Kennzahlen ermittelt. Anschließend erfolgt eine Sollvorgabe zur Optimierung der Indikatoren der Kundenorientierung. Beispielsweise könnte diese darin bestehen, einen besseren Prozentsatz bei der Einhaltung zugesagter Termine zu erreichen, die Zahl der Beanstandungen ausgelieferter Erzeugnisse zu reduzieren, die Durchlaufzeit bei Kundendienstleistungen zu verringern und evtl. die Kosten durch Erhöhung der Prozessgeschwindigkeit und durch Reduzierung von Nacharbeiten zu senken. Alle diese Vorgaben müssen messbar sein, d. h., dass konkrete Zahlen für die Planung vorgegeben werden, z. B. Reduzierung der durchschnittlichen Zeit für die Auftragsabwicklung von sieben auf fünf Arbeitstage.

Mögliche organisatorische Maßnahmen zur Realisierung dieses Plans sind die Verbesserung der Terminplanung und des Qualitätsmanagements und eine höhere Anzahl an Mitarbeitern im Servicebereich. In diesem Zusammenhang spielt auch die Fehlquote und die Fluktuation eine Rolle, da evtl. kostengünstiger die Effizienz verbessert werden kann, wenn in diesem Bereich Verbesserungen erfolgen würden, da ein hoher Krankenstand ein Indiz für eine unzureichende Zufriedenheit der Mitarbeiter darstellt. Außerdem kann evtl. mit dem gleichen Personalstand bei höherem Kenntnisstand der Mitarbeiter eine Reduzierung der Durchlaufzeit erreicht werden.

Aus diesem Grund empfehlen sich weitere Kennzahlen:

- Überwachung des Krankenstandes (durchschnittliche Zahl der Krankheitstage, besonders bei Kurzzeiterkrankungen)
- Reduzierung der Fluktuationsrate
- Durchschnittliche Anzahl der Schulungstage pro Mitarbeiter.

Interessant ist, mit welch einfachen Mitteln jeweils ein Ziel gesetzt, Messgrößen entwickelt, Zielwerte bestimmt und Maßnahmen ergriffen werden können.

Hopfenbeck/Müller/Peisl zeigen eine Anzahl strategischer Ziele im Hinblick auf interne Prozesse und deren Darstellung in Form einer verkürzt dargestellten Balanced Scorecard:

Prozesse			
Strategische Ziele	Messgrößen	Zielwerte	Maßnahmen
- Cross Selling über optimierte Marketing- und Vertriebsprozesse	Cross-Selling-Ratio	25 %	Prozessoptimierung, Marketing und Vertriebsprozesse
- kurze Entwicklungszeiten	first-to-market-Produkte	5 Monate	Optimierung der FuE-Prozesse
- wettbewerbsfähige Produktions- und Logistikprozesse	Produktionskosten	20 Mio. €	Projekt zur Reduzierung der Komplexitätskosten
- Bedienung der Kunden über kostengünstige Distributionskanäle	Distributionskosten	10 Mi. €	Änderung des Rabattsystems

Fig. 85: Beispiel einer Balanced Scorecard (Auszug)[386]

8.7.2 Die Dimensionen einer Balanced Scorecard am Beispiel der Kreditvergabe einer Bank

Ein anderes Beispiel bezieht sich auf die Kreditvergabe einer Bank. Ausgangspunkt ist die mutmaßliche Ursache-Wirkungs-Beziehung, dass die Qualität einer Kreditvergabe Kundenzufriedenheit und als Folge Kundentreue und langfristigen finanziellen Erfolg garantiert. Merkmale dieser Qualität sind eine schnelle Entscheidung hinsichtlich der Kreditvergabe, eine umfassende Beratung und eine fehlerfreie Abwicklung. Zimmermann/Jonk haben auf dieser Grundlage die Zusammenhänge zwischen den einzelnen Perspektiven des Balanced Scorecard-Konzepts dargestellt:

---

[386] Vgl. Hopfenbeck; Müller; Peis, Wissensbasiertes Management, 2001, S. 367

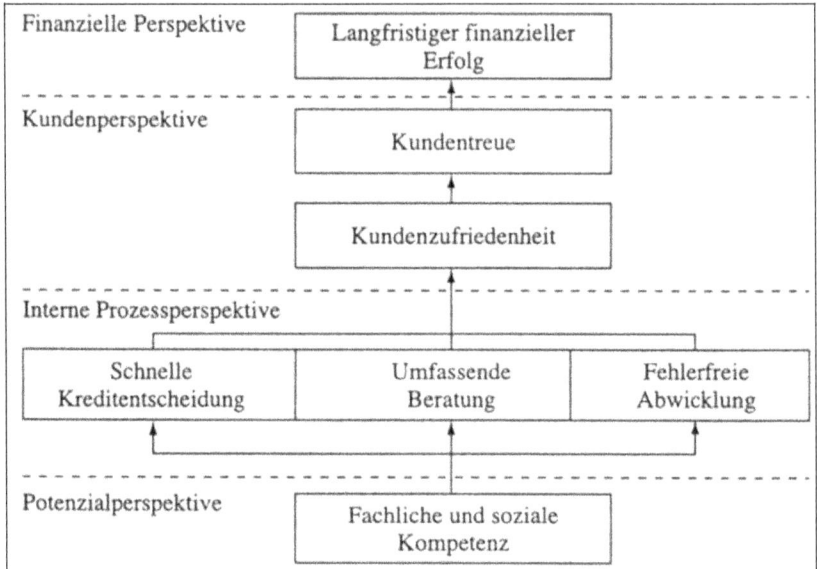

Fig. 86: Ursache-Wirkungsbeziehungen zwischen den „Perspektiven" eines Balanced Scorecard-Konzepts[387]

8.7.3 Die Steuerungsgrößen in der Balanced Scorecard des Fußballclubs VfB Stuttgart[388]

Die Unternehmensberatung Horváth & Partners hat zusammen mit dem Vorstand des deutschen Bundesligaclubs VfB Stuttgart eine Balanced Scorecard für den Fußballverein konzipiert. Damit übernimmt der VfB im Bereich des Profisports eine Vorreiterrolle. Mit Hilfe der Balanced Scorecard soll der Umbau zu einem zeitgemäßen Sportunternehmen erfolgen. Ausgangspunkt war die strategische Vorgabe in den Bereichen Sport, Finanzen, Kunden und Mitarbeiter.

---

[387] Zimmermann; Jöhnk, Balanced Scorecard in öffentlich-rechtlichen Kreditinstituten, 2001, S. 522

[388] Vgl. Schönwitz, Die Geheimwaffe des VfB Stuttgart, 2004

Daraus wurden in der jeweiligen Dimension der Balanced Scorecard konkrete Einzelziele abgeleitet:

Perspektiven:	Beispiele für Grobziele
Sport	eine erfolgreiche Jugendarbeit
Finanzen	Abbau der Verschuldung des Vereins
Kunden	Erhöhung der Attraktivität des Vereinsangebots für die Sportfans des Clubs
Mitarbeiter	Verbesserung der internen Kommunikation
Prozess- und Potenzialperspektive	Optimierung der Nachwuchssuche nach Profispielern aus dem eigenen Verein

Fig. 87: „Perspektiven" der Balanced Scorecard des VfB Stuttgart

In der nächsten Stufe wurden diese Ziele je Dimension weiter präzisiert. Beispielsweise wurde im Bereich „Sport" das Ziel einer erfolgreichen Jugendarbeit dahingehend präzisiert, dass durch den Vorstand festgelegt wurde, dass in Zukunft ein bestimmter Prozentsatz der Profispieler aus dem eigenen Jugendbereich stammen sollte und Verantwortlichkeiten für diese Aufgabe bestimmt.

Insgesamt wurden bei dem Bundeslageverein 130 Kennzahlen entwickelt, von denen 100 für die verschiedenen Abteilungen und 30 für den Vorstand von Bedeutung sind. Die Ergebnisse werden permanent aktualisiert und im Rahmen einer wöchentlich stattfindenden Sitzung des Vorstands jeweils untersucht.

Einige Beispiele für Kennzahlen der Balanced Scorecard des VfB Stuttgart, die intern entwickelt wurden:

- Entwicklung der Einnahmen des Vereins, gegliedert in Zuschauer- und Sponsoreneinnahmen und Umsatz an Fan-Artikeln.

- Anteil der Spieler aus der eigenen Jugendarbeit an den im Profiteam eingesetzten Spielern („weicher" Faktor)

- Entwicklung der Mitgliederzahl des Vereins

Bei Planabweichungen muss unbedingt steuernd eingegriffen werden, um einen erfolgreichen Einsatz der Balanced Scorecard des Fußballclubs zu sichern.

Der VfB Stuttgart veröffentlichte eine Kurzfassung seiner Balanced Scorecard, die insgesamt 21 Kennziffern beinhaltet:

Steuerungsgrößen in der Balanced Scorecard des VfB			
Wirtschaftliche Perspektive	Sportliche Perspektive	Kundenperspektive	Interne Prozess- und Potenzialperspektive
Umsatz	Tabellenplatz in der Meisterschaft	Stadion-Auslastung	Talent-Scouting-Erfolgsquote
Profitabilität		Anteil der Neukunden	
Liquidität (evtl. jeweils bereinigt um Spielertransfers)	Erreichen bestimmter Runden in anderen Wettbewerben		Anteil der aus der eigenen Jugend in die Profi-Mannschaft übernommenen Spieler
		Catering-Umsatz pro Stadion-Besucher	
Verschuldungsgrad	Trainerkontinuität (durchschnittliche Beschäftigungsdauer)	Merchandising-Umsatz pro Stadionbesucher	Verfügbarkeit der Telefon-Hotline nach Wartezeit
Etat-Effizienz	Teamwert (z. B. Summe der Markt- oder anderen aktivierten Transferwerte)	Zufriedenheit der Fans, Sponsoring-Partner usw.	Effektivität von Marketing und PR
Gehaltssumme des Profi-Teams/Umsatz			
Wertsteigerung für die Aktionäre (Dividende und Kursanstieg)		Loyalität der Fans	Management-Kontinuität

Fig. 88: Steuerungsgrößen in der Balanced Scorecard des VfB Stuttgart[389]

8.7.4 Die Balanced Scorecard der Staatlichen Berufsoberschule Nürnberg

Der Verfasser hat im Rahmen seiner zwanzigjährigen Tätigkeit als Oberstudiendirektor an zwei Schulen sowohl die ISO-Norm 9001 realisiert, das „EFQM Excellence Model" eingeführt und schließlich – als das für ihn geeignetste Instrument – eine Balanced Scorecard 2006 an der Staatlichen Berufsoberschule Nürnberg. Diese musste auf die Bedürfnisse einer Bildungseinrichtung hin geändert werden und wird nachfolgend nur auszugsweise wiedergegeben, um den Rahmen der Darstellung nicht zu sprengen.

Ausgangspunkt ist die Vision einer „guten Schule", auf deren Grundlage ein Leitbild entwickelt wurde.[390] Darauf baut die Balanced Scorecard der Staatlichen Berufsoberschule Nürnberg mit vier Perspektiven und einem Kennzahlensystem von ins-

---

[389] Horváth & Partners, zitiert in: Schönwitz, Die Geheimwaffe des VfB Stuttgart, 2004
[390] Das Leitbild der Staatlichen Berufsoberschule Nürnberg ist nachzulesen auf deren Homepage unter www.staatliche-bos-nuernberg.de.

gesamt 30 Parametern auf, das nach entsprechenden Erfahrungen auf 20-25 Quali-
tätsparameter reduziert werden soll.

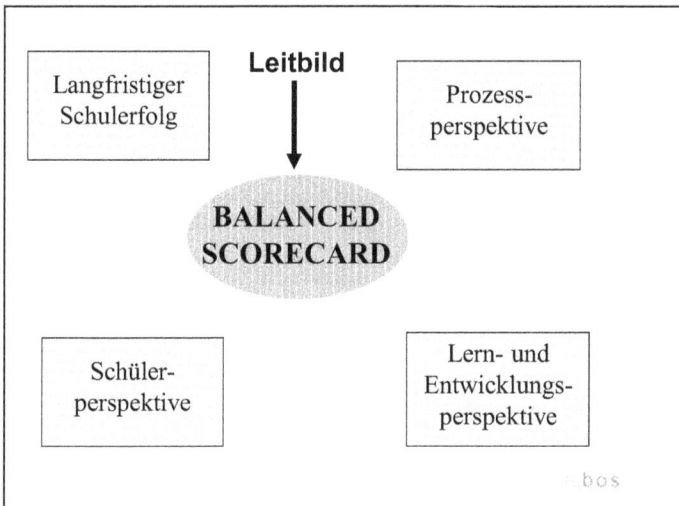

Fig. 89: Balanced Scorecard der Staatlichen Berufsoberschule Nürnberg

Langfristiger Schulerfolg

Folgende Parameter werden u. a. als bedeutsam für den langfristigen Erfolg der
Bildungseinrichtung angesehen:

Langfristiger Schulerfolg	
Parameter:	**Zielvorgabe:**
Beschulungsquote im Pflichtbereich	97-98 % (Vermeidung von Unterrichtsausfall)
zentrale Abschlussprüfung	überdurchschnittliches Ranking im bayerischen Vergleich
Schulaufsicht und Quali-tätsagentur	möglichst überdurchschnittliches Abschneiden bei Evaluationen

Fig. 90: Langfristiger Schulerfolg

Schülerperspektive

Schüler sollen nach Möglichkeit all das bekommen, was sie von der Bildungseinrichtung erwarten. Die nachfolgenden Parameter zeigen einige Schwerpunkte der Tätigkeit der Schulleitung, diese Wünsche zu erfüllen.

Schülerperspektive	
Parameter:	**Zielvorgabe**
zusätzliche Unterrichts-angebote für die Schüler	Ergänzungsunterricht, Europäischer Computerführerschein, Vorträge, Fallstudien, Planspiele, Lern- und Prüfungsseminare
umfassende Betreuung und Beratung der Schüler	außerunterrichtlich über das schuleigene kostenlose virtuelle PC-Netz, E-Mail-Verkehr, Schüler-Lehrer-Kommunikation
Ermittlung der Zufriedenheit durch Schülerbefragungen	individuell und freiwillig durch die Fachlehrer der jeweiligen Klasse, schriftliche Abschlussbefragung aller 12. und 13. Klassen

Fig. 91: Schülerperspektive

Prozessperspektive

Aufgabe dieser Perspektive ist es, sämtliche relevanten schulischen Prozesse der Bildungseinrichtung zu identifizieren und zu optimieren. Aus Verwaltungssicht umfasst diese Aufgabe sämtliche Vorgänge von der Aufnahme bis zur Entlassung der Schüler, von denen exemplarisch einige genannt werden.

Prozessperspektive	
Parameter	**Zielvorgabe**
Identifikation aller relevanten Prozesse und anschließende Prozessoptimierung	Informationsveranstaltungen
	Aufnahme der Schüler
Umfang:	Erledigung von Schülerangelegenheiten
	Festlegung des Prozesses bei Schülerbeschwerden
Von der Aufnahme bis zur Entlassung der Schüler	Organisation der Abschlussprüfung

Fig. 92: Prozessperspektive

Lern- und Entwicklungsperspektive

Im Zentrum dieser Perspektive steht das Lehrerkollegium und dessen Personalentwicklung.

Exemplarisch sollen einige Parameter dieser Prozesse genannt werden:

Entwicklungsperspektive	
Parameter	**Zielvorgabe**
Information und Kommunikation mit Lehrern und Schülern	umfassend, vertrauensvoll, zeitnah, rechtzeitig
Fortbildungs- und Karriereplanung für Lehrkräfte inc. Frauenförderung	Aufbau und Pflege einer Fortbildungsdatenbank, durch Personalentwicklung frühzeitige Förderung des beruflichen Fortkommens der Lehrkräfte durch herausfordernde Aufgaben
Messung des Betriebsklimas	Krankenstand: kurzfristig 1-2 %, Fluktuationsrate, Lehrerbefragungen über das Führungsverhalten des Schulleiters

Fig. 93: Entwicklungsperspektive

Zusammenfassung: Vor- und Nachteile der Balanced Scorecard der Staatlichen Berufsoberschule Nürnberg

Zusammenfassend lässt sich sagen, dass die Einführung der Balanced Scorecard bei Abwägen aller Vor- und Nachteile eine richtige Entscheidung war. Unabhängig von den wechselnden Strömungen der Kulturpolitik besitzt die Schule jetzt ein eigenständiges Qualitätssicherungssystem, das sich im Einklang mit staatlichen Vorgaben und den Wünschen der Zielgruppe, nämlich der Schülerinnen und Schüler, befindet.

Die Balanced Scorecard der Staatlichen Berufsoberschule Nürnberg	
Vorteile:	**Nachteile:**
klares Qualitätsbekenntnis der Leitung	verwaltungstechnisch aufwendiges Verfahren zur Zielermittlung und -kontrolle
Qualitätssystem zur Erreichung der Ziele der Schule lt. Vision	Problem: rasch wechselnde Schülerzahlen
keine Kosten durch externe Berater	Problem der kurz- und langfristigen Steuerung der Qualitätsparameter
Flexibilität des Instrumentariums mit echten Steuerungsmöglichkeiten	
Erhöhung der Identifikation aller Beteiligten mit der Bildungseinrichtung	

Fig. 94: Vor- und Nachteile der Balanced Scorecard

E. Zusammenfassung

Am Ende dieser Studie kann man ein Resümee über die Zukunftsfähigkeit der neuen Managementlehren ziehen.

1. Neue Bedingungen für die Umwelt der Unternehmen

Die Untersuchung der in der Zeit von 1989-2009 erfolgten Veränderungen in den Bereichen Politik, Wirtschaft und Kultur zeigten weltweit derart gravierende Veränderungen, dass man zweifelsohne von einer völlig veränderten Umwelt ausgehen kann, innerhalb derer national und global der Prozess der unternehmerischen Leistungserstellung erfolgt. Diesen Veränderungen galt es, durch eine Fortentwicklung der Unternehmensführung in Form von Managementlehren Rechnung zu tragen.

2. Aktuelle Chancen und Risken für Unternehmen

Die langfristig positiven Veränderungen innerhalb der letzten 20 Jahre werden derzeit durch eine Anzahl kurz- und mittelfristig wirkender Beeinträchtigungen relativiert.

Hierzu zählen insbesondere die folgenden Punkte:

- Der internationale, islamistisch geprägte, Terrorismus schuf neue Unsicherheiten für die wirtschaftliche Betätigung der weltweit agierenden Unternehmen und erfordert große Anstrengungen für die Erhöhung der inneren Sicherheit in allen Industriestaaten.

- Negativ ist ferner der bis 2008 ungebremste Anstieg der internationalen Rohstoffpreise, allen voran für Erdöl, als Folge der Globalisierung. Trotz eines vorübergehenden Preiseinbruchs dürfte sich – in Anbetracht der knappen Vorräte – langfristig dieser Trend behaupten und erfordert die Gewinnung und weltweite Einführung alternativer Energiequellen.

- Weitere Rückschläge kommen durch das Ende des Investmentbankings, misslungene Mergers & Acquisitions und nicht geglückte Formen des Outsourcings und des Offshorings.

- Die Finanzkrise, die Strukturkrise im Automobilbau und die daraus resultierende weltweite Konjunkturkrise beeinträchtigen aktuell und mittelfristig die Gewinn- und Wachstumssituation sowie in vielen Fällen sogar die Existenz der Unternehmen, die ohne staatliche Hilfe nicht überleben können.

3. Die Zukunft der Managementlehren

Die Antworten der Managementlehre auf die Entwicklungen der letzten 20 Jahren waren „Change Management", Konzentration auf das Kerngeschäft und eine strikte Verfolgung der Idee des „Shareholder Value", weltweites „Benchmarking", „Business Reengineering" „Lean Management", „Outsourcing und Offshoring" sowie Qualitätsmanagement und die Einführung der „Balanced Scorecard".

Zweifelsohne hat die Managementlehre in dieser Zeit einen maßgeblichen Beitrag für eine effizientere Unternehmensführung geleistet.[391] Insofern kann man zu Recht sagen, dass das Management auf die Veränderungen der Unternehmensumwelt reagiert und geeignete Instrumente zur Bewältigung der neuen Situationen bereitgestellt hat.

Bemerkenswert ist bei der Beurteilung der neuen Managementlehren jedoch folgendes:

Wie mehrfach dargelegt, entstammen die Managementlehren weitgehend nicht mehr den Forschungen der Universitäten, sondern der Tätigkeit von Beratungsfirmen und eigenständigen Entwicklungen der Unternehmen. Die Universität hat in diesem Bereich der Betriebswirtschaft ihre Führungsrolle verloren.

Vertreter der Wissenschaft wie Schneider, der an dieser Stelle exemplarisch genannt wird, erheben gegen die Managementlehren eine Reihe gewichtiger Einwände und sprechen ihnen das Wesen einer Theorie ab:[392]

- Managementlehren sind reine Handlungsempfehlungen, die nicht die Merkmale einer Theorie aufweisen: „Der Hang zur praxisbezogenen Wissenschaft der Unternehmensführung, d. h. der Managementlehre, verführt dazu, das praktisch-gestaltende Ziel, Handlungsempfehlungen zu erarbeiten, ohne die Umwegproduktion der Theorienbildung über Erklärungsmodelle und metrisierende Theorien (Umwandlung von Modellergebnissen in testbare Hypothesen) verwirklichen zu wollen."[393]

- Managementlehren verzichten auf die Auseinandersetzung mit früheren wissenschaftsgeschichtlichen Ansätzen, da sie ausschließlich auf rasche Anwendbarkeit abzielen. Dies widerspricht den Grundsätzen der Theoriebildung.

---

[391] 82 % der Leser des Handelsblattes vertreten in einer Umfrage des Jahres 1997 die Ansicht, die neuen Managementlehren hätten ihr Unternehmen insgesamt weitergebracht. Andererseits bestätigen jedoch auch 78 % die folgende These: „ Ich habe schon einmal in meiner Laufbahn erlebt, dass ein Unternehmen einen Management-Trend erst begeistert aufgreift, dann aber schnell wieder beerdigt." Vgl. Handelsblatt, 28.11.1997

[392] Vgl. Schneider, Dieter: Geschichte betriebswirtschaftlicher Theorie, 1981, S. 461.

[393] Ebenda, S. 461

- Diese von den Managementlehren geübte Vorgehensweise erleichtert es, Verfahrensweisen, die eine Interessengruppe begünstigen, als wissenschaftliche Erkenntnis auszugeben ohne eine wissenschaftlich fundierte Theorie zu sein.

- Schneider fasst zusammen: „Brauchbare Handlungsempfehlungen sind aber ohne die Lösung der Aufgaben erklärender Theorien nicht möglich, denn inzwischen ist offenkundig geworden, dass Handlungsempfehlungen nur gegeben werden können, wenn die Probleme erklärender und metrisierender Theorien gelöst sind: allen Begriffen in Zielfunktionen und Nebenbedingungen beobachtbare Sachverhalte entsprechen."[394]

Es ist jedoch fraglich, ob die o. g. Kritik den Managementlehren tatsächlich abträglich ist. Manager sind heute nicht mehr an theoretischen Konstruktionen von Universitätsprofessoren interessiert, sondern benötigen konkrete Handlungsanleitungen. Hier finden die Managementlehren ihre Berechtigung und ihren Einsatz. Andererseits kann jedoch nicht verkannt werden, dass diese sehr kurzlebig geworden und ständig durch neue „Managementmoden" abgelöst wurden. Es ist deshalb schwierig geworden, den Überblick zu behalten und herauszufinden, welche Managementlehre langfristigen Bestand hat.

Dieser Versuch wird durch die nachfolgende Zusammenfassung unternommen:

Managementlehre	zukünftige Bedeutung und Ausprägung
Change Management	auf Dauer sehr große Bedeutung wegen des permanenten Wandels in Wirtschaft, Politik und Kultur
Shareholder Value	klare Neuorientierung im Gange starke Reduzierung des Ziels und der Methoden
Konzentration auf das Kerngeschäft	bleibt unverändert bedeutsam
Outsourcing und Offshoring	deutliche Verlangsamung der Auslagerungsprozesse Rückgang des Offshoring
Benchmarking	bleibt unverändert bedeutsam
Business Reengineering	deutliche Verlagerung auf die Prozessoptimierung als Daueraufgabe
Qualitätsmanagement	klare Dominanz der Balanced Scorecard

Fig. 95: Die Bedeutung der Managementmethoden in der Zukunft

Vielleicht könnte man die Zukunft der Managementlehren mit dem Motto beschreiben, das über dem Kongress anlässlich des 100jährigen Bestehens der Kellog

---

[394] Vgl. Schneider, Dieter: Geschichte betriebswirtschaftlicher Theorie, 1981, S. 464f

School of Management, eine der zehn besten MBA-Schulen der USA, im Februar 2009, steht:

„Leading in a changing global environment: from threats to opportunities"

Frei übersetzt könnte man sagen:

Management in einer sich ständig wandelnden Welt stellt uns die Aufgabe, aus den damit verbundenen Bedrohungen neue Chancen zu gestalten.[395]

---

[395] Vgl. Kellog School of Management,: Jubiläumskongress in Zürich, in: Handelsblatt, 2009

Literaturverzeichnis

Abrahmson, E.　　　　Management fashion, in: Academy of Management
　　　　　　　　　　Review, 21 (1), 1996, S. 254-285

Achleitner,　　　　　Mergers & Acquisitions, in: Gabler Wirtschaftslexikon,
Ann-Kristin;　　　　hrsg. vom Betriebswirtschaftlichen Verlag Theo Gabler,
Schiereck, Dirk:　　　Band 3, 16.Auflage, Wiesbaden 2004, S. 2034-2036

Ackermann,　　　　　"Wir brauchen mehr starke Banken", Der Chef der
Josef:　　　　　　　Deutschen Bank über die Folgen der HVB-Übernahme,
　　　　　　　　　　den wachsenden Konsolidierungsdruck und die
　　　　　　　　　　Notwendigkeit politischer Reformen, in: Handelsblatt,
　　　　　　　　　　14.06.2005

Adelhofer, Helmut:　　DIN ISO 9000 – ein Papiertiger?, in: Mit Qualität die Her-
　　　　　　　　　　ausforderung der Zukunft meistern, 12. Qualitätsleiterfo-
　　　　　　　　　　rum, Tagungsbericht, Band 1, Sindelfingen, 23.03.1994,
　　　　　　　　　　S. 251-275

Alfhütte, Sven:　　　Neue Übernahmeregeln noch in diesem Jahr, Regierung
Creutzburg, Dietrich:　will schnell Klarheit über den Umgang mit ausländischen
　　　　　　　　　　Staatsfonds schaffen – FDP lehnt zusätzliche Schutzzäu-
　　　　　　　　　　ne kategorisch ab, in: Handelsblatt, 18.07.2007

Alfhütte, Sven;　　　Protektionismus weltweit auf dem Vormarsch, Die mil-
Hess, Dorit;　　　　liardenschweren Konjunkturpakete der Industrieländer
Riecke, Torsten:　　　drohen die Weltwirtschaftskrise zu verschärfen und
　　　　　　　　　　schaden der Globalisierung, in: Handelsblatt, 28.01.2009

Albach, Horst:　　　Allgemeine Betriebswirtschaftslehre, Internationale Be-
　　　　　　　　　　triebswirtschaftslehre und Internationalität der Be-
　　　　　　　　　　triebswirtschaftslehrer, Passau, 2004

Ders. (Hg.):　　　　Wirtschaftswissenschaften, in: Gabler Wirtschaftslexi-
　　　　　　　　　　kon, hrsg. vom Betriebswirtschaftlichen Verlag Theo
　　　　　　　　　　Gabler, Band 4, 16. Auflage, Wiesbaden 2004, S. 3386-
　　　　　　　　　　3389

Aune, A.:　　　　　Quality and Quality Management: Status and Challen-
　　　　　　　　　　ges,　　in: Qualitätsmanagement – Der Weg für die
　　　　　　　　　　neunziger Jahre, Proceedings, 33rd EOQC Annual Confe-
　　　　　　　　　　rence, 18.-21. September 1989, Vienna, Austria, hrsg. von
　　　　　　　　　　der European Organisation for Quality, Brüssel, 1989, S.
　　　　　　　　　　85-89

Baethge, Henning;　　Deutschland holt auf, in: Capital, Nr. 27, 2005, S. 14-22
Hübner, Rainer:

Barnard, Chester I.:	The Functions of the Executive, Cambridge/Mass., 1938, deutsch: Die Führung großer Organisationen, Essen, 1970
Bauer, Hans:	Total Quality Management (TQM), in: Vahlens Großes Logistik Lexikon, hrsg. von Bloech, Jürgen; Ihde, Gösta B., München, 1997, S. 1071-1972
Beck, Matthias:	Outsourcing: Modetrend oder echte Alternative, S. 1-3, in: Internet: http://www.frankfurt-main.ihk.de/cgi-bin/druck.pl?dir, 08.07.2005
Benders, Rolf:	Die Aufholjagd wird fünf Jahre dauern, Deutsche Banken rangieren im globalen Vergleich noch unter „ferner liefen", in: Handelsblatt, 24.09.2007
Ders.:	Mit einfachen Mitteln zum Erfolg, Die Direktbank ING DIBA hat ihre Kundenzahl in den vergangenen vier Jahren verfünffacht, in: Handelsblatt, 24.11.2005
Benders, Rolf; Schönauer, Felix:	Aufsicht stellt Ermittlungen gegen Hedge-Fonds ein, BaFin sieht kein gemeinsames Vorgehen bei Angriff auf die Deutsche Börse, in: Handelsblatt, 20.10.2005
Berens, Wolfgang:	Prozesskostenrechnung, in: Vahlens Großes Logistik Lexikon, hrsg. von Bloech, Jürgen; Ihde, Gösta, B., München 1997, S. 858-859
Bergauer, Anja:	Führen aus der Unternehmenskrise, Leitfaden zur erfolgreichen Sanierung, Berlin, 2003
Bestmann, Uwe	Kompendium der Betriebswirtschaftslehre, München – Wien 1982
Bläsing, Jürgen:	Das qualitätsbewusste Unternehmen, 2. Aufl., Stuttgart 1992
Blessmann, Erich:	Der Globalisierung ausgeliefert, Leserbrief, in: Nürnberger Nachrichten, 30.7.2005
Boes, Andres; Schwemmle, Michael:	Herausforderung Offshoring, hrsg. von der Hans-Böckler-Stiftung, Düsseldorf 2004
Bosch, Stefan:	Vergleich verschiedener Qualitätspreise (Quality Awards), Diplomarbeit, o. O. 1995

Buchenau, Martin-Werner:	Schneller David, in: Handelsblatt, 05.10.2005
Bühner, Carsten:	Ganzheitliche Qualitätsbewertung durch Selbstassessment, Über Richtlinien von Qualitätspreisen zu Erfolg? Diplomarbeit, Reutlingen 1995
Bürkle, Gerd; Stremme, Kai:	New Public Management, Neue Steuerungsmodelle für die öffentliche Verwaltung, Stuttgart o. J.
Bullinger, H.-J.; Friedrich, R.:	Management of Change, in: Office Management, Heft 11, 1995, S. 22
Busse, Dietmar:	Redemanuskript beim Praxis-Seminar „Produzentenhaftung und Qualitätssicherung", veranstaltet von der AUDI AG, Grafenau, 10.01.1994
Cairncross, Frances:	The Death of Distance, London, 1997, in: Die besten Managementbücher, A-K, Band 1, Frankfurt – New York 2005, S. 100-104
Camp, Robert:	Benchmarking, New York 1996
Champy, James: Hammer, Michael:	Business Reengineering, in: Die besten Managementbücher, A-K, Band 1, Frankfurt – New York 2005, S. 65-68
Chandler, A.D.:	The visible hand, The managerial revolution in American business, Cambridge/Mass. 1977
Change Management Learning Center:	2005 Best Practices in Change Management, Benchmarking report, 411 organizations share best practices in change management, S. 1-4, in: Internet: http://www.change-management.com/best-practices-report.html, 30.10.2005
Collins, Jim:	Der Weg zu den Besten, Die sieben Management-Prinzipien für dauerhaften Unternehmenserfolg, Stuttgart/München, 2001, in: Die besten Managementbücher, L-Z, Band 2, Frankfurt – New York 2005, S. 218-221
Deming, W. Edwards:	Out of the Crisis, in: Die besten Managementbücher, L-Z, Band 2, Frankfurt – New York 2005, S. 100-104
Detering, Karl-Ernst:	Allgemeine Betriebswirtschaftslehre, Bad Homburg v.d.H. 1996

DEUTSCHE BANK
Research:
Offshoring: Globalisierungswelle erfasst Dienstleistungen, S. 1-4, in: Internet: http://www.ecin.de/strategie/offshoring-dienstleistungen, 02.10.2005

Deutsche
Bundesbank:
Die Europäische Union: Grundlagen und Politikbereiche außerhalb der Wirtschafts- und Währungsunion, Frankfurt am Main 2005

Deutsche
Gesellschaft für
Qualität e. V.:
Die Kraft der Qualität, Frankfurt am Main – Berlin - Stuttgart o. J.

Dies:
Qualitätsmanagement bei Dienstleistungen, Frankfurt am Main 1996

Dewner, Thomas M.:
Wertorientierte Unternehmensführung, in: Gabler Wirtschaftslexikon, hrsg. vom Betriebswirtschaftlichen Verlag Theo Gabler, 16. Auflage, Band 4, Wiesbaden 2004, S. 3315-3317

Dörre, Klaus:
Unternehmerische Globalstrategien, neue Managementkonzepte und die Zukunft der Industriellen Beziehungen, in: Karditzke, Ulf (Hg.): „Unternehmenskulturen" unter Druck, Neue Managementkonzepte zwischen Anspruch und Wirklichkeit, Berlin 1997, S. 15-44

Doppler, Klaus;
Lauterburg, Christoph:
Change Management, Den Unternehmenswandel gestalten, 11. Auflage, Frankfurt/Main 2005 (1994)

Drucker, Peter F.:
The Practice of Management, New York, 1956 (1954), deutsche Übersetzung: Die Praxis des Management, Düsseldorf 1956

Dudenhöffer,
Ferdinand:
Beim Qualitätsmanagement kommt es aufs Gesamtbild an, Qualität ist nicht gleich Qualität. Unternehmen, die langfristig erfolgreich sein wollen, müssen die Qualität ihrer Produkte anhand verschiedener Variablen bewerten, in: Handelsblatt, 14.11.2005

Eckardt, Horst:
Handlexikon der modernen Managementpraxis, München 1971 (1969)

Eckhardt, Jens:
Reengineering, Auf der Suche nach dem Ei des Kolumbus, „Das wichtigste Werkzeug ist ein leeres Blatt Papier", in: Handelsblatt, 29.12.1994

Ederer, Franz:	Thema: Balanced Scorecard, hrsg. vom Institut der Deutsche Wirtschaft Köln in Zusammenarbeit mit der Bundesarbeitsgemeinschaft Schule – Wirtschaft, 25. Jg., Nr. 8, 30.09.1999, S. 1-4
EFQM:	The EFQM Excellence Model, Introduction, Homepage der EFQM, in: Internet: http://www/efqm.org., 15.12.2005
Ehrbar, Al:	EVA – Economic Value Added, in: Die besten Managementbücher, A-K, Band 1, Frankfurt – New York 2005, S. 159-162
Ermtraud, Katharina:	Benchmarking, Kurzinformationen der Wissenschaftlichen Dienste des Deutschen Bundestages, Nr. 2, 2000, 01.02.200, S. 1-2
Falckenbrock, Dieter:	Bilanzen bergen Altlasten, Konzerne müssen Milliardenrisiken aus überteuerten Zukäufen präziser bewerten, in: Handelsblatt, 05.11.2005
Ders.:	Jetzt rächen sich teure Zukäufe, in: Handelsblatt 19.01.2009
Ders.:	Viel Luft in den Bilanzen, Handelsblatt Firmencheck: Deutsche Konzerne schleppen milliardenschwere Risiken aus Fusionen und Übernahmen mit sich herum, Laufen die Geschäfte nicht wie erwartet, können einige Unternehmer schwer in Bedrängnis geraten, in: Handelsblatt, 23.11.2005
Ders.:	Zeitenwende in der Unternehmensführung, Spitzenmanager müssen das Credo des Shareholder-Value ad acta legen. Die Krise zwingt sie zu neuer Bescheidenheit –vor allem bei den Gehältern, in: Handelsblatt, 23.12.2008
Falckenbrock, Dieter; Moss, C.:	Familientreffen in Frankfurt – Wie Stifter ihr Geld in die Gesellschaft investieren, in: Handelsblatt, 21.-23.10.2005
Fasse, Markus:	VW verliert an Vertrauen bei den Zulieferern, Vor neuer Sparrunde fürchten die Zulieferer die Marktmacht von Europas größtem Autokonzern, in: Handelsblatt, 15.07.2005
Fischer, Dirk:	Strategisches Controlling: Konzept des Shareholder Value, München 2004

Fischer, Joschka: Die Rückkehr der Geschichte – Die Welt nach dem 11. September und die Erneuerung des Westens, Köln 2005

Fischer, P.:   Arbeiten im virtuellen Zeitalter, Wiesbaden 1997

Frazer-Robinson, John: Kundenloyalität, in: Die besten Management-Tools 1: Strategie und Marketing, Band 8, Frankfurt – New York 2005, S. 81-87

Frech, Monika; Heimerl-Wagner, Peter; Schmidt, Angelika: Management – drei klassische Konzepte und ihre Befunde, in: Management, Theorien – Führung – Veränderung, hrsg. von Eckhardstein, Dudo von; Kasper, Helmut; Mayrhofer, Wolfgang, Stuttgart 1999, S. 221-256

Freudenberg, Tobias: Steuerverschärfung belastet Konzerne, Bei Funktionsverlagerungen ins Ausland drohen höhere Abgaben und Streit über die richtige Bewertung, in: Handelsblatt, 22.10.2008

Fritz, Wolfgang: Die Produktqualität – ein Schlüsselfaktor des Unternehmenserfolgs?, in: Zeitschrift für Betriebswirtschaft, 64. Jg., Heft 8, 1994, S. 1045-1062

Fuhr, Horst: Qualitätsmanagement im Bildungssektor, in: Qualitätsmanagement in der Lehre, TQM 98, Tagung des hessischen Arbeitskreises „Qualitätsmanagement in der Lehre" und der Hochschulrektorenkonferenz, Wiesbaden, 04.02.1998, Bonn 1998, S. 47-66

Gaitanides, M.:   Business Reengineering/Prozessmanagement – von der Managementtechnik zur Theorie der Unternehmung, in: Die Betriebswirtschaft, 58. Jg., Nr. 3, 1998, S. 369-381

Ders.:   Prozessorganisation, München, 1983

Gebhardt, Günter; Gerke, Wolfgang; Steiner, Manfred: Einführung: Ziele und Aufgaben des Finanzmanagements, in: Handbuch des Finanzmanagements, Instrumente und Märkte der Unternehmensfinanzierung, hrsg. von Günther, Gebhardt; Gerke, Wolfgang und Steiner, Manfred, München 1993, S. 1-23

Giese, Angela: Radikale Brüche nötig, Bosch diversifiziert, Schaeffler wird „verwundbarer", in: Nürnberger Nachrichten, 14.02.2009

Dies.:	Verbessern statt verlagern, Preisgekrönt: Siemens Gerätewerk als Mekka der Manager, in: Nürnberger Nachrichten, 20.10.2004
Glabus, Wolfgang; Hillebrand, W.; Schneider, M.:	Lektionen aus Amerika, in: Capital, Nr. 17, 2005, S. 34-38
Glabus, Wolfgang; Jahn, Thomas; Wiskow, Jobst-Hinrich:	Warten auf den Tag X, Mit dem Vordringen der Hedgefonds entsteht in den Konzernzentralen ein gefährliches Machtvakuum, Was wollen die neuen Investoren, Viele Vorstände sind verunsichert, in: Capital, Nr. 20, 2005, S. 52-58
Göhre, Oliver:	Welchen Fortschritt bietet die Balanced Scorecard?, Eine theoretische Analyse, München 998
Goold, Michael; Alexander, Marcus; Campbell, Andrew:	Corporate-Level Strategy, in: Die besten Managementbücher, A-K, Band 1, Frankfurt – New York 2005, S. 92-96
Grass, Siegfried:	Das Know-how geht in Rente, Mittelständler haben die Folgen des demographischen Wandels noch nicht genügend bedacht, in: Handelsblatt, 12.10.2005
Greßler, U.; Göppel, R.:	Qualitätsmanagement, Eine Einführung, 2. Auflage, Köln, 1996
Grosser, Harald:	„... über Hierarchie", Harald Grosser im Gespräch mit Heinrich Flik, in: Blick durch die Wirtschaft, Frankfurter Zeitung, 22.01.1988
Grünwald, Andreas:	Aus für das Hamburger Aluminium-Werk, Mindestens 450 Jobs gehen verloren, in: Neues Deutschland, Sozialistische Tageszeitung, Donnerstag, 10.11.2005
Gutenberg, Erich:	Unternehmensführung: Organisation und Entscheidungen, Wiesbaden, 1962
Hackmann, Joachim:	Worthülsen verunsichern Anwender, Die Outsourcing-Branche findet für ihre Dienste immer neue Begriffe und verunsichert so ihre Kunden, Viele Bezeichnungen sind unsinnig, in: Computerwoche, Nr. 8, 2005, S. 40-41

Hagen, Jens:	Erfolg wie im Flug, Das Geschäftsmodell der boomenden Low-Cost-Airlines kopieren jetzt andere Branchen, Auch bei ihnen funktioniert das revolutionäre Vertriebs- und Auslastungsmanagement, in: Capital, Nr. 14, 2005, S. 76-78
Hall, G.; Rosenthal, J.: Wade, J.:	Reengineering: Es braucht kein Flop zu werden, in: Harvard Business Manager, Heft 4, 1994
Haller, Sabine:	Beurteilung von Dienstleistungsqualität, Diss., Wiesbaden 1995
Hammer, Michael:	Das prozessorientierte Unternehmen, Die Arbeitswelt nach dem Reengineering, Aus dem Englischen von Patricia Künzel, Frankfurt – New York 1996
Hammer, Michael Champy, James:	Business Reengineering, Die Radikalkur für das Unternehmen, aus dem Englischen von Künzel, Patricia, 5. Auflage, Frankfurt 1995 (1993)
Hamel, Gary; Prahalad, C. K.:	Wettlauf um die Zukunft – Ein ressourcenorientierter Ansatz, Wiesbaden 1994
Hanke, Thomas:	Vom Super Return zur Superpleite, in: Handelsblatt, 09.12.2008
Harten, H. C.:	Vernünftiger Organismus oder gesellschaftliche Evolution der Vernunft?, Frankfurt/M. 1977
Heilmann, D.; Schlautmann, C.: pan-	Tesco wird der Erfolg zum Verhängnis, Supermarktkette ist manchen Briten zu mächtig, Konzernchef Leahy expan- diert lieber im Ausland, in: Handelsblatt, 21.09.2005
Hein, Eckard; Van Treeck, Till:	Finanzmarktorientierung – ein Investitions- und Wachstumshemmnis?, in: IMK Report, Nr. 26, Januar 2008, www.boecklerimpulse.de
Heinen, Edmund:	Einführung in die Betriebswirtschaftslehre, Wiesbaden 1968
Ders.:	Grundlagen betriebswirtschaftlicher Entscheidungen, Das Zielsystem der Unternehmung, 3. Auflage, Wiesbaden 1976
Ders.(Hg.):	Industriebetriebslehre, Entscheidungen im Industriebetrieb, 9. Auflage, Wiesbaden 1991 (1972)

Helm, W.:	Outsourcing und Insourcing, inforum 1/2000, S. 1, in: Internet: http://www.uni-muenster.de/ZIV/inforum/2000-1/a02.html, 02.10.2005
Hennes, Markus; Lipinski; Gregory:	Chancen für die Rettung der Aluminiumhütte HAW schwinden, Eigentümer Norsk Hydro stellt potenziellen Käufern harte Bedingungen, in: Handelsblatt, 12.10.2005
Herz, Carsten:	Autobranche steuert tiefer in die Krise, Deutsche Hersteller im Sog der Rezession – Talfahrt der Branche geht weltweit ungebremst weiter, in: Handelsblatt, 07.12.2009
Ders.:	Conti schließt Fertigung in Hannover, Jeder zehnte Beschäftigte verliert seinen Arbeitsplatz – Gewerkschaft kündigt Proteste an, in: Handelsblatt, 23.11.2005
Ders.:	Ein Abschied ohne Dankeschön, Schrempps Rückzug trägt Züge einer Niederlage, in: Handelsblatt, 29.-31.07.2005
Hillebrand, Walter:	Bittere Lektionen, Planzahlen verfehlt, Strategien gescheitert, Vorstandschef Klaus Kleinfeld muss noch zeigen, wie er Siemens auf Höchstleistung trimmen will, in: Capital, Nr. 21, 2005, S. 70
Hinterhuber, Hans Pieper, Rüdiger:	Fallstudien zum strategischen Management, Wiesbaden 1993
Hinterhuber, Hans; Matzler, K.:	Reengineering, in: Das Wirtschaftsstudium, Heft 2, 1995, S. 138
Ho, Samuel K.M.:	Is the ISO 9000 series for total quality management?, International Journal of Quality & Reliability Management, 11. Jg., Heft 9, 1994, S. 74-89:
Hofer, Hermann:	Der erste Zukauf seit 151 Jahren, Fusionen und Übernahmen sind bei Familienunternehmen die Ausnahme – Beispiel Schwan-Stabilo, in: Handelsblatt, 14.05.2007
Hofer, Joachim:	General Electric peilt rasanten Wachstumskurs an, in: Handelsblatt, 31.10.2005
Hoffbauer, Andreas:	Krise bremst China aus, Erstmals seit Jahren legt das Wachstum nur einstellig zu – Ökonomen fürchten Rezession, in: Handelsblatt, 23.-25.01.2009

Holzamer, Hans-Herbert:	Stiller Abschied vom Business Reengineering, Das neueste Rezept lautet: Der Dienst am Kunden hat höchste Priorität, in: Süddeutsche Zeitung, 27.-28.04.1996
Homburg, Ch.; Hocke, G.:	Change Management durch Reengineering; Eine Bestandsaufnahme, in: Zeitschrift für Organisation, Heft 5, 1998, S. 294
Hopfenbeck, Waldemar:	Allgemeine Betriebswirtschafts- und Managementlehre, Das Unternehmen im Spannungsfeld zwischen ökonomischen, sozialen und ökologischen Interessen, 14. Auflage, München 2002 (1989)
Horváth, P.: Herter, R.N.:	Benchmarking – Vergleich mit den Besten der Besten, in: Controlling, 4. Jg., 1992, S. 4-11
Hus, Christoph:	Stehen die Leute denn hinter Ihnen? Gerade deutsche Manager haben besonders wenig Rückhalt bei ihrer Mannschaft belegt eine europaweite Umfrage, in: Handelsblatt, 15.07.2005
Industriegewerk- schaft Metall	Shareholder Value, Kapitalmarktorientierte Konzepte auf dem Prüfstand, Frankfurt 2000
Ishikawa, Kaoru:	Guide to Quality Control, hrsg. von der Asean Productivity Organization, 11. Aufl., Tokyo 1983 (1974)
Ders.:	QC Circle Activities, hrsg. von der Union of Japanese Scientists and Engineers, Tokyo 1968
Iwersen, Sönke:	Ölkonzerne investieren in Aktien statt in die Zukunft, Rekordgewinne fließen in milliardenschwere Rückkaufprogramme und Dividenden – Suche nach neuen Energiequellen wird nach Ansicht von Experten vernachlässigt, in: Handelsblatt, 06.01.2009
Jacob, Herbert:	Allgemeine Betriebswirtschaftslehre, Handbuch für Studium und Prüfung, 5. Auflage, Wiesbaden 1988 (1969)
Jacobi, H.-J.:	Instrumentarium zur monetären und nicht monetären Bewertung von Geschäftsprozessen, in: Die Hohe Schule „Quality-Economics", Qualitäts- und Kostenmanagement zur Sicherung des deutschen Standorts, Berlin 1994, S. 217-225
Juran, Joseph:	Handbuch der Qualitätsplanung, in: Die besten Managementbücher, A-K, Band 1, Frankfurt – New York 2005, S. 203-206

Kämpf, Rainer; Gienke, Helmuth:	Strategische Maßnahmen zur Beschaffung von Material und Dienstleistungen, S. 1-6, in: Internet: http://www.ebz-beratungszentrum.de/logistikseiten/strat..., 07.07.2005
Kamiske, G.; Füermann, T.:	Reengineering versus Prozessmanagement, Der richtige Weg zur prozessorientierten Organisationsgestaltung, in: Zeitschrift für Organisation, Heft 3, 1995, S. 144
Kanji, G.K.; Yui, H.:	Total Quality Culture, in: Total Quality Management, 8. Jg., Nr. 6, 1997, S. 417-428
Kant, Immanuel:	Zum ewigen Frieden, hrsg. von Höffe, O., Berlin 2004, Anhang: Die Vier Mechanismen
Kanter, Rosabeth M.:	The Change Masters, London 1983, zitiert in: The Change Masters, in: Die besten Managementbücher, A-K, Band 1, Frankfurt – New York 2005, S. 73-75
Kaplan, Robert S.;	Balanced Scorecard, in: Die besten Management-Tools 1: Strategie und Marketing, Band 8, Frankfurt – New York 2005, S. 7-13
Kaplan, Robert S.; Norton, David P.:	The Balanced Scorecard Translating Strategy into Action, Boston, 1996
Dies.:	The Balanced Scorecard Measures That Drive Performance, in: Harvard Business Review, 1991, S. 72-79
Dies.:	The Balanced Scorecard - Measures That Drive Performance, in: Harvard Business Review, 1991, S. 72-79
Dies.:	Balanced Scorecard, in: Die besten Managementbücher, A-K, Band 1, Frankfurt – New York 2005, S. 50-53
Dies.:	Balanced Scorecard, Strategien erfolgreich umsetzen, aus dem Amerikanischen von Horváth, Péter, Kuhn-Würfel, Beatrix und Vogelhuber, Claudia, Stuttgart, 1997 (Originaltitel: The Balanced Scorecard, Translating Strategy into Action, Boston 1996)
de Kare-Silver, Michael:	Preissetzung, in: Die besten Management-Tools 1: Strategie und Marketing, Band 8, Frankfurt – New York 2005, S. 125-1323
Karl, Jürgen:	Absurde Logik der Neoliberalen, Leserbrief, in: Nürnberger Nachrichten, 07.07.2005

Kellog School of Management

Jubiläumskongress in Zürich, in: Handelsblatt, 23.01.2009

Kennedy, Allan A:

Unternehmensziele, in: Die besten Management-Tools 1: Strategie und Marketing, Band 8, Frankfurt – New York 2005, S. 193-199

Klaff, Donald:

Europas Wirtschaft wird gewinnen – Was wir Amerika voraus haben, Frankfurt, 2005

Klodt, Henning:

Neue Ökonomie, in: Gabler Wirtschaftslexikon, hrsg. vom Betriebswirtschaftlichen Verlag Theo Gabler, Band 3, 16. Auflage, Wiesbaden 2004, S. 2149-2151.

Koenen, Jens:

Jede zweite Fusion gefährdet, Viele Firmenzusammenschlüsse drohen zu scheitern, weil die Integration der Mitarbeiter fehlt, in: Handelsblatt, 11.06.2008

Köhler, Peter; Landgraf, Robert:

Geschäft mit Fusionen bricht ein, Bei Aktienemissionen ruhen die Hoffnungen allein auf dem Mega-Börsengang der Bahn, in: Handelsblatt, 27.-29.06.2008

Kölbl, Thomas:

Qualitätsmanagement nach DIN EN ISO 9000ff für das Architekturbüro, Diplomarbeit, Regensburg, 30.06.1998

Kölsch, Roland:

Qualität und Recht, in: Qualitätsmanagement in Non-Profit-Organisationen, Beispiele, Normen, Anforderungen, Funktionen, Formblätter, hrsg. von Fieger-Kraemer, Sabine; Roerkohl, Alfons; Kölsch, Roland, Wiesbaden 1996, S. 57-60

Kowalewski, Reinhardt:

Wie am Fließband, Hinter dem Schlagwort Offshoring verbirgt sich eine Rationalisierungswelle, Allein in Deutschland sind weit mehr als 100.000 qualifizierte Jobs bedroht, in: Capital, Nr. 6, 2004, S. 44-47

Kreft, Heinrich:

Die unterschätzte Weltmacht, , Trotz großer Herausforderungen und zahlreicher Rivalen bleibt den USA ihre globale Führungsrolle noch lange erhalten, in: Handelsblatt, 20.01.2009

Kuczkowski von, Jürgen:

Ein guter Name ist harte Arbeit, Wenn die Qualität der Produkte und Leistungen nicht stimmt, kann auch die Marke nichts wert sein, in: Handelsblatt, 17.-19.06.2005

Küstner, Gerhard:

Lieber Schafkopf statt Börsenplanspiel, in: Nürnberger Nachrichten, 10.10.2005

Kunz, Gunnar:	Weiche Ziele operationalisieren, Balanced Scorecard in Personalmanagement und Personalentwicklung, in: Handelsblatt, 27.05.1999
Kussmaul, Heinz:	Arbeitsbuch Betriebswirtschaftslehre für Existenzgründer, Grundlagen mit Fallbeispielen und Fragen der Existenzgründungspraxis, München – Wien 1999
Lang, Helmut:	Ansätze zu einer Humanvermögensrechnung, in: Personal, Heft 1, 15.01.1977, S. 5-8
Ders.:	Human Ressource Accounting – Vorteile bei der Einstellungspolitik, in: Der Betrieb, 22.10.1976, S. 1982-1983
Ders.:	Human Resource Accounting, in: WiSt, Heft 1, Januar 1977, S. 33-35
Ders.:	Kosten- und Leistungsrechnung, 6. Auflage, München 2009 (1992)
Ders.:	Outsourcing durch Funktionsausgliederung: Kosten einsparen – Flexibilität gewinnen, in: Bilanz & Buchhaltung, Offenburg, Nr. 10, Oktober 2001, S. 372-374
Ders.:	Outsourcing: Genaue Prüfung der Wirtschaftlichkeit, in: VOP, Verwaltung – Organisation – Personal, Die Fachzeitschrift für erfolgreiches Verwaltungsmanagement, 21. Jg., Heft 4, Wiesbaden, April 2000, S. 32-33
Ders.:	Shareholder Value – Bedeutung und Messung, hrsg. vom Sparkassen Schul-Service, Stuttgart Dezember 2000
Ders.:	Theory and Practice of Cost Analysis, 2. Auflage, Prag 2008 (2003)
Leibfried, Kathleen; McNair, Carol Jean:	Benchmarking, Von der Konkurrenz lernen, die Konkurrenz überholen, Freiburg 1993
Levitt, Theodore:	Innovation in Marketing, in: Die besten Managementbücher, A-H, Frankfurt – New York 2005, S. 233-236
Lixenfeld, Christoph:	Auf die Macher kommt es an, Wer Erfolg haben will, braucht Leitbilder, Als visionärste Unternehmen gelten Porsche und BMW, in: Handelsblatt, 14.10.2005

Ders.:	Wenn Heuschrecken helfen, In kritischen Situationen können Investoren für Unternehmen die letzte Rettung sein, in: Handelsblatt, 21.10.2005
Louven, Sandra:	Telekom zahlt hohen Preis für geplanten Personalabbau, Einigung über die Beamten im Bund nötig – Kaufgebot für britische O2 ausgeschlossen, in: Handelsblatt, 03.11.2005
de Luca, Claudio:	Angst essen Freiheit auf, in: Capital, Nr. 5, 2008, S. 32-36
Ders.:	In der Zerreißprobe, in: Capital, Nr. 12, 2008, S. 37-40
Macharzina, Klaus; Wolf, Joachim:	Einführung: Internationales Führungskräfte-Management - Zukunftsherausforderung erfolgsorientierter Unternehmensführung, in: Handbuch Internationales Führungskräfte-Management, hrsg. von Macharzina, Klaus; Wolf, Joachim, Stuttgart – Berlin –Bonn 1996, S. 1-10
Männel, Wolfgang:	Outsourcing, in: Vahlens Großes Logistik-Lexikon, hrsg. von Bloech, Jürgen; Ihde, Gösta B., München 1997, S. 777-778
Maisch, Karl:	Wenn einer eine Reise tut…, Eindrücke einer Japanreise, in: RKW Spezial, RATIO, Nr. 3, 2003, S. 16-18
Maisch, Michael:	Investmentbanken, Offenbarungseid, in: Handelsblatt, 22.09.2008
Martin, Albert:	Die empirische Forschung kollektiver Entscheidungsprozesse, Beiträge zum Verständnis und zur Verbesserung des Verhaltens von Organisationen, Lüneburg 1996
Martin, Hans-Peter; Schumann, Harald:	Die Globalisierungsfalle, der Angriff auf Demokratie und Wohlstand, Hamburg, 1998, S. 1-2
Masing, Walter:	Qualitätspolitik des Unternehmens, in: Handbuch der Qualitätssicherung, hrsg. von Masing, Walter, 2. Aufl., München –Wien 1988, S. 3-18
Mendis, Peter:	Using a Quality Standard as Opposed to the Quality Awards for Self Assessment and the Development of Quality Management, in 41st Annual EOQ Congress, Trondheim 1997, Proceedings, Wednesday 18 June 1997, hrsg. von der European Organization for Quality, Trondheim 1997, S. 227-237

Mönninghoff, Patrick:	Heuschrecken ziehen in die Hörsäle, Reutlinger Studenten diskutieren Kapitalismuskritik, in: Handelsblatt, 10.06.2005
Müller, Stefanie:	Banco Popular kommt mit zwei Mitarbeitern pro Filiale aus, Drittgrößtes spanisches Institut fährt rigiden Kurs zur Effizienzsteigerung, in: Handelsblatt, 10.06.2005
Müller-Soares, Joachim; Zrdal, Wolfgang:	Casino Fatal, in: Capital, Nr. 17, 2007, S. 20-30
Müller-Stewens, Günter:	Manager geraten in Misskredit, in: Handelsblatt, 05.01.2009
Murphy, John A.; Farmar, Tony:	Dienstleistungsqualität in der Praxis, Ein Handbuch für den praktischen Gebrauch, München – Wien 1994
Nickols, Fred:	Change Management 101: A Primer, S. 1-11, in: Internet: http://home.att.net/-nockols/change.html, 30.10.2005
Noé, Martin:	Der Techniker im Mittelsitz, Wolfgang Mayrhuber verändert die Lufthansa täglich, in: Handelsblatt, 15.06.2004
OECD (Hg.):	Towards a new global age: challenges and opportunities, Policy Report, Brussels 1997
Olins, Wally:	Corporate Identity, in: Die besten Management-Tools 1: Strategie und Marketing, Band 8, Frankfurt – New York 2005, S. 21-28
Panke, Helmut:	Eine Marke verträgt keine Kompromisse, Fokussierung und Konsistenz sind der Schlüssel für eine erfolgreiche Markenführung, in: Handelsblatt, 09.10.2005
Pausch, Sabine:	Der strategische Erfolg von Unternehmen, Erlangen 1999
Peters, J. T.; Waterman, R. H.:	In Search of Excellence, New York 1982
Dies.:	Auf der Suche nach Spitzenleistungen, Was man von den bestgeführten US-Unternehmen lernen kann, 15. Auflage, München – Landsberg 1994 (1982)
Petersen, Dietmar:	Neue Ära in Europas Luftfahrt, Bei den Airline-Allianzen zeichnet sich ein Zweikampf zwischen Skyteam und Star Alliance ab, in: Handelsblatt, 05.05.2004

Petrick, Klaus; Reihlen, Helmut:	Qualitätssicherung und Normung, in: Handbuch der Qualitätssicherung, hrsg. von Masing, Walter, München – Wien 1980, S. 29-39
Pfeifer, Tilo:	Qualitätsmanagement, Strategien, Methoden, Techniken, München – Wien 1993
Piaget, J.:	Meine Theorie der geistigen Entwicklung, Frankfurt/M. 1985
von Pierer, Heinrich; Morrow, M.:	Strategie im Praxistest, in: Harvard Business Manager, Nr. 10, 2004, S. 18-25
von Plate, Bernard:	Grundzüge der Globalisierung, in: Globalisierung, Informationen zur politischen Bildung, hrsg. von der Bundeszentrale für politische Bildung, Nr. 280, Bonn 2003, S. 3-6
Porter, M. E.:	Towards a dynamic theory of strategy, in: Strategic Management Journal, 12, 1991, S. 95-117
Postinett, Axel:	Fusion setzt die Marktteilnehmer unter Druck, Das neue Gespann Siemens-BenQ rückt weltweit an die vierte Stelle und hofft auf Wachstum, weil sich die Partner gut ergänzen können, in: Handelsblatt, 08.06.2005
Prahalad, C. K.; Hamel, G.:	The core competence of the Corporation, in: Harvard Business Review 90, Nr. 3, 1990, S. 79-91
Rahn, Hans-Joachim:	Betriebliche Führung, hrsg. von Olfert, Klaus, 2. Auflage, Ludwigshafen 1992 (1990)
Rappaport, Alfred:	Shareholder Value, in: Die besten Managementbücher, L-Z, Band 2, Frankfurt – New York 2005, S. 137-141
Ders.:	Shareholder Value, Ein Handbuch für Manager und Investoren, Aus dem Amerikanischen von Klien, Wolfgang, 2.Auflage, Stuttgart 1998 (1986)
Rasche, C.:	Wettbewerbsvorteile aus Kernkompetenzen – Ein ressourcenorientierter Ansatz, Wiesbaden 1994
Reents, Heino:	Stürmische Zeiten, Hedgefonds: Zertifikate, in: newinvestor, Nr. 2005, S. 22-23
Reich, R.:	Die neue Weltwirtschaft, Frankfurt am Main 1996

Reppesgaard, Lars: Warum Fusionen meist nichts bringen, Bei 70 % der Fir-
                        menzusammenschlüsse vernichten Manager Werte –
                        weil sie das Potenzial verschenken, in: Handelsblatt,
                        10.06.2005

Rettberg, Udo: Aus bösen Buben werden Anleger-Lieblinge, Hedge-
                        Fonds-Manager beseitigen Ineffizienzen in Märkten und
                        Unternehmen – Investoren können davon profitieren, in:
                        Handelsblatt, 09.09.2005

Ders.:   Hedge-Fonds sprießen wieder, Finanzinvestoren besin-
                        nen sich auf ihre Stärken und machen Gewinne – Indizes
                        drehen ins Plus, in: Handelsblatt, 13.-15.02.2009

Rewerts, Anna: Qualitätsmanagement in Kindergärten, Emden 1998

Rezmer, Anke: Schotten wollen an deutschen Chefs verdienen, Mana-
                        gement Buy-Out, Bank of Scotland will den beginnenden
                        Boom in Europa nutzen, in: Handelsblatt, 11.03.1998

Riecke, Torsten: Globalisierungsdebatte erreicht den Elfenbeinturm,
                        Volkswirte fordern stärkeres Engagement des Staates,
                        um die Folgen des Outsourcing für Firmen und Beschäf-
                        tigte abzufedern, in: Handelsblatt, 28.09.2004

Rogler, Silvia: Transaktionskosten, in: Vahlens Großes Logistik-
                        Lexikon, hrsg. von Bloech, Jürgen; Ihde, Gösta B., Mün-
                        chen 1997, S. 1082-1084

Rudolph, H.:   Erfolg von Unternehmen, Plädoyer für einen kritischen
                        Umgang mit dem Erfolgsbegriff, in: Aus Politik und Zeit-
                        geschichte, Beilage zur Wochenzeitung „Das Parlament",
                        Bonn, B23/96, 31.05.1996, S. 34

Samuelson, Paul;   Volkswirtschaftslehre, Wien 1999
Nordhaus, William:

Sashkin, Marshall: Verhaltensbestimmte Kommunikation in Organisatio-
                        nen, in: Handbuch der betrieblichen Informationssyste-
                        me, hrsg. von Görlitz, Rainer, München 1975, S. 134-162

Scharioth, Joachim;   Horizons 2020, Ein Szenario als Denkanstoß für die
Huber, Margit;   Zukunft, Ein Untersuchungsbericht der TNS Infratest
Schulz, Katinka;   Wirtschaftsforschung, München 2005
Pallas, Martina:

Schauenburg, Bernd:	Gegenstand und Methoden der Betriebswirtschaftslehre, in: Vahlens Kompendium der Betriebswirtschaftslehre, hrsg. von Bitz, Michael; Dellmann, Klaus; Domsch, Michel und Wagner, Franz, Band 1, 4. Auflage, München 1998
Schierenbeck, Henner:	Grundzüge der Betriebswirtschaftslehre, 11. Auflage, München – Wien 1993
Schlautmann, Christoph:	Firmenehen vor der Scheidung, Großaktionäre fordern Rückabwicklung gescheiterter Fusionen – Milliardenwerte vernichtet, in: Handelsblatt, 13.07.2005
Schmalzl, Bernhard; Schröder, Jakob:	Managementkonzepte im Wettstreit, Total Quality Management vs. Business Process Reengineering, München 1998
Schmid, Stefan:	Blueprints from the U.S.? Zur Amerikanisierung der Betriebswirtschafts- und Managementlehre, ESCP-EAP Working Paper, Nr. 2, Berlin, Juli 2003
Schmutte, Andre M.:	Das Managementkonzept der Balanced Scorecard, hrsg. vom Bundesverwaltungsamt, INFO 1614, München 2000
Ders.:	EFQM-Modell und Balanced Scorecard im Business-Excellence-Prozess, QZ – Qualität und Zuverlässigkeit, Nr. 12, 1999, S. 1502-1505
Schneider, Dieter:	Geschichte betriebswirtschaftlicher Theorie, Allgemeine Betriebswirtschaftslehre für das Hauptstudium, München –Wien 1981
Schoenfeld, H.-M.:	Betriebswirtschaftslehre im anglo-amerikanischen Raum, in: Grochla/Wittmann (Hg.): Handwörterbuch der Betriebswirtschaft, Stuttgart 1984, S. 519-527
Schönwitz, Daniel:	Die Geheimwaffe des VfB Stuttgart, Balanced Scorecard soll den Umbau des Fußballclubs zu einem modernen Unternehmen voranbringen, in: Handelsblatt, 13.02.2004
Schörner/Müller:	Präsentation der Firma GORE Associates GmbH, Mitschrift eines Firmenbesuches des Marketing-Club Nürnberg, 13.06.1988
Scholtissek, Stefan:	New Outsourcing, Berlin, 2004, Buchbesprechung durch Hus, Christoph: Mit brutaler Konsequenz, Management-Autoren grübeln über die Folgen der aktuellen Outsourcing-Welle, in: Handelsblatt, 27.05.2005

Schreyögg, Georg: Zur Logik des strategischen Managements, in: Manage-
                           ment Revue, 3, 1992, S. 199-212

Schuler, Hans-Karl: Eine Hydra von Beamten plant, Leserbrief, in: Nürnber-
                           ger Nachrichten, 14.09.2005

Schweigler, Gebhard: Informationsrevolution und ihre Folgen, in: Globalisie-
                           rung, hrsg. von der Bundeszentrale zur politischen Bil-
                           dung, Heft 280, 3. Quartal 2003, S. 7-12

Seghezzi, H. D.:   Integriertes Qualitätsmanagement, Das St. Galler Kon-
                           zept, München – Wien 1996

Senge, Peter: Die fünfte Disziplin, in: Die besten Managementbücher,
                           A-K, Band 1, Frankfurt – New York 2005, S. 170-173

Siebert, Gunnar;   Benchmarking Leitfaden für die Praxis, 2. überarbeitete
Kempf, Stefan: Auflage, München 2002, S.5, in: Internet:
                           www.hanser.de, 12.12.2005

SIEMENS AG (Hg.):   Corporate Responsibility Report, Verantwortung für die
                           Zukunft, Berlin – München 2004

Siering, Frank: Der Unternehmenschef als Messias, Bei US-Firmenchefs
                           ist es Konzept, die Mitarbeiter zu Jubelstürmen hinzurei-
                           ßen – für gute Stimmung, die Umsatz bringt, in: Han-
                           delsblatt, 15.101.2004

Sievers, Markus: Hungerlöhne nehmen zu, Bundesagentur für Arbeit be-
                           sorgt, Beschäftigung entwickelt sich weiter günstig, in:
                           Frankfurter Rundschau, 30.03.2007

Simon, Hermann: Administrative behavior: A study of decision-making
                           processes in administrative organization, New York 1945
                           (deutsche Übersetzung: Verlag Moderne Industrie,
                           Landsberg/Lech 1981)

Ders.:   Das ist Globalisierung par excellence, in: Absatzwirt-
                           schaft, Nr. 10, 2007, S. 31-34

Ders.:   Die heimlichen Gewinner, (Hidden Champions), Die Er-
                           folgsstrategien unbekannter Weltmarktführer, Frankfurt
                           – New York 1997

Ders.:   Integrative Strategie, in: Die besten Management-Tools
                           1: Strategie und Marketing, Band 8, Frankfurt – New York
                           2005, S. 46-55

Slater, Robert:	Business is simple, München 1996
Smith, Adam:	An Inquiry into the Nature and Causes of the Wealth of Nations, New Edition, Edinburgh 1863
Sommer, Ulf:	Ausländer halten Dax-Mehrheit, der Anteil inländischer Investoren an den großen börsennotierten Konzernen geht immer weiter zurück, in: Handelsblatt, 29.12.2008
Ders.:	Groß aber renditeschwach, Deutsche Konzerne behaupten sich im Europavergleich nur beim Umsatz, in: Handelsblatt, 21.05.2007
Ders.:	Konzerne verdienen mehr denn je, Fünf Dax-Unternehmen glänzen im ersten Quartal mit Gewinnen von mehr als einer Milliarde, in: Handelsblatt, 17.05.2005
Ders.:	Mischkonzerne zeigen neue Stärke, Studien belegen: Langfristig schneiden Konglomerate an der Börse erfolgreicher ab als fokussierte Firmen, in: Handelsblatt, 02.05.2007
Späth, Lothar:	Strategie Europa – Ein Zukunftsmodell für eine globalisierte Welt, Reinbek 2005
Spenley, Paul:	Benchmarking, in: Die besten Management-Tools 1: Strategie und Marketing, Band 8, Frankfurt – New York 2005, S. 14-20
Sprenger, Reinhard:	Mythos Motivation, in: Die besten Managementbücher, L-Z, Band 2, Frankfurt – New York 2005, S. 74-77
Staehle, Wolfgang H.:	Management, Eine verhaltenswissenschaftliche Perspektive, 8. Auflage, überarbeitet von Conrad, Peter und Sydow, Jörg, München 1999, (1988)
Stawicki, Michael:	Ansätze zu einem Qualitätsmanagement in der Lehre, Grundsätzliche Überlegungen zu Möglichkeiten, Nutzen und Problemen, in: Qualitätsmanagement in der Lehre, TQL 98, Tagung des hessischen Arbeitskreises „Qualitätsmanagement in der Lehre" unter der Hochschulrektorenkonferenz Wiesbaden, 4. Februar 1998, Bonn 1998, S. 67-78
Stehr, Christoph:	Mit der DIN/ISO 9000 zieht oft nur Bürokratie in Unternehmen ein, Karriere-Gespräch mit Prof. Günther Bergmann über Qualitätssicherung, in: Handelsblatt, 15.02.1996

Steinbeck, Olaf: Von wegen Sozial-Klimbim, Manager sollen ihr Personal glücklich machen – dann laufen die Geschäfte besser, zeigen Studien, in: Handelsblatt, 16.07.2007

Steinmann, Horst; Schreyögg, Georg: Management, Grundlagen der Unternehmensführung, Konzepte – Funktionen – Fallstudien, 4. Auflage, Wiesbaden 1997 (1990)

Steward, S.: The Quest for Value, o. O. 1991

Stock, Oliver: Maliks Modell, Der Doyen der Managementlehre macht einer Kanzlerin Merkel wenig Hoffnung, in: Handelsblatt, 13.10.2005

Synak, Siegmund: Aufklärung ist wichtig, in: Nürnberger Nachrichten, 20.06.2005

Taylor, Frederick Winslow: Die Grundsätze wissenschaftlicher Betriebsführung, Weinheim, 1995, in: Die besten Managementbücher, A-K, Band 1, Frankfurt – New York 2005, S. 195-198

Theurl, Th.: Globalisierung als Selektionsprozess ordnungspolitischer Paradigmen, in: Globalisierung der Wirtschaft: Ursachen – Formen – Konsequenzen, hrsg. von Berg, H., Berlin 1999

Thombansen, Ulla; Laske, Manfred; Possler, Christine; Rasmussen, Bernd: Vertrauen durch Qualität, Qualitätsmanagement in Weiterbildungsunternehmen, München 1994

Thommen, Jean-Paul: Allgemeine Betriebswirtschaftslehre, Umfassende Einführung aus managementorientierter Sicht, Neustadt, Nachdruck, 1999 (1991)

Thomson Datastream: Wal-Mart, Bloomberg, 2009

Toffler, Alvin: Die dritte Welle – Zukunftschance, in: Die besten Managementbücher, Band 1, Frankfurt – New York 2005 S. 119-122.

Tsu, Sun: Die Kunst des Krieges, in: Die besten Managementbücher, A-K, Band 1, Frankfurt – New York 2005, S. 267-269

Ulrich, Hans:	Der systemtheoretische Ansatz in der Betriebswirtschaftslehre, in: Wissenschaftsprogramm und Ausbildungsziele der Betriebswirtschaftslehre, Berlin 1971
Verbeck, Alexander:	TQM versus QM, Wie Unternehmen sich richtig entscheiden, Zürich 1998
Wachter, Christine:	Wille und Weitblick, Leserbrief zu „Geschäftsstrategien kontrolliert umsetzen", in: Capital, Nr. 17, 2005, S. 64
Weber, Jürgen:	Balanced Scorecard, in: Gabler Wirtschaftslexikon, hrsg. vom Betriebswirtschaftlichen Verlag Theo Gabler, Band 1, 16. Auflage, Wiesbaden 2005, S. 295-297
Weishaupt, Georg:	Vorstände kritisieren die Macht der Fonds, in: Handelsblatt, 09./09.05.1999
Weiszäcker, von Ernst Ulrich:	Was ist Globalisierung und wie erklärt sie sich?, S. 21, in: Internet: http://www.globalisierung-online.de/info/text2.phb, 21.09.2005
Wiebe, Frank:	Hebelgesetze, Notenbanken, in: Handelsblatt, 06.01.2009
Wiedrat, Susanne:	Arbeit zur rechten Zeit, Von flexiblen Arbeitszeitmodellen profitieren nicht nur die Mitarbeiter, Immer mehr Unternehmen erkennen die Chancen der Flexibilisierung, in: Handelsblatt, 17.10.2005
Wiele, Frank:	Das U-Boot, Bad Bank, in: Handelsblatt, 15.01.2009
Williams, Roger; Bertsch, Boudewijn:	The Development of TQM, in: Qualitätsmanagement an der Schwelle zum 21. Jahrhundert, Festschrift für Hans Dieter Seghezzi zum 65. Geburtstag, hrsg. von Boutellier, Roman und Masing, Walter, München – Wien 1998 S. 127-141
Windolf, Paul:	The Transformation of Rhenanian Capitalism, Beitrag auf der Konferenz „Shareholder Value und Globalisation", Bad Homburg 2001, in: Internet: http://www.uni-trier.de/uni/fb4/ soziologie/apo/conference.html, 31.10.2005
Wöhe, Günter; Döring, Ulrich:	Einführung in die Allgemeine Betriebswirtschaftslehre, 23. Auflage, München 2008
Womack; Jones:	The Machine, That Changed the World, Frankfurt – New York 1990

Womack, Jones; Jones, Daniel T.:	Auf dem Weg zum perfekten Unternehmen (Lean Thinking), hrsg. von Stotko, Eberhard C., Frankfurt – New York 1997
Womack, James; Jones, Daniel T.: Ross, D.:	Die zweite Revolution in der Automobilindustrie, 3. Auflage, Frankfurt a. M.1991
Wonneberger, Klaus:	Wie kaputt muss dieses System sein? Commerzbank- Stützung unterstreicht Dramatik der Lage, in: Nürnber- ger Nachrichten, 10.01.2009
Wunderer, Rolf:	Beurteilung des Modells der Europäischen Gesellschaft für Qualitätsmanagement (EFQM) und dessen Weiter- entwicklung zu einem umfassenden Business Excellence Modell, in: Qualitätsmanagement an der Schwelle zum 21. Jahrhundert, Festschrift für Hans Dieter Seghezzi zum 65. Geburtstag, hrsg. von Boutellier, Roman und Masing, Walter, München – Wien 1998, S. 53-64
Ziener, Markus:	Obamas Hilfspaket weckt Misstrauen, Republikaner zweifeln an schneller Wirkung der 825-Milliarden-Dollar- Hilfe, Zahl der Hausverkaufe und Arbeitslosen steigt, in: Handelsblatt, 28.01.2009
Zimmermann, Gebhard; Jöhnk, Thorsten:	Balanced Scorecard in öffentlich-rechtlichen Kreditinstituten, Stuttgart 2001
Zimmermann, Rolf; Gasser, Albert:	Partners for Profit – Beziehungsmanagement statt Preisdrückerei, Zürich 2001
Zink, Klaus:	Qualitätsmanagement – ein Überblick, in: Qualität an Hochschulen, Fachtagung der Universität Kaiserslautern und der Hochschulrektorenkonferenz, Kaiserslautern, 28./29. September 1998, S. 27-38

Sach- und Namensregister

www.ingramcontent.com/pod-product-compliance
Lightning Source LLC
Chambersburg PA
CBHW031425180326
41458CB00002B/458